中国社会科学院创新工程学术出版资助项目

归善斋《尚书》八誓章句集解
上卷

尤韶华 ◎ 纂

SENTENTIAL VARIORUM ON EIGHT VOWS OF WAR IN SHANGSHU

中国社会科学出版社

图书在版编目(CIP)数据

归善斋《尚书》八誓章句集解：全二卷 / 尤韶华纂. —北京：中国社会科学出版社，2018.10

ISBN 978-7-5203-3245-3

Ⅰ.①归… Ⅱ.①尤… Ⅲ.①中国历史-商周时代②《尚书》-研究 Ⅳ.①K221.04

中国版本图书馆 CIP 数据核字（2018）第 225502 号

出 版 人	赵剑英
责任编辑	任　明
责任校对	郝阳洋
责任印制	李寡寡

出　版	中国社会科学出版社
社　址	北京鼓楼西大街甲 158 号
邮　编	100720
网　址	http://www.csspw.cn
发行部	010-84083685
门市部	010-84029450
经　销	新华书店及其他书店
印刷装订	北京君升印刷有限公司
版　次	2018 年 10 月第 1 版
印　次	2018 年 10 月第 1 次印刷
开　本	710×1000　1/16
印　张	61
插　页	2
字　数	960 千字
定　价	500.00 元（全二卷）

凡购买中国社会科学出版社图书，如有质量问题请与本社营销中心联系调换
电话：010-84083683
版权所有　侵权必究

目 录

上 篇

自序 3

凡例 15

夏书　甘誓第二 17
　　启与有扈战于甘之野，作《甘誓》 17
　　《甘誓》 24
　　大战于甘，乃召六卿 29
　　王曰，嗟！六事之人 40
　　予誓告汝，有扈氏威侮五行，怠弃三正 46
　　天用剿绝其命 57
　　今予惟恭行天之罚 60
　　左不攻于左，汝不恭命 64
　　右不攻于右，汝不恭命 74
　　御非其马之正，汝不恭命 77
　　用命，赏于祖 80
　　弗用命，戮于社 90
　　予则孥戮汝 93

商书　汤誓第一 ·· 98
　　伊尹相汤伐桀，升自陑 ··· 98
　　遂与桀战于鸣条之野 ·· 106
　　作《汤誓》 ··· 110
　　《汤誓》 ··· 112
　　王曰，格，尔众庶，悉听朕言 ··· 120
　　非台小子，敢行称乱，有夏多罪，天命殛之 ················· 130
　　今尔有众，汝曰，我后不恤我众，舍我穑事而割正夏 ··· 133
　　予惟闻汝众言 ·· 140
　　夏氏有罪，予畏上帝，不敢不正 ···································· 143
　　今汝其曰，夏罪，其如台 ·· 146
　　夏王率遏众力，率割夏邑 ·· 151
　　有众率怠弗协，曰，时日曷丧？予及汝皆亡 ················· 156
　　夏德若兹，今朕必往 ·· 159
　　尔尚辅予一人，致天之罚，予其大赉汝 ························· 162
　　尔无不信，朕不食言 ·· 170
　　尔不从誓言 ·· 173
　　予则孥戮汝，罔有攸赦 ·· 175
　　《夏社》《疑至》《臣扈》 ·· 178
　　汤既胜夏，欲迁其社，不可 ·· 178
　　作《夏社》《疑至》《臣扈》 ·· 184
　　《典宝》 ··· 187
　　夏师败绩，汤遂从之 ·· 187
　　遂伐三朡，俘厥宝玉 ·· 191
　　谊伯、仲伯作《典宝》 ·· 194

周书　费誓第三十一 ·· 197
　　鲁侯伯禽宅曲阜 ·· 197
　　徐、夷并兴，东郊不开 ·· 207
　　作《费誓》 ·· 211

| 《费誓》 | 214 |

公曰，嗟！人无哗，听命 …… 222

徂兹淮夷，徐戎并兴 …… 233

善敹乃甲胄，敽乃干，无敢不吊 …… 238

备乃弓矢，锻乃戈矛，砺乃锋刃，无敢不善 …… 244

今惟淫舍牿牛马 …… 247

杜乃擭，敜乃阱，无敢伤牿，牿之伤，汝则有常刑 …… 254

马牛其风，臣妾逋逃，勿敢越逐 …… 258

祇复之，我商赉汝 …… 266

乃越逐、不复，汝则有常刑 …… 269

无敢寇攘，逾垣墙 …… 272

窃马牛，诱臣妾，汝则有常刑 …… 275

甲戌，我惟征徐戎 …… 278

峙乃糗粮，无敢不逮，汝则有大刑 …… 290

鲁人三郊三遂，峙乃桢干，甲戌，我惟筑 …… 293

无敢不供，汝则有无余刑非杀 …… 300

鲁人三郊三遂，峙乃刍茭，无敢不多，汝则有大刑 …… 304

周书　秦誓第三十二 …… 308

秦穆公伐郑 …… 308

晋襄公帅师，败诸崤 …… 319

还归，作《秦誓》 …… 323

《秦誓》 …… 326

公曰，嗟！我士，听无哗 …… 333

予誓告汝群言之首 …… 341

古人有言曰，民讫自若，是多盘 …… 344

责人斯无难，惟受责，俾如流，是惟艰哉 …… 349

我心之忧，日月逾迈，若弗云来 …… 352

惟古之谋人，则曰未就予忌 …… 356

惟今之谋人，姑将以为亲 …… 361

3

虽则云然，尚猷询兹黄发，则罔所愆 …………………………… 364
番番良士，旅力既愆，我尚有之 …………………………………… 367
仡仡勇夫，射御不违，我尚不欲 …………………………………… 376
惟截截善谝言，俾君子易辞，我皇多有之！昧昧我思之 ………… 380
如有一介臣，断断猗无他伎，其心休休焉，其如有容 …………… 386
人之有技，若己有之；人之彦圣，其心好之，不啻若自其口出，
　　是能容之 …………………………………………………………… 393
以保我子孙黎民，亦职有利哉 ……………………………………… 398
人之有技，冒疾以恶之；人之彦圣，而违之，俾不达 …………… 401
是不能容，以不能保我子孙黎民，亦曰殆哉 ……………………… 406
邦之杌陧，曰由一人 ………………………………………………… 410
邦之荣怀，亦尚一人之庆 …………………………………………… 418

下　篇

周书　泰誓上第一 …………………………………………………… 425
惟十有一年，武王伐殷 ……………………………………………… 425
一月戊午，师渡孟津 ………………………………………………… 439
作《泰誓》三篇 ……………………………………………………… 445
《泰誓上》 …………………………………………………………… 449
惟十有三年春，大会于孟津 ………………………………………… 460
王曰，嗟！我友邦冢君，越我御事庶士，明听誓 ………………… 484
惟天地，万物父母，惟人，万物之灵 ……………………………… 489
亶聪明，作元后，元后作民父母 …………………………………… 498
今商王受，弗敬上天，降灾下民，沈湎冒色，敢行暴虐 ………… 503
罪人以族，官人以世 ………………………………………………… 519
惟宫室、台榭、陂池、侈服，以残害于尔万姓 …………………… 523
焚炙忠良，刳剔孕妇 ………………………………………………… 527
皇天震怒，命我文考，肃将天威，大勋未集 ……………………… 531
肆予小子发，以尔友邦冢君，观政于商 …………………………… 536

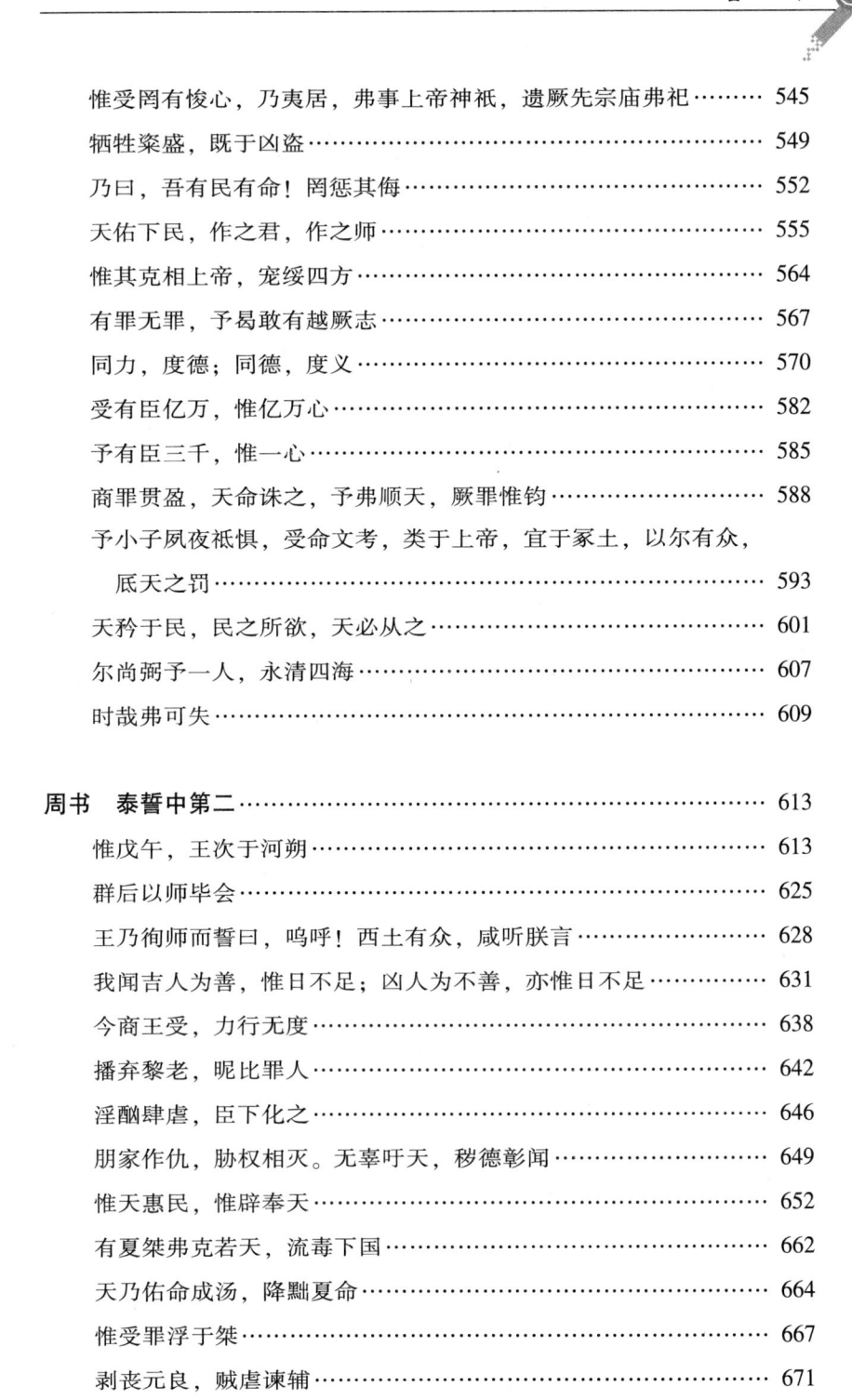

惟受罔有悛心，乃夷居，弗事上帝神祇，遗厥先宗庙弗祀 ········· 545
牺牲粢盛，既于凶盗 ··· 549
乃曰，吾有民有命！罔惩其侮 ·· 552
天佑下民，作之君，作之师 ·· 555
惟其克相上帝，宠绥四方 ··· 564
有罪无罪，予曷敢有越厥志 ·· 567
同力，度德；同德，度义 ··· 570
受有臣亿万，惟亿万心 ··· 582
予有臣三千，惟一心 ··· 585
商罪贯盈，天命诛之，予弗顺天，厥罪惟钧 ························· 588
予小子夙夜祗惧，受命文考，类于上帝，宜于冢土，以尔有众，
  底天之罚 ·· 593
天矜于民，民之所欲，天必从之 ······································ 601
尔尚弼予一人，永清四海 ··· 607
时哉弗可失 ·· 609

周书 泰誓中第二 ·· 613
惟戊午，王次于河朔 ··· 613
群后以师毕会 ·· 625
王乃徇师而誓曰，呜呼！西土有众，咸听朕言 ······················· 628
我闻吉人为善，惟日不足；凶人为不善，亦惟日不足 ················ 631
今商王受，力行无度 ··· 638
播弃黎老，昵比罪人 ··· 642
淫酗肆虐，臣下化之 ··· 646
朋家作仇，胁权相灭。无辜吁天，秽德彰闻 ························· 649
惟天惠民，惟辟奉天 ··· 652
有夏桀弗克若天，流毒下国 ·· 662
天乃佑命成汤，降黜夏命 ··· 664
惟受罪浮于桀 ·· 667
剥丧元良，贼虐谏辅 ··· 671

谓己有天命，谓敬不足行，谓祭无益，谓暴无伤 …………… 676
厥监惟不远，在彼夏王 …………………………………… 678
天其以予乂民 ……………………………………………… 681
朕梦协朕卜，袭于休祥，戎商必克 ……………………… 688
受有亿兆夷人，离心离德 ………………………………… 692
予有乱臣十人，同心同德 ………………………………… 697
虽有周亲，不如仁人 ……………………………………… 701
天视自我民视，天听自我民听 …………………………… 704
百姓有过，在予一人 ……………………………………… 711
今朕必往，我武维扬，侵于之疆 ………………………… 714
取彼凶残，我伐用张，于汤有光 ………………………… 722
勖哉夫子，罔或无畏，宁执非敌 ………………………… 726
百姓懍懍，若崩厥角 ……………………………………… 731
呜呼！乃一德一心，立定厥功，惟克永世 ……………… 734

周书　泰誓下第三 …………………………………………… 738
时厥明，王乃大巡六师，明誓众士 ……………………… 738
王曰，呜呼！我西土君子。天有显道，厥类惟彰 ……… 748
今商王受，狎侮五常，荒怠弗敬 ………………………… 754
自绝于天，结怨于民 ……………………………………… 761
斫朝涉之胫，剖贤人之心 ………………………………… 764
作威杀戮，毒痡四海 ……………………………………… 769
崇信奸回，放黜师、保 …………………………………… 772
屏弃典刑，囚奴正士 ……………………………………… 776
郊社不修，宗庙不享，作奇技淫巧，以悦妇人 ………… 779
上帝弗顺，祝降时丧 ……………………………………… 783
尔其孜孜，奉予一人，恭行天罚 ………………………… 787
古人有言曰，抚我则后，虐我则仇 ……………………… 790
独夫受，洪惟作威，乃汝世仇 …………………………… 798
树德务滋，除恶务本 ……………………………………… 801

肆予小子，诞以尔众士，殄歼乃仇 ········· 806
尔众士，其尚迪果毅，以登乃辟 ··········· 809
功多有厚赏，不迪有显戮 ················· 812
呜呼！惟我文考，若日月之照临，光于四方，显于西土 ····· 815
惟我有周，诞受多方 ····················· 824
予克受，非予武，惟朕文考无罪 ··········· 827
受克予，非朕文考有罪，惟予小子无良 ····· 831

周书　牧誓第四 ····························· 835
武王戎车三百两 ························· 835
虎贲三百人 ····························· 843
与受战于牧野，作《牧誓》 ··············· 847
《牧誓》 ······························· 850
时甲子昧爽 ····························· 853
王朝至于商郊牧野，乃誓 ················· 863
王左杖黄钺，右秉白旄以麾，曰，逖矣，西土之人 ····· 867
王曰，嗟！我友邦冢君 ··················· 871
御事，司徒、司马、司空 ················· 879
亚旅、师氏 ····························· 883
千夫长、百夫长 ························· 887
及庸，蜀、羌、髳、微、卢、彭、濮人 ····· 890
称尔戈，比尔干，立尔矛，予其誓 ········· 897
王曰，古人有言曰，牝鸡无晨 ············· 901
牝鸡之晨，惟家之索 ····················· 908
今商王受，惟妇言是用 ··················· 911
昏弃厥肆祀弗答 ························· 916
昏弃厥遗王父母弟不迪 ··················· 919
乃惟四方之多罪逋逃，是崇是长 ··········· 922
是信是使，是以为大夫、卿士 ············· 926
俾暴虐于百姓，以奸宄于商邑 ············· 928

今予发惟恭行天之罚，今日之事，不愆于六步、七步，乃止
　齐焉 …………………………………………………………… 931
夫子勖哉！不愆于四伐、五伐、六伐、七伐，乃止齐焉 ……… 941
勖哉夫子！尚桓桓 …………………………………………… 945
如虎、如貔、如熊、如罴于商郊 ……………………………… 950
弗迓克奔，以役西土 ………………………………………… 953
勖哉夫子！尔所弗勖，其于尔躬有戮 ………………………… 957

上 篇

自　　序

敬天安民为善最乐

　　《归善斋〈尚书〉八誓章句集解》，是《归善斋〈尚书〉章句集解》的第五册。第一册《归善斋〈尚书〉二典章句集解》、第二册《归善斋〈尚书〉三谟章句集解》、第三册《归善斋〈尚书〉十诰章句集解》、第四册《归善斋〈尚书〉别诰十篇章句集解》已分别于2014年、2015年、2016年、2017年出版。《归善斋〈尚书〉章句集解》，意在汇集众家之解，以供读者探觅其善，以免限于一家之言。

一

　　《钦定四库全书》有五十余种《书》类著作，可分为几类。（1）基本上对《尚书》逐篇逐句解说，有（汉）孔氏传，（唐）陆德明音义，孔颖达疏《尚书注疏》，（宋）苏轼撰《书传》，（宋）林之奇《尚书全解》，（宋）史浩《尚书讲义》，（宋）夏僎《夏氏尚书详解》，（宋）时澜《增修东莱书说》，（宋）黄度《尚书说》，（宋）袁燮《絜斋家塾书钞》，（宋）蔡沈《书经集传》，（宋）黄伦《尚书精义》，（宋）陈经《陈氏尚书详解》，（宋）钱时《融堂书解》，（宋）魏了翁《尚书要义》，（宋）陈大猷《书集传或问》，（宋）胡士行《尚书详解》，（元）吴澄《书纂言》，

（元）陈栎《书集传纂疏》，（元）许谦《读书丛说》，（元）董鼎《书传辑录纂注》，（元）朱祖义《尚书句解》，（明）王樵《尚书日记》，（清）库勒纳等撰《日讲书经解义》。（2）对各篇的某些章句考据解说，有（宋）金履祥《尚书表注》，（元）黄镇成《尚书通考》、（元）陈师凯《书蔡氏传旁通》、（元）王充耘《读书管见》、（元）陈悦道《书义断法》、（明）梅鷟《尚书考异》、（明）马明衡《尚书疑义》、（明）袁仁《尚书砭蔡编》、（明）陈泰交《尚书注考》、（明）陈第《尚书疏衍》、（清）王夫之《尚书稗疏》、（清）毛奇龄《尚书广听录》、（清）朱鹤龄《尚书埤传》、（元）王充耘《书义矜式》、（清）张英《书经衷论》、（清）孙之騄辑《尚书大传》、（清）蒋廷锡《尚书地理今释》。（3）只就数篇加以解说，有（清）李光地《尚书七篇解义》、（宋）杨简《五诰解》。（4）仅就单篇解说，有（宋）毛晃《禹贡指南》、（宋）程大昌《禹贡论》、（宋）傅寅《禹贡说断》、（清）朱鹤龄《禹贡长笺》、（清）胡渭《禹贡锥指》、（清）徐文靖《禹贡会笺》、（宋）胡瑗《洪范口义》、（宋）赵善湘《洪范统一》、（明）黄道周《洪范明义》、（清）胡渭《洪范正论》。此外，（清）阎若璩《古文尚书疏证》、（清）毛奇龄《古文尚书冤词》则论辩今古文《尚书》。以上著作，均或多或少表达自己的见解。（元）王天与《尚书纂传》、（明）刘三吾《书传会选》、（清）《书经大全》仅仅汇集相关解说。

  这些著作起于汉唐，迄于明清，而以宋代居多，汉唐仅《尚书注疏》一部。文化是一种积淀，后人的著作征引前人的著作。越往后，征引越多。而后人对前人的征引，或褒，或贬，或认同，或质疑，或补充，可以从这些征引中看到《书》学的发展轨迹。其中，汉唐二孔的《尚书注疏》和南宋蔡沈的《书经集传》最为重要。其他《书》类著述大多围绕《尚书注疏》《书经集传》而作。唐宋时，《尚书注疏》立于官学，而元明清《书经集传》立于官学。《书经集传》为朱熹门人蔡沈受师命所作，部分书稿经朱熹审定。元明及清代前期《书》类著述，大多认同《书经集传》。元代吴澄《书纂言》、陈栎《书集传纂疏》、董鼎《书传辑录纂注》并辑录朱熹语录。晚清学者排斥宋学，重刊《十三经注疏》，以阮元主持校刻为善本。

《尚书》毕竟是为政之书，仅从字面训诂，难以准确理解。因而还需要从政治、法律、历史、礼乐、哲学、文学的角度予以探究，而这方面正是宋代《书》学以及元明学者之所长。四库本所载《书》类著述对《尚书》的解说涉及各个方面，尤其典章制度、律历器物、天文地理的源流考据，或繁或简。一些长篇解说，对于经文的理解大有裨益。经学数千年，不同的时代，不同的学者，不同的背景，不同的感悟，各自的思维方法、视觉角度、经历理念导致歧义。各家著述各有其善，即使是有一言之善也值得采用。

　　《书》类著述，以解说、考据《尚书》章句为宗旨。《归善斋〈尚书〉章句集解》，按照章句分解汇集，故题名为"章句集解"。四库全书提要及各自的序言，叙述各家著述的简要内容和《书》学发展的历史沿革，故列于篇首，以供参考。《古文尚书疏证》《古文尚书冤词》未就章句作专门解说，拟将列于《归善斋〈尚书〉章句集解》篇末作为附录。《尚书纂传》《书传会选》《书经大全》未有独立见解，不予列入章句解说，以免重复。各家解说体例纷杂，分句分段各异，长短不一。《尚书注疏》最早，汉孔传分句最细，故以其为准，作为标题，列为目录。其余著述，依照各自章句的自然段落，归于其下，凡长于此句的，则于下文中注明见于何句。

　　《归善斋〈尚书〉章句集解》依据唐孔颖达的分类编纂而成。誓是《尚书》十体之一。孔颖达说，"《甘誓》《泰誓》三篇、《汤誓》《牧誓》、八篇，誓也"。八篇之中，《泰誓》三篇及《牧誓》四篇均为周武王之事，合为一篇；《甘誓》《汤誓》《费誓》《秦誓》四篇则为零散，合为一篇。《甘誓》《汤誓》为夏商之事，时间在前，故为上篇。《泰誓》三篇及《牧誓》为下篇。

　　第六册《归善斋〈尚书〉八训章句集解》（《伊训》《太甲》三篇、《咸有一德》《高宗肜日》《旅獒》《无逸》），第七册《归善斋〈尚书〉诸命章句集解》（《说命》三篇、《微子之命》《蔡仲之命》《顾命》《毕命》《冏命》《文侯之命》《君陈》《君牙》与《毕公》），第八册《归善斋〈尚书〉杂著六种章句集解》（《禹贡》《五子之歌》《胤征》《洪范》《微子》），将陆续完成。

二

何以为誓,即与战争相关的誓言,所谓"军旅曰誓"。誓有"信"的含义,所谓"约信曰誓",示赏罚之信。北宋林之奇《尚书全解》概括为"军旅之有誓,盖所以宣言其讨罪之意,谨其坐作进退之节,而示之以赏刑之必信"。然而,似乎有些语焉不详,难以用现代语言表述《尚书》八誓的基本定义。为此,需经比较分析,以了解《尚书》八誓的基本概貌。

(一) 背景

背景反映于书序以及经文的开头。《甘誓》"启与有扈战于甘之野,作《甘誓》。大战于甘,乃召六卿";《汤誓》"伊尹相汤伐桀,升自陑,遂与桀战于鸣条之野,作《汤誓》";《泰誓上》"惟十有一年,武王伐殷。一月戊午,师渡孟津,作《泰誓》三篇。惟十有三年春,大会于孟津";《泰誓中》"惟戊午,王次于河朔,群后以师毕会";《泰誓下》"时厥明,王乃大巡六师";《牧誓》"武王戎车三百两,虎贲三百人,与受战于牧野,作《牧誓》。时甲子昧爽,王朝至于商郊牧野,乃誓";《费誓》"鲁侯伯禽宅曲阜,徐、夷并兴,东郊不开作《费誓》","徂兹淮夷,徐戎并兴";《秦誓》"秦穆公伐郑,晋襄公帅师,败诸崤,还归,作《秦誓》"。

就背景而言,《尚书》虽均事涉战争,而其类型却有所不同。或临战誓言,如《甘誓》《牧誓》;或前往行军途中,即将临近战地所作的誓言,如《泰誓》三篇;或备战誓言,如《费誓》;或战后悔过誓言,如《秦誓》。《汤誓》,按书序,应属临战誓言,而有论者以为是出征之时,誓于亳都,经文有"今朕必往",似乎应以此为是。前六誓,为帝王之誓,夏一,《甘誓》;商一,《汤誓》;周四,《泰誓》三篇、《牧誓》。后二誓,为诸侯之誓,鲁一,《费誓》;秦一,《秦誓》。《甘誓》为夏启征伐诸侯;《汤誓》《牧誓》为商成汤、周武王征伐夏桀、殷纣,所谓"汤、武革命"。《汤誓》《牧誓》在战地作誓时成汤、姬发还只是诸侯,战后才成为帝王。《费誓》则为鲁侯抵御淮夷、徐戎。

(二) 誓告对象

《甘誓》"王曰,嗟!六事之人,予誓告汝";《汤誓》"王曰,格,尔众庶，悉听朕言"；《泰誓上》"王曰，嗟！我友邦冢君，越我御事庶士，明听誓"；《泰誓中》"王乃徇师而誓曰，呜呼！西土有众，咸听朕言"；《泰誓下》"明誓众士"，"王曰，呜呼！我西土君子"；《牧誓》"王左杖黄钺，右秉白旄以麾，曰，逖矣，西土之人。王曰，嗟！我友邦冢君，御事，司徒、司马、司空；亚旅、师氏，千夫长、百夫长，及庸、蜀、羌、髳、微、卢、彭、濮人，称尔戈，比尔干，立尔矛，予其誓"；《费誓》"公曰，嗟！人无哗，听命"；《秦誓》"公曰，嗟！我士，听无哗；予誓告汝群言之首"。

誓告对象也不尽相同，《甘誓》为夏王启所帅六军将士；《汤誓》为商民；《泰誓》三篇及《牧誓》为大会于孟津与周同列的友邦诸侯、周自家的将士，及属于蛮、夷、戎、狄八个小国；《费誓》为鲁人及所管辖的诸侯。《秦誓》为秦国群臣。

（三）相关规则

《甘誓》，"左不攻于左，汝不恭命；右不攻于右，汝不恭命；御非其马之正，汝不恭命"。《汤誓》既有义务性规范"尔尚辅予一人，致天之罚"，又有禁止性规范，"尔不从誓言"。《泰誓下》为义务性规范，"尔众士，其尚迪果毅，以登乃辟"。《牧誓》"勖哉夫子！尔所弗勖"，为义务性规范、禁止性规范并举。《费誓》的规范较多，奖赏为义务性规范，"祗复之"；刑罚为义务性规范、禁止性规范具备，"善敹乃甲胄，敿乃干，无敢不吊"，"备乃弓矢，锻乃戈矛，砺乃锋刃，无敢不善"，"杜乃擭，敜乃阱，无敢伤牿，牿之伤"；"马牛其风，臣妾逋逃，勿敢越逐"，"乃越逐、不复"，"无敢寇攘，逾垣墙，窃马牛，诱臣妾"，"峙乃糗粮，无敢不逮"，"峙乃桢干无敢不供"，"峙乃刍茭，无敢不多"。

《甘誓》左攻于左，右攻于右，正御其马；《牧誓》"不愆于六步、七步"，"不愆于四伐、五伐、六伐、七伐，乃止齐焉"，此为夏启、周武的车战规则，即所谓"谨其坐作进退之节"。《费誓》为备战誓词，即所谓治戎备、除道路、严部位、立期会，涉及的内容必然多于战时。立期会，即"甲戌，我惟征徐戎"，"甲戌，我惟筑"。

誓用来事先向诸侯及将士颁布战时或备战相关规则，以作为赏罚的依据。《秦誓》战后誓言，不涉及相关规则。

(四) 赏刑

《甘誓》有"用命,赏于祖;弗用命,戮于社;予则孥戮汝";《汤誓》有"予其大赉","汝予则孥戮汝,罔有攸赦";《泰誓下》有"功多有厚赏,不迪有显戮";《牧誓》"其于尔躬有戮";《费誓》"祗复之,我商赉汝","汝则有常刑","汝则有大刑","汝则有无余刑,非杀"。

以上即所谓"示之以赏刑之必信"。《甘誓》《汤誓》《牧誓》《泰誓下》为夏商周征战誓言,赏刑比较单一。只是《汤誓》有"尔无不信,朕不食言"一句,引起论者的特别关注。《费誓》就备战事项分别做出规定,罚则有多项,赏则一项。《秦誓》没有赏刑事项。

(五) 声讨罪恶

誓最主要的功用是叙述被征伐者的罪行,以显示征伐的正当性。《甘誓》最为简约,只说"有扈氏威侮五行,怠弃三正"。《汤誓》亦简,"夏王率遏众力,率割夏邑",但另述夏民众的对夏王桀的仇恨,"有众率怠弗协,曰,时日曷丧?予及汝皆亡"。而周武王则历数殷纣的各种罪行。《泰誓上》:

今商王受,弗敬上天,降灾下民,沈湎冒色,敢行暴虐,罪人以族,官人以世,惟宫室、台榭、陂池、侈服,以残害于尔万姓,焚炙忠良,刳剔孕妇。

《泰誓中》:

今商王受,力行无度,播弃犁老,昵比罪人,淫酗肆虐。臣下化之,朋家作仇,胁权相灭。

《泰誓下》:

今商王受,狎侮五常,荒怠弗敬,自绝于天,结怨于民。斫朝涉之胫,剖贤人之心,作威杀戮,毒痡四海,崇信奸回,放黜师、保,屏弃典刑,囚奴正士。郊社不修,宗庙不享,作奇技淫巧,以悦妇人。

《牧誓》:

今商王受,惟妇言是用,昏弃厥肆祀弗答,昏弃厥遗王父母弟不迪,乃惟四方之多罪逋逃,是崇是长,是信是使,是以为大夫、卿士,俾暴虐于百姓,以奸宄于商邑。

四篇誓格式比较一致,均以"今商王受"开头,指其"弗敬",《泰誓上》"弗敬上天";《泰誓中》后文有"谓敬不足行";《泰誓下》"狎侮五常,荒怠弗敬";《牧誓》两"昏弃"相继,有论者认为,亦由"弗敬"而起。北宋陈经《尚书详解》说"人之善,莫大于敬,自敬心而充之,善将无所不至矣。人之不善,莫大于不敬,自不敬之心而推之,恶亦无所不至矣"。因此,周武王指摘殷纣"力行无度","淫酗肆虐","敢行暴虐","降灾下民","作威杀戮,毒痡四海","自绝于天,结怨于民"。周武王所指殷纣之恶,各篇详略不一,异同交错,综合言之有:①"沈湎冒色","作奇技淫巧,以悦妇人","惟妇言是用"。有论者指"作奇技淫巧,以悦妇人"是作炮烙之刑。②"罪人以族"。③"官人以世"。④"惟宫室、台榭、陂池、侈服,以残害于尔万姓"。⑤"焚炙忠良"。⑥"刳剔孕妇"。⑦"播弃黎老","放黜师、保"。⑧"昵比罪人","崇信奸回","乃惟四方之多罪逋逃,是崇是长,是信是使,是以为大夫、卿士,俾暴虐于百姓,以奸宄于商邑"。⑨"屏弃典刑,囚奴正士"。⑩"斫朝涉之胫,剖贤人之心"。⑪"昏弃厥肆祀弗答","郊社不修,宗庙不享"。而由于殷纣之恶,故"臣下化之,朋家作仇,胁权相灭"。有论者以为,成汤数夏桀之恶用词恭,而周武王用词慢。

(六)天罚

夏启、成汤、周武王均借用"天命"的名义以行讨伐。《甘誓》直截了当,"天用剿绝其命,今予惟恭行天之罚";《汤誓》则有所顾忌,"非台小子,敢行称乱,有夏多罪,天命殛之"。成汤在誓词中回复商民的疑问,"今尔有众,汝曰,我后不恤我众,舍我穑事而割正夏",说"予惟闻汝众言。夏氏有罪,予畏上帝,不敢不正"。"予畏上帝"与"天命殛之",因商民不以为然,"今汝其曰,夏罪,其如台",在表述夏民的感受之后,成汤才做决断,"夏德若兹,今朕必往,尔尚辅予一人,致天之罚"。

周武王四篇誓对天命的论述则颇为可观。

①声数殷纣罪恶前的引语

《泰誓上》:

惟天地,万物父母,惟人,万物之灵,亶聪明,作元后,元后作民父母。

《泰誓中》：

我闻吉人为善，惟日不足；凶人为不善，亦惟日不足。

《泰誓下》：

天有显道，厥类惟彰。

《牧誓》：

古人有言曰，牝鸡无晨。牝鸡之晨，惟家之索。

引语阐述天、地、君、民之间的关系，确定天命准则。既与本篇呼应，各篇前后又相呼应。"元后作民父母"，"为善"，"牝鸡无晨"是天命准则，而"为不善"，"牝鸡之晨"均为违背天命。"天有显道"，君主理应遵守。"牝鸡之晨"与"惟妇言是用"对应。殷纣之所以有罪，就在于不敬天道。

②受命于天

《泰誓上》：

皇天震怒，命我文考，肃将天威，大勋未集。肆予小子发，以尔友邦冢君，观政于商。惟受罔有悛心，乃夷居，弗事上帝神祇，遗厥先宗庙弗祀，牺牲粢盛，既于凶盗，乃曰，吾有民有命！罔惩其侮。

商罪贯盈，天命诛之，予弗顺天，厥罪惟钧。予小子夙夜祇惧，受命文考，类于上帝，宜于冢土，以尔有众，底天之罚。

《泰誓下》：

上帝弗顺，祝降时丧。尔其孜孜，奉予一人，恭行天罚。

呜呼！惟我文考，若日月之照临，光于四方，显于西土。惟我有周，诞受多方。予克受，非予武，惟朕文考无罪。受克予，非朕文考有罪，惟予小子无良。

《牧誓》：

今予发惟恭行天之罚。

夏启、成汤、周武王关于天命、天罚的用词，大略相同，《甘誓》"天用剿绝其命"，《汤誓》"有夏多罪，天命殛之"，《泰誓上》"商罪贯盈，天命诛之"。《甘誓》"今予惟恭行天之罚"，《汤誓》"尔尚辅予一人，致天之罚"，《泰誓上》"以尔有众，底天之罚"，《泰誓下》"奉予一人，恭行天罚"，《牧誓》"今予发惟恭行天之罚"。而《汤誓》"予畏上帝，不敢不正"，《泰誓上》"予弗顺天，厥罪惟钧"，两者之间已有差距。周武王誓词叙说了因由，《泰誓上》"皇天震怒"，《泰誓下》"上帝弗顺，祝降时丧"，《泰誓上》"命我文考，肃将天威"。周文王受命又在于，《泰誓下》"惟我文考，若日月之照临，光于四方，显于西土。惟我有周，诞受多方"。然而周文王尚未完成使命，《泰誓上》"大勋未集"，因此之故，"予小子夙夜祗惧，"，"以尔友邦冢君，观政于商"。只是"受罔有悛心，乃夷居，弗事上帝神祇，遗厥先宗庙弗祀，牺牲粢盛，既于凶盗，乃曰，吾有民有命！罔惩其侮"。在此周武王特别强调"受命文考"，出师之前"类于上帝，宜于冢土"，以示敬天崇祖。战胜归功于文王，战败归咎于自己，《泰誓下》"予克受，非予武，惟朕文考无罪。受克予，非朕文考有罪，惟予小子无良"。

③天从民欲

《泰誓上》：

天佑下民，作之君，作之师。惟其克相上帝，宠绥四方。有罪无罪，予曷敢有越厥志。

天矜于民，

《泰誓中》：

无辜吁天，秽德彰闻。惟天惠民，惟辟奉天。

天视自我民视，天听自我民听。百姓有过，在予一人。今朕必往。

天其以予乂民。朕梦协朕卜，袭于休祥，戎商必克。

《泰誓下》

古人有言曰，抚我则后，虐我则仇。独夫受，洪惟作威，乃汝世仇。树德务滋，除恶务本。肆予小子，诞以尔众士，殄歼乃仇。

这是周武王誓词的核心之处。"民之所欲，天必从之"，"天视自我民视，天听自我民听"，是后世引用最多的警句。"天命诛之"的源头就在于此。上天赋予君主明确的职责，《泰誓上》"天佑下民，作之君，作之师。惟其克相上帝，宠绥四方"。而殷纣"有罪无罪"，由上天确认，"予曷敢有越厥志"。《泰誓中》"天视自我民视，天听自我民听"，殷纣暴虐，"无辜吁天，秽德彰闻"，《泰誓上》"民之所欲，天必从之"。《泰誓中》"天其以予乂民"，"惟辟奉天"，"百姓有过，在予一人。今朕必往"。

《泰誓下》"抚我则后，虐我则仇。独夫受，洪惟作威，乃汝世仇"，是以，"肆予小子，诞以尔众士，殄歼乃仇"。《泰誓中》"朕梦协朕卜，袭于休祥，戎商必克"。《汤誓》亦有"今朕必往"一句。

④背离归附

《泰誓上》：

同力，度德；同德，度义。受有臣亿万，惟亿万心。予有臣三千，惟一心。

《泰誓中》：

受有亿兆夷人，离心离德。予有乱臣十人，同心同德。虽有周亲，不如仁人。

此乃陈说民心所向。民心背殷，于是"离心离德"；"同心同德"缘于人心归周。

⑤殷鉴不远

《泰誓中》：

有夏桀弗克若天，流毒下国。天乃佑命成汤，降黜夏命。惟受罪浮于桀。剥丧元良，贼虐谏辅。谓己有天命，谓敬不足行，谓祭无益，谓暴无伤。厥监惟不远，在彼夏王。

我武维扬，侵于之疆。取彼凶残，我伐用张，于汤有光。

周武王借成汤伐夏桀之事，以强化伐纣之必要，伐纣只是鉴于伐桀而已。"有夏桀弗克若天，流毒下国"，既然"天乃佑命成汤，降黜夏命"，那么"惟受罪浮于桀"，更是难辞天罚。成汤、武王同受天命，伐纣之行，理当"于汤有光"。

⑥勉励将士

《泰誓上》：

尔尚弼予一人，永清四海。时哉弗可失。

《泰誓中》：

勖哉夫子，罔或无畏，宁执非敌。百姓懔懔，若崩厥角。呜呼！乃一德一心，立定厥功，惟克永世。

《牧誓》：

勖哉夫子！尚桓桓，如虎、如貔、如熊、如罴于商郊。弗迓克奔，以役西土。

伐纣是为天命，"时哉弗可失"，然而"罔或无畏，宁执非敌"，切勿轻进。"百姓懔懔，若崩厥角"，亟待拯救，应"如虎、如貔、如熊、如罴"一样勇猛，"乃一德一心，立定厥功"。同时，"弗迓克奔"，不得杀降。

（七）悔过

《秦誓》的体例完全异于前七誓，大略可分为四部分。

①悔过之心

古人有言曰，民讫自若，是多盘。责人斯无难，惟受责，俾如流，是惟艰哉。我心之忧，日月逾迈，若弗云来。惟古之谋人，则曰未就予忌。惟今之谋人，姑将以为亲。

人之常情，尽都乐于顺己。是以，易于"责人"，"受责"而能从善如流，却颇为艰难。深悔不听老成人逆耳忠言，并担忧改过无日。有论者，引用东汉东平王刘仓之言"为善最乐"，在此虽不尽恰当，而就所有八誓来说，却也深为切题。

②改过之意

虽则云然，尚猷询兹黄发，则罔所愆。番番良士，旅力既愆，我尚有之。仡仡勇夫，射御不违，我尚不欲。惟截截善谝言，俾君子易辞，我皇多有之！

③得人之盼

昧昧我思之。如有一介臣，断断猗无他伎，其心休休焉，其如有容。人之有技，若己有之；人之彦圣，其心好之，不啻若自其口出，是能容之，以保我子孙黎民，亦职有利哉。人之有技，冒疾以恶之；人之彦圣，而违之，俾不达，是不能容，以不能保我子孙黎民，亦曰殆哉。

④安危之叹

邦之杌陧，曰由一人；邦之荣怀，亦尚一人之庆。

总概而言，《尚书》八誓，是君主及诸侯在备战、出征前、行军途中、战地、战后对将士、臣民、所帅诸侯、归顺的蛮夷属国发布的誓词，声讨有罪，确立规则，示以赏罚，或表述悔过。其中，声讨有罪，构成前六誓的核心内容，陈明被征伐者不敬上天，征伐者受命于天，代天行罚。

《夏书·甘誓》《商书·汤誓》较为简略。《周书》收录《泰誓》三篇及《牧誓》，斥责殷纣不敬天道，历数其罪，不敬被视为殷纣暴虐的本源。殷纣摈弃上天付与君主的职责，无崇德安民之心，却力行杀戮，戕害臣民，恶行斑斑。殷纣肆虐无度，致使皇天震怒，因周文王德行显著，近者悦，远者来，特授命代行天罚。秉承文王未竟的使命，帅众伐纣。誓词中，周武王着重阐释天民关系。天眷佑下民，"民之所欲，天必从之"，"天视自我民视，天听自我民听"。天听闻无辜者的呼声，赋予文王、武王伐罪安民之责。武王伐纣只是奉天行事，为民复仇。《费誓》《秦誓》出自诸侯，未有声罪讨伐的内容。《费誓》旨在备战，宣示与此相关的事宜。《秦誓》仅为悔过，表明改过之心。

有论者说"敬者万善之本；不敬者万恶之本。人虽至愚，犹知敬天善哉"。《尚书》誓词颇费笔墨告示，敬与不敬，善恶殊途，民心从违，天命移易。善恶一念之间，敬畏与否。传统文化传承，敬畏为先。《尚书》典、谟、诰中"敬畏"的陈述，各册自序均有概说，并于第四册《归善斋〈尚书〉别诰十篇章句集解》综合总结，可以参阅。《孟子》曰"穷则独善其身，达则兼善天下"。复兴传统，经邦济世，善待民众，人心依归。

凡　例

一　编号

《钦定四库全书》有五十余种《书》类著作，可分为几类：（1）基本上对《尚书》逐篇逐句解说；（2）对各篇的某些章句考据解说；（3）只就数篇加以解说；（4）仅就单篇解说。

凡第一类的著述，悉列有编号，从1至22，以便查考。其余各类均不编号，仅就其所涉及的章句，收录于第一类之后。

二　按语

各家解说体例纷杂，分句分段各异，长短不一。《尚书注疏》最早，汉孔传分句最细，故以其为准，作为标题，列为目录。其余著述，依照各自章句的自然段落，归于其下。

按语有两类，其一是各书自有按语，表明缺失，或残篇。

其二是编纂者按语，凡长于汉孔传分句的，则于下文中注明（归善斋按，见某句）。凡1至22编号著述有断句不同的，则注明（归善斋按，另见某句）。凡遇有阙篇，而原书未有按语的，注明（归善斋按，无此篇)。凡某句未有解说的,则注明(归善斋按,未解)。编号 13(宋)魏了翁《尚书要义》引用《尚书注疏》,凡有章句未引的,则注明(归善斋按,未引)。

三 引号

引号有两类,一是经查证的原文;一是容易歧义的字句,以引号分开。

标点符号并非尽都确切,读者可能各有见解,仅供参考。

夏书　甘誓第二

启与有扈战于甘之野，作《甘誓》

1.（汉）孔氏传、（唐）陆德明音义、孔颖达疏《尚书注疏》卷六《夏书·甘誓》

序，启与有扈战于甘之野，作《甘誓》。

传，夏启嗣禹位，伐有扈之罪。

音义：

启，禹子，嗣禹为天子也。扈，音户。有扈国名，与夏同姓。马云，姒姓之国，为无道者。案，京兆鄠县，即有扈之国也。甘，有扈郊地名。马云，南郊地也。甘水，名，今在鄠县西。誓，马云，军旅曰"誓"，会同曰"诰"。

疏：

正义曰，夏王启之时，诸侯有扈氏叛，王命率众亲征之。有扈氏发兵拒启。启与战于甘地之野，将战，集将士而誓戒之，史叙其事作《甘誓》。

传正义曰，《孟子》称，禹荐益于天，七年禹崩之后，益避启于箕山之阴。天下诸侯不归益，而归启曰，吾君之子也。启遂即天子位。《史记·夏本纪》称，启立，有扈氏不服，故伐之盖。由自尧舜，受禅相承，启独见继父，以此不服。故云"夏启嗣禹位，伐有扈之罪"，言继立者见其由嗣立，故不服也。

2. （宋）苏轼撰《书传》卷六《夏书·甘誓第二》

启与有扈战于甘之野，作甘誓。

《史记》有扈，禹之后，其国扶风雩县是也，《国语》曰，夏有观扈，周有管蔡，以比管蔡兄弟之国也。甘扈之南郊也。

3. （宋）林之奇《尚书全解》卷十二《夏书·甘誓》

启与有扈战于甘之野，作《甘誓》。

启者，禹之子也。有扈氏，夏之同姓，其地在汉之扶风鄠县。启之与有扈战，其誓师也，声言其罪，惟曰"威侮五行，怠弃三正"，初未尝详言其所以讨之之故。《史记》曰，启立，有扈不服，遂灭之，亦但言其不服而已。唐孔氏遂以谓，自尧、舜受禅相承，启独见继父，以此不服。此说亦但是以私意而臆度之，其实未必然也。案，《左氏》昭二年赵孟曰，虞有三苗，夏有观扈，商有姺邳，周有徐奄。所谓观扈，即此有扈国也。唐孔氏载《楚语》观射父曰，尧有丹朱舜，有商均，夏有观扈，周有管蔡，以是为有扈恃亲，而不服启之政。今考之《楚语》观射父之言，但云夏有五观，不言观扈。唐孔氏盖是误以赵孟之言，为观射父之言。此虽小误，亦不可以不正也。有扈氏之罪，经无明文，然赵孟以比三苗、徐、奄，则知有扈必是顽嚚不可教训，且恃险而不服者，故启率六师而征之。其誓师之意，与《秦誓》《汤誓》无以异，故圣人录其书，以为万世法。汉孔氏曰，甘，有扈郊名。马融曰，甘，有扈南郊。唐孔氏以为启之西行，甘当在东郊。融乃扶风人，或当知其处也。启誓师于甘之野，当是亲征至其地也。

周希圣曰，天子之兵常隐于六乡，四方有变，专责于方伯。方伯不能讨，则天子亲征之。启与有扈战于甘之野，是天子亲征之。此说是也。

4.（宋）史浩《尚书讲义》卷五《夏书·甘誓》

启与有扈战于甘之野，作《甘誓》。

甘之战，有扈氏之罪不容诛矣。王者有征而无战，征之为言，正也，各欲正己也，焉用战。启以天子之尊，有事于诸侯，彼当牵羊肉袒，悔罪于马足车尘，以回天子之怒。不知出此，而遂至于战，其悖礼拒命之迹着矣。启虽不作誓以威众，扈亦何所逃诛耶。扈，国扶风，而甘，其南郊也。或曰，扈亦禹之族，于启为同姓。呜呼！苟畔王命，虽管蔡亦当诛，况扈其疏族，而又获罪于天者耶。

5.（宋）夏僎《尚书详解》卷九《夏书·甘誓》

启与有扈战于甘之野，作《甘誓》。

《甘誓》之作，盖启欲征有扈氏，将战于甘之野，先事于其地，以誓众，故其书谓之"甘誓"，犹誓于牧野，则谓之"牧誓"。说者，多疑天子有征无战，今此言战于甘之野，以天子而与其臣战，则其罪不止"威侮五行，怠弃三正"而已。若使有扈之罪止于侮五行、弃三正。则分遣将帅问罪诛戮足矣。何至屈天子而与大战。且召六卿誓戒，若恐不能胜者。唐孔氏遂引《史记》曰，启立，有扈不服，遂灭之。盖谓尧舜受禅相承，启独继父，以此不服。其意，有扈于此有不臣之志，故不可以征言，兼天子之兵，寓于六乡，每乡以乡一人统之，四方有变，专责方伯，方伯不能讨，然后天子亲征。今扈之事至于天子亲率六卿以出，必是方伯所不能讨者，则有扈跋扈不臣之甚可知。故特以战言之，况三正，乃天子正朔所在，而有扈怠弃之，是诚不肯受天子正朔，其不臣之意明矣。以战为言，又何过乎？《左传》昭公元年，赵孟曰，虞有三苗，夏有观扈，商有姺邳，周有徐奄。以三苗、徐奄，此有扈，则知有扈必是顽嚚不可训，恃险不臣，故启率六师以征之也。

6.（宋）时澜《增修东莱书说》卷六《夏书·甘誓第二》

启与有扈战于甘之野，作《甘誓》。

道有升降，世变风移。读《书》者，必观其时，识其变。尧、舜、禹三圣，相承浑然无间。至启，而有跋扈之臣，风气一开，有扈者，诸侯之负固不服者也。启往征之。序言"启与有扈战于甘之野"，臣与君抗，其势若均，其体若敌，遂至于战，特曰"与"者，孔子深意。视"有苗弗率，汝徂征"之气象有间矣。

7.（宋）黄度《尚书说》卷二《夏书·甘誓》

启与有扈战于甘之野，作《甘誓》。

与贤与子，孟子论之尽矣。讴歌狱讼，朝觐皆归启。启是以嗣禹而立。不知扈何以不服，至于天子亲征，而犹大战于其国野哉？禹禅征苗，启继征扈，人心不同，故事变多端也。《国语》夏有观扈，周有管蔡，皆同姓也。夫子序书直曰"启与有扈战于甘之野"。启以君讨臣，扈为抗天子，其罪可见。扈，在永兴鄠县，有甘水、甘亭。（案，崇为鲧本国，在鄠县。鲧殛，禹自夏有天下，以鲧配天。其支庶改封扈欤。）

8.（宋）袁燮《絜斋家塾书钞》卷四《夏书·甘誓》

启与有扈战于甘之野，作《甘誓》。

天子有征而无战。启，君也；有扈，臣也。君臣至于相战，德之衰也。舜命禹征苗，曰"征"而已，未闻苗敢与天子抗也。今而至于战，是有扈敢与启抗，前此未之有也。

9.（宋）蔡沈《书经集传》卷二《夏书·甘誓》

（归善斋按，未解）

10.（宋）黄伦《尚书精义》卷十三《夏书·甘誓》

启与有扈战于甘之野，作《甘誓》。

无垢曰，有扈继禹之后，然其罪止云"威侮五行怠弃三正"。东坡谓，不用夏之正朔服色也。其说是矣，意必以尧、舜禅让而，启遂传其家为辞，其语足以动摇人心，事亦迫矣，故不暇他顾，亲提兵柄，出其不意，特取间道，而直抵其城，使其意不及远，谋不暇思，以尧、舜校之，岂不为德衰乎哉？

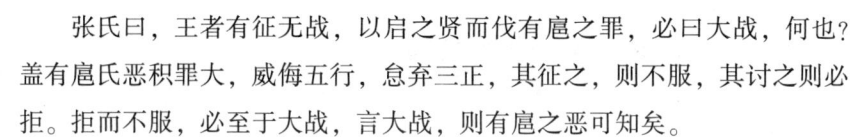

张氏曰，王者有征无战，以启之贤而伐有扈之罪，必曰大战，何也？盖有扈氏恶积罪大，威侮五行，怠弃三正，其征之，则不服，其讨之则必拒。拒而不服，必至于大战，言大战，则有扈之恶可知矣。

东莱曰，有扈负固强盛，几与天子之势均体敌，其与有苗弗率，禹徂征之气象自不同。

11.（宋）陈经《尚书详解》卷十《汤誓商书·汤誓》

启与有扈战于甘之野，作《甘誓》。大战于甘，乃召六卿。

有扈氏，夏之同姓之国。尧、舜传贤，至禹传子，故有扈氏以为我亦夏之同姓，不得有天下，而启得有天下，不能无不平之心。因此而拒王命。王者，有征无战，天子讨而不伐，岂闻诸侯敢与天子战乎。夫子叙此书，直言启与有扈战于甘之野，则知有扈氏有无王之心，视天子如侪匹，以一国之微，敢与天子抗，则其阴谋为叛逆之事，已非一日之积矣。甘，乃有扈之郊。至甘而誓，故曰《甘誓》，誓者所以戒众人，使之重其事，而整齐其心力也。

"大战于甘，乃召六卿"，古者，命将皆公卿之列，六卿者，六乡之众，无事则为比、闾、族、党、州、乡，有事则为伍、两、卒、旅、军、师。古者，文武一道，其将皆公卿，其卒皆农民。知有礼义，知有君臣上下，其民易使。汉世有此意，三公可将，九卿可将，郡守可将，不若后世，文、武分为两途，能用兵者，数人而止，将臣所以多跋扈，其卒既非农民，此兵所以多叛逆。

12.（宋）钱时《融堂书解》卷四《夏书·甘誓》

启与有扈战于甘之野，作《甘誓》。

《史记》曰，有扈氏，禹之后。启立，有扈氏不服，故伐之。观大战之情状，必有素谋，必有凭恃，必有党与，必非仓卒。苟为抗逆之计，孔子序《书》，书"战"，而不书"大"，所以微寓意于君臣之大分。不曰有扈何罪，不曰夏王，不曰征，而独曰"启与有扈战于甘之野"，春秋责贤者备其旨深矣，若有扈之罪则固不待言也。

13.（宋）魏了翁《尚书要义》

（原阙）

14.（宋）陈大猷《书集传或问》卷上《甘誓》

或问，禹言"予荒度土功，启呱呱而泣，予弗子"，夫启生于治水之时，而益与禹共艰鲜食。禹治水在舜摄位之初，舜摄位三十年，即位五十载而后禹嗣位，禹荐益于天七年，而后启嗣位，于时启当八十余岁，乃尧舜禅位之年也，而益之年又逾于禹多矣，岂不可疑乎？曰，文王寿九十七，方其受命作周，已逾八十。武王寿九十三克商，二年而崩，其时亦九十矣。卫武公九十而戒于国，穆王享国百年而作《吕刑》，古之圣贤，年弥高，德弥邵，又适当天下之责，固不得辞，非可与后世例论，而疑其老也。

15.（宋）胡士行《尚书详解》卷三《夏书·甘誓第二》

启与有扈（有扈，以尧舜与贤，而启继父遂不臣），战于甘（地）之野，作《甘誓》（军旅曰誓，会同曰诰）。

读书必识时变。三圣相承浑然无间，有苗之征未尝战也，曰与，曰战，扈直与启抗，若势均力敌者，与徂征气象有间矣。

16.（元）吴澄《书纂言》卷二《夏书·甘誓》

（归善斋按，未解）

17.（元）陈栎《书集传纂疏》卷二《朱子订定蔡氏集传夏书·甘誓》

（归善斋按，未解）

18.（元）许谦《读书丛说》卷四《夏书·甘誓》

（归善斋按，未解）

19.（元）董鼎《书传辑录纂注》卷二《夏书·甘誓》

（归善斋按，未解）

20.（元）朱祖义《尚书句解》卷三《夏书·甘誓第二》

启与有扈战于甘之野（有扈氏，夏同姓诸侯之国，跋扈不臣。天子有征无战。今启乃与有扈战于甘之野郊，其罪恶可知也），作《甘誓》（誓师于甘，遂作《甘誓》之书）。

21.（明）王樵《尚书日记》卷六《夏书·甘誓》

序曰，启与有扈战于甘之野，作《甘誓》。

陆氏曰，启，禹子，嗣禹为天子。扈，音户，有扈国名，与夏同姓。马云，姒姓之国，为无道者。按京兆鄠县，即有扈之国也。甘，有扈郊地名。马云，南郊地也。甘水，名在今鄠县西。誓，马云，军旅曰誓，会同曰诰。正义曰，《曲礼》云，约信曰誓，将与敌战，恐其损败，与将士设约，示赏罚之信也。将战而誓，是誓之大者。礼，将祭而号令，齐百官，亦谓之誓。《周礼·太宰》云，祀五帝，则掌百官之誓戒。郑玄云，誓戒，要之，以刑重失礼也。蔡氏曰，《史记》曰启立，有扈不服，遂灭之。唐孔氏因谓尧、舜禅承，启独继父，以此不服，亦意之耳。《左传》昭公元年，赵孟曰，虞有三苗，夏有观扈，商有姺邳，周有徐、奄，则有扈亦三苗、徐奄之类也。

正义曰，《甘誓》《牧誓》《费誓》皆取誓地为名；《汤誓》举其王号，《泰誓》不言"武誓"者，皆史官不同，故立名有异尔。《泰誓》未战而誓故，别为之名。《秦誓》自悔而誓，非为战誓，故举其国名。

22.（清）库勒纳等撰《日讲书经解义》卷三《夏书·甘誓》

（归善斋按，未解）

(清)孙之騄辑《尚书大传》卷一《甘誓传》

战者,惮警之也(《白虎通》《艺文类聚》)。

(清)蒋廷锡《尚书地理今释·夏书·甘誓》

《甘誓》。

甘,今陕西西安府鄠县(本夏扈国,秦改扈为鄠)有甘亭。《元和志》云,甘亭在县西南五里,夏启伐有扈,誓师于甘之野,即此处也。

《甘誓》

(汉)孔氏传、(唐)陆德明音义、孔颖达疏《尚书注疏》卷六《夏书·甘誓》

传,甘,有扈郊地名,将战先誓。

疏:

正义曰,发首二句,叙其誓之由。其"王曰"已下,皆是誓之辞也。《曲礼》云,"约信"曰"誓",将与敌战,恐其损败,与将士设约,示赏罚之信也。将战而誓,是誓之大者。礼,将祭而号令齐百官,亦谓之"誓"。《周礼·大宰》云,祀五帝,则掌百官之誓戒。郑玄云,誓戒,要之,以刑重失礼也。《明堂》云,所谓各扬其职,百官废职,服大刑,是誓辞之略也。彼亦是约信,但小于战之誓。马融云,军旅曰誓,会同曰诰。诰、誓,俱是号令之辞,意小异耳。传正义曰,《地理志》扶风鄠县,古扈国,夏启所伐者也。鄠、扈音同。未知何时改也。启伐有扈,必将至其国乃出兵与启战,故以甘为有扈之郊地名。马融云,甘,有扈南郊地名。计启西行伐之,当在东郊。融,则扶风人,或当知其处也。将战先誓,誓是临战时也。《甘誓》《牧誓》《费誓》,皆取誓地为名。《汤誓》举其王号。《泰誓》不言"武誓"者,皆史官不同,故立名有异耳。《泰誓》未战而誓,故别为之名。《秦誓》自悔而誓,非为战誓,自约其心,故举其国名。

《尚书注疏》卷六《考证》

《甘誓》疏，其"王曰"以下皆是誓之辞也。

"王曰"，监本讹"至国"，从古本改正。又未知何时改也，时讹，故从《毛本》改正。

（宋）林之奇《尚书全解》卷十二《夏书·甘誓》

《甘誓》。

古者，将欲整齐其众而用之，则必有誓，而尤严于军旅，故书有六体，誓居其一焉。大抵为誓师而作也。《周官》士师之职，以五戒先后刑罚，一曰誓，用之于军旅。军旅之有誓，盖所以宣言其讨罪之意，谨其坐作进退之节，而示之以赏刑之必信，帝王之世所不能废也。故禹、启、汤、武皆有之。甘者，所誓之地，故因以名篇，亦犹《牧誓》《费誓》也。

（宋）蔡沈《书经集传》卷二《夏书·甘誓》

《甘誓》。

甘，地名，有扈氏国之南郊也，在扶风鄠县。誓，与禹征苗之誓同义，言其讨叛伐罪之意，严其坐作进退之节，所以一众志，而起其怠也。誓师于甘，故以"甘誓"名篇。书有六体，誓其一也。今文古文皆有。

按，有扈，夏同姓之国。《史记》曰，启立，有扈不服，遂灭之。唐孔氏因谓，尧、舜受禅，启独继父，以是不服，亦臆度之耳。《左传》昭公元年，赵孟曰，虞有三苗，夏有观扈，商有姺邳，周有徐奄，则有扈，亦三苗、徐奄之类也。

（宋）陈经《尚书详解》卷七《夏书·甘誓》

此篇，其一，当看世变愈下；其二，当看启贤能继禹之道，深知用兵曲折；其三，当看古人军政素备，临事简而不烦。自尧、舜、禹三圣，皆以揖逊而治，至启而行征伐。舜征有苗，特曰"汝徂征"而已，至此而有扈诸侯，敢以抗天子。禹乃会群后誓于师，数言而止耳，至此而作一篇之誓，又且及于赏罚之严，风俗之变，启之时自与尧、舜之时不同矣。圣人观会通行，典礼则亦不得不随时制宜，又见得禹之所以教其子，与启之所以继其父者，家法相传，识体用本末之学虽微，而征战之事行阵之间，无不一一周知。后世俗儒以文、武为两途，遂窃圣人短于军旅之事以借口，又当看古人军政素备，观其与有扈大战于甘，六卿皆召，六军皆行，合七万五千人，亦非细事也，粮食器械，不戒约而自备，所誓之言，特及于行伍之整齐。若非平时预备有素，仓卒之际，岂不失措。合此三者，以观则一篇之义，无余蕴矣。

（元）吴澄《书纂言》卷二《夏书·甘誓》

《甘誓》。

甘，地名，有扈氏国之南郊也。誓者，以言戒励之也。誓师于甘，故以"甘誓"名篇。

（元）陈栎《书集传纂疏》卷二《朱子订定蔡氏集传夏书·甘誓》

《甘誓》。

甘，地名，有扈氏国之南郊也，在扶风鄠县。誓，与禹征苗之誓同义，言其讨叛伐罪之意，严其坐作进退之节，所以一众志，而起其怠也。誓师于甘，故以"甘誓"名篇。《书》有六体，誓其一也。今文古文皆有。案，有扈，夏同姓之国。《史记》曰，启立，有扈不服，遂灭之。唐孔氏因谓尧舜受禅，启独继父，以是不服，亦臆度之耳。《左传》昭公元年，赵孟曰，虞有三苗，夏有观扈，商有姺邳，周有徐、奄，则有扈亦三苗、徐、奄之类也。

纂疏：

愚谓，禹征苗已有誓专书一篇，则自此始可观世变矣。

（元）董鼎《书传辑录纂注》卷二《夏书·甘誓》

《甘誓》。

甘，地名，有扈氏国之南郊也，在扶风鄠县。誓，与禹征苗之誓同义，言其讨叛伐罪之意，严其坐作进退之节，所以一众志而起其怠也。誓师于甘，故以"甘誓"名篇。书有六体，誓其一也。今文、古文皆有。案，有扈，夏同姓之国。《史记》曰，启立，有扈不服，遂灭之。唐孔氏因谓尧、舜受禅，启独继父，以是不服，亦臆度之耳。《左传》昭公元年赵孟曰，虞有三苗，夏有观扈，商有姺邳，周有徐、奄，则有扈亦三苗、徐、奄之类也。

纂注：
《左传释音》，观，去声；姺，先上声，又洗。邳，音皮。

（元）朱祖义《尚书句解》卷三《夏书·甘誓第二》

《甘誓第二》（启，禹之子，因征有扈氏，将战于甘之野，先于其野以誓众，故其书谓之"甘誓"）。

《甘誓》（此二字竹简所标题）。

（清）库勒纳等撰《日讲书经解义》卷三《夏书·甘誓》

《甘誓》。

此一篇书，是史臣记夏王启，亲征有扈国，誓师于甘之言，因以名篇。

（元）陈师凯《书蔡氏传旁通》卷二《夏书·甘誓》

甘，地名，有扈氏国之南郊也，在扶风鄠县。

《寰宇记》云，秦改为鄠。今县有扈乡，复有扈谷亭，又有甘亭是也。

严其坐作进退之节。

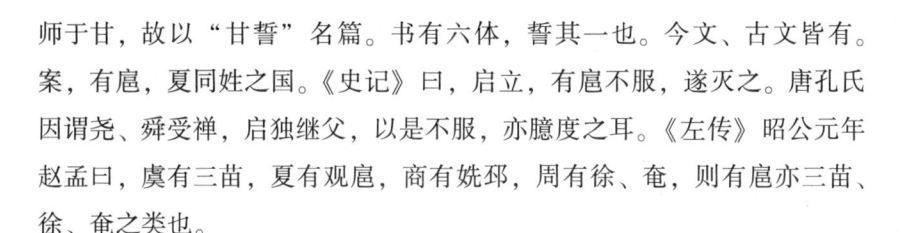

《周礼·大司马》，中春，教振旅以教，坐作进退，疾徐疏数之节；中冬，教大阅群吏，各帅其民，质明弊旗，乃陈车徒，如战之陈，皆坐群吏，听誓于陈前，斩牲以左右徇，曰不用命者斩之。鼓人三鼓，群吏作旗，车徒皆作。鼓行鸣镯，车徒皆行，及表乃止。三鼓摝铎，群吏弊旗，车徒皆坐，又三鼓，振铎作旗，车徒皆行，鼓进鸣镯，车骤徒趋，及表乃止，坐作如初，乃鼓车驰徒走，及表乃止。鼓戒三阕，车三发，徒三刺，乃鼓退鸣铙且郤，及表乃止，坐作如初。此可见坐作进退之节矣。弊，仆也。

夏有观扈，商有姺、邳，周有徐、奄。

杜预《左传》注云，观，国，今顿丘卫县。观，陆氏，音馆。姺、邳二国，商诸侯，邳，今下邳。姺，西典反。徐、奄二国，皆嬴姓。

（明）马明衡《尚书疑义》卷二《夏书·甘誓》

观《甘誓》之言，可以见启能敬承继禹之道矣。说者以为，启虽承禹传道之后，而干戈行阵之事，亦曾从家学，素讲明来。又以为，禹固不以天下为无事而不训以兵；启亦不以天下为无事，而不习于兵，此皆不知本原之论也。倡平居习兵之说，为害不小。圣人岂如是哉。盖圣人之治天下，固自有体。观《周礼·大司马》，春搜夏苗，秋狝冬狩之法，皆非无事习兵，而习兵之法，未尝不在此，有国之大体也。启既能敬承继禹之道大体，岂有不知，岂待拳拳于家庭，而专以讲习兵革为事哉。此说，愚惧其失而贻害也，故为论之。

（明）陈泰交《尚书注考》

《甘誓》。

训甘，地名。"甘酒嗜音"，训"甘嗜"，皆无厌也。

（清）毛奇龄《尚书广听录》卷二《夏书·甘誓》

书序夏启作《甘誓》，而《庄子》《说苑》俱谓，禹攻有扈。《吕氏春秋》又谓，夏后相与有扈战于甘。独《史记》云，启立，有扈不服，遂灭之。此主书序说也。其后冯衍赋"讯夏启于甘泽兮，伤帝典之首倾"，亦谓是启事。若王逸注《天问》，既以"有扈牧竖"，"击床先出"，为启攻有扈，亲于床上击杀之，又以终毙有扈，为浇灭夏后相，相遗腹子少康，仍灭有扈，则既以为启，又以为相之子，自相矛盾，且与《吕览》"夏后相，与有扈战甘"之说，亦同亦异。汉儒解经之难据如此。

（清）朱鹤龄《尚书埤传》卷七《夏书·甘誓》

《甘誓》。

吴泳曰，此篇仅八十字，而其间六军之制，车乘之法，赏刑之典，靡不毕备。启之习于兵如此,岂非得之贻谋之善欤。

大战于甘,乃召六卿

1. (汉)孔氏传、(唐)陆德明音义、孔颖达疏《尚书注疏》卷六《夏书·甘誓》

大战于甘,乃召六卿

传,天子六军,其将皆命卿。

音义:

将,子匠反。

疏:

正义曰,吏官自先叙其事。启与有扈大战于甘之野,将欲交战,乃召六卿,令与众士俱集。

传正义曰,将战而召六卿,明是卿为军将。天子六军,其将皆命卿,《周礼夏官》序文也。郑玄云,夏亦然,则三王同也。经言"大战"者,郑玄云,天子之兵,故曰"大"。孔无明说。盖以六军并行,威震多大,故称"大战"。卿为军将,故云"乃召六卿",及其誓之,非六卿而已。

2. (宋)苏轼撰《书传》卷六《夏书·甘誓第二》

大战于甘,乃召六卿。

天子六师,其将皆命卿。

3. (宋)林之奇《尚书全解》卷十二《夏书·甘誓》

大战于甘,乃召六卿。

案,《大司马法》,凡制军,万二千五百人为军。王六军,大国三军,次国二军,小国一军。军将皆命卿,"乃召六卿"者,王之六卿皆行也。李子真曰,此所谓六卿,非自冢宰至于司空之六卿也。《周礼·地官》乡大夫,每乡卿一人,盖王之六乡,别有此六卿。平居无事,则各掌其乡之政，教禁令，属于大司徒；有事出征，则率其乡之万二千五百人而为之将，属于大司马。所谓军将皆命卿，即此卿也。若以王朝之六卿，即当用兵之时，大司马主军政。冢宰而下，无缘，亦属于司马，故凡战而言六卿者，皆六乡之六卿也。此论得之。六卿，皆行而誓师于甘之野，则是天子亲率六师而征之也。天子亲征，六卿各率其乡之师以从，故其战谓之大战，盖举国而伐之也。扈之威强，至于举国而伐之，是其势将与京师抗衡，而方伯连率之力，所不能讨。启之是行也，社稷之安危，盖系于此矣。然则，其用兵者，岂得已而不已者乎？

4. （宋）史浩《尚书讲义》卷五《夏书·甘誓》

《甘誓》。

大战于甘，乃召六卿。王曰，嗟！六事之人，予誓告汝。

天子躬冒矢石，六卿皆从，不谓之大战可乎？《周官·士师》一曰誓，用之军旅。天子六军，其将皆命卿。今观诸此，此法非始于周，始于夏也。夫以至仁，伐至不仁；以至义，伐至不义，势若雷霆之震，万钧之压，况已及其郊，宜乎贾勇矜能，德色谇语，见于颜面，顾乃咨嗟以告六事之人，则王者用兵，诚非得已也。以不得已之心而用之，兹其所以为行天之罚欤。

5. （宋）夏僎《尚书详解》卷九《夏书·甘誓》

《甘誓》。

大战于甘，乃召六卿，王曰，嗟！六事之人，予誓告汝。有扈氏，威侮五行，怠弃三正。天用剿绝其命。今予惟恭行天之罚。

《周官·大司马》，万二千五百人为军，王六军，大国三军，次国二军，小国一军。军将皆命卿。今启召六卿，则六军皆行也。季氏谓，此六卿非自冢宰至司空也。《周礼·地官·乡大夫》每乡卿一人，盖王之六卿，别有所任。惟此六卿，无事则各掌其乡之政。今属于大司徒。有事则率其乡之万二千五百人出征，属于大司马，所谓"乃召六卿"，即此卿也。若以为王朝六卿，则用兵时大司马以主军政，冢宰而下无缘亦属焉，此说得之。今启征有扈，至于亲率六乡之人以出，则有扈之国，其负固不服，敢与天子抗衡，而方伯连率不能讨，故战谓之大战，又何疑焉？启将战于甘,乃先事召六卿而誓之,所以责其用命也。然上既言"召六卿",而下乃言"嗟!六事之人"者,盖六事之人,乃属六卿之军吏、士卒也。盖下文戒左右与御,是遍敕在军之士,步卒亦在其中。故上"召六卿",召其将,使率众而来也。下"嗟六事之人",则总誓其众也。启既"嗟六事之人",使听誓言,于是遂数有扈之罪,谓有扈所以可伐者,以其"威侮五行,怠弃三正",上为天所剿绝,故我今日之事,非我之私也,奉将天罚而已。苏氏谓,王者各以五行之德,而王改正朔,易服色,自舜以前,有子丑为正者。有扈不用夏之正朔、服色,是叛也,故曰"威侮五行,怠弃三正"。其意,则以此五行为五德之传,以此三正为子丑寅之正。有扈不肯承夏之正朔,故启伐之。此论五行、三正甚切近。

林少颖则谓,商世方有改正朔,易服色之事,在夏未有。苏氏此说某未敢以为然。窃谓有扈夏同姓之国,其骄蹇跋扈,而不可制。废尊尊之义,失亲亲之恩。启声说其罪,言"威侮五行,怠弃三正",此义不必求之太深。要之,但废三纲五常,以为是昏迷耳。威侮者,专其威虐,以侮慢之也。怠弃者,怠慢而废弃之也。少颖此说甚平易。但经言五行、三正,恐难以为三纲五常,当从苏氏说,则解五行、三正为切近。若谓改正朔,易服色,非夏时事,考董仲舒谓,舜绍尧,顺天道,改正朔,易服色,此非夏时事乎?五行、三正,盖天所以命人君,使所以君天下者。今有扈威侮而怠弃之,宜其获罪于天,而天绝之矣,故言"天用剿绝其命",剿,截也,剿绝,谓剿而绝之,犹言殄灭也。惟其为天所剿绝,故启之伐,乃敬行天罚,非己所私也。林少颖谓,经载誓师之言,无不以行天罚为辞,盖苟非行天罚而用兵,是志于杀人而已,何以为后世法,此说是也。

6. (宋)时澜《增修东莱书说》卷六《夏书·甘誓第二》

大战于甘,乃召六卿。王曰,嗟六事之人,予誓告汝。有扈氏威侮五行,怠弃三正。天用剿绝其命,今予惟恭行天之罚。

"大战于甘"者,陵抗不疑,故敢大战,尤见气象,与上世异也。"乃召六卿"者,六卿兼统六师,无事则为六卿,有事则为六师也。先儒谓，司马掌兵，何为临时亦分统一师，必别有所谓六卿，非也。六卿分职，司马主兵，官制也。六卿并将，司马帅一，兵制也。两不相妨，见官兵之制，此时已定，成周润色而已。"王曰，嗟！六事之人"，服事于六军者也。"予誓告汝"，誓告六军之众也。声有扈之罪，使明知之五行之气，散在天地之间。秀者为人，偏者为万物。有扈残虐生民，暴殄万物，威侮之实也。三正者，天、地、人之正理。其名虽三，其理则一。在我自暴自弃，则天地之正理皆怠弃而不存，万恶之本原也。启不历数有扈之罪，自其本原言之，五行、三正已皆侮弃，则其为恶，何所不至。方有扈弃侮之时，天已绝其命，至是惟恭行天罚而已，非有私意于其间也。

7.（宋）黄度《尚书说》卷二《夏书·甘誓》

大战于甘。

乱臣贼子，世固有之，不得已至于讨伐，已非盛事，而况至亲骨肉哉。故史不复书其所由战之故。

乃召六卿，王曰嗟六事之人，予誓告汝。有扈氏，威侮五行，怠弃三正。天用剿绝其命。今予惟恭行天之罚。左不攻于左，汝不恭命；右不攻于右，汝不恭命。御非其马之正，汝不恭命。用命赏于祖，不用命戮于社。予则孥戮汝。

召六卿使听誓也。六事，言各有军事也。数扈之罪，以誓告军帅，然后中军出号令。司马左右陈行，而以天子之命誓之。各行有司之事，《常武》可考。鲧汩陈五行，彝伦攸致。《洪范》九畴，初一曰五行。三正，子、丑、寅之正也。三正其来久矣。禹与子而天下归之启。历数在躬，历数起于五行、三正，举而措之天下之民，谓之事业者也。五行，扈威侮之；三正，扈怠弃之。称兵以抗天子，是为威武之实。怠慢弃灭，不禀正朔。其誓辞只二语，见扈为反叛，逆天害理，故天剿之。剿，截也，断截绝灭之也。恭行天罚，是为天吏，故曰启贤能，敬承禹之业。一车甲士三人，左射，右执兵，御主马政，作一车之将。右与御佐之。张侯曰，此车一人殿之，可以集事射人，曰使有爵者乘王之倅车盖将选也。攻，治也，各治其事，谓之共命。王良曰，吾为之范，我驰驱终日，而不获一；为之诡遇，一朝而获十。诡遇，御非其正之谓也。师以持重为不可胜，进退动

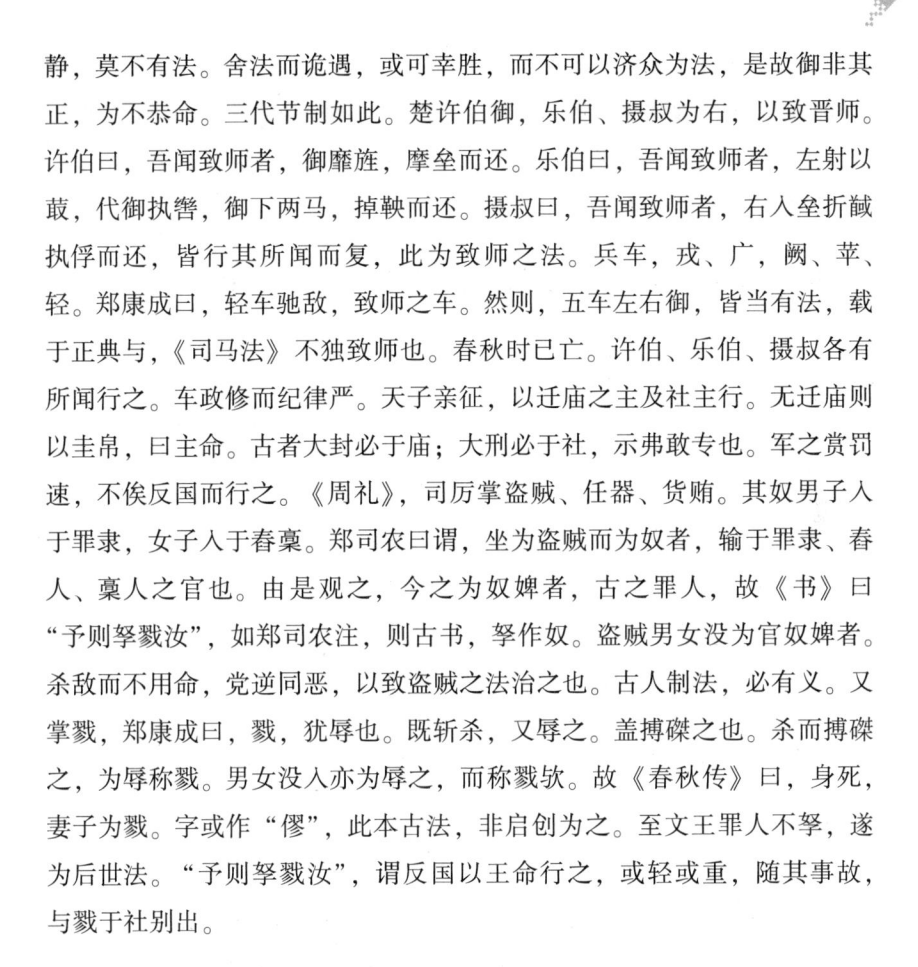

静，莫不有法。舍法而诡遇，或可幸胜，而不可以济众为法，是故御非其正，为不恭命。三代节制如此。楚许伯御，乐伯、摄叔为右，以致晋师。许伯曰，吾闻致师者，御靡旌，摩垒而还。乐伯曰，吾闻致师者，左射以菆，代御执辔，御下两马，掉鞅而还。摄叔曰，吾闻致师者，右入垒折馘执俘而还，皆行其所闻而复，此为致师之法。兵车，戎、广、阙、苹、轻。郑康成曰，轻车驰敌，致师之车。然则，五车左右御，皆当有法，载于正典与，《司马法》不独致师也。春秋时已亡。许伯、乐伯、摄叔各有所闻行。车政修而纪律严。天子亲征，以迁庙之主及社主行。无迁庙则以圭帛，曰主命。古者大封必于庙；大刑必于社，示弗敢专也。军之赏罚速，不俟反国而行之。《周礼》，司厉掌盗贼、任器、货贿。其奴男子入于罪隶，女子入于舂槀。郑司农曰谓，坐为盗贼而为奴者，输于罪隶、舂人、槀人之官也。由是观之，今之为奴婢者，古之罪人，故《书》曰"予则孥戮汝"，如郑司农注，则古书，孥作奴。盗贼男女没为官奴婢者。杀敌而不用命，党逆同恶，以致盗贼之法治之也。古人制法，必有义。又掌戮，郑康成曰，戮，犹辱也。既斩杀，又辱之。盖搏磔之也。杀而搏磔之，为辱称戮。男女没入亦为辱之，而称戮欤。故《春秋传》曰，身死，妻子为戮。字或作"僇"，此本古法，非启创为之。至文王罪人不孥，遂为后世法。"予则孥戮汝"，谓反国以王命行之，或轻或重，随其事故，与戮于社别出。

8. （宋）袁燮《絜斋家塾书钞》卷四《夏书·甘誓》

《甘誓》。

大战于甘，乃召六卿。

说者谓，六卿，非王朝之六卿、大夫。若谓王朝六卿。则冢宰而下，不应属大司马矣。此盖不深知《周礼》而妄为之说。所谓六卿，即王朝之六卿也。平居无事，冢宰固尊，司马固卑。至于行军用师，则权在司马，故虽冢宰亦属焉。《周礼》六卿皆然。宗伯掌礼，凡属礼之事皆宗伯主之；司徒掌教，凡属教之事，皆司徒主之；司马掌兵，则用兵之时，虽冢宰固亦惟司马之命是听也。只观大宗伯，凡朝觐会同，则为上相，知朝觐会同以宗伯为上相，则知用兵以司马为主。凡自冢宰以下，皆属焉，夫复何疑。且王朝之六卿，即六乡之大夫也。《周礼》注谓，六卿，内与六官之事，外兼六乡之教，此语极当，无事，则六卿分主六乡，有急则调发六乡之民以为兵。而六卿为军将，故曰，军将皆命卿。以此观之，所谓六卿者，即王朝之六卿明矣。

9. （宋）蔡沈《书经集传》卷二《夏书·甘誓》

大战于甘，乃召六卿。

六卿，六乡之卿也。按《周礼·乡大夫》，每乡卿一人，六乡六卿，平居无事，则各掌其乡之政教禁令，而属于大司徒；有事出征，则各率其乡之一万二千五百人，而属于大司马，所谓军将皆卿者是也，意夏制亦如此。古者，四方有变，专责之方伯。方伯不能讨，然后天子亲征之，天子之兵有征无战。今启既亲率六军以出，而又书大战于甘，则有扈之怙强稔恶，敢与天子抗衡，岂特《孟子》所谓六师移之者。《书》曰大战，盖所以深着有扈不臣之罪，而为天下后世诸侯之戒也。

10. （宋）黄伦《尚书精义》卷十三《夏书·甘誓》

《甘誓》。

大战于甘，乃召六卿。

无垢曰，古之将兵，皆付之儒者。《礼》曰"天子六军，其将皆命卿"是也。夫兵事付儒者，则所率之兵，皆知礼义，皆知臣子之分，皆知上下之理。观启出有扈不意，直至城下，当时六卿之谋，亦已深矣。

又曰，盖临战之时，不有以警惧之，则勇气不振，群心不肃，有生之志，无死之心，所以号令严明，约束果断，以示必行，毋有轻赦，所以济众志，一群心也。

11. （宋）陈经《尚书详解》卷十《汤誓商书·汤誓》

（归善斋按，见"启与有扈战于甘之野，作《甘誓》"）

12. （宋）钱时《融堂书解》卷四《夏书·甘誓》

大战于甘，乃召六卿。王曰，嗟！六事之人，予誓告汝。有扈氏，威侮五行，怠弃三正，天用剿绝其命。今予惟恭行天之罚。

先书"大战于甘"，而后书"乃召六卿"者，非大战而后始誓师也。看得启之战初，亦易之，谓临之以兵，必可詟服，且因以弭四方反侧之谋耳。不意其陆梁如此也，师薄城下，傲然抗逆，略无君臣之分，且将出而与我大合战。启于是始不敢轻视，始召六卿来前，而严饬之，故曰乃召六卿。若未逆命，而班师，敷文德，而舞干羽，则无此大战矣。自古世代革易，取五行迭王，如木德王，火德王之类。夏水德，月建寅，威侮而怠弃之，是不用夏之正朔也。

13.（宋）魏了翁《尚书要义》

（原阙）

14.（宋）陈大猷《书集传或问》卷上《甘誓》

（归善斋按，未解）

15.（宋）胡士行《尚书详解》卷三《夏书·甘誓第二》

《甘誓》。大战（战至于大，尤见扈陵抗）于甘，乃召六卿（冢宰、司徒、宗伯、司马、司寇、司空，无事为六卿，有事则分掌六师。六卿分职，司马主兵，官制也，六卿并将，司马师一，兵制也，见官、兵之制夏时已然，成周润色之而已。夏云，《周礼·乡大夫》每乡，卿一人，各率其乡之人，属大司徒，非冢宰以下之六卿）。王曰，嗟！六事（服役六军）之人（天子六军），予誓告汝。有扈氏威（虐）侮（慢）五行，怠弃三正（天、地、人），天用剿（截）绝其命，今予惟恭行天之罚。

五行之气散在天地间，秀者为人，偏者为万物。扈残民殄物，威侮之实也。天、地、人之正理，贯通为一，怠弃不存，是自绝其天也。自绝，则天绝之。启奉天讨而已。一云，王者以五行之德，王三正。夏建寅，商建丑，周建子，易服色，改正朔也。

16.（元）吴澄《书纂言》卷二《夏书·甘誓》

大战于甘，乃召六卿。

交兵，曰战。六卿，六乡之卿也。"召"之者，将誓也。《周官》，每乡，卿一人。六乡六卿，平居无事，则各掌其乡之政教禁令，而属之大司徒；有事出征，则各率其乡之一军，而属之大司马。所谓"军将皆卿"是也。意夏制亦或相似。古者，四方有变，专责之方伯。方伯不能讨，然后天子亲征。天子之兵有征无战。今启亲率六军，造其城下，有扈之敢抗天子，交兵大战，若势均体敌。然视尧、舜、禹三圣相承之时，气象有间矣。

17.（元）陈栎《书集传纂疏》卷二《朱子订定蔡氏集传夏书·甘誓》

大战于甘，乃召六卿。

六卿，六乡之卿也。案《周礼》，卿，大夫，每乡卿一人，六乡六卿，平居无事，则各掌其乡之政教禁令，而属于大司徒。有事出征，则各率其乡之一万二千五百人，而属于大司马，所谓军将皆卿者是也，意夏制亦如此。古者，四方有变专责之方伯，方伯不能讨，然后天子亲征之。天子之兵，有征无战，今启既亲率六军以出，而又书"大战于甘"，则有扈之怙强稔恶，敢与天子抗衡，岂特《孟子》所谓"六师移之"者。《书》曰"大战"，盖所以深着有扈不臣之罪，而为天下后世诸侯之戒也。

纂疏：

季氏曰，六卿，非冢宰至司空之六卿也。证之《周礼》王之六乡，别有此六卿。若以为六卿分职之六卿，无缘冢宰亦属于司马，知其非也。愚谓，此书固见有扈之不臣，亦见启之犹能为君。

18.（元）许谦《读书丛说》卷四《夏书·甘誓》

（归善斋按，未解）

19.（元）董鼎《书传辑录纂注》卷二《夏书·甘誓》

大战于甘，乃召六卿。

六卿，六乡之卿也。案《周礼·乡大夫》，每乡，卿一人，六乡六卿，平居无事，则各掌其乡之政教禁令，而属于大司徒；有事出征，则各率其乡之一万二千五百人，而属于大司马，所谓"军将皆卿者"是也，意夏制亦如此。古者，四方有变，专责之方伯，方伯不能讨，然后天子亲征之。天子之兵，有征无战。今启既亲率六军以出，而又书"大战于甘"，则有扈之怙强稔恶，敢与天子抗衡，岂特《孟子》所谓"六师移之"者。《书》曰"大战"盖所以深着有扈不臣之罪，而为天下后世诸侯之戒也。

纂注：

李氏曰，六卿，非自冢宰至司空之六卿也。《周礼》云云见传，盖王之六乡别有此六卿也。若以为六卿分职之六卿，无缘冢宰，亦属于司马，知其非也。

新安胡氏曰，此书固见有扈之不臣，亦见启之尚能为君。

20.（元）朱祖义《尚书句解》卷三《夏书·甘誓第二》

大战于甘（大战于甘之野），乃召六卿（天子六乡，每乡卿一人，有事则各率其乡之万二千五百人出征，今启召六卿，是合七万五千人）。

21.（明）王樵《尚书日记》卷六《夏书·甘誓》

大战于甘，乃召六卿。

天子之兵，有征无战，扈抗王师，故书"大战"。

《周礼·乡老》二乡，则公一人。郑氏曰，三公，内，与王论道；中，参六官之事；外，与六乡之教。如郑氏之说，此公即论道之三公，则每乡卿一人，岂即六卿而分领六乡耶。此二项叙官，有其文而后无其职。观《小司徒》之职云颁比法于六乡之大夫，岁终则考属官之治成而诛赏；《乡大夫》之职云受教法于司徒，则乡官自大夫而下，属于司徒，而受其比法、教法，听其诛赏，此为乡吏之常职。而所谓二乡则公一人，每乡卿一人者，乃公卿分领乡事，而非乡官也，别无六乡之卿。平居无事属于大司徒；有事出征，属于大司马也。"军将皆命卿"，此《周礼》之文。郑氏曰，军帅不特置，选于六官六乡之吏。今以《书》考之，《泰誓》《牧誓》皆呼司徒、司马、司空，彼之三卿，即此之六卿，平时军将，皆命卿，况天子亲征，六卿必从可知。郑氏以军帅选于六官、六乡之吏，则固六官为首，乡吏次之，而此之六卿，必非乡官也。况夏之官制，与成周同异不可知，故惟孔说为当。

22.（清）库勒纳等撰《日讲书经解义》卷三《夏书·甘誓》

大战于甘，乃召六卿。王曰，嗟！六事之人，予誓告汝。有扈氏，威侮五行，怠弃三正。天用剿绝其命，今予惟恭行天之罚。

此三节书是，史臣记夏王启誓师于甘，而因载其誓词。先言讨叛伐罪之意也。甘，地名，有扈氏国之南郊也。六卿，是六乡之卿。古者，天子六军，卿其军将也。六事之人，指六卿以下，凡有事于六军之人也。威，暴殄也。侮，轻忽也。夏史臣曰，夏王启继大禹即位，诸侯有扈氏不服，夏王启亲率六军征之。有扈恃强抗衡，遂大战于其国之甘地。夏王启乃于将战时，召六军之将，而誓戒之。夏王启嗟叹以誓曰，尔六卿，及凡有事于六军之人，我今誓戒告汝，以有扈氏之罪，水火木金土之五行，资于民生，乃侯国所当节慎，有扈氏暴殄轻忽之，不顺天时，以虐下。子、丑、寅之三正颁自王朝，乃侯国所当遵守，有扈氏怠慢废弃之，不奉正朔，而背上，以此获罪于天，天用剿绝其命，今我率师讨罪，惟敬行天之罚而已，岂敢轻于用武哉？史书"大战"所以深着有扈之不臣。盖诸侯守国，尊王制，重民用，即所以敬天职也。夏王启以"威侮"、"怠弃"责之，可谓得讨罪之正矣。

（元）陈师凯《书蔡氏传旁通》卷二《夏书·甘誓》

六卿，六乡之卿也。案《周礼·乡大夫》每乡，卿一人，六乡六卿，有事出征，则各率其乡之一万二千五百人，而属于大司马，所谓军将皆卿也。

《司马法》曰，王国百里为郊，六乡在焉。二百里为州，六遂在焉。每乡万二千五百家，卿一人，长之。每遂亦万二千五百家，中大夫一人长之。每军万二千五百人，六乡为正军，六遂为副军，六军共计车千乘，每乘甲士三人，步卒七十二人，通七十五人，则千乘，该七万五千人也。《夏官·司马》云，王六军，大国三军，次国二军，小国一军，军将皆命卿。

(元) 王充耘《读书管见》卷上《夏书·甘誓》

乃召六卿。

六卿，安知非王朝六卿。诸侯大国三卿，武王伐纣，故诸侯，则司徒、司马、司空，佐行天子出征，则六卿随往，亦常理耳。

(清) 朱鹤龄《尚书埤传》卷七《夏书·甘誓》

六卿。

陈启源曰，六卿，六乡之卿，即《周官》六卿也。蔡传据《周礼》甚合。《大全》引李氏之辨谓，《周官》"六卿分职"之外，别有乡大夫之六卿，此本之贾公彦《周礼》疏。今考周比、闾、族、党、州、乡之制，一乡有一卿，五中大夫，二十五下大夫，百上士，五百中士，二千五百下士。一乡之民，不过一万二千五百家，岂堪供此多官禄入耶？若总六乡计之官有六卿，三十中大夫，百五十下大夫，六百上士，三千中士，万五千下士矣。周公设官不应冗滥至此。先儒何氏谓，卿及下士大夫，皆王朝命官，兼摄比、闾、族之上、中、下士，即庶人在官者，司其任。六遂，亦然。故乡、遂诸职，独不置府史胥徒，是其明证。此说当矣。《左传》，晋侯作三军，郤縠将中军，狐偃将上军，栾枝将下军，皆正卿。鲁三军，亦以三卿将兵，为主帅。《周官》遗制，即此可考。古人文武不分，兵民合一，自应如是。李氏又疑冢宰之尊，不当下属司徒，不知地官职中，乡老与乡大夫并列焉。乡老乃三公也，尚列地官职中，况冢宰乎？且乡老既即王朝三公，则乡大夫，独非王朝六卿乎？

(清) 张英《书经衷论》卷二《夏书·甘誓》

《甘誓》(凡四条)。

禹之伐有苗仅曰"三旬，苗民逆命"，至《甘誓》始有"大战"之文。有扈，天子之诸侯也，而敢于陈师鞠旅，与天子之六卿战。后世叛乱之端，实自有扈开之。君子于此，可以观世变焉。

（清）孙之騄辑《尚书大传》卷一《甘誓传》

天子三公，一曰司徒公，二曰司马公，三曰司空公，各兼二卿（《周礼正义》《山堂考索》引《大传》）

郑玄曰，《夏书》云"六卿"者，后稷、司徒、秩宗、司马、作士、共工也。《周礼》天子六卿，与太宰、司徒同职者，则谓之司徒公；与宗伯、司马同职者，则谓之司马公；与司寇，司空同职者，则谓之司空公。一公兼二卿，举下以是称，是其中参六官之事。

王曰，嗟！六事之人

1. （汉）孔氏传、（唐）陆德明音义、孔颖达疏《尚书注疏》卷六《夏书·甘誓》

王曰，嗟！六事之人。
传，各有军事，故曰"六事"。
疏：
王乃言曰，嗟。重其事，故嗟叹而呼之。汝六卿者，各有军事之人。
传正义曰，郑玄云，变六卿言六事之人者，言军吏下及士卒也。下文戒左、右与御，是遍敕在军之士，步卒亦在其间，六卿之身及所部之人，各有军事，故"六事之人"，为总呼之辞。

2. （宋）苏轼撰《书传》卷六《夏书·甘誓第二》

王曰，嗟！六事之人，予誓告汝，有扈氏威侮五行，怠弃三正。
王者各以五行之德，王易服色，及正朔。孔子曰，行夏之时自舜以前，必有以建子、建丑为正者。有扈氏不用夏之服色、正朔是叛也，故曰"威侮五行，怠弃三正"。

3.（宋）林之奇《尚书全解》卷十二《夏书·甘誓》

王曰，嗟！六事之人，予誓告汝。

李校书论唐虞言"咨"之义，曰"咨"之为言，其后变而为"嗟"。《甘誓》曰"嗟！六事之人"，《胤征》曰"嗟！予有众"，《汤诰》曰"嗟！尔万方有众"，《泰誓》曰"嗟！我友邦冢君"，盖"嗟"者即"咨"之义也。其召之，则曰六卿，其誓之，则曰六事。郑氏谓变六卿，言六事之人者，言军吏下及士卒也。下之戒左右与御，是遍敕在军之士，步卒亦在其间，故六事之人，为总呼之辞。其说是也。"嗟！六事之人，予誓告汝"，盖呼六事之人，使皆听予之誓言也。

4.（宋）史浩《尚书讲义》卷五《夏书·甘誓》

（归善斋按，见"大战于甘，乃召六卿"）

5.（宋）夏僎《尚书详解》卷九《夏书·甘誓》

（归善斋按，见"大战于甘，乃召六卿"）

6.（宋）时澜《增修东莱书说》卷六《夏书·甘誓第二》

（归善斋按，见"大战于甘，乃召六卿"）

7.（宋）黄度《尚书说》卷二《夏书·甘誓》

（归善斋按，见"大战于甘，乃召六卿"）

8.（宋）袁燮《絜斋家塾书钞》卷四《夏书·甘誓》

王曰，嗟！六事之人，予誓告汝。有扈氏，威侮五行，怠弃三正。天用剿绝其命，今予惟恭行天之罚。

六事之人，即六卿也。今观此誓师之言，当合前后诸誓观之，又当看所以数有扈之罪者，不出"威侮五行，怠弃三正"两句。盖此两句，虽若甚微，而其所关甚大。天下万事，何者？能外得五行。《尧典》一篇，谆谆乎羲和之命。皋陶陈谟，拳拳乎抚于五辰之言。《洪范》九畴，而五行独居其首。唐、虞三代之际，于天时甚谨。凡所施为，无一事不顺天时。苟能顺之，是之谓抚；逆而行之，是之谓侮。以一岁言之，如春属木，夏属火。当春，则有春时所当为之事；当夏，则有夏时所当为之事，皆不可紊乱。此特其大纲耳。观《月令》一篇，如孟春行夏令，孟夏行秋令，变异随见，此岂可侮之。古之极治之时，阴阳和，风雨时，五谷畅茂，庶草蕃庑，凡盈天地之间，无有一毫悖戾之气者，抚于五辰之所致也。五行之不顺，天下事何往而不失其序乎？三者，天下之正理也。上顺天，下顺地，中得人，三者不可弃其一。上不顺乎天道，则风雨或时或不时，阴阳之或和或不和，皆莫之顾矣。下不顺乎地道，则地利有兴有不兴，皆莫之顾矣。中焉，人道之不修，则风俗之美恶，民生之安危，境内之治乱，一切漠焉不关于其心，是所谓"怠弃三正"也。有扈之罪，不过只是"威"与"怠"二字，狠厉威严，不以五行为事，所谓"威侮"；耽于怠荒不以三正为事，是谓"怠弃"。作威以侮五行，怠惰以弃三正。观此二字，则有扈氏之为人可知矣。既如此刚愎狠厉，又如此苟安怠惰，有此二罪，刑戮安得而不加，此天所以"剿绝其命"也。《记》曰，故天之生物，必因其材而笃焉。故栽者培之，倾者覆之。大抵有德之人，天虽欲不命，不可得；无德之人，天虽欲命之，亦不可得。所谓因其材而笃焉，咸其所自取尔。读"天用剿绝其命"之言，则知天命之绝，非天之私意也，彼自绝之也。读"恭行天罚"之言，则知今日兴师，亦非吾之私意也，天绝之也。观此，可以识二帝三王，用军行师之大端矣。如二帝三王之用师，方是天讨。后世兴兵，皆是利其土地，利其人民，何尝一一是有罪，非所谓天讨也。必使四海之内，皆曰非富天下也，此其为天讨矣。

9.（宋）蔡沈《书经集传》卷二《夏书·甘誓》

王曰，嗟六事之人，予誓告汝。

重其事，故嗟叹而告之。六事者，非但六卿，有事于六军者，皆是也。

10.（宋）黄伦《尚书精义》卷十三《夏书·甘誓》

王曰，嗟！六事之人，予誓告汝。有扈氏，威侮五行，怠弃三正，天用剿绝其命，今予惟恭行天之罚。左不攻于左，汝不恭命；右不攻于右，汝不恭命；御非其马之正，汝不恭命。用命赏于祖；不用命戮于社。予则孥戮汝。

无垢曰，当益避启于箕山之阴，朝觐、狱讼者，不之益，而之启，曰吾君之子也。讴歌者，不讴歌益，而讴歌启，曰吾君之子也。人心爱启如此，此天意也。而有扈独不服焉，则朝觐、狱讼、讴歌者，皆恶之矣。恶之者众，此天剿绝之也。启以此言，诚有所见，非虚辞也。夫启恭行天罚，则六事之人，亦当恭天之命。六事之人，恭天之命者，左攻于左，右攻于右，御以正马，此恭天命也。一或失职，是为慢命，罚何所逃乎。兵事，贵严，不敢专也。其赏也，予不得示私恩，故载迁庙之主于军，以赏之。其罚也，亦不得示私怒，故载社主于军，以戮之。夫一人受赏，一家尊荣；一人受戮，一家绌辱。孥戮之意，盖在于此，谓妻孥受辱耳。

张氏曰，有天下国家者，其于五行，当畏敬之矣。其于三正，当勤保之矣。今有扈氏，于五行，则威之，而不能畏；侮之而不能钦。其于三正，则怠之而不能勤；弃之而不能保，此其所以自绝于天也。自绝于天者，天必绝之也。

又曰，祖，人道也，人道为阳。社，地道也，地道为阴。赏，阳也，故用命，则赏于祖。戮，阴也，故不用命则戮于社。祖本仁，赏之亦仁也。社本义，戮之亦义也。赏必于祖，戮必于社，各从其类而已。

东莱曰，五行散在天地间，万物皆有五行，凡暴物害民，皆是威侮五行。三正，天、地、人三者之正，理虽曰三者，其实则一。凡我自暴自弃，则天地之正理，皆怠弃。此乃恶之本原。故启言，有扈自其本原已皆侮弃，则其为恶无所不至。方有扈侮弃之时，天已绝其命。至此，启则恭行天之罚而已。

又曰，古者，用兵必载迁主，载社主。故赏，则曰先祖赏之；杀，则曰天地杀之。"予则孥戮汝"，是于常法之外，别立一件，以严其制。戮，不独杀，亦有不杀之戮。启自知德不足，故加之以刑。然启贤能，敬承禹之道，亦是自量其加刑之严，乃是加敬心。启承尧舜禹，重熙累洽之后，疑其不晓用兵之道。今一旦有事，誓师敕旅，如素讲者，盖启受学于禹时，其文武之事已并究考。初不分精粗本末，学者其可不知古人之学。

陈氏晋之曰，祖，阳也，故赏于祖；社，阴也，故戮于社。赏于祖，则所以赏之者，非我也，为祖宗也。戮于社，则所以戮之者，非我也，为社稷也。赏以祖宗，其罚也，亦然，罚以社稷，其赏也亦然。赏罚两得，则宗庙、社稷安矣。

11.（宋）陈经《尚书详解》卷十《汤誓商书·汤誓》

王曰，嗟！六事之人，予誓告汝。有扈氏，威侮五行，怠弃三正，天用剿绝其命。今予惟恭行天之罚。左不攻于左，汝不恭命；右不攻于右，汝不恭命；御非其马之正，汝不恭命。用命赏于祖，不用命戮于社。予则孥戮汝。

六卿，各有军政，谓之六事。六卿，皆指军师而言之。六事，则并与其伍、两、卒、旅而言之。予誓告汝以有扈氏之罪。天有五行，聚于人之身，而散则万物，皆此五行也。三正，天、地、人之正理也。今有扈氏，恃威而侮五行，以怠慢而弃三正，则其悖理伤道，残民害物甚矣。"天用剿绝其命"，天，即理也。顺理者，天之所与；逆理者，天之所绝。"今予惟恭行天之罚"，则其讨有罪也，天讨之而已，岂予一人好为是征战哉。

古者车战，一车之出，左、右及御，共三人。左以射为职，右以击刺为职，御居中以正马为职。攻，治也。左者治其左之事，则在于射。右者，治其右之事，则在于击刺。御正其马，苟或不攻于左，不攻于右，御非其马之正，皆为不恭命。不恭命者，失其律也。《易》曰"师出以律否臧凶"。三代皆用车战，至春秋时，车战渐坏。如诸侯败郑徒兵，则郑始多用徒矣。中行穆子，始毁车崇卒。如楚有左右，广先王车战之法，至此始坏。原其所以然，盖先王之兵，皆是不可败之兵，未尝要利也。后世求以胜人，亟于趋利，此先王军制所以坏。

"用命赏于祖，不用命戮于社"，古者军行，必载迁庙之主，又载社主，以明其赏罚不敢自专也。用命则有赏，赏于祖者，祖有亲之义，所以示恩。不用命，则有罚，罚则戮于社者，社主阴，所以示杀罚之严也。"予则孥戮汝"，军事以严终，故于是又有"孥戮"之言。戮，辱也。罚汝不止于辱其身，亦将为尔妻孥辱也。

12.（宋）钱时《融堂书解》卷四《夏书·甘誓》

（归善斋按，见"大战于甘，乃召六卿"）

13.（宋）魏了翁《尚书要义》

（原阙）

14.（宋）陈大猷《书集传或问》卷上《甘誓》

（归善斋按，未解）

15.（宋）胡士行《尚书详解》卷三《夏书·甘誓第二》

（归善斋按，见"大战于甘，乃召六卿"）

16.（元）吴澄《书纂言》卷二《夏书·甘誓》

王曰，嗟！六事之人，予誓告汝。

王，夏王启也。嗟！发语，闵叹之辞。六事，即六卿；人，则六卿所统之众。

17.（元）陈栎《书集传纂疏》卷二《朱子订定蔡氏集传夏书·甘誓》

王曰，嗟！六事之人，予誓告汝。

重其事，故嗟叹而告之。六事者，非但六卿，有事于六军者，皆事也。

纂疏：

李氏曰，《虞书》言"咨"，后变为"嗟"。《胤征》"嗟！予有众"，《汤诰》"嗟！尔万方有众"皆是。

18.（元）许谦《读书丛说》卷四《夏书·甘誓》

（归善斋按，未解）

19.（元）董鼎《书传辑录纂注》卷二《夏书·甘誓》

王曰，嗟！六事之人，予誓告汝。

重其事，故嗟叹而告之。六事者，非但六卿，有事于六军者，皆是也。

纂注：

李氏曰，《虞书》言"咨"，其后变为"嗟"。《胤征》"嗟予有众"，《汤诰》"嗟尔万方有众"皆是。

20. （元）朱祖义《尚书句解》卷三《夏书·甘誓第二》

王曰（启言），嗟！六事之人（嗟，叹六卿之军吏士卒，有事于征战之人）。

21. （明）王樵《尚书日记》卷六《夏书·甘誓》

王曰，嗟！六事之人，予誓告汝。

正义曰，卿为军将，故云乃召六卿，及其誓之，非六卿而已。郑玄云，变六卿，言六事之人者，言军吏下及士卒也。下文戒左、右与御是遍敕在军之士，步卒亦在其间。六卿之身及所部之人，各有军事，故六事之人为总呼之辞。

22. （清）库勒纳等撰《日讲书经解义》卷三《夏书·甘誓》

（归善斋按，见"大战于甘，乃召六卿"）

予誓告汝，有扈氏威侮五行，怠弃三正

1. （汉）孔氏传、（唐）陆德明音义、孔颖达疏《尚书注疏》卷六《夏书·甘誓》

予誓告汝，有扈氏威侮五行，怠弃三正。

传，五行之德，王者相承所取法。扈与夏同姓，恃亲而不恭，是则威虐侮慢五行，怠惰弃废天、地、人之正道，言乱常。

音义：

侮，亡甫反。正，如字，徐音征。马云，建子、建丑、建寅，三正也。惰，徒卧反。

疏：

我设要誓之言以敕告汝，今有扈氏威虐侮慢五行之盛德，怠惰弃废三才之正道。

传正义曰，五行，水、火、金、木、土也，分行四时，各有其德。《月令》，孟春三日，大史谒于天子，曰，某日立春，盛德在木；夏云盛德在火；秋云盛德在金，冬云盛德在水。此五行之德。王者虽易姓相承，其所取法同也，言王者共所取法，而有扈氏独侮慢之，所以为大罪也。且五行在人，为仁、义、礼、智、信，威侮五行，亦为侮慢此五常而不行也。有扈与夏同姓，恃亲而不恭天子，废君臣之义，失相亲之恩，五常之道尽矣，是威侮五行也。无所畏忌，作威虐而侮慢之，故云威虐侮慢。《易·说卦》云，立天之道，曰阴与阳；立地之道，曰柔与刚；立人之道，曰仁与义。物之为大，无大于此者，《周易》谓之"三才"。人生天、地之间，莫不法天、地而行事，以此知怠惰弃废天、地、人之正道。弃废此道，言乱常也。孔马郑王与皇甫谧等，皆言有扈与夏同姓，并依《世本》之文。《楚语》云，昭王使观射父傅大子，射父辞之曰，尧有丹朱，舜有商均，夏有观扈，周有管蔡，是其恃亲而不恭也。《周语》云，帝嘉禹德，赐姓曰姒，禹始得姓。有扈与夏同姓，则为启之兄弟，知此者，盖禹未赐姓之前，以姒为姓，故禹之亲属，旧已姓姒。帝嘉其德，又以姒姓显扬之。犹若伯夷，《国语》称赐姓曰姜，然伯夷是炎帝之后，未赐姓之前，先为姜姓，与此同也。故有扈，以为夏之同姓。

2. （宋）苏轼撰《书传》卷六《夏书·甘誓第二》

（归善斋按，见"王曰，嗟！六事之人"）

3. （宋）林之奇《尚书全解》卷十二《夏书·甘誓》

（归善斋按，另见"王曰，嗟！六事之人"）

有扈氏威侮五行，怠弃三正，天用剿绝其命。

此则声言有扈氏之罪也。五行、三正，说者不同。据有扈氏，夏之同姓也，其骄蹇跋扈，而不可制，废尊尊之义，失亲亲之恩。启之声言其罪，而曰"威侮五行，怠弃三正"，此义不必求之太深。要之，但言其废三纲五常，而为是昏迷耳。威侮者，专其威虐，而侮慢之也。怠弃者，怠慢而废弃之也。味此言，启之致讨于有扈之辞，可谓简而尽，微而显矣。苏氏曰，王者各以五行之德。王改正朔，易服色，自舜以前，必以有子丑为正者。有扈不用夏之正朔、服色，是叛也。故曰"威侮五行、怠弃三正"。此其论五行、三正，诚为切近。然商之世，方有改正朔、易服色之事，自夏以前未尝有也。苏氏之说，某亦未敢以为然也。有扈之"威侮五行，怠弃三正"，则获罪于天，而天绝之矣。剿，截也，截绝，谓殄灭之也。天之殄灭有罪，必假手于人。启为天子，当命德讨罪之任，不敢赦也。

4.（宋）史浩《尚书讲义》卷五《夏书·甘誓》

（归善斋按，另见"大战于甘，乃召六卿"）

有扈氏威侮五行，怠弃三正。天用剿绝其命。

天之生人，赋以最灵之性，非徒使之生息长养，块然于天地间，盖欲其行天之权，以辅化天之不及。苟非其人，天道废矣。故天之祸人，尤亟于逆天者，王者于此其可赦耶。夫水、火、金、木、土，运行而不停者，谓之五行。天、地、人循环以为纪者，谓之三正。此天之所以阴骘下民，而人君所以奉若天道之大要也。有扈氏，独威侮、怠弃之。威侮，暴慢也。怠弃，废忽也。天何望哉。昔者，鲧陻洪水，汩陈而已，未至于威侮五行也，身犹殛死。羲和尸官，废时乱日而已，未至于怠弃三正也，国犹不祀。今也，有扈氏其罪贯盈，天命诛之，则剿绝之，期能幸而免乎。

5.（宋）夏僎《尚书详解》卷九《夏书·甘誓》

（归善斋按，见"大战于甘，乃召六卿"）

6. （宋）时澜《增修东莱书说》卷六《夏书·甘誓第二》

(归善斋按，见"大战于甘，乃召六卿")

7. （宋）黄度《尚书说》卷二《夏书·甘誓》

(归善斋按，见"大战于甘，乃召六卿")

8. （宋）袁燮《絜斋家塾书钞》卷四《夏书·甘誓》

(归善斋按，见"王曰，嗟！六事之人")

9. （宋）蔡沈《书经集传》卷二《夏书·甘誓》

(归善斋按，另见"王曰，嗟！六事之人")

有扈氏，威侮五行，怠弃三正。天用剿绝其命。今予惟恭行天之罚。

威，暴殄之也；侮，轻忽之也。鲧汩五行而殛死，况于威侮之者乎？三正，子、丑、寅之正也。夏正建寅，怠弃者，不用正朔也。有扈氏暴殄天物，轻忽不敬废弃正朔，虐下背上，获罪于天。天用剿绝其命。今我伐之，惟敬行天之罚而已。今按此章，则三正迭建，其来久矣。"舜协时月正日"，亦所以一正朔也。子、丑之建，唐虞之前当已有之。

10. （宋）黄伦《尚书精义》卷十三《夏书·甘誓》

(归善斋按，见"王曰，嗟！六事之人")

11. （宋）陈经《尚书详解》卷十《汤誓商书·汤誓》

(归善斋按，见"王曰，嗟！六事之人")

12. （宋）钱时《融堂书解》卷四《夏书·甘誓》

(归善斋按，见"大战于甘，乃召六卿")

13. （宋）魏了翁《尚书要义》

(原阙)

14.（宋）陈大猷《书集传或问》卷上《甘誓》

或问，马氏以建子、建丑、建寅为三正，如何？曰，新安王氏辨之已详（王曰，苏氏以为尧舜以前有以子丑为正者，有扈不用夏之正朔是也。其说不然。尧之授时，以寅为正月，舜因之，至商乃以十二月为岁首，至周以十一月为岁首。尧舜之前，安有丑正、子正者乎），使其果为不用正朔，亦岂应言"三正"乎？曰，夏氏谓，董仲舒言，舜绍尧改正朔，如何？曰，汉儒多喜言改正朔，经内舜、禹初无此也。

15.（宋）胡士行《尚书详解》卷三《夏书·甘誓第二》

（归善斋按，见"大战于甘，乃召六卿"）

16.（元）吴澄《书纂言》卷二《夏书·甘誓》

有扈氏，威侮五行，怠弃三正，天用剿绝其命。今予惟恭行天之罚。

有扈，夏同姓之国，在汉鄠县。《史记》曰，启立，有扈不服，遂灭之。威，谓暴害；侮，谓轻忽。五行，水、火、金、木、土也。民用所资，不可一日无。威侮之，则其用乖违，民有不遂其生者矣。怠，谓不虔；弃谓不用三正，子、丑、寅之正也。帝王受命，三正迭用，盖自唐虞之前已然。夏以建寅之月为正，则当时诸侯当禀正朔。有扈氏不臣服，故怠弃夏之正朔也。剿，绝也。剿绝，谓灭之。虐下背上，获罪于天，故"天用剿绝其命"。今惟恭承天意以行罚。恭，敬奉也。天子用兵，称"恭行天罚"；诸侯伐有罪称，肃将王诛，皆谓有禀承也。

17.（元）陈栎《书集传纂疏》卷二《朱子订定蔡氏集传夏书·甘誓》

（归善斋按，另见"王曰，嗟！六事之人"）

有扈氏威侮五行，怠弃三正。天用剿绝其命。今予惟恭行天之罚。

威，暴殄之也。侮，轻忽之也。鲧汩五行而殛死，况于威侮之者乎？三正，子、丑、寅之正也。夏正建寅，怠弃者，不用正朔也。有扈氏暴殄天物，轻忽不敬，废弃正朔，虐下背上，获罪于天。天用剿绝其命，今我伐之，惟敬行天之罚而已。今案此章，则三正迭建，其来久矣。舜协时月正日，亦所以一正朔也。子、丑之建，唐虞之前，当已有之。

纂疏：

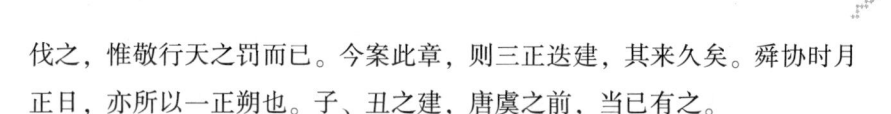

吕氏曰，五行之气，散在天地间，秀者为人，偏者为物。残民殄物，威侮之实也。

陈氏大猷曰，凡背五常之道，拂生长敛藏之宜，皆威侮五行也。

孔氏曰，隳废天、地、人之正道，言乱常也。

马氏融曰，建子、丑、寅三正也。

林氏曰，商方有改正朔事，夏以前未有也。此但言其废三纲五常耳。

夏氏曰，董仲舒谓，舜绍尧，顺天道改正朔，此非夏以前事乎。

陈氏大猷曰，使果不用正朔，亦岂应言三正。仲舒所云，汉儒多喜言改正朔耳。

王氏炎曰，夫子论孝，子产论礼，皆曰天之经，地之义，民之行。三正不过如此。尧授时以寅为正月，舜禹因之，尧舜之前，安有子、丑二正。

程氏大昌曰，创建丑、子，惟商、周耳。自唐迄夏，即皆建寅。高堂隆谓，舜更尧历，首岁以子；尧同少昊，首岁以亥，皆不与《诗》《书》合，不足据也。

愚案，"三正"有二说，未知孰是，姑两存之，以俟来哲。行夏之时，夫子只就三代说耳。威侮五行，或谓侮五行之理，如仁为木之神，爱之理之类，是慢五常也。怠弃三正，是弃三纲也。蔡氏以暴殄天物，为威侮五行，是偏以质，具于地之五行言。陈氏兼以气行于天之五行，与五行之理言。

18.（元）许谦《读书丛说》卷四《夏书·甘誓》

（归善斋按，未解）

19.（元）董鼎《书传辑录纂注》卷二《夏书·甘誓》

（归善斋按，另见"王曰，嗟！六事之人"）

有扈氏威侮五行，怠弃三正，天用剿绝其命。今予惟恭行天之罚。

威,暴殄之也。侮,轻忽之也。鲧汩五行而殛死,况于威侮之者乎？三正,子、丑、寅之正也。夏正,建寅。"怠弃"者,不用正朔也。有扈氏,暴殄天物,轻忽不敬,废弃正朔,虐下背,上获罪于天。天用剿绝其命,今我伐之,惟敬行天之罚而已。今案此章,则三正迭建,其来久矣。舜"协时月正日",亦所以一正朔也。子、丑之建,唐虞之前当已有之。

纂注：

孔氏曰,自此至篇终,皆誓辞。

吕氏曰,五行之气,散在天地间,秀者为人,偏者为物。残民殄物,威侮之实也。

陈氏大猷曰,凡背五常之道,拂生长敛藏之宜,皆"威侮五行"也。

孔氏曰,惰废天、地、人之正道,言乱常也。

马氏曰,建子、丑、寅三正也。

林氏曰,商方有改正朔事。夏以前未有也。要之,但言其废三纲五常耳。

夏氏曰。董仲舒谓,舜绍尧,顺天道,改正朔,易服色,此非夏以前事乎？

王氏炎曰,夫子论孝,子产论礼,皆曰天之经,地之义,民之行,三正不过如此。尧授时,以寅为正月,舜、禹因之。尧、舜之前,安有子、丑二正。

陈氏大猷曰,使果不用正朔,亦岂应言三正。仲舒所云,乃汉儒多喜言改正朔耳。

新安陈氏曰,商以前若果无子、丑二正,则是自古以来,皆建寅。孔子何独言行夏之时乎？或谓"威侮五行",为威侮五行之理,盖仁为木之神,爱之理之类,是慢五常也。怠弃三,正是弃三纲也。二说姑兼存之。蔡氏以"暴殄天物"为威侮五行,是偏以质,具于地之五行言之。陈氏兼以气行于天之五行,与五行之理言。

20.（元）朱祖义《尚书句解》卷三《夏书·甘誓第二》

予誓告汝（我誓告汝）,有扈氏威侮五行（在天五行,五常也。有扈恃威虐而侮慢之）,怠弃三正（天、地、人之正理,三纲也。有扈则怠慢而废绝之)。

21.（明）王樵《尚书日记》卷六《夏书·甘誓》

"有扈氏威侮五行"至"今予其恭行天之罚"。

鲧，汩五行，而殛死；禹，敬修六府，而万世永赖。盖天子、诸侯之职在于养民而已。五行，即六府，乃民之所养者也。有扈威侮，必有事实。如隋时，辽东之役，伐山造船，林麓皆尽。文中子谓，帝省其山，则将何辞以对。盖五行，指其在人间者，非运行之五气也。

"怠弃三正"，或疑夏时颁朔，不知子、丑二建并颁耶，抑止颁寅正也。若止颁寅正，则何得云"三正"乎？此说亦有理。愚谓，天开于子，地辟于丑，人生于寅，古人重此三时，三代虽三正迭建，而亦兼用焉。故《周礼》有正月，又有正岁。《豳风》"一之日"，"二之日"，是一阳二阳之月，亦得为正。《春秋》虽用周正，而祭祀田猎，则仍从夏，此兼用之明征也。古人每月皆有时政，有扈不奉王朔，则弃其时政而不修，亦可知矣，故谓之怠弃，按文自可见也。正义曰，天子用兵，称"恭行天罚"，诸侯讨有罪，称肃将王诛，皆示有所禀承，不敢专也。

22.（清）库勒纳等撰《日讲书经解义》卷三《夏书·甘誓》

(归善斋按，见"大战于甘，乃召六卿")

（元）陈师凯《书蔡氏传旁通》卷二《夏书·甘誓》

三正迭建，其来久矣。舜协时月正日，亦所以一正朔也。子、丑之建，唐虞之前当已有之。

朱子曰，天开于子，地辟于丑，人生于寅，故斗柄，建此三辰之月，皆可以为岁首。又《语录》云，邵子《皇极经世书》一元统十二会，一万八百年为一会。当初，一万八百年而天始开，在子会；又一万八百年而地始成，在丑会；又一万八百年而人始生，在寅会。邵子于寅上方注一"开物"字。子、丑、寅，皆天地人之始，故皆可以为正。

（元）王充耘《读书管见》卷上《夏书·甘誓》

三正。

怠弃三正，传以为子、丑、寅之正，不知王朝颁朔三正，并颁于诸侯邪。抑止颁寅正也。而奈何责有扈，以怠弃三正，且不奉正朔，是欲擅变礼乐，改易制度，何得云怠弃，或者以为禹论，养民，莫重于六府三事。威侮五行，是不修六府；怠弃三正，是不务三事，为诸侯而不知养民，此天所以绝之也。其说为优。

（明）马明衡《尚书疑义》卷二《夏书·甘誓》

三正，蔡依马说，子、丑、寅三正，故以为夏前三正迭用。今详五行三正，皆是切于民事者，而有扈全不着意，且有笺害，民无所措手足，故征之。如是则三正，只依孔注，作天、地、人之正道，亦是皆金木水火土，民生之所急。天、地、人之正道，则民不可一日离也。

（明）陈泰交《尚书注考》

"威侮五行"，训"侮"，轻忽之也。"取乱侮亡"训"侮"，《说文》曰，伤也。

（明）陈第《尚书疏衍》卷三

威侮五行。

问威侮五行之状，何以为罪，曰，五行者，水火木金土，天之所生，民之所用，最不可阙者也。君人者，必兢兢然，慎修五行之政，以治国而利民。故水之政修，则灌溉博。火之政修，则积聚完。木之政修，则山林茂。金之政修，则泉货广。土之政修，则稼穑成而养生丧死无憾也。求之五事，貌言视听，思以端其本，参之《庶征》雨、旸、燠、寒、风，以考其详，故五事不正，则五行不修，庶征不应，则五行不修。诚其修也，民得所，而物咸宁，四时和，而八风畅，是之谓至治之国。使其暴殄之，轻忽之，而不修也，则泛滥横流，而民病水。熛焊煽爀，而民病火。山童泽涸，而民病木。轻重兼并，而民病金。田野荒芜，而民病土。以其狂、

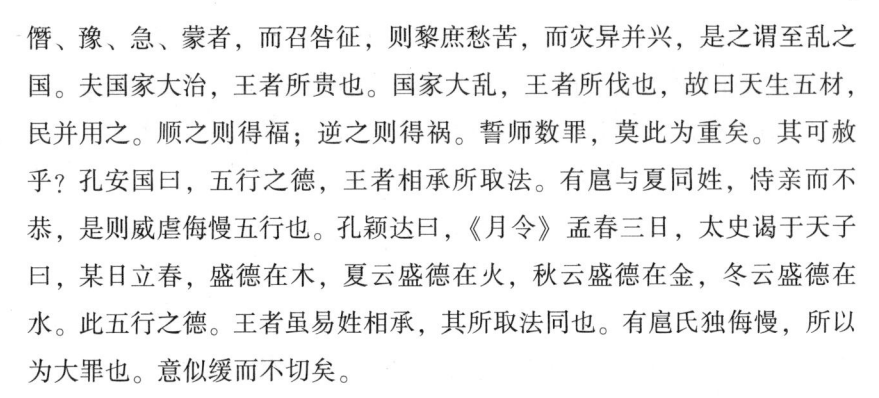

僭、豫、急、蒙者，而召咎征，则黎庶愁苦，而灾异并兴，是之谓至乱之国。夫国家大治，王者所贵也。国家大乱，王者所伐也，故曰天生五材，民并用之。顺之则得福；逆之则得祸。誓师数罪，莫此为重矣。其可赦乎？孔安国曰，五行之德，王者相承所取法。有扈与夏同姓，恃亲而不恭，是则威虐侮慢五行也。孔颖达曰，《月令》孟春三日，太史谒于天子曰，某日立春，盛德在木，夏云盛德在火，秋云盛德在金，冬云盛德在水。此五行之德。王者虽易姓相承，其所取法同也。有扈氏独侮慢，所以为大罪也。意似缓而不切矣。

怠弃三正。

孔传以为，怠惰弃废天、地、人之正道，言乱常也，似得之矣。盖三正，当时必有所指，如三才三纲之类，此而怠弃之，则身不修，家不齐，国不治，是悖逆天常，而灭绝人理。所谓罪大而不可解者也。或曰，夏禹养民，惟六府三事，是亟威侮五行，废六府也。怠弃三正，废三事也。此意亦近之。乃马融云，建子、建丑、建寅为三正。蔡注因之。彼不奉有夏之正朔，则罪矣，于子丑何与。蔡又曰，子、丑之建唐虞之前当已有之，凿益甚矣。

（清）王夫之《尚书稗疏》卷二《夏书·甘誓》

三正。

三正者，子、丑、寅三统之正，而非但以岁首之建也。古者，作历，必立历元，以为五星联珠，日月合璧之辰，而因推其数，以定将来。自宋以上皆然。至郭守敬而后罢。以甲子岁仲冬，甲子朔夜半冬至，为元者。日月五星，皆会于室，是谓天正。以甲寅岁孟春，甲寅朔平旦冬至为元者，日月五星皆会于虚，是谓人正。后世盖两用之。惟地正，后不复用，故亦无从而考。以二正推之，则当以刘歆三统之说，自合于地统。地化自丑毕于辰，而用甲辰岁孟春，丙寅前月季冬，乙丑甲辰朔鸡唱冬至为元，日月五星皆会于斗，为地正之元也。三元异建，而历小异。然三元异见，而历亦大同者，则以人生之会，上逮地；辟地辟之会，上逮天。开岁差所积，日月五星之合，历一会而差一辰，揆之一元之全，则固合也。颛顼之后，尧舜以前帝喾之历，盖以甲子为元，天统也。尧以甲辰为元，地统也。三正异元，而授受有其合符，故古之帝王，虽用一正，而不废二正。犹春秋以夏时冠周月，用子正，而二三月皆称王也。舜承尧统，在璇玑玉衡，以齐七政，所以修明尧法，而甲辰之历未改，故曰绍。尧无为，禹受终，而易尧舜之历，用甲寅为元。以上同颛顼为法，以近而密，故孔子称行夏之时，禹之为功，平天成地。平天，莫大于三正；成地，莫大于五行。有扈氏之擅命，不恭生，今反古，疑禹之革唐虞之正朔，不如舜之承尧，故不用夏政，威侮而怠弃之，以借口而生乱。当禹之时，慑不敢动。禹崩启立，称兵以与天子大战，固小人乘丧草窃之恒，其或如孔颖达所谓，继父不服者，亦非臆度，由其不用夏后五行三正之法，则以与子为称乱之名，亦其势也。蔡注于此大属未详。

（清）毛奇龄《尚书广听录》卷二《夏书·甘誓》

有扈声罪，但以五行、三正为辞，而并无罪状，世多不解。大抵有扈之叛，谓启私禹之天下，而不以予贤，故不伏。启因以天命折之，谓五德相禅，三正递，改皆天命攸行，所谓天之历数在是者。而侮弃不遵，是逆天命也，天用绝其命矣。《家语》孔子答季康子曰，古之王者易代而改号，取法五行，如包牺氏以木德王，神农以火德王类。故《汉·律历志》云，尧以火德王，嬗天下于有虞，是为土德，火生土也。舜又以天下让于禹，土生金，是为金德。《三正记》云，正朔三而改。子月，天正。丑月也，地正。寅月，人正。此在轩辕，高辛已早行之，故《论语》云，行夏之时，谓有夏，适行人正，得时之常，是夏虽继世而于行为金，于正为寅。地行人正，统承天历，命在故也。又夏禹天锡《洪范》，首重五行，故其陈谟即曰，水、火、金、木、土、谷，于治水即曰，六府孔修，今行征伐，亦即曰，威侮五行，盖其世守范书如此。

（清）朱鹤龄《尚书埤传》卷七《夏书·甘誓》

有扈氏，五行，三正。

孔疏，孔、马、郑、王、皇甫谧等皆言，有扈，夏同姓，并依《世本》之文。《楚语》观射父云，尧有丹朱，舜有商均，夏有观扈，周有管蔡，此可证也。（《左传》注，观国在卫顿丘）。

洪迈曰，孔安国传曰，有扈氏与夏同姓，恃亲而不恭，言其罪如此耳。而《淮南子·齐俗训》曰，有扈氏为义而亡，知义而不知宜也。高诱注云，有扈，启之庶兄也，以尧舜与贤，禹独与子，故伐启，启亡之。此事不见他书，不知诱何以知之。传记散轶，其必有据。

孔疏，水、火、金、木、土，分行四时。威侮，谓拂生长敛藏之宜。

王樵曰，有扈威侮，必有事实，如隋时，辽东之役，伐山造船，林麓皆尽。文中子谓，帝省其山则何辞以对，盖五行，指其在人事者，非运行之五气也。蔡传，子、丑、寅之三正，本马融说。《经典稽疑》云，夏正建寅，只奉夏正朔可矣，岂欲并子丑之正而悉遵奉之乎？孔传以为怠惰荒弃天、地、人之正道。斯为得之。林少颖云，商方有改正朔事，夏以前未闻。

（清）孙之騄辑《尚书大传》卷一《甘誓传》

貌属木，言属金，视属火，听属水，思属土。水、火者，百姓之求饮食也。金、木者，百姓之所兴作也。土者，万物之所资生也，是为人用（《尚书正义》）。

王者一质一文，据天地之道（《白虎通》）。正朔三而改，文质再而复。三统者，所以序生也，三正者，所以统天也，是故三统，三正也。三王之统，若循连环周，则又始穷则反本也（《选注》《太平御览》）。

《诗》疏云，三正者，谓夏与唐、虞也。正朔，三而改。夏以建寅为正，则舜当以建子，尧当以建丑，是谓三正也。

天用剿绝其命

1.（汉）孔氏传、（唐）陆德明音义、孔颖达疏《尚书注疏》卷六《夏书·甘誓》

天用剿绝其命。

传，用其失道，故剿截也。截绝，谓灭之。

音义：剿，子六反，《玉篇》子小反。马本作"巢"，与《玉篇》切韵同。

疏：

正义曰，上天用失道之故，今欲截绝其命。

传正义曰，有扈既有大罪，宜其绝灭，故原天之意，言天用其失道之故，欲截绝其命，谓灭之也。剿，是斩断之义，故为截也。

2.（宋）苏轼撰《书传》卷六《夏书·甘誓第二》

天用剿绝其命，今予惟恭行天之罚。左不攻于左，汝不恭命。右不攻于右，汝不恭命。

左，车左也，主射；右，车右，执戈矛攻治也。

3.（宋）林之奇《尚书全解》卷十二《夏书·甘誓》

（归善斋按，见"予誓告汝，有扈氏威侮五行，怠弃三正"）

4.（宋）史浩《尚书讲义》卷五《夏书·甘誓》

（归善斋按，见"予誓告汝，有扈氏威侮五行，怠弃三正"）

5.（宋）夏僎《尚书详解》卷九《夏书·甘誓》

（归善斋按，见"大战于甘，乃召六卿"）

6.（宋）时澜《增修东莱书说》卷六《夏书·甘誓第二》

（归善斋按，见"大战于甘，乃召六卿"）

7.（宋）黄度《尚书说》卷二《夏书·甘誓》

（归善斋按，见"大战于甘，乃召六卿"）

8.（宋）袁燮《絜斋家塾书钞》卷四《夏书·甘誓》

（归善斋按，见"王曰，嗟！六事之人"）

9.（宋）蔡沈《书经集传》卷二《夏书·甘誓》

(归善斋按，见"予誓告汝，有扈氏威侮五行，怠弃三正")

10.（宋）黄伦《尚书精义》卷十三《夏书·甘誓》

(归善斋按，见"王曰，嗟！六事之人")

11.（宋）陈经《尚书详解》卷十《汤誓商书·汤誓》

(归善斋按，见"王曰，嗟！六事之人")

12.（宋）钱时《融堂书解》卷四《夏书·甘誓》

(归善斋按，见"大战于甘，乃召六卿")

13.（宋）魏了翁《尚书要义》

(原阙)

14.（宋）陈大猷《书集传或问》卷上《甘誓》

(归善斋按，未解)

15.（宋）胡士行《尚书详解》卷三《夏书·甘誓第二》

(归善斋按，见"大战于甘，乃召六卿")

16.（元）吴澄《书纂言》卷二《夏书·甘誓》

(归善斋按，见"予誓告汝，有扈氏威侮五行，怠弃三正")

17.（元）陈栎《书集传纂疏》卷二《朱子订定蔡氏集传夏书·甘誓》

(归善斋按，见"予誓告汝，有扈氏威侮五行，怠弃三正")

18.（元）许谦《读书丛说》卷四《夏书·甘誓》

(归善斋按，未解)

19. （元）董鼎《书传辑录纂注》卷二《夏书·甘誓》

（归善斋按，见"予誓告汝，有扈氏威侮五行，怠弃三正"）

20. （元）朱祖义《尚书句解》卷三《夏书·甘誓第二》

天用剿绝其命（故天用剿戮绝灭其命）。

21. （明）王樵《尚书日记》卷六《夏书·甘誓》

（归善斋按，见"予誓告汝，有扈氏威侮五行，怠弃三正"）

22. （清）库勒纳等撰《日讲书经解义》卷三《夏书·甘誓》

（归善斋按，见"大战于甘，乃召六卿"）

（清）张英《书经衷论》卷二《夏书·甘誓》

禹之伐有苗曰"天降之咎"；启之伐有扈也，曰"天用剿绝其命"，帝王举事未有不称天者，况兴师动众之大乎？"今予惟恭行天之罚"，正所谓"天讨有罪"也。天者，何？理而已矣。古人最重天时，《尧典》首曰"钦若昊天"，《舜典》首曰"以齐七政"。今有扈之怠弃三正，乃不奉正朔，罪之大者。羲和之叛官离次，俶扰天纪，即有胤侯之征，故天子谨于承天，诸侯凛于从王，皆莫大乎正朔。

今予惟恭行天之罚

1. （汉）孔氏传、（唐）陆德明音义、孔颖达疏《尚书注疏》卷六《夏书·甘誓》

今予惟恭行天之罚。

传，恭，奉也，言欲截绝之。

音义：

罚，音伐。

疏：

天既如此，故我今惟奉行天之威罚，不敢违天也。

传正义曰，天子用兵，称恭行天罚。诸侯讨有罪，称肃将王诛，皆示有所禀承，不敢专也。

2. （宋）苏轼撰《书传》卷六《夏书·甘誓第二》

(归善斋按，未解)

3. （宋）林之奇《尚书全解》卷十二《夏书·甘誓》

今予惟恭行天之罚。

启之为天子，当命德讨罪之任，不敢赦也。于是率六师而讨之，岂以快一时之私忿哉。凡所以致天之所罚也。沈同以《孟子》言燕可伐而伐之，或问曰，劝齐伐燕有诸，曰，未也。沈同问燕可伐，予应之，曰可。彼然而伐之彼，如曰孰可以伐之，则将应之曰为天吏，则可以伐之。今以燕伐，燕何为劝之哉。盖非天吏，则不可以行天罚；而为天吏则，不可以不行天之罚，故经载誓师之辞，无不以行天之罚为言者，盖苟非行天罚而用兵，则是志于杀人而已，其何以为后世法乎。

4. （宋）史浩《尚书讲义》卷五《夏书·甘誓》

今予惟恭行天之罚。

王亲督战，《易》所谓"在师中，吉"，象曰"承天宠也"。则王用行师，岂不为行天罚乎？天之命启，使行其罚，岂必谆谆然赐弓矢而后征，赐铁钺而后杀乎，亦以有扈氏自作逆天之孽，因而诛之，出于无私，与天合道尔。是故，或谓之天讨，或谓之天吏，皆出于无私也。三王应天，率由此道。后之搂诸侯以伐诸侯者，私也。故为三王之罪人。以土地之故，糜烂其民者，又私也，故为五霸之罪人。至于黩武穷兵，不能自戢，使无辜生灵，肝脑涂地者抑又私也，故未免为诸侯之罪人，安得以启之所谓"恭行"者告之乎？其曰恭行，奉天而弗逆也。窃尝谓，天之恶逆天者，

61

甚于人之恶寇仇，而其爱奉天者，又甚于人之爱其子。今有扈氏，既以逆天而致罚，则当时天下诸侯，朝觐讼狱，讴歌者，不之益而之启，岂人之所能为哉，天也。

5.（宋）夏僎《尚书详解》卷九《夏书·甘誓》

（归善斋按，见"大战于甘，乃召六卿"）

6.（宋）时澜《增修东莱书说》卷六《夏书·甘誓第二》

（归善斋按，见"大战于甘，乃召六卿"）

7.（宋）黄度《尚书说》卷二《夏书·甘誓》

（归善斋按，见"大战于甘，乃召六卿"）

8.（宋）袁燮《絜斋家塾书钞》卷四《夏书·甘誓》

（归善斋按，见"王曰，嗟！六事之人"）

9.（宋）蔡沈《书经集传》卷二《夏书·甘誓》

（归善斋按，见"予誓告汝，有扈氏威侮五行，怠弃三正"）

10.（宋）黄伦《尚书精义》卷十三《夏书·甘誓》

（归善斋按，见"王曰，嗟！六事之人"）

11.（宋）陈经《尚书详解》卷十《汤誓商书·汤誓》

（归善斋按，见"王曰，嗟！六事之人"）

12.（宋）钱时《融堂书解》卷四《夏书·甘誓》

（归善斋按，未解）

13.（宋）魏了翁《尚书要义》

（原阙）

14.（宋）陈大猷《书集传或问》卷上《甘誓》

(归善斋按，未解)

15.（宋）胡士行《尚书详解》卷三《夏书·甘誓第二》

(归善斋按，见"大战于甘，乃召六卿")

16.（元）吴澄《书纂言》卷二《夏书·甘誓》

(归善斋按，见"予誓告汝，有扈氏威侮五行，怠弃三正")

17.（元）陈栎《书集传纂疏》卷二《朱子订定蔡氏集传夏书·甘誓》

(归善斋按，见"予誓告汝，有扈氏威侮五行，怠弃三正")

18.（元）许谦《读书丛说》卷四《夏书·甘誓》

(归善斋按，未解)

19.（元）董鼎《书传辑录纂注》卷二《夏书·甘誓》

(归善斋按，见"予誓告汝，有扈氏威侮五行，怠弃三正")

20.（元）朱祖义《尚书句解》卷三《夏书·甘誓第二》

今予惟恭行天之罚（今我惟敬行天之罚）。

21.（明）王樵《尚书日记》卷六《夏书·甘誓》

(归善斋按，见"予誓告汝，有扈氏威侮五行，怠弃三正")

22.（清）库勒纳等撰《日讲书经解义》卷三《夏书·甘誓》

(归善斋按，见"大战于甘，乃召六卿")

（清）张英《书经衷论》卷二《夏书·甘誓》

（归善斋按，见"天用剿绝其命"）

左不攻于左，汝不恭命

1. （汉）孔氏传、（唐）陆德明音义、孔颖达疏《尚书注疏》卷六《夏书·甘誓》

左不攻于左，汝不恭命。

传，左，车左，左方主射。攻，治也，治其职。

疏：

我既奉天，汝当奉我。汝诸士众在车左者，不治理于车左之事，是汝不奉我命。

传正义曰，历言左、右及御，此三人在一车之上也。故左，为车左；则右，为车右明矣。宣十二年《左传》云，楚许伯御，乐伯、摄叔为右，以致晋师。乐伯曰，闻致师者，左射以菆；摄叔曰，吾闻致师者，右入垒，折馘执俘而还。是左方主射，右主击刺，而御居中也。御言正马，而左右不言，所职者以战，主杀敌，左、右用兵，是战之常事，故略而不言。御惟主马，故特言之，互相明也。此谓，凡常兵车甲士，三人所主皆如此耳。若将之兵车，则御者在左，勇力之士在右，将居鼓下，在中央，主击鼓，与军人为节度。成二年《左传》说晋伐齐，云，晋解张御郤克，郑丘缓为右。郤克伤于矢，未绝鼓音，曰，余病矣。张侯曰，自始合而矢贯余手及肘，余折以御，左轮朱殷，岂敢曰病。郤克伤于矢，而鼓音未绝。张侯为"御"，而血染左轮，是"御"在左，而"将"居中也。"攻"之为"治"，常训也。治其职者，左当射人；右当击刺，是其所掌职事也。御以正马为政，言御之政事，事在正马，故马不正则罪之。《诗》云"两骖如手"，传云"进止，如御者之手"，是为马之正也。左、右与御三者有失，言皆不奉我命，以"御"在后，故总解之。

2. （宋）苏轼撰《书传》卷六《夏书·甘誓第二》

（归善斋按，见"天用剿绝其命"）

3. （宋）林之奇《尚书全解》卷十二《夏书·甘誓》

左不攻于左，汝不恭命；右不攻于右，汝不恭命；御非其马之正，汝不恭命。

启谓我命所以讨有扈者，所以恭天之命。尔之众士，亦当恭我之命，而无致失。其坐作进退之节也。古者，车战每车甲士三人，步卒七十二人。其三人，一居左，一居右，一居中车。左右主击刺，而驭者在其中。《左传》宣十二年楚许伯御，乐伯、摄叔为右，以致晋师。乐伯曰，吾闻致师者，左射以菆。摄叔曰，吾闻致师者，右入垒折馘执俘而还。是车之左右各有其事，而御者在中，惟主马之驱驰而已。然此，乃指凡常之兵车而言。若将之兵车，则御者在左，勇力之士在右，将居鼓下，在其中央主击鼓，与军人为节度也。此所誓，乃六事之人，非专为主将而言，故指凡常之兵车而戒之也。攻，治也。在车左者，不治其车左之事；在车右者，不治其车右之事，与夫在车中者，御马而非其正，皆不恭我之命者也。盖左右不治其事，则足以致败。左右治其事，而车中者驭之失其正，则亦足以致败。《左氏传》襄二十四年，晋侯使张骼、辅跞致楚师，求御于郑。郑人卜宛射犬，吉。二子使宛射犬，御广车而行，已皆乘乘车，将及楚师，而后从之。近不告而驰之，皆取胄于橐，而胄入垒皆下，搏人以投，收禽挟囚，弗待而出，皆超乘，抽弓而射既免，若射犬之类，所谓御非其马之正也，以是知左右乘车马虽勇，又在于御得其正也。

王氏曰，左不攻于左，右不攻于右，誓徒也；御非其马之正，誓车也。此亦一说。然三代以来，皆用车战。《春秋》所载列国战争，皆用车，而每车必有左右与御，此所誓者，曰攻于左，攻于右，御非其马之正，与《左氏》所载相合，不必分徒与车也。夫古者，车战，每车甲士三人，步卒七十二人，所谓步卒者，坐作进退，皆听于车而已，又何必于誓车之外，又誓其徒耶。

4.（宋）史浩《尚书讲义》卷五《夏书·甘誓》

左不攻于左，汝不恭命；右不攻于右，汝不恭命；御非其马之正，汝不恭命。

攻，治也。王者之兵，贵乎先自治也。《春秋传》记鲁及齐战孟氏之军。孟孺子为左，颜羽御，邴泄为右。季氏之军，冉求为左，管周父御，樊迟为右。此一车之中，自有左、右也。或者以谓今之左、右，则不然。盖天子亲征，车徒并起，凡言左、右者，徒也；言御者，车也。郑伯御，周为鱼丽之陈，先偏后伍，伍承弥缝。《周官》以五人为伍，五伍为两，则伍者，岂非徒乎？杜预以十五乘为大偏，九乘为小偏，则偏者，岂非车乎？徒必用人，故为翼长者，在左右。车必用马，故为御者，率在中，使左不治左，右不治右，则掎角之势不成。兵刃既接，将弃甲曳兵而走矣，岂不为辱命乎？使御非其马之正，则进退之节失序，所谓右无良焉必败，偏败，众乃携矣，岂不为辱命乎？兵法曰，先为不可胜，以待敌之可胜。启于是时，岂有服敌之心哉。先为不可胜，以俟夫天命而已矣。

5.（宋）夏僎《尚书详解》卷九《夏书·甘誓》

左不攻于左，汝不恭命；右不攻于右，汝不恭命；御非其马之正，汝不恭命。用命赏于祖，弗用命戮于社。予则孥戮汝。

启前既誓众，谓有扈有罪，吾将恭行天罚，故于此遂戒敕士众，使戮力就功也。古者车战，每车甲士三人，步卒七十二人。其三人，一居左主射，一居右主击刺，一居中主执驭。《春秋左氏传》宣十六年，楚许伯御，乐伯、摄叔为右，以致晋师。乐伯曰，吾闻致师者，左射以菆。摄叔曰，吾闻致师者，右入垒，折馘执俘而还。是车左主射，右主击刺，而御则在中，主马之驱驰而已。王良与嬖奚乘，为范则不获；为诡御，则获十禽，是车之迟速，又在御之良不良也。然此乃凡常之车。若将之兵车，则御者在左，勇力之士在右，将居鼓下，在其中央，主击鼓，与军人为度。今此所誓乃六事之人，专为主将而言，故当为凡常之兵车也。然此言左不攻左，右不攻右，御非其马之正者，攻，治也，谓在车左而不治其左之事；在车右，而不治其右之事；在车中御马，而御之不以其正。如王良之诡御者，此皆不恭君命者也。不恭命，犹言不用命。启既誓众，谓如上所言，皆是汝等不用命之过。故又勉之曰"用命赏于祖"，所以作其用命之心也。又戒之曰"不用命戮于社，予则孥戮汝"，所以戒其不用命之失也。盖古者，天子亲征，载迁庙之主于齐车之中，若无迁主，则以币帛告祖祢，是行军未常不载祖也。又《左传》定公四年云"行军祓社衅鼓"，是行军未常不载社也。赏于祖，戮于社，此示不敢专之意也。先儒谓，左祖右社，左阳右阴，故赏戮之行亦异。其告理或然也，但孥戮汝之说，学者多疑之。孔氏以谓，并杀其子。林少颖以谓不然。《汤誓》亦言"孥戮"。夫罪之以族，与夫参夷之诛，是乃商纣与秦之所以亡者也，帝王之世岂容有此。虽汉孔氏谓，权以胁之，使勿犯。然启、汤既有是言，使或有不用命者，必不免于孥戮。窃谓此所谓戮者，非杀之之谓也，但加耻辱焉。虽加鞭扑，亦谓之戮。孥戮者，犹《秋官·司厉》所谓"其奴男子入于罪隶，女子入于舂藁"是也。夫从天子而征伐，有不用命，其孥至于罪隶舂藁，岂为过哉。又《汉书·王莽传》举此言，颜师古注曰，《夏书·甘誓》之辞，孥戮，戮之以为孥也。说《书》者以为孥子也，戮及其子，非也。《泰誓》曰"囚孥正士"，岂戮子之谓也。此一说于理亦通。由是推之，则少颖之说，既有证据，且不诬启之滥刑，故特从之。

6.（宋）时澜《增修东莱书说》卷六《夏书·甘誓第二》

左不攻于左，汝不恭命；右不攻于右，汝不恭命；御非其马之正，汝不恭命。

古者车战，一车三人，左右二人，御者居中。启之誓师，必欲各严其部分。左不攻左，而攻于右；右不攻右，而攻于左；御而不范，而以诡。虽有功，亦不恭命也。大抵天下有不可易之理，不当过、不及。在天则为则，在人则为命，在师则为律。事事物物，皆有是理。学者，思不出其位，行无越思，此之谓也。视、听、言、动，一失其则，而逾其所止，是"左不攻左"之类也。师不以律则臧而凶、后世吴起斩先战而奔敌斩首者，盖斩首之功小，乱行之罪大。一乱，部分则不可为师故也。

7. （宋）黄度《尚书说》卷二《夏书·甘誓》

（归善斋按，见"大战于甘，乃召六卿"）

8. （宋）袁燮《絜斋家塾书钞》卷四《夏书·甘誓》

左不攻于左，汝不恭命；右不攻于右，汝不恭命；御非其马之正，汝不恭命。用命赏于祖，弗用命戮于社，予则孥戮汝。

古者车战，御者居中，执弓矢者居左，主射；勇力之士居右，主刺击。远则用射；短兵接，则刺击。用兵之事，不出此二者。然居中而御者。须是能调停六马。不徐不疾。得其正乃可。当驰则驰，当驱则驱，当缓则缓，当急则急，皆不失其正，若是为之诡遇，虽幸而胜，亦非正也。不失其驰，舍矢如破，夫是之谓正。所谓正者，亦非一端，大概不失其义理之所当然者，此正也。

古者天子亲征，必载迁庙之主与社而行。用命赏于祖，示非吾私赏之也。弗用命戮于社，示非吾私戮之也。必载迁庙之主者，盖迁庙已祧之庙也。若是未祧之庙，亦难移动。迁庙虽已祧，载之而行，亦所以奉祖宗之命也。观此，因知古之祧庙，不与汉儒所论者同。汉儒如匡衡、韦元成辈所论祧庙，皆一切扫除，岂理也哉。古之祧庙，兴师之时，载之而行，而于祫禘祧，亦与焉，何尝便一切扫除之，只是疏尔。社，土神也。不言土神，而言社，刑属阴也。戮及其妻子，谓之孥。说者谓戮及妻子，非三代誓师之言，盖戮之以为孥尔，不知治国行师，固自不同，罚弗及嗣，赏延于世，此治国之法也。"予则孥戮汝"，此行师之法也，独不见《司马法》所言乎，国容不入军，军容不入国。国容入军，则民德弱；军容入国，则民德乱。军容、国容判然不类。帝王存心，悉从宽厚，至于行军用师，则凛凛甚严。人肯致死，亦理之所当然也。

9. （宋）蔡沈《书经集传》卷二《夏书·甘誓》

左不攻于左，汝不恭命；右不攻于右，汝不恭命；御非其马之正，汝不恭命。

左，车左；右，车右也。攻，治也。古者车战之法，甲士三人，一居左,以主射;一居右,以主击刺;御者居中,以主马之驰驱也。《左传》宣公十二年楚许伯御,乐伯、摄叔为右,以致晋师。乐伯曰,吾闻致师者,左射以菆,是车左主射也。摄叔曰,吾闻致师者,右入垒折馘执俘而还,是车右主击刺也。御非其马之正,犹王良所谓"诡遇"也。盖左右不治其事,与御非其马之正,皆足以致败,故各指其人以责其,事而欲各尽其职,而不敢忽也。

10. (宋)黄伦《尚书精义》卷十三《夏书·甘誓》

(归善斋按,见"王曰,嗟!六事之人")

11. (宋)陈经《尚书详解》卷十《汤誓商书·汤誓》

(归善斋按,见"王曰,嗟!六事之人")

12. (宋)钱时《融堂书解》卷四《夏书·甘誓》

左不攻于左,汝不恭命;右不攻于右,汝不恭命;御非其马之正,汝不恭命。用命赏于祖,不用命戮于社。予则孥戮汝。

命谓天命,即出师之律也。

13. (宋)魏了翁《尚书要义》

(原阙)

14. (宋)陈大猷《书集传或问》卷上《甘誓》

或问,汝不恭命,唐孔氏、林氏谓,我奉天,汝当奉我,则此命当作君命也。曰,凡上无所系,而独言命者,如"赐不受命"之"命"则是天命也。上承君而言。则王命也、今上言"恭行天之罚",而下继言"不恭命"。作"天命"说,尤有味,兼天命之命,自可兼王命意味。今姑以无垢说为主,附孔说焉。

15. (宋)胡士行《尚书详解》卷三《夏书·甘誓第二》

左(车左主射)不攻(治)于左,汝不恭命;右(车右勇力,执戈退敌）不攻于右，汝不恭命；御（居中执马，驭以正马）非其马之正，汝不恭命。

各严部分，不出其位，所谓"师出以律"也。

16.（元）吴澄《书纂言》卷二《夏书·甘誓》

左不攻于左，汝不恭命；右不攻于右，汝不恭命；御非其马之正，汝不恭命。

左，车左；右，车右；攻，治也。古者，车战之法，一车甲士三人，左掌射，右掌击刺；御者，居中掌进退驱驰；命，谓受上命，各有所掌。《春秋左氏传》宣公十二年，楚许伯御，乐伯、摄叔为右，致晋师。乐伯曰，致师者，左射以菆，是车左主射也。摄叔曰，致师者，右入垒折馘执俘而还，是车右主击刺也。御非其马之正，犹王良所谓"诡遇"也。左、右不治其事，与御非其正，皆能致败，故戒励之，俾各尽其职也。

17.（元）陈栎《书集传纂疏》卷二《朱子订定蔡氏集传夏书·甘誓》

左不攻于左，汝不恭命；右不攻于右，汝不恭命；御非其马之正，汝不恭命。

左，车左；右，车右也。攻，治也。古者，车战之法，甲士三人，一居左以主射，一居右以主击刺，御者居中以主马之驰驱也。《左传》宣公十二年，楚许伯御，乐伯、摄叔为右，以致晋师。乐伯曰，吾闻致师者，左射以菆，是车左主射也。摄叔曰，吾闻致师者，右入垒折馘执俘而还，是车右主击刺也。御非其马之正，犹王良所谓"诡遇"也。盖左、右不治其事，与御非其马之正，皆足以致败，故各指其人，以责其事，而欲各尽其职，而不敢忽也。菆，侧鸠反，矢之善者。

18.（元）许谦《读书丛说》卷四《夏书·甘誓》

（归善斋按，未解）

19．（元）董鼎《书传辑录纂注》卷二《夏书·甘誓》

左不攻于左，汝不恭命；右不攻于右，汝不恭命；御非其马之正，汝不恭命。

左，车左；右，车右也。攻，治也。古者，车战之法，甲士三人，一居左以主射，一居右以主击刺。御者，居中以主马之驰驱也。《左传》宣公十二年，楚许伯御、乐伯、摄叔为右，以致晋师。乐伯曰，吾闻致师者，左射以菆，是车左主射也。摄叔曰，吾闻致师者，右入垒折馘执俘而还，是车右主击刺也。御非其马之正，犹王良所谓"诡遇"也。盖左、右不治其事，与御非其马之正，皆足以致败，故各指其人以责其事，而欲各尽其职而不敢忽也。

纂注：

《玉篇》菆，侧鸠反，矢之善者。

20．（元）朱祖义《尚书句解》卷三《夏书·甘誓第二》

左不攻于左（古者，车战，每车甲士三人，步卒七十二人。其三人，一居左主射，一居右主击刺，一居中主执驭。或有居左主射而不治左之事），汝不恭命（是汝不敬奉君之命下同）。

21．（明）王樵《尚书日记》卷六《夏书·甘誓》

左不攻于左，汝不恭命；右不攻于右，汝不恭命；御非其马之正，汝不恭命。

正义曰，历言左、右及御，此三人，在一车之上也。左，为车左；右，为车右。宣十二年《左传》云，楚许伯御，乐伯、摄叔为右，以致晋师。乐伯曰，吾闻致师者，左射以菆（侧鸠反，矢之善者）。摄叔曰，吾闻右入垒折馘执俘而还，是左主射，右主击刺，而御居中也。御言正马，而左、右不言所职，以战主杀敌，左、右用兵是战之常事，故略之。御惟主马，故特言之。此谓兵车甲士三人所主如此尔。若将之兵车，则御者在，左勇力之士在右，将居鼓下，在中央，主击鼓，与军人为节度。成二年《左传》晋伐齐，郄克伤于矢，而未绝鼓音；张侯为御，而血殷左轮，是御在左，而将居中也。

御非其马之正，马之正谓驰驱之法也。嬖奚拙于射，王良为之诡遇，一朝而获十是，御者之法与射者之巧，各得其正，相应如一人而后为善也。战之司命，尤在于御。羊斟所谓，今日之事，我为政，故御非其马之正，独于御而戒之。

首"左"字，当一断呼左之人而告之也。下"右"字"御"字亦然。古者车战之法，五人为伍，五伍为两。一车，甲士三人，步卒七十二人。甲士在车，左主射，右主击刺，中主御马，步卒从之。每二十五人为一两。盖甲士，则每两之长，而步卒则各供其长而为之助者也。一乡一军，则一万二千五百人，盖五百两也，卿一人统之。天子六军，则七万五千人，凡三千两。先王之师，左、右各攻其事，而不以诡遇为功，非惟师出以正，抑左死于射，右死于刺。甲者死车，步者死列，故能为不败之师，此先王之军法也。

22.（清）库勒纳等撰《日讲书经解义》卷三《夏书·甘誓》

左不攻于左，汝不恭命；右不攻于右，汝不恭命；御非其马之正，汝不恭命。用命赏于祖，不用命戮于社。予则孥戮汝。

此二节书是，夏王启誓戒将士，一以严车战之节制，一以昭军前之刑赏也。左、右，车上在左在右者也。攻，治也。御，御马也。古者，天子亲征，则载迁庙之主，与社主以行。祖在左，而社在右。赏罚，即于其主前行之，示不敢专也。夏王启曰，军法坐作进退，合于法度，方能克敌制胜。车左，主射之人，专治射于左，若不治，而射法未精，是汝不敬我命于左矣。车右，主击刺之人，专治击刺于右，若不治而击刺未精，是汝不敬我命于右矣。车中，主御马之人，当专心求合于驰驱之法，若驰驱失节，而非其正，是汝不敬我命于中矣。三者皆足以致败，各宜戒之。且今日刑赏之典，非敢有所私徇，凡汝在六军之人，能用我命以取胜，我即论功赏于军中祖庙之前；不用我命以取败，我即论罪戮于军中大社之前。不但戮汝身，将并戮汝妻子。功必赏，罪必刑，汝等可不恭命哉？凡臣下奉行君命，惟恭则其事治；不恭则其事不治。而人君奉天之恭，倡臣下奉命之恭者，要在刑赏至公，而能断使激劝昭著于人心，不独在师中为然，此夏王启，所以能敬承继禹之道也。

（元）陈师凯《书蔡氏传旁通》卷二《夏书·甘誓》

左射以菆。

菆，音驺，矢之善者。

（清）王夫之《尚书稗疏》卷二《夏书·甘誓》

攻左，攻右。

蔡氏曰：攻，治也。今按，车左之射，车右之刺，皆莅之平日，其治不治，非待方战而始饬之。攻，击也。左之攻左，右之攻右，古战□之法也。两车相当，我之左值敌之右，我之右值敌之左。相值而相攻，于势虽近，而执弓者，左手握弓弝，左足必视所射者而斜向之。右手驱弦，必曲而之外。使以左射左，则左足既为左箱所蹙，右手向后，而为车后蔽所迫矣。右之执矛，左手近锋，右手近镦。近镦之手，力所从发，必曲而向外。若正刺，则向后而无力。近锋之手，必直而向前。若正刺，则曲向内而不审，且击兵在手，七在外，一在握，二在内，顺之以向敌，则镦必碍胸。抑或转镦使左，而右手之力为虚设矣。故两车相值，势必错攻，而具不正相值也。使敌车在左，其右为箱之所隐，则可射者惟左。敌车在右，其左为箱之所隐，则可刺者惟右。彼隐而不能攻我，我亦攻其所相为攻者而已。古之行陈，因其自然而使得尽攻之，用既画为一定之法，特当车驰马突之际，则有不尽于攻者，然犹使之必此为法，盖不令仓猝或乱，致失己之长，而轻攻以取败。若在追奔逐北之际，有必胜之势，可以因利乘便而亦终不听其违法刺射，以滥杀而无已。斯左必攻左，右必攻右，古人立法之精，非后世恃勇野战之所及。犹御必马之正，不得邀利取径，则败不致于偾车，而胜不致于贪杀也。《春秋传》所记，两将相敌，皆左射左，而不射右，亦古法之仅存者也。

（清）朱鹤龄《尚书埤传》卷七《夏书·甘誓》

左不攻于左。

左字,略断,呼左人而告之也,右与御皆然。按,蔡传引《左传》,楚致师事,全用孔疏。若将之兵车,则御者在左,勇力之士在右,将居中,主击鼓。成二年《传》晋伐齐,郄克伤于矢,未绝鼓音;解张为御,矢贯手及肘,左轮朱殷,是御在左,而将居中也(《左传》"中御而从齐侯",杜注居中代御者,自非元帅,御者皆在中,将在左)。

王樵曰,甘之战,天子亲誓六师,其所戒者三人而已,左与御是也。盖古者,专用车战,步卒亦以供车(古车战之法,五人为伍,五伍为两,一车甲士三人,步卒七十二人。甲士,在车左主射,右主击刺,中主御马。步卒从之。每二十五人为一两,一乡一军,则一万二千五百人。盖五百两也。卿一人统之。天子六卿,则七万五千人,凡三千两)。非若后世骑步之不相为用也,故言兵者,皆以乘计,自一乘至万乘,皆有是三人,故戒其左,则凡军左执射者,同听之。戒其右,则凡车右执刃者,同听之。戒其御,则凡车中执御者,同听之。六师之众,举无所遗,古人所谓节制之兵也。

右不攻于右,汝不恭命

1. (汉) 孔氏传、(唐) 陆德明音义、孔颖达疏《尚书注疏》卷六《夏书·甘誓》

右不攻于右,汝不恭命。
传,右,车右,勇力之士执戈矛以退敌。
疏:
在车右者,不治理于车右之事,是汝不奉我命。
(归善斋按,另见"左不攻于左,汝不恭命")

2. (宋) 苏轼撰《书传》卷六《夏书·甘誓第二》

(归善斋按,见"天用剿绝其命")

3.（宋）林之奇《尚书全解》卷十二《夏书·甘誓》

(归善斋按,见"左不攻于左,汝不恭命")

4.（宋）史浩《尚书讲义》卷五《夏书·甘誓》

(归善斋按,见"左不攻于左,汝不恭命")

5.（宋）夏僎《尚书详解》卷九《夏书·甘誓》

(归善斋按,见"左不攻于左,汝不恭命")

6.（宋）时澜《增修东莱书说》卷六《夏书·甘誓第二》

(归善斋按,见"左不攻于左,汝不恭命")

7.（宋）黄度《尚书说》卷二《夏书·甘誓》

(归善斋按,见"大战于甘,乃召六卿")

8.（宋）袁燮《絜斋家塾书钞》卷四《夏书·甘誓》

(归善斋按,见"左不攻于左,汝不恭命")

9.（宋）蔡沈《书经集传》卷二《夏书·甘誓》

(归善斋按,见"左不攻于左,汝不恭命")

10.（宋）黄伦《尚书精义》卷十三《夏书·甘誓》

(归善斋按,见"王曰,嗟！六事之人")

11.（宋）陈经《尚书详解》卷十《汤誓商书·汤誓》

(归善斋按,见"王曰,嗟！六事之人")

12.（宋）钱时《融堂书解》卷四《夏书·甘誓》

(归善斋按,见"左不攻于左,汝不恭命")

13.（宋）魏了翁《尚书要义》

（原阙）

14.（宋）陈大猷《书集传或问》卷上《甘誓》

（归善斋按，见"左不攻于左，汝不恭命"）

15.（宋）胡士行《尚书详解》卷三《夏书·甘誓第二》

（归善斋按，见"左不攻于左，汝不恭命"）

16.（元）吴澄《书纂言》卷二《夏书·甘誓》

（归善斋按，见"左不攻于左，汝不恭命"）

17.（元）陈栎《书集传纂疏》卷二《朱子订定蔡氏集传夏书·甘誓》

（归善斋按，见"左不攻于左，汝不恭命"）

18.（元）许谦《读书丛说》卷四《夏书·甘誓》

（归善斋按，未解）

19.（元）董鼎《书传辑录纂注》卷二《夏书·甘誓》

（归善斋按，见"左不攻于左，汝不恭命"）

20.（元）朱祖义《尚书句解》卷三《夏书·甘誓第二》

右不攻于右（居右主击刺，而不治右之事），汝不恭命（见上）。

21.（明）王樵《尚书日记》卷六《夏书·甘誓》

（归善斋按，见"左不攻于左，汝不恭命"）

22.（清）库勒纳等撰《日讲书经解义》卷三《夏书·甘誓》

（归善斋按，见"左不攻于左，汝不恭命"）

（元）陈师凯《书蔡氏传旁通》卷二《夏书·甘誓》

折馘。

折其左耳。

（清）朱鹤龄《尚书埤传》卷七《夏书·甘誓》

（归善斋按，见"左不攻于左，汝不恭命"）

御非其马之正，汝不恭命

1.（汉）孔氏传、（唐）陆德明音义、孔颖达疏《尚书注疏》卷六《夏书·甘誓》

御非其马之正，汝不恭命。
传，御以正马为政。三者有失，皆不奉我命。
音义：
御，鱼虑反。
疏：
御车者，非其马之正，令马进退违戾，是汝不奉我命。
《归善斋按，另见"左不攻于左，汝不恭命"》

2.（宋）苏轼撰《书传》卷六《夏书·甘誓第二》

御非其马之正，汝不恭命。《春秋传》曰，楚许伯御，乐伯、摄叔为右，以致晋师。乐伯曰，吾闻致师者，左射以菆。摄叔曰，吾闻致师者，右入垒折馘，执俘而还，是古者三人同一车而御在中也。车，六马，两服、两骖、两骓，各任其事，御之正也。王良曰，吾为之范我驰驱，终日而不获一；为之诡遇，一朝而获十。此所谓御非其马之正也。

3.（宋）林之奇《尚书全解》卷十二《夏书·甘誓》

(归善斋按，见"左不攻于左，汝不恭命")

4.（宋）史浩《尚书讲义》卷五《夏书·甘誓》

(归善斋按，见"左不攻于左，汝不恭命")

5.（宋）夏僎《尚书详解》卷九《夏书·甘誓》

(归善斋按，见"左不攻于左，汝不恭命")

6.（宋）时澜《增修东莱书说》卷六《夏书·甘誓第二》

(归善斋按，见"左不攻于左，汝不恭命")

7.（宋）黄度《尚书说》卷二《夏书·甘誓》

(归善斋按，见"大战于甘，乃召六卿")

8.（宋）袁燮《絜斋家塾书钞》卷四《夏书·甘誓》

(归善斋按，见"左不攻于左，汝不恭命")

9.（宋）蔡沈《书经集传》卷二《夏书·甘誓》

(归善斋按，见"左不攻于左，汝不恭命")

10.（宋）黄伦《尚书精义》卷十三《夏书·甘誓》

(归善斋按，见"王曰，嗟！六事之人")

11.（宋）陈经《尚书详解》卷十《汤誓商书·汤誓》

(归善斋按，见"王曰，嗟！六事之人")

12.（宋）钱时《融堂书解》卷四《夏书·甘誓》

(归善斋按，见"左不攻于左，汝不恭命")

13.（宋）魏了翁《尚书要义》

(原阙)

14.（宋）陈大猷《书集传或问》卷上《甘誓》

(归善斋按，见"左不攻于左，汝不恭命")

15.（宋）胡士行《尚书详解》卷三《夏书·甘誓第二》

(归善斋按，见"左不攻于左，汝不恭命")

16.（元）吴澄《书纂言》卷二《夏书·甘誓》

(归善斋按，见"左不攻于左，汝不恭命")

17.（元）陈栎《书集传纂疏》卷二《朱子订定蔡氏集传夏书·甘誓》

(归善斋按，见"左不攻于左，汝不恭命")

18.（元）许谦《读书丛说》卷四《夏书·甘誓》

(归善斋按，未解)

19.（元）董鼎《书传辑录纂注》卷二《夏书·甘誓》

(归善斋按，见"左不攻于左，汝不恭命")

20.（元）朱祖义《尚书句解》卷三《夏书·甘誓第二》

御非其马之正（居中之马不以正御，而以诡御），汝不恭命（见上）。

21.（明）王樵《尚书日记》卷六《夏书·甘誓》

(归善斋按，见"左不攻于左，汝不恭命")

22. （清）库勒纳等撰《日讲书经解义》卷三《夏书·甘誓》

（归善斋按，见"左不攻于左，汝不恭命"）

（元）陈师凯《书蔡氏传旁通》卷二《夏书·甘誓》

诡御。
《孟子》作"诡遇"，谓不正而与禽遇也。

（清）朱鹤龄《尚书埤传》卷七《夏书·甘誓》

（归善斋按，见"左不攻于左，汝不恭命"）

（清）张英《书经衷论》卷二《夏书·甘誓》

夏启继世而为天子；伯禽继世而为诸侯，未尝身经戡定，皆能素明军旅之事，如《甘誓》之言曰"御非其马之正，汝不恭命"，是能真知行陈之道者。《费誓》之言军储、纪律尤为详密，足见古人虽处崇高富贵，而学无不贯，不似后世之虚文无益也。

用命，赏于祖

1. （汉）孔氏传、（唐）陆德明音义、孔颖达疏《尚书注疏》卷六《夏书·甘誓》

用命，赏于祖。
传，天子亲征，必载迁庙之祖主，行有功，则赏祖主前，示不专。
疏：
汝等若用我命，我则赏之于祖主之前。
传正义曰，《曾子问》云，孔子曰，天子巡守以迁庙之主行，载于齐车，言必有尊也。巡守尚然，征伐必也。故云天子亲征，必载迁庙之祖主行，有功则赏祖主前，示不专也。《周礼·大司马》云，若师不功，则厌而奉主车。郑玄云厌，伏冠也。奉，犹"送"也，送主归于庙与社，亦是征伐载主之事也。定四年《左传》云，君以军行，祓社衅鼓，祝奉以从，是天子亲征，又载社主行也。《郊特牲》云，惟为社事，单出里，故以"社事"言之。不用命奔北者，则戮之于社主之前。奔北，谓背陈走也。所以刑赏异处者，社主阴，阴主杀，则祖主阳，阳主生礼。左宗庙，右社稷，是祖阳而社阴，就祖赏，就社杀，亲祖严社之义也。大功、大罪，则在军赏罚，其遍叙诸勋，乃至太祖赏耳

2. （宋）苏轼撰《书传》卷六《夏书·甘誓第二》

用命赏于祖，不用命戮于社。

孔子曰，当七庙、五庙无虚主。师行载迁之主以行。无迁庙，则以币，曰主命，故师行有祖庙也。武王伐纣，师度孟津，有宗庙，有将舟。将舟，社主在焉。故师行有社也。戮人必于社，故哀公问社，宰我对以战栗。

3. （宋）林之奇《尚书全解》卷十二《夏书·甘誓》

用命，赏于祖；弗用命，戮于社，予则孥戮汝。

左攻于左，右攻于右，驭得其马之正，是用命也，故赏于祖，以劝之。其或不然，则是不用命也，故戮于社，以威之。盖古者，天子亲征，载其迁庙之主，与其社主以行。用命则赏于迁庙主之前；不用命则戮于社主之前，示不敢专也。赏于祖，戮于社，盖尊祖、严社之义也。案，礼曰"天子巡守，以迁庙主，行载于齐车"，又曰"若无迁主，则以币帛皮圭告于祖祢，遂奉以出，载于齐车以行"。盖自以其迁庙主行，载于齐车；其无迁主，则以币帛皮圭行，固以致其尊祖之义耳。于是而赏焉，亦所以尊祖也。《左传》定四年，"君以军行，祓社衅鼓，祝奉以从"，盖自其以社主行，而祓社衅鼓，固已致其严社之义耳。于是而戮焉，亦所以严社也。由其尊祖、严社，故刑赏于此分焉。先儒从而分为阴阳仁义之说，则凿矣。迁庙之主，与社主，皆在军中，于是而赏之、戮之，则是不待乎？班师振旅，而刑赏固已行矣。

81

"予则孥戮汝"者，此盖言，汝苟有不用命，则非但戮及汝身，将并与其孥子也，谓戮及其妻子也。此篇与《汤誓》皆有"孥戮"之言，夫罪人以族，与夫参夷之刑，是乃商纣与秦所以亡者也。帝王之世，岂容有此。虽汉孔氏以谓权以胁之，使勿犯。然启、汤既有是言，则是当时实有此刑。苟有不用命者，必不免于孥戮，盖其所谓戮者，非杀之之谓也。《左氏传》僖二十七年，楚子之治兵于睽，终朝而毕，不戮一人。夷之蒐，贾季戮臾骈。臾骈之人欲尽杀贾氏，以报焉。臾骈曰，不可。以是知谓之戮者，非是杀之，但加耻辱焉。虽加鞭扑亦谓之，不庭而不用命，则其孥之至于罪隶舂藁，岂为过哉。非罪人以族，与夫参夷之比也。又《汉书·王莽传》举此言，颜师古曰，《夏书·甘誓》之辞，孥戮之以为孥也。说《书》者以为孥子也，戮及其子，非也。《秦誓》曰，囚孥正士，岂戮子之谓耶？此一说理亦可通。夫天生五材，民并用之，阙一不可。谁能去兵，兵之设久矣。兵不可去，则誓亦不可去也。夫驱民于锋镝战争之下，苟不先为之誓戒，使知坐作进退之节，其有不用命者，遂从而杀之，是罔民也。焉有仁义，用兵罔民而可为也。吴王阖闾，欲试孙子以兵法，出宫中美人百八十人，孙子为分二队，以王之宠姬二人为队长，皆令持戟，曰，前则视心，左视左手，右视右手，后则视背。约束既布，则设斧钺，即三令五申之。于是鼓之右，妇人大笑。孙子曰，约束不明，申令不熟，将之罪也。复三令五申而鼓左，妇人复笑。孙子曰，约束不明，申令不熟将之罪也，既已明而不如法者，吏士之罪也。乃斩二队长以徇，于是妇人左右前后跪起，皆中准绳规矩，以为虽赴之水火可也。向使孙子未尝三令五申，乃欲戮其不用命者以徇其余，则彼亦且有辞矣，尚安得而用之哉。由是知国而不用兵则已，苟不得已而至于用兵，则誓戒之言，不可无也。舜禹之所不能免也。彼谓商人作誓，而民始叛诰誓，不及五帝，是皆不达夫时变之论也。

4.（宋）史浩《尚书讲义》卷五《夏书·甘誓》

用命赏于祖，不用命戮于社，予则孥戮汝。

《祭义》曰，凡建国之神位，右社稷，而左宗庙。左，阳也，故赏由之。右，阴也，故刑由之。夏之宗庙、社稷，禹所建也。启方临戎，赏罚不违成宪，而必归之祖、社，则兹行岂其私哉。庄周曰"禹攻有扈"，夫攻有扈者，启也，而曰"禹"，何哉？盖启仗禹之威以成功，则赏罚必由于祖、社宜矣。《閟宫》之诗曰"戎狄是膺，荆舒是惩"，此颂鲁僖公也。而《孟子》乃曰，周公方且膺之诚，以僖公之保彼东方，周公之余泽也。故以其功归之、是亦庄周不言启之意也、然则《孟子》所谓启贤能敬承继禹之道，与此书实相表里，至于"孥戮"，则如后世髡钳之类，启岂有是哉。威众之辞，不得不深尔，不然，何以《汤誓》亦云。

5. （宋）夏僎《尚书详解》卷九《夏书·甘誓》

（归善斋按，见"左不攻于左，汝不恭命"）

6. （宋）时澜《增修东莱书说》卷六《夏书·甘誓第二》

用命，赏于祖；不用命，戮于社。予则孥戮汝。

古者用兵，必载迁主，载社主，而赏罚听焉，示不敢专也。有用命而可赏者，祖赏之；有不用命而可戮者，社戮之也。此用兵之常法，申戒之也。"予则孥戮汝"者，此于常法之外，新出之者也。戮非必为杀，亦有不杀之戮。如《左氏》所谓"惟戮是闻，初不至死"也。此启当时自为加严之意。古人善于自量，启知德降于上世，而又当用兵之际，不嫌于加严也。非特警众，亦深以见启自警省敬畏之意。所谓启贤能，敬承继禹者，此也。夫承尧、舜、禹重熙累洽之后，未尝接行阵之事，一旦誓师，戒敕戎阵，如素讲者。盖禹之家学，文武两备，体用兼全，本末具举，不分精粗，于此可见。

7. （宋）黄度《尚书说》卷二《夏书·甘誓》

（归善斋按，见"大战于甘，乃召六卿"）

8. （宋）袁燮《絜斋家塾书钞》卷四《夏书·甘誓》

（归善斋按，见"左不攻于左，汝不恭命"）

9. （宋）蔡沈《书经集传》卷二《夏书·甘誓》

用命赏于祖，不用命戮于社。予则孥戮汝。

戮，杀也。《礼》曰，天子巡狩以迁庙主行。《左传》"军行，祓社衅鼓"，然则天子亲征，必载其迁庙之主与其社主以行，以示赏戮之不敢专也。祖左，阳也，故赏于祖；社右，阴也，故戮于社。孥，子也。孥戮，与上"戮"字同义言，若不用命，不但戮及汝身，将并汝妻子而戮之战。危事也，不重其法，则无以整肃其众，而使赴功也。或曰，戮，辱也。孥戮，犹《秋官·司厉》孥男子以为罪隶之"孥"。古人以辱为戮，谓戮辱之，以为孥耳。古者罚弗及嗣，孥戮之刑，非三代之所宜有也。按此说固为有理，然以上句考之，不应一戮而二义。盖罚弗及嗣者，常刑也。予则孥戮者，非常刑也。常刑，则爱克厥威；非常刑，则威克厥爱。盘庚迁都，尚有"劓殄灭之无遗育"之语，则启之誓师，岂为过哉。

10. （宋）黄伦《尚书精义》卷十三《夏书·甘誓》

(归善斋按，见"王曰，嗟！六事之人")

11. （宋）陈经《尚书详解》卷十《汤誓商书·汤誓》

(归善斋按，见"王曰，嗟！六事之人")

12. （宋）钱时《融堂书解》卷四《夏书·甘誓》

(归善斋按，见"左不攻于左，汝不恭命")

13. （宋）魏了翁《尚书要义》

(原阙)

14. （宋）陈大猷《书集传或问》卷上《甘誓》

袁氏曰，未祧之庙，其主难以移动，迁庙虽已祧，兴师载其主而行，亦所以奉祖宗之命也。至于袷祭祧，亦与焉，只是疏尔。汉儒康衡，韦元成辈，论祧庙，皆一切扫除之，岂理也哉，亦善。

15.（宋）胡士行《尚书详解》卷三《夏书·甘誓第二》

用命赏于祖（亲征，载迁庙主，赏功不敢专），不用命戮于社（载社主，社主杀）。予则孥（子）戮（辱）汝。

所谓临事而惧以警众，亦以自警也。启承三圣熙洽之后，未尝按行陈之事，一旦誓师，如素讲者，古人体用之学于此可见。

16.（元）吴澄《书纂言》卷二《夏书·甘誓》

用命赏于祖，不用命戮于社。

用命，谓恭命；不用命，谓不恭命。戮，杀也。天子亲征必载迁庙之主，及社主，以行示赏罚之不敢专也。祖，左，阳也，故赏于祖；社，右，阴也，故戮于社，社下疑有脱简。

17.（元）陈栎《书集传纂疏》卷二《朱子订定蔡氏集传夏书·甘誓》

用命赏于祖，不用命戮于社，予则孥戮汝。

戮，杀也。《礼》曰"天子巡狩，以迁庙主行"，《左传》"军行祓社衅鼓然"，则天子亲征，必载其迁庙之主，与其社主以行，以示赏戮之不敢专也。祖，左，阳也，故赏于祖；社，右，阴也，故戮于社。孥，子也，孥戮，与上"戮"字同义，言若不用命，不但戮及汝身，将并汝妻子而戮之。战，危事也，不重其法，则无以整肃其众，而使赴功也。或曰，戮，辱也。孥戮，犹《秋官司厉》孥男子以为罪隶之孥，古人以辱为戮，谓戮辱之，以为"孥"耳。古者，罚弗及嗣，孥戮之刑非三代之所宜有也。案此说固为有理，然以上句考之，不应一"戮"而二义。盖"罚弗及嗣"者，常刑也。"予则孥戮"者，非常刑也。常刑，则"爱克厥威"；非常刑，则"威克厥爱"。《盘庚》迁都，尚有"劓殄灭之，无遗育"之语，则启之誓师，岂为过哉？

纂疏：

愚谓，观"恭行天罚"，与"汝不恭命"之言，然后知一"恭"字，为此篇纲领。有扈之威侮、怠弃，不恭故也。启行天伐，以"恭"为本，我恭天命，左、右、御，当恭我命。用命而赏，赏其恭命也。不用命而戮，戮其不恭命也。赏、戮不敢专，必行之祖、社，皆致恭也。恭敬，百圣之心法，亦家法也。启之此心，即禹祗承祗台之心，启能敬承继禹，此亦可见焉。

又案，戮当训云"杀"也，亦辱也。古者，戮不必皆杀。《左》文十年，无畏抶宋公之仆以徇，或曰国君不可戮也，此以"抶徇"为戮也。襄六年，宋子荡以弓梏华弱，子罕曰，专戮于朝，此以"弓梏"为戮也。今此篇二"戮"字，谓不杀，固不可；谓必杀，亦不可。赏与戮，皆有重轻。必以为杀，或必以为辱，皆堕一偏。《前·王莽传》引此文，孥戮，作奴。师古注，戮其妻子为奴。恐非。《泰誓》"囚奴正士"，岂戮子之谓邪。

18.（元）许谦《读书丛说》卷四《夏书·甘誓》

《甘誓》。

《周礼·小宗伯》，大师，则帅有司，而立军社奉主车，注曰，王出军，必先有事于社及迁庙，而以其主行，社主曰军社，迁主曰祖。《春秋传》曰，军行祓社衅鼓，祝奉以从。《曾子问》曰，天子巡守，以迁庙主行，载于齐车，言必有尊也

19.（元）董鼎《书传辑录纂注》卷二《夏书·甘誓》

用命赏于祖，不用命戮于社，予则孥戮汝。

戮，杀也。《礼》曰，天子巡狩，以迁庙主行；《左传》军行祓社衅鼓然。则天子亲征，必载其迁庙之主，与其社主以行，以示赏戮之不敢专也。祖，左，阳也，故赏于祖；社，右，阴也，故戮于社。孥，子也。孥戮，与上"戮"字同义，言若不用命，不但戮及汝身，将并汝妻子而戮之。战，危事也，不重其法，则无以整肃其众，而使赴功也。

或曰，戮，辱也，孥戮，犹《秋官·司厉》孥男子以为罪隶之孥。古人以辱为戮，谓戮辱之以为孥耳。古者，罚弗及嗣，孥戮之刑，非三代之所宜有也。案此说，固为有理，然以上句考之，不应一戮而二义，盖"罚弗及嗣"者，常刑也。"予则孥戮"者，非常刑也。常刑，则"爱克

厥威";非常刑,则"威克厥爱"。盘庚迁都,尚有"劓殄灭之无遗育"之语,则启之誓师,岂为过哉。

纂注:

新安陈氏曰,"恭行天之罚"一言,与"汝不恭命"之三言,然后知"恭"之一字,为此篇之纲领。有扈之威侮、怠弃,不恭故也。启之行天罚,以恭为本。我恭天之命,左、右、御当恭我之命。用命而赏,赏其恭命者也;不用命而戮,戮其不恭命者也。赏与戮,不敢自专必行之于祖,于社,皆致其"恭"也。恭敬者,百圣相传之心法。启之恭敬之心,即禹祗承之心也。启贤能敬承继禹之道。于此亦可见云。

吴氏泳曰,《甘誓》一篇,仅八十字,而其间六军之制,车乘之法,邦国赏刑之典,誓师之辞,靡不明备。盖古人之学,精粗本末不废。启虽承尧、舜、禹传道之后,而干戈行陈之事,亦曾从家学,素讲明来,一传至仲康,而《胤征》所言,亦可以考当时人物、军旅、官名、制度,乃知明明我祖万邦之君,有典有则,贻厥子孙真至言哉。

武夷熊氏曰,予读《甘誓》未尝不叹帝德之衰,王风之变也。《史记》曰启立,有扈不服,故伐之。

唐孔氏曰,尧、舜禅受,启独继父,以是不服。司马迁闻见,犹逮古其言,又有证。蔡氏以此为臆度之说,取《左氏》夏有观扈,凡三苗、徐、奄之类以为此誓不过纪讨叛伐罪之意,严坐作进退之节耳。然则,此亦常事,圣人亦何取而系之书也。

愚窃以谓,典、谟所载,其大节,乃尧、舜、禹受禅之事,未及于传子也。且征苗一事,不过直往正其罪耳,岂有诸侯敢与天子抗而至于交战也哉。序云"大战于甘",圣人之心断可识矣。圣人亦知夫传贤之不可以继也,幸而为天下得人,而皆如舜之继尧,禹之继舜也,则亦善矣。风气益薄,寿考不常。高位奸窥,大宝邪伺。圣贤少,而奸雄多。圣人奈何而不为后世深虑也。与其传贤而不可继,孰若传子定嫡而民犹有定志哉。于是立纲陈纪,以定一代之法度,子之贤,固善矣;使中才庸主,犹可持循勿失,以保世道之小康。不幸而有大奸大恶,如桀、纣之暴,则必有汤、武者出,奉天讨而诛之矣。此圣人公天下之心也。《甘誓》之作,此世运升降之一大机也。帝降而王,在此一简,王风一变,帝德遂衰。此读书者，因有感于此矣。

愚尝闻之师曰，禹传子之后，天下便是半死半活，世界不恃人而恃法，其弊固至此哉。胡文定传《春秋》谓，孔子兼帝王之法，当传贤则传贤，当传子则传子，此固正论。然嫡可前定，贤不可前定，而亦何所守，以定天下之民志哉？传子以嫡，使民无异志，而又教之得其道，辅之得其人。上焉，如伊、周之于太甲、成王也；次焉，如霍、葛之于孝宣、昭烈也。隆师、保之任，严教谕之法，则亦庶乎其可矣。

愚谓，尧以天下让舜，舜以天下让禹，至于群后德让。丹朱以傲虐，犹执宾礼于虞庭；有苗以昏迷，尚感文德而至格。圣德神化，如洪炉大冶，岂复有销铄不尽之顽矿哉。以启之贤，继禹之道，而有扈小臣，敢于抗天子，勇于拒王师。《史官》作书曰"大战于甘"，所以深着有扈之罪也。于此而不声罪致讨，则乱臣贼子何所惧哉？以此知天下之患虽小，不可忽也。前人之功虽大，不可恃也，在我而已矣。世固有蒙祖父之烈，虐用其民，而顾自信人之不叛己者，吁奚可哉。彼有功于天地生民者，莫若禹；能敬承继禹之道者，莫若启，犹有有扈氏之乱，况不如禹、启父子者乎？吁万世可以鉴矣。

抑愚又有感焉，天下虽安，忘战必危。禹自征苗以来，未尝用师军旅之事宜，启所未闻也，而一旦赫然以征有扈，召六卿而誓，与会群后而誓者同科；"威侮五行，怠弃三正"与"侮慢自贤，反道败德"者同意；"恭行天罚"，"用命"、"不用命"，与"奉将天罚，尔尚一乃心力"者同辞。盖宛然神考家法也。然则，禹固不以天下为无事，而不训以兵；启亦不以天下为无事，而不习于兵，讲之以豫，用之以节，斯其为王者之师欤。

20.（元）朱祖义《尚书句解》卷三《夏书·甘誓第二》

用命赏于祖（古者，天子亲征，必载迁庙之主于齐车，是行军未尝不载祖也。汝用君命，则功成之日，赏之于祖庙）。

21.（明）王樵《尚书日记》卷六《夏书·甘誓》

"用命赏于祖"至"予则孥戮汝"。

祖，迁庙之主；社，社主也。《曾子问》云，孔子曰，天子巡守以迁庙之主，行载于齐车，言必有尊也。巡守尚然，征伐可知。定四年《左传》云，君以军行祓社衅鼓，祝奉以从，是又载社主以行也。用命，谓有功；不用命，谓违律奔北。赏刑异处者，祖主阳，阳主生，故赏于祖。社主阴，阴主杀，故戮于社。此军前之赏罚，若遍叙诸勋，则反至太祖之庙而后行也。或设或刑，凡显其罪，以令众者，皆曰戮。上二语盖古军法。"予则"云者，犹今临时区处也。孔氏曰，孥，子也，非但止汝身，辱及汝子，言耻累也。按，孥戮，当从孔说。古者，罪人不孥，虽曰行军，但严其令以肃众，然不行则人不信，何肃众之有？

　　《甘誓》一篇仅八十字，而其间，六军之制，车乘之法，邦国赏刑之典，无不明备。杨氏曰，虽有仁义之兵，苟无节制，亦不可以取胜。《甘誓》曰"左不攻于左"，"右不攻于右"，"御非其马之正"，孥戮罔赦；《牧誓》云"不愆于六步、七步"，"四伐、五伐、六伐，乃止齐焉"，节制之严如此。故圣人著之经，为万世法。

　　甘之战，大矣。天子亲誓六师，其所戒者三人而已，左、右与御是也。盖古者专用车战，步卒亦以供车，非若后世骑步之不相为用也。故言兵者，皆以乘计，曰百乘，曰千乘，曰万乘，皆军赋之名也。凡车之命，系于三人，自一乘至于万乘，皆有是三人者，故戒其左者，则凡车左执射者同听之戒；其右者，则凡车右执刃者同听之戒；其御者，则凡车中执御者同听之。虽六师之众，以三言蔽之，无所遗矣。启之誓师，能要而尽如此，夫子所以取之为万世法欤。

22.（清）库勒纳等撰《日讲书经解义》卷三《夏书·甘誓》

（归善斋按，见"左不攻于左，汝不恭命"）

（元）陈师凯《书蔡氏传旁通》卷二《夏书·甘誓》

　　礼曰，天子巡狩，以迁庙主行。

　　《曾子问》曰，古者师行，必以迁庙主行乎？孔子曰，天子巡狩，以迁庙主行，载于齐车，言必有尊也。今也，取七庙之主以行，则失之矣。

疏云，迁庙主，新迁庙主也。齐车，金路也。主，木主也。天子，一尺二寸。有迁主者，以币告神，而不将币以出行，即埋之两阶之间。无迁主者，加之以皮圭，告于祖祢，遂奉以出。

祖，左，阳也。社，右，阴也。

《礼》云，建国之神位，右社稷，而左宗庙。

（清）朱鹤龄《尚书埤传》卷七《夏书·甘誓》

赏祖，戮社，孥戮。

苏传，孔子曰，当七庙、五庙，无虚主，师行载迁主以行，无迁庙，则以币，曰主命。故师行有祖庙也。武王伐纣，师渡孟津，有宗庙，有将舟。将舟，社主存焉。故师行有社也（《古今考》，社主阴，阴主杀。《周礼·小宗伯》若大师，则帅有司而立军社，奉主军。太祝、大师宜于社，立军社。《春秋传》所谓"军以师行祓社衅鼓祝奉以从"者也。又《大司冦》"大军旅，莅戮于社"）。

按，蔡传引《周礼》，孥，男子以为罪隶。今《周礼》作"奴"。

王樵曰，孥戮者，言亲属同犯，亦连治之，皆指在军前者。若谓孥为妻子，岂有军前获罪，而戮及在家之妻子乎（了凡深取此说）。

（清）张英《书经衷论》卷二《夏书·甘誓》

《甘誓》乃后世誓师之始也。赏祖、戮社之文，肇见于此，至曰"予则孥戮汝"，呜呼！甚矣。禹之誓师，不过曰"其尚一乃心，力其克有勋"如是而已。曾几何时，而风俗气象迥然不同乎？

弗用命，戮于社

1.（汉）孔氏传、（唐）陆德明音义、孔颖达疏《尚书注疏》卷六《夏书·甘誓》

弗用命，戮于社。

传，天子亲征，又载社主，谓之社事。不用命奔北者，则戮之于社主前。社主阴，阴主杀，亲祖严社之义。

音义：

戮，音六。北，如字，又音佩，军走曰北。

疏：

若不用我命，则戮之于社主之前。

(归善斋按，另见"用命，赏于祖")

2. (宋) 苏轼撰《书传》卷六《夏书·甘誓第二》

(归善斋按，见"用命，赏于祖")

3. (宋) 林之奇《尚书全解》卷十二《夏书·甘誓》

(归善斋按，见"用命，赏于祖")

4. (宋) 史浩《尚书讲义》卷五《夏书·甘誓》

(归善斋按，见"用命，赏于祖")

5. (宋) 夏僎《尚书详解》卷九《夏书·甘誓》

(归善斋按，见"左不攻于左，汝不恭命")

6. (宋) 时澜《增修东莱书说》卷六《夏书·甘誓第二》

(归善斋按，见"用命，赏于祖")

7. (宋) 黄度《尚书说》卷二《夏书·甘誓》

(归善斋按，见"大战于甘，乃召六卿")

8. (宋) 袁燮《絜斋家塾书钞》卷四《夏书·甘誓》

(归善斋按，见"左不攻于左，汝不恭命")

9. (宋) 蔡沈《书经集传》卷二《夏书·甘誓》

(归善斋按，见"用命，赏于祖")

10. （宋）黄伦《尚书精义》卷十三《夏书·甘誓》

(归善斋按，见"王曰，嗟！六事之人")

11. （宋）陈经《尚书详解》卷十《汤誓商书·汤誓》

(归善斋按，见"王曰，嗟！六事之人")

12. （宋）钱时《融堂书解》卷四《夏书·甘誓》

(归善斋按，见"左不攻于左，汝不恭命")

13. （宋）魏了翁《尚书要义》

(原阙)

14. （宋）陈大猷《书集传或问》卷上《甘誓》

(归善斋按，见"用命，赏于祖")

15. （宋）胡士行《尚书详解》卷三《夏书·甘誓第二》

(归善斋按，见"用命，赏于祖")

16. （元）吴澄《书纂言》卷二《夏书·甘誓》

(归善斋按，见"用命，赏于祖")

17. （元）陈栎《书集传纂疏》卷二《朱子订定蔡氏集传夏书·甘誓》

(归善斋按，见"用命，赏于祖")

18. （元）许谦《读书丛说》卷四《夏书·甘誓》

(归善斋按，见"用命，赏于祖")

19. （元）董鼎《书传辑录纂注》卷二《夏书·甘誓》

(归善斋按，见"用命，赏于祖")

20.（元）朱祖义《尚书句解》卷三《夏书·甘誓第二》

弗用命戮于社（《左》定公四年云"军行，祓社衅鼓"，是行军未尝不载社也，汝不用君命则戮于社）。

21.（明）王樵《尚书日记》卷六《夏书·甘誓》

（归善斋按，见"用命，赏于祖"）

22.（清）库勒纳等撰《日讲书经解义》卷三《夏书·甘誓》

（归善斋按，见"左不攻于左，汝不恭命"）

（清）朱鹤龄《尚书埤传》卷七《夏书·甘誓》

（归善斋按，见"用命，赏于祖"）

（清）张英《书经衷论》卷二《夏书·甘誓》

（归善斋按，见"用命，赏于祖"）

予则孥戮汝

1.（汉）孔氏传、（唐）陆德明音义、孔颖达疏《尚书注疏》卷六《夏书·甘誓》

予则孥戮汝。
传，孥，子也，非但止汝身，辱及汝子，言耻累也。
音义：
孥，音奴。累，伪反。
疏：
所戮者，非但止汝身而已，我则并杀汝子，以戮辱汝。汝等不可不用我命。以求杀敌，戒之使齐力战也。

传正义曰，《诗》云"乐尔妻帑"，对"妻"别文，是"帑"为子也，非但止辱汝身，并及汝子亦杀，言以耻恶累之。《汤誓》云"予则孥戮汝"，传曰，古之用刑，父、子、兄、弟罪不相及，今云"孥戮汝"，权以胁之，使勿犯，此亦然也。

2. （宋）苏轼撰《书传》卷六《夏书·甘誓第二》

予则孥戮汝。

戮及其子，曰孥。尧、舜之世罚弗及嗣。武王数纣之罪，曰罪人以族，孥戮，非圣人之事也。言孥戮者，惟启与汤，知德衰矣。然亦言之而已，未闻真孥戮人也。

3. （宋）林之奇《尚书全解》卷十二《夏书·甘誓》

（归善斋按，见"用命，赏于祖"）

4. （宋）史浩《尚书讲义》卷五《夏书·甘誓》

（归善斋按，见"用命，赏于祖"）

5. （宋）夏僎《尚书详解》卷九《夏书·甘誓》

（归善斋按，见"左不攻于左，汝不恭命"）

6. （宋）时澜《增修东莱书说》卷六《夏书·甘誓第二》

（归善斋按，见"用命，赏于祖"）

7. （宋）黄度《尚书说》卷二《夏书·甘誓》

（归善斋按，见"大战于甘，乃召六卿"）

8. （宋）袁燮《絜斋家塾书钞》卷四《夏书·甘誓》

（归善斋按，见"左不攻于左，汝不恭命"）

9.（宋）蔡沈《书经集传》卷二《夏书·甘誓》

(归善斋按，见"用命，赏于祖")

10.（宋）黄伦《尚书精义》卷十三《夏书·甘誓》

(归善斋按，见"王曰，嗟！六事之人")

11.（宋）陈经《尚书详解》卷十《汤誓商书·汤誓》

(归善斋按，见"王曰，嗟！六事之人")

12.（宋）钱时《融堂书解》卷四《夏书·甘誓》

(归善斋按，未解)

13.（宋）魏了翁《尚书要义》

(原阙)

14.（宋）陈大猷《书集传或问》卷上《甘誓》

或问，林氏说"孥戮"（林氏曰，颜师古注《汉书》"孥戮"，戮之以为孥也。犹"囚孥正士"之"孥"），正合罪人不孥之意，今兼吕说何也？曰，林说固善，但上既言"戮于社"以指其人之身，而又戮为孥隶，则文意重迭，若施于《汤誓》之"孥戮"又恐太轻，岂军法而无杀戮之刑乎？临阵军刑，不可与常刑比，若戮辱及子，誓师亦未害也。

15.（宋）胡士行《尚书详解》卷三《夏书·甘誓第二》

(归善斋按，见"用命，赏于祖")

16.（元）吴澄《书纂言》卷二《夏书·甘誓》

予则孥戮汝。

此句与上文辞意不属，或有脱简，或是下篇《汤誓》之文重出在此。

17. （元）陈栎《书集传纂疏》卷二《朱子订定蔡氏集传夏书·甘誓》

（归善斋按，见"用命，赏于祖"）

18. （元）许谦《读书丛说》卷四《夏书·甘誓》

（归善斋按，未解）

19. （元）董鼎《书传辑录纂注》卷二《夏书·甘誓》

（归善斋按，见"用命，赏于祖"）

20. （元）朱祖义《尚书句解》卷三《夏书·甘誓第二》

予则孥戮汝（戮，辱也。我则以汝为孥，而戮汝。非杀之谓孥戮者，《秋官·司厉》所谓"其孥，男子入于罪隶，女子入于舂藁"是也。《汉书》王莽举此言，颜师古注曰，《夏书·甘誓》之辞。孥戮，戮之所以为孥也。说者以谓孥子也，戮及其子，非也。《泰誓》曰"囚孥正士"岂戮子之谓。孥，奴）。

21. （明）王樵《尚书日记》卷六《夏书·甘誓》

（归善斋按，见"用命，赏于祖"）

22. （清）库勒纳等撰《日讲书经解义》卷三《夏书·甘誓》

（归善斋按，见"左不攻于左，汝不恭命"）

（元）陈师凯《书蔡氏传旁通》卷二《夏书·甘誓》

《秋官·司厉》，孥，男子以为罪隶。

《周礼》孥，作"奴"，郑司农云，谓坐为盗贼，而为奴者，输于罪隶。

(清）朱鹤龄《尚书埤传》卷七《夏书·甘誓》

(归善斋按，见"用命，赏于祖")

（清）张英《书经衷论》卷二《夏书·甘誓》

(归善斋按，见"用命，赏于祖")

商书　汤誓第一

伊尹相汤伐桀，升自陑

1.（汉）孔氏传、（唐）陆德明音义、孔颖达疏《尚书注疏》卷七《商书·汤誓》

序，伊尹相汤伐桀，升自陑。

传，桀都安邑，汤升道从陑，出其不意。陑在河曲之南。

音义：

相，息亮反。汤，如字。马云，俗儒以汤为谥，或为，号者似非其意，言谥近之。然不在《谥法》，故无闻焉。及禹，俗儒以为名。《帝系》禹名文命。《王侯世本》，汤名天乙。推此言之，禹岂复非谥乎，亦不在《谥法》，故疑焉。桀，其列反，夏之末天子。升，音升；陑音而。

疏：

正义曰，伊尹以夏政丑恶去而归汤，辅相成汤，与之伐桀，升道从陑，出其不意。

传正义曰，此序汤自伐桀，必言伊尹相汤者，序其篇次，自为首尾，以上云伊尹丑夏，遂相成汤伐之，故文次言伊尹也。计太公之相武王，犹如伊尹之相成汤。《泰誓》不言太公相者，彼文无其次也。且武王之时，有周、召之伦,圣贤多矣。汤称伊尹,云"聿求元圣,与之戮力";伊尹称"惟尹躬暨汤咸有一德",则伊尹相汤,其功多于太公,故特言"伊尹相汤"也。桀都安邑,相传为然,即汉之河东郡安邑县是也。《史记》吴起对魏武侯云,夏桀之居,左河济,右太华,伊阙在其南,羊肠在其北,修政不仁,汤放之也。《地理志》云,上党郡壶关县有羊肠坂,在安邑之北,是桀都安邑,必当然矣。将明陑之所在,故先言桀都安邑。桀都在亳西,当从东而往。今乃升道从陑,升者,从下向上之名,言陑当是山阜之地,历险迂路,为出不意故也。陑在河曲之南,盖今潼关左右。河曲在安邑西南,从陑向北渡河,乃东向安邑。鸣条在安邑之西,桀西出拒汤,故战于鸣条之野。陑在河曲之南,鸣条在安邑之西,皆彼有其迹,相传云然。汤以至圣伐暴,当显行用师,而出其不意,掩其不备者,汤承禅代之后尝为桀臣,惭而且惧,故出其不意。武王则三分天下有其二,久不事纣。纣有浮桀之罪,地无险要之势,故显然致罚,以明天诛,又殷勤誓众,与汤有异,所以汤惟一誓,武王有三。

《尚书注疏》卷七《考证》

《汤誓》序"升自陑",传"汤升道从陑出其不意"。

刘敞曰,言升陑者,谓桀虽据险,亦不能拒汤,所谓地利不如人和。孔氏乃云"出其不意",孙吴之师,非汤与伊尹之义也。

2.（宋）苏轼撰《书传》卷七《商书·汤誓第一》

伊尹相汤伐桀。

古之君臣,有如二君,而不相疑者,汤之于伊尹;刘玄德之于诸葛孔明是也。汤言"聿求元圣与之戮力",而伊尹曰"惟尹躬暨汤,咸有一德"。其君臣相期如此,故孔子曰,伊尹相汤伐桀,太甲不明而废之,思庸而复之,君臣相安,此圣人之事也。玄德、孔明,虽非圣人,然其君臣相友之契,亦庶几于此矣。玄德之将死也,嘱孔明曰,禅可辅,辅之;不可君,自取之,非伊尹之流,而可以属此乎?孔明专蜀事,二君雍容进退,初不自疑,人亦莫之疑者,使常人处之,不为窦武、何进,则为曹操、司马仲达矣。世多疑伊尹之事,至谓太甲为杀伊尹者,皆以常情度圣贤也。

升自陑,遂与桀战于鸣条之野,作《汤誓》。

孔安国以谓桀都安邑，陑在河曲之南，安邑之西，汤自亳往，当由东行，故以升自陑为出不意。又言，武王观兵孟津以卜诸侯之心，而退以示弱。其言汤、武皆陋甚。古今地名道路，有改易不可知者，安知陑、鸣条之必在安邑西耶。升陑以战，记事之实，犹《泰誓》"师渡孟津"而已。或曰升高而战，非地利，以人和而已。夫恃人和而行师于不利之地，亦非人情，故皆不取。

3.（宋）林之奇《尚书全解》卷十四《商书·汤誓》

伊尹相汤伐桀，升自陑。

伊尹既丑有夏以归，而桀之作恶不悛，终无改过之意，于是相汤伐夏，救民也。汤之伐桀，必得伊尹归亳而后决者，盖以臣伐君，圣人之惭德也。苟非有大不得已者，则圣人岂肯为是惭德之举，以为万世乱臣贼子之口实也哉。故汤得伊尹于莘野，必使之就桀而辅以正之。至于五反而桀终不改，然后伐之。文王三分天下有二，以服事商终其世，而纣之恶，盖自若也，然后其子武王不得已率诸侯而伐之。伊尹事桀，文王事纣，其意一也。汤之伐桀，武王伐纣，其出于不得已。而不可以已者，其意盖可见于此，故虽以臣伐君，而身不失天下之显名者，以天下后世知汤之伐桀，武王之伐纣，非其本心也。《孟子》曰"五就汤五就桀，伊尹也"。盖伊尹之难，莫难于此。彼以伊尹为汤作间于夏者，此乃战国之士，以己之私意臆度伊尹者也。

升自陑者，所从伐夏之道也。汉孔氏曰，升道从陑，出其不意。孔氏之意谓，桀都安邑，而在亳之西者，从东而往汤，不由安邑之东，而由其西，则以谓兵法所谓出其不意者也。苏氏曰，古今地名道路有易改不可知者，安知陑、鸣条之必在安邑西邪？升陑以战，记事之实，犹《泰誓》言师渡孟津而已。此说甚善。夫所谓出其不意者，乃后世用兵之诈谋也。齐之技击，不可以遇魏氏之武卒。魏之武卒。不可以遇秦之锐士。秦之锐士，不可以当威文之节制。威文节制，不可以敌汤、武之仁义。夫威文节制之师，固已无事于诈谋矣，而况汤、武之仁义乎？谓出其不意者，其说固已陋矣。而唐孔氏又以谓汤承禅代之后，尝为桀臣，惭而且惧，故出其不意。果如此说，则汤之伐夏，是诚何心哉？王氏曰，升陑，非地利也，亦人和而已。薛氏谓，得人和而行师于不利之地，非人情也。此说甚善。

4. （宋）史浩《尚书讲义》卷七《商书·汤誓》

伊尹相汤伐桀，升自陑，遂与桀战于鸣条之野，作《汤誓》。

汤之于伊尹，学焉而后臣之，故其诰曰"聿求元圣，与之戮力"，则尹固汤之所以尊信也。尹之告太甲曰"尹躬暨汤咸有一德"，则尹固以是自任而不敢退托也。观此则鸣条之战，岂汤所得专乎？此序书者必首言尹相汤，而不言汤用也。《孟子》言，舜以为生于诸冯，卒于鸣条，正以东西言也。桀都安邑，鸣条在其西，而亳又处安邑之东，今自陑之师，不应越安邑而战于鸣条。先儒求其说而不得，乃曰陑险也，自下而上曰升，国在东而战于鸣条，出其不意也。信如此说，是尹用诡道以胜桀，岂圣人之所为哉。殊不知尹之伐桀，非汤本心。韦、顾、昆吾之乱，汤既诛之，尹因移兵以伐桀，遂有鸣条之战尔。按《史记》桀政淫荒，昆吾氏为乱，汤乃率诸侯以伐昆吾，遂伐桀，而颂亦曰"韦、顾既伐，昆吾夏桀"，此其证也。黜伏之功，岂不在尹乎？故其卒章又曰"实左右商王"。呜呼！尹之于汤，岂寻常君臣可拟哉。

5. （宋）夏僎《尚书详解》卷九《商书·汤誓》

伊尹相汤伐桀，升自陑，遂与桀战于鸣条之野，作《汤誓》。

林少颖，谓书序本自为一篇，故其言亦有相为首尾者，不必序其本篇之意。如此篇之序言"伊尹相汤伐桀，升自陑，遂与桀战于鸣条之野"，篇内全无此意，盖以上篇之序言"伊尹去亳适夏，既丑有夏，复归于亳"，故此篇与上文相接而言。"伊尹相汤伐桀"，亦犹《洪范》，上承《泰誓》《牧誓》《武成》之序，亦曰"武王胜商，杀受，立武庚"，而篇内殊无"胜商，杀受，立武庚"之意，皆是首尾相因之辞。而说者乃以若此之类，皆圣人之深旨，至欲以《春秋》褒贬之义求之，非通论也。此说是也。盖伊尹既丑有夏而归，桀之作恶不悛，终无改过之意，于是伊尹相汤伐桀，故言"伊尹相汤伐桀"，初无深旨也。"升自陑"者，盖记所从伐夏之道也。汉孔氏乃谓"升从陑，出其不意"其意盖谓，安邑在亳之西，自亳徂征，当从东而西，今汤乃迁升自陑，故为出其不意，是何以后世谲诈，诬成汤也。不若苏氏谓，古今道路地名，改易不可知，安知陑、鸣条必在安邑之西。升陑以战。纪事之实。犹《泰誓》言"师渡孟津"，此说是也。若王氏诸儒，则又谓升陑非地利，以见人和，不待地利，亦凿说也。汤将伐桀，道自陑升，遂与桀战于鸣条之野。鸣条盖在安邑之旁也。林少颖谓，详考此篇，言商民惮于征役，不欲为伐夏之举，故汤告以吊伐之意，则此篇必是始兴师时誓于亳邑之辞。既誓而后升自陑，与战于鸣条之野。然观序言"遂与桀战于鸣条之野，作《汤誓》"，则似临战而后誓者。盖序文总叙其伐桀之详，而系以本所誓师之语，非是行至鸣条而誓，若《牧誓》之类。在学者。当以意而得之。不可拘于言语之间。而失古人之大意。此说是也。

6. （宋）时澜《增修东莱书说》卷七《商书·汤誓第一》

伊尹相汤伐桀，升自陑，遂与桀战于鸣条之野，作《汤誓》。

《汤誓》。

观伊尹去亳适夏，既丑有夏，复归于亳。见孟子所谓五就汤，五就桀之事，甚明。汤累进伊尹于夏，欲以开导，使之悛改桀，终不可回。此伊尹所以复归亳而定伐夏之谋也。岂汤伊尹之本心哉。"聿求元圣，与之戮力"，汤之于伊尹，学焉而后臣。伊尹亦自谓"惟尹躬暨汤，咸有一德，克享天心"，尹之所适，即天命之所在。盖天心所享者，天命所系也。汤进伊尹于夏，所以驻命于夏也。复归之时，命始不容辞矣。伊尹相汤伐桀，先伊尹而后汤，文势顺也。升自陑，或谓出其不意，岂王者之师哉？或谓汤得人和，不必地利，亦非人情也。王者固仁义之兵，然利害向背，亦必决择。升自陑，必用师当行之道，夏之可攻处也。

7. （宋）黄度《尚书说》卷三《商书·汤誓》

伊尹相汤伐桀，升自陑，遂与桀战于鸣条之野，作《汤誓》。

伊尹曰"予弗克俾厥后惟尧舜，其心愧耻，若挞于市"。一夫不获，则曰"时予之辜"。其自任以天下之重如此，故汤誓师之书，而夫子序之曰"伊尹相汤伐桀"言其事出于伊尹也。前末有此，事誓辞乃出师之日，誓于国中，而序述鸣条之战，终伐夏也。今解州安邑县东北十五里，有鸣条陌。陑，在县北二十里。汤自陑升，与桀战。孔氏曰，出桀不意，非路当出此耳。升陑，与记武王渡孟津同，鸣条与牧野同，皆临其国都，于是战矣。史官与夫子序书，皆详之事之变也。汤十一征，皆为行方伯之职。桀不谅其忠，而方忌恶之。昏虐愈甚，汤于是誓师而出征葛之后。《汤誓》未出师之前，桀能改德，事为可已也。曰果可已乎，曰何以不可。《文言》曰，上下无常非为邪也，进退无恒非离群也。此圣人之事，常人安能与。此可上而不可下，可进而不可退。秦汉以来盗贼僭篡之所为，人遂比之骑虎，此岂足以论圣人哉。

8.（宋）袁燮《絜斋家塾书钞》卷八《商书·汤誓》

（案，袁氏《汤誓》篇解，《永乐大典》原阙）

9.（宋）蔡沈《书经集传》卷三《商书·汤誓》

（归善斋按，未解）

10.（宋）黄伦《尚书精义》卷十五《商书·汤誓》

伊尹相汤伐桀升自陑，遂与桀战于鸣条之野，作《汤誓》。

无垢曰，伐桀之谋，主于伊尹，而非汤之心也。自五进伊尹于桀之后，想伊尹之心，以谓吾所以委蛇为桀，而纳之于当道者，其无所不至矣。而桀于亡国败家之举，无不争先，至于道德、仁义、日用所当行者，一切视如仇寇，决非君四海之资也。至民有"时日曷丧予及汝偕亡"之言，是天弃夏，而将改命于汤，使桀为此，而不知改也。观夫汤一征，自葛始，天下信之。东面而征，西夷怨；南面而征，北敌怨，曰奚为后我，则天之所以相汤而弃桀者可见矣。此所以决然以伐桀，自任而不疑。若汤之心则犹欲进，伊尹庶几桀之开悟，至于鸣条之事，诚非其本心，故曰予有惭德。圣人微见其端，故序伊尹于汤之上。汤在亳西，当从东而往，今乃升取道从。陑者，从下向上之名，历险迁路，为出其不意故也。

又曰，桀有一伊尹而不能用，致欲一举而取之。出其不意，而声罪以伐之，当如文王之付武王，汤未可也。盖此时之民，如在汤火中，如"率遏众力率割夏邑"之言，此岂可一日待耶。伊尹之心，以谓急欲救斯民，不可使为之备，以重困天下也，不若出其不意，一举而取之，岂得以武王之事律此哉。

张氏曰，夫自上而下者，其势顺；自下而上者；其势难。汤之伐桀。自陑而升。则非地势之顺。所以见其胜夏。在于人和，而不在于地利也。

东莱曰，叙书先伊尹而后汤者，非有他意，文势顺耳。升自陑，或以为出其不意，或以为汤得人和，不必地利，升陑而战，皆不可用。谓之出其不意，固非；谓之得人和，亦非。王者固仁义之兵，然利害向背，亦须决择，必是师当行之道，夏之可攻处也。

杨氏曰，商书之首曰，伊尹相汤伐桀，成汤君也，伊尹臣也，君而先乎臣，必然之道也。臣而先乎君，必不然之道也。仲尼叙汤放桀也，又何先以伊尹而言乎，曰兹所以见大圣人立教之深者也。仲尼删书，断唐虞以下，尧之禅逊，舜之大孝，大禹之功，皋陶之谟，益稷之事，四岳之职备矣。及其叙汤放桀也，虽曰义，曰权，曰救民于涂炭。其如桀，君也；汤，臣也。曰尧，曰舜，曰禹，皆以揖逊相代，而汤始用征伐取天下，圣人大惧后世，暴未如桀，仁未如汤，将有假汤放桀为名而利于己者，则以臣伐君自此始矣。于是求其所以立教之旨，以汤圣人也，固不可首其恶也已矣。伊尹，贤也，可屈之以伸教焉，故书曰，伊尹相汤伐桀，是移伐君之诮于伊尹也。

11.（宋）陈经《尚书详解》卷十《汤誓商书·汤誓》

伊尹相汤伐桀升自陑，遂与桀战于鸣条之野，作《汤誓》。

"伊尹相汤伐桀"，可见君臣无异谋。"聿求元圣与之戮力"，说者谓孔子序《书》，先言伊尹以伐桀之谋，出于伊尹而不出于汤。果若是，则伊尹教汤为称乱之事，汤独无所任其责乎？不必如此泥"升自陑，遂与桀战于鸣条之野"。桀都安邑，鸣条在安邑之西。先儒以为出其不意，恐未必然。升道从陑，盖用兵行师，自然取其地利故也。

12.（宋）钱时《融堂书解》卷五《商书·汤誓》

伊尹相汤伐桀，升自陑，遂与桀战于鸣条之野，作《汤誓》。

观此书，止是汤谕其众庶而誓之，初无伊尹相汤伐桀之文，亦初未有升自陑战鸣条之事，而序云尔者，此夫子特书伐桀之始末，所以深明乎汤之心也。盖当时，天下虽被桀坏得如此狼狈，然其事体，全系乎伊尹一人之去留。观汤荐尹于桀，初何心于伐桀也。尹去亳适夏，亦何心于丑夏也。使桀一旦感悟，得伊尹而用之，则汤与尹，固桀之圣臣也。一圣臣居中以辅成君德，一圣臣居方伯连帅以讨伐不义之诸侯，则天下即日可以丕变，岂不大幸，岂非两圣人之本心哉？夫何五就而不能用，终使伊尹丑夏而归，而伐桀之谋遂定。夫子是以深明，伐桀非汤之心也，伊尹实相之也，特书曰"伊尹相汤伐桀"，非罪伊尹也，明桀不能用伊尹，不得已而后有相汤之事也。既丑有夏，复归于亳，与此序属辞比事而观，事理甚明。陑在河曲之南，鸣条在安邑之西，自陑而升，以向安邑，此汤行师之道也，与武王"师渡孟津"同。

13. （宋）魏了翁《尚书要义》

（原阙）

14. （宋）陈大猷《书集传或问》卷上《汤誓》

（归善斋按，未解）

15. （宋）胡士行《尚书详解》卷四《商书·汤誓第一》

伊尹相汤伐桀，升自陑（地），遂与桀战于鸣条（地）之野，作《汤誓》。

五就桀，而桀不悛，则伐罪吊民之举，尹不得不相汤，而汤亦不得而不顺天应人矣。陑，师行所经地耳，或以为汤间道，出桀不意，则岂王者之师哉？

16. （元）吴澄《书纂言》卷三《商书·汤誓》

（归善斋按，未解）

17. （元）陈栎《书集传纂疏》卷三《朱子订定蔡氏集传商书·汤誓》

（归善斋按，未解）

18. （元）许谦《读书丛说》卷五《商书·汤誓》

（归善斋按，未解）

19. （元）董鼎《书传辑录纂注》卷三《商书·汤誓》

（归善斋按，未解）

20. （元）朱祖义《尚书句解》卷四《商书·汤誓第一》

伊尹相汤伐桀（伊尹辅相汤伐桀），升自陑（升道从陑。陑，而）。

21. （明）王樵《尚书日记》卷七《商书·汤誓》

（归善斋按，未解）

22. （清）库勒纳等撰《日讲书经解义》卷四《商书·汤誓》

（归善斋按，未解）

（清）孙之騄辑《尚书大传》卷二《商书·汤誓传》

伊尹母孕，行汲水化为枯桑，其夫寻至水滨，见桑穴中有儿，乃收养之。

伊尹相汤伐桀，战于鸣条（《春秋地名考》引《大传》）。

遂与桀战于鸣条之野

1. （汉）孔氏传、（唐）陆德明音义、孔颖达疏《尚书注疏》卷七《商书·汤誓》

遂与桀战于鸣条之野。

传，地在安邑之西，桀逆拒汤。

疏：

遂与桀战于鸣条之野，将战而誓，戒士众。

传正义曰，郑玄云，鸣条，南夷地名。《孟子》云，舜卒于鸣条，东夷之地。或云，陈留平丘县，今有鸣条亭是也。皇甫谧云，《伊训》曰"造攻自鸣条，朕哉自亳"，又曰"夏师败绩，乃伐三朡"，《汤诰》曰"王归自克夏至于亳"。三朡在定陶，于义不得在陈留与东夷也。今安邑见有鸣条陌、昆吾亭。《左氏》以为，昆吾与桀，同以乙卯日亡，韦、顾亦尔。故《诗》曰"韦、顾既伐，昆吾夏桀"。于《左氏》，昆吾在卫，乃在濮阳，不得与桀异处同日而亡，明昆吾亦来安邑，欲以卫桀，故同日亡，而安邑有其亭也。且吴起言险，以指安邑，安邑于此而言，何得在南夷乎？谧言是也。

2．（宋）苏轼撰《书传》卷七《商书·汤誓第一》

（归善斋按，见"伊尹相汤伐桀"）

3．（宋）林之奇《尚书全解》卷十四《商书·汤誓》

遂与桀战于鸣条之野，作《汤誓》。

《汤誓》。

《孟子》曰"造攻自鸣条，朕哉自亳"，言桀在鸣条，已有可攻之衅矣。然后汤自亳而往攻之，则是鸣条乃桀所都之地名，盖在安邑之旁也。"遂与桀战于鸣条之野"，记其所战之地，犹《春秋》书某人及某人战于某是也，此记事之常体，但世代久远，地名之详，不可得而见。然而，先王所以吊伐之本义，则不系于此。而先儒乃附会其地名，以其前后向背，曲生义训，是犹相马而辨其物色牝牡也。

《汤誓》者，此篇之作，盖见汤伐桀之时誓众，所以为兴师动众之意，史记因序载其战伐之事，故以其本所誓师之语而系之也。《汤誓》，唐孔氏曰《甘誓》《泰誓》，发首皆有序引别其誓，意记其誓处此，与《费誓》惟记誓辞，不言誓处者，史非一人，辞有详略，此说是也。盖夫子定书之时，无序者不增，有序者不损，各因其旧而已。

4.（宋）史浩《尚书讲义》卷七《商书·汤誓》

（归善斋按，见"伊尹相汤伐桀"）

5.（宋）夏僎《尚书详解》卷九《商书·汤誓》

（归善斋按，见"伊尹相汤伐桀"）

6.（宋）时澜《增修东莱书说》卷七《商书·汤誓第一》

（归善斋按，见"伊尹相汤伐桀"）

7.（宋）黄度《尚书说》卷三《商书·汤誓》

（归善斋按，见"伊尹相汤伐桀"）

8.（宋）袁燮《絜斋家塾书钞》卷八《商书·汤誓》

（案，袁氏《汤誓》篇解，《永乐大典》原阙）

9.（宋）蔡沈《书经集传》卷三《商书·汤誓》

（归善斋按，未解）

10.（宋）黄伦《尚书精义》卷十五《商书·汤誓》

（归善斋按，见"伊尹相汤伐桀"）

11.（宋）陈经《尚书详解》卷十《汤誓商书·汤誓》

（归善斋按，见"伊尹相汤伐桀"）

12.（宋）钱时《融堂书解》卷五《商书·汤誓》

（归善斋按，见"伊尹相汤伐桀"）

13.（宋）魏了翁《尚书要义》

（原阙）

14.（宋）陈大猷《书集传或问》卷上《汤誓》

（归善斋按，未解）

15.（宋）胡士行《尚书详解》卷四《商书·汤誓第一》

（归善斋按，见"伊尹相汤伐桀"）

16.（元）吴澄《书纂言》卷三《商书·汤誓》

（归善斋按，未解）

17.（元）陈栎《书集传纂疏》卷三《朱子订定蔡氏集传商书·汤誓》

（归善斋按，未解）

18.（元）许谦《读书丛说》卷五《商书·汤誓》

（归善斋按，未解）

19.（元）董鼎《书传辑录纂注》卷三《商书·汤誓》

（归善斋按，未解）

20.（元）朱祖义《尚书句解》卷四《商书·汤誓第一》

遂与桀战于鸣条之野（遂与桀战于桀所都安邑之旁，鸣条之野）。

21.（明）王樵《尚书日记》卷七《商书·汤誓》

（归善斋按，未解）

22.（清）库勒纳等撰《日讲书经解义》卷四《商书·汤誓》

（归善斋按，未解）

（清）孙之騄辑《尚书大传》卷二《商书·汤誓传》

（归善斋按，见"伊尹相汤伐桀"）

作《汤誓》

1.（汉）孔氏传、（唐）陆德明音义、孔颖达疏《尚书注疏》卷七《商书·汤誓》

作《汤誓》。
疏：
史叙其事，作《汤誓》。

2.（宋）苏轼撰《书传》卷七《商书·汤誓第一》

（归善斋按，见"伊尹相汤伐桀"）

3.（宋）林之奇《尚书全解》卷十四《商书·汤誓》

（归善斋按，见"遂与桀战于鸣条之野"）

4.（宋）史浩《尚书讲义》卷七《商书·汤誓》

（归善斋按，见"伊尹相汤伐桀"）

5.（宋）夏僎《尚书详解》卷九《商书·汤誓》

（归善斋按，见"伊尹相汤伐桀"）

6.（宋）时澜《增修东莱书说》卷七《商书·汤誓第一》

（归善斋按，见"伊尹相汤伐桀"）

7.（宋）黄度《尚书说》卷三《商书·汤誓》

（归善斋按，见"伊尹相汤伐桀"）

8.（宋）袁燮《絜斋家塾书钞》卷八《商书·汤誓》

(案，袁氏《汤誓》篇解，《永乐大典》原阙)

9.（宋）蔡沈《书经集传》卷三《商书·汤誓》

(归善斋按，未解)

10.（宋）黄伦《尚书精义》卷十五《商书·汤誓》

(归善斋按，见"伊尹相汤伐桀")

11.（宋）陈经《尚书详解》卷十《汤誓商书·汤誓》

(归善斋按，见"伊尹相汤伐桀")

12.（宋）钱时《融堂书解》卷五《商书·汤誓》

(归善斋按，见"伊尹相汤伐桀")

13.（宋）魏了翁《尚书要义》

(原阙)

14.（宋）陈大猷《书集传或问》卷上《汤誓》

(归善斋按，未解)

15.（宋）胡士行《尚书详解》卷四《商书·汤誓第一》

(归善斋按，见"伊尹相汤伐桀")

16.（元）吴澄《书纂言》卷三《商书·汤誓》

(归善斋按，未解)

17.（元）陈栎《书集传纂疏》卷三《朱子订定蔡氏集传商书·汤誓》

(归善斋按，未解)

18. （元）许谦《读书丛说》卷五《商书·汤誓》

（归善斋按，未解）

19. （元）董鼎《书传辑录纂注》卷三《商书·汤誓》

（归善斋按，未解）

20. （元）朱祖义《尚书句解》卷四《商书·汤誓第一》

作《汤誓》（汤于此誓师，故作《汤誓》书）。

21. （明）王樵《尚书日记》卷七《商书·汤誓》

（归善斋按，未解）

22. （清）库勒纳等撰《日讲书经解义》卷四《商书·汤誓》

（归善斋按，未解）

《汤誓》

（汉）孔氏传、（唐）陆德明音义、孔颖达疏《尚书注疏》卷七《商书·汤誓》

《汤誓》。

传，戒誓汤士众。

疏：

正义曰，此经皆誓之辞也。《甘誓》《泰誓》《牧誓》发首皆有序引，别言其誓意，记其誓处。此与《费誓》惟记誓辞不言誓处者，史非一人，辞有详略。序以经文不具，故备言之也。

《尚书注疏》卷七《考证》

《汤誓》传"戒誓汤士庶"。

臣召南按,文义应作"汤戒誓士众"。又按,此篇"今尔有众,汝曰",及"今汝其曰",皆谓士众不欲伐夏,故作誓,明必往之义。孔传解经全非经意,至序所云"升自陑遂与桀战于鸣条之野",则此誓已后之事也。林之奇曰,此篇是始兴师,誓众于亳邑之辞,甚确。

(宋)林之奇《尚书全解》卷十四《商书·汤誓》

《书》序本自为一篇,盖是历代史官相传以为书之总目。吾夫子因而讨论是正之,以与五十八篇,共垂于不朽。其文多因史官之旧,故其篇次亦有相为首尾者,不必叙其本篇之意。如此篇之序曰"伊尹相汤伐桀,升自陑,遂与桀战于鸣条之野",篇内全无此意,盖以上篇之序曰"伊尹去亳适夏,既丑有夏,复归于亳",故此序与上文相接。而伊尹相汤伐桀,亦犹《洪范》篇上承《泰誓》《牧誓》《武成》之序,与上文相承。而曰"武王胜商杀受,立武庚",而篇内殊无杀受立武庚之意,而序乃云尔。凡此皆是史官载记一时之事迹,首尾相因之辞,皆是史官序事之体。而说者,乃以若此类者,皆圣人之深旨,至欲以《春秋》褒贬之义而求之,皆过论也。

(宋)蔡沈《书经集传》卷三《商书·汤誓》

《汤誓》。

汤,号也,或曰,谥,汤;名履;姓子氏。夏桀暴虐,汤往征之。亳众惮于征役,故汤谕以吊伐之意。盖师兴之时,而誓于亳都者也,今文古文皆有。

(宋)陈经《尚书详解》卷十《汤誓商书·汤誓》

读此篇,有以见圣人处君臣之变时中之义。盖不可以常理论也。有天地、男女、父子,而后有君臣名分。盖不可逾越,见路马者必式,齿君之路马者有诛,其严如此。不如是,则乱臣贼子,皆有觊觎窥伺之心。三纲沦,九法斁,而人纪不立矣。虽然天生民而立之君者,正为司牧吾民设也,乃有恃富贵之权,谓天下莫吾敌,借是而肆,其恶于民,使生民涂炭，无所告诉，则人纪之不立，抑又甚矣。由前之说，则君为重，若《春秋》之法，君将不言帅师是也。由后之说，则民为重，若孟子谓"民为贵，社稷次之，君为轻"是也。天下之理，有常有变，中智以下，当安其常，尽其变。而能不失其常者，惟圣人能之，故曰"可与立，未可与权"。有伊尹之志，则可；无伊尹之志，则篡也。此篇之意，大概以顺天而举事，无所利于其间。桀之罪，天所弃也；汤之德，天所命也。天弃桀而汤不有以伐其罪。天命汤而汤不有以承其休，则汤之罪，殆与桀等。惟圣人于此，深见天命之去就，天人本一理。圣人把作一事，看后世往往分天、人，作两件事，皆其诚意，有未尽处。设使天命在桀，犹有眷之之意，则汤当退而就臣子之位，汤之本心也，惟其不然，所以不得已而为称乱之举。虽然天道，圣人何从而卜之。曰，以人事卜之。汤之所以卜天意者，以贤者之心，斯民之心。天心，即贤者之心，即斯民之心也。自伊尹丑夏归亳，攸徂之民，室家相庆观之，则天意可见矣。不然妄为托天以神其事，则莽、卓、曹操、司马懿之流亦皆借天以为辞矣，何足以为汤。

（宋）陈大猷《书集传或问》卷上《汤誓》

《汤誓》。

愚曰，后世人君之德，愈不及古；而君之为恶者，则愈甚于古。故桀之愚，过于太康；纣之恶，过于桀。秦二世及六朝昏乱之君。过于桀、纣。永嘉郑氏说，《典宝》恐近于臆度，然其论则甚善，因附于此（曰，胡氏《春秋传》曰，古者宝玉世守，罔敢失坠，以昭先祖之德，存肃敬之心，告终易代，宏璧、琬琰、天球、夷玉、兑之戈、和之弓、垂之矢，莫不陈列，非直为观美也。先王所宝，传及其身，全而归之，则可以免矣，况神器之大者乎？典宝之作，其以祖宗之物所当常宝，若无德则天亦不可常，可不儆戒乎）。

（元）吴澄《书纂言》卷三《商书·汤誓》

《商书》。

契始封商，汤因以为有天下之号。郑玄云，商在太华之阳。皇甫谧云，上洛，商是也。《春秋左氏传》云，阏伯居商丘，杜预注云，梁国睢阳，宋都也。

《汤誓》。

汤，号也。汤名履，姓子氏，都于亳。郑元云，亳在河南偃师县。《汉书音义》臣瓒云，济阴亳县。夏桀暴虐，汤往征之。亳众惮于征役，故汤谕以吊伐之意，盖师征之时，誓于亳都者也。孔疏曰，《甘誓》《牧誓》首皆言其誓，意记其誓处，此与《费誓》惟记誓辞，不言誓处者，史辞有详略也。

（元）陈栎《书集传纂疏》卷三《朱子订定蔡氏集传商书·汤誓》

《商书》。

契始封商，汤因以为有天下之号。书凡十七篇。

纂疏：

《史记》，帝喾生契，为唐虞司徒，封于商，赐姓子氏，十三世生汤，在位十三年，寿百岁，国号商。盘庚迁殷以后，号殷。

《汤誓》。

汤，号也。或曰谥。汤名履，姓子氏。夏桀暴虐，汤往征之。亳众惮于征役，故汤谕以吊伐之意，盖师兴之时，而誓于亳都者也。今文、古文皆有。

纂疏：

汤、武固是反之，但细观其书，汤反之之功，恐更细密。如《汤誓》与《牧誓》数桀纣之罪，辞气亦不同。《史记》但书汤，放桀而死；书武王，则曰斩纣，头悬之白旗。又曰，汤有惭德，武王亦无此意。

（元）许谦《读书丛说》卷五《商书·汤誓》

《汤誓》。

《汤誓》一篇，首尾皆以天命言，盖生成万物者，天之道，而福善祸淫者，亦天之道也。为君者，体天而教养其民，而仁爱之心流及庶汇，能参赞化育者，则可谓之天子，天则锡之福。居于其位而暴虐烝民，是逆天生生之意，尸其位而不克肖天，不能任责，则天必降之祸，易有德者而任之。绝命，受命，虽曰圣人之心与天为一，其感召契合之妙，有非人所能知者。然天聪明自我民聪明，亦以彼之恶极，天下之人无不怨；我之仁至，天下之心无不归。只就民心上看天意，得时即动，动则如意，即是受天命。张子所谓间不容发者，盖非圣人之聪明睿知，洞见天理人心，而有一毫私意于其间者，则为妄作僭乱，其间何啻千里。《汤誓》止是誓亳众，所以有"不恤我众"，"夏罪其如台"之语，可见天下皆怨桀，独亳众乐汤之化，不知有桀之暴故也。

（元）董鼎《书传辑录纂注》卷三《商书·汤誓》

《商书》。

契始封商，汤因以为有天下之号。书凡十七篇。

纂注：

《史记》，汤，黄帝后，帝喾生契，为唐虞司徒，封于商，赐姓子氏。十三世生汤，名天乙，都亳，今济阴亳县。郑氏曰，商在太华之阳。汤在位十三年崩，寿百岁，国号商。盘庚迁殷，以后号殷。

《汤誓》。

汤，号也，或曰谥。汤，名履，姓子氏。夏桀暴虐，汤往征之。亳众惮于征役，故汤谕以吊伐之意。盖师兴之时而誓于亳都者也。今文、古文皆有。

辑录：

汤、武固是反之，但细观其书，汤反之之功，恐是精密。如《汤誓》与《牧誓》，数桀、纣之罪，辞气亦不同。《史记》但书汤放桀而死；书武王则曰，遂斩纣头悬之白旗。又曰，汤有惭德，如武王恐未必有此意。儒用。

（元）朱祖义《尚书句解》卷四《商书·汤誓第一》

汤誓第一（读此篇，见圣人处君臣之变，时中之义，不可以常理论也。有天地男女，而后有君臣，名分确乎不可逾越。一有逾越，人纪不立矣。然天生民而立之君，正为司牧吾民。设乃有怙富贵之权，谓天下莫吾敌，借是以肆其恶，使生民涂炭，无所告诉，则人纪不立，抑又甚焉。是则，汤伐桀之举，本于应天顺人，诚有所不容已也，故作《汤誓》书)。

(明) 王樵《尚书日记》卷七《商书·汤誓》

《商书》。

契，始封商，汤因以为有天下之号。《商书》旧凡四十篇，二十三篇亡。

郑玄云，契本封商国，在太华之阳。皇甫谧云，今上洛商是也。襄九年《左传》云，陶唐氏之火正阏伯，居商丘，相土因之。杜预云，今梁国睢阳，宋都是也。按《书》序自契至于成汤八迁，汤始居亳，从先王居。孔氏曰，自商丘迁焉。都虽数迁，商名不改。正义曰，相土契之孙也。自契至汤，凡八迁，若相土至汤，都遂不改，岂契至相土三世而七迁也，相土至汤必更迁都，但不知汤从何地而迁亳尔。又曰，汤取契封商，以商为天下之号。周不取后稷封邰为天下之号者，契后八迁商名不改，成汤以商受命，故宜以商为号。后稷之后，随迁易名，公刘为豳，太王为周，文王以周受命，故当以周为号。

亳说见《汤诰》。

《汤誓》。

汤，子姓，名履，而号曰汤，以汤为谥者，非，周前无谥。

正义曰，此经皆誓之辞也。《甘誓》《泰誓》《牧誓》发首皆有序引，别言其誓意，记其誓处，此与《费誓》惟记誓辞，不言誓处者，史非一人，辞有详略。

(清) 库勒纳等撰《日讲书经解义》卷四《商书·汤誓》

《商书》。

此书是，商史臣记商朝君臣之言语政事，共十七篇。契始封商，汤因以为有天下之号。

《汤誓》。

此一篇书是，商王汤伐夏而誓师于亳都之词。

（元）陈师凯《书蔡氏传旁通》卷三《商书·汤誓》

《汤誓》。

契始封商，汤因以为有天下之号。

契，帝喾之子，为唐虞司徒。《史记索隐》曰，尧封契于商，今商州也，为陕西奉元路支郡。汤，国号，商盘庚迁殷之后，又号殷。

汤，号也。或曰，谥。汤，名履，姓子氏。

《史记索隐》曰，汤，名履。《书》曰"予小子履"是也。又称天乙者，谯周云，夏、殷之礼，生称王，死称庙主，皆以帝名配之。天，亦帝也。殷人尊汤，故曰天。乙从契，至汤凡十四代。张晏曰，禹、汤皆字也。《谥法》曰，除虐去残曰汤。皇甫谧云，商家生子以日为名，其母以甲日生子，则称某甲。谯周以为，死称庙主曰甲。愚案，古周书《谥法》解一百八十二谥，并无以尧、舜、禹、汤、桀、纣为谥者。郑氏《通志略》云，周人以讳事神，故卒哭而讳，将葬而谥。其有尧、舜、禹、汤、桀、纣六人，乃人名，非谥法也。如云，"巧言如流"曰"哿"，"辟于四门"曰"穆"，"有文在手"曰"友"，"乃圣乃神"曰"武"，"持盈守成"曰"成"，此皆采经传之言，大不通理者。愚谓，《谥法》谥法当以《周书》所载为正，其余诸家，皆后人赘附之文，如"除残去虐"曰"汤"之类，皆不足据。只以汤为号，为是。今《史记》首卷有《谥法》一篇，多《周书》一十二字，皆后人所增者也。

亳。

今河南府偃师县也。

（明）马明衡《尚书疑义》卷三《商书·汤誓》

《汤誓》。

征伐之事，汤以前未始有行之者。行之自成汤始，盖当时，夏桀暴虐，汤有圣德，其责在己，不容有辞。使汤避放君之名，而坐视其民之罹其毒，即是私意，故曰"余弗顺天厥罪惟钧"，所谓天者，亦只道理之当然，无所私意之谓也。当时，天下之人，虽皆信之，非富天下，然民可使由，不可使知，况道理心术之微，亦安能一一皆晓。此誓告之所不能已

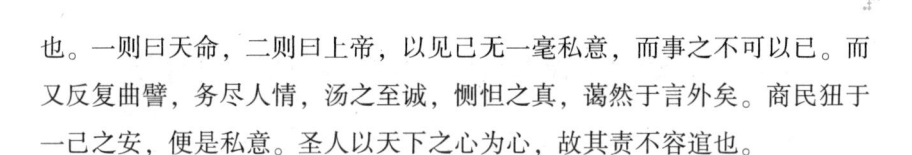

也。一则曰天命，二则曰上帝，以见己无一毫私意，而事之不可以已。而又反复曲譬，务尽人情，汤之至诚，恻怛之真，蔼然于言外矣。商民狃于一己之安，便是私意。圣人以天下之心为心，故其责不容逭也。

（清）朱鹤龄《尚书埤传》卷七《商书·汤誓》

《汤誓》。

蔡传，汤，号也。或曰谥，汤名履。

顾炎武曰，尧、舜、禹皆名也。古未有号，故帝王皆以名纪，临文不讳之义也。帝曰"格，汝舜"，"格汝禹"，名其臣也。尧崩之后，舜与其臣，言则曰帝。禹崩之后，《五子之歌》则曰"皇祖"，《胤征》则曰"先王"，无言尧、舜、禹者，不敢名其君也。自启至发，皆名也。夏后氏之季，始有以天干为号者。桀之癸，商之报丁，报乙，报丙，主壬，主癸，皆号，以代其名。自天乙至辛皆号也。商之王。著号不著名。而名之著于经者二，天乙之名履；辛之名受是也。曰汤，曰纣，则亦号也。号，则臣子所得而称，故伊尹曰"惟尹躬暨汤"，《商颂》曰武汤，曰成汤，曰汤孙也。自夏以前，纯乎质，故帝王有名而无号。自商以下，浸乎文，故有名有号，而天干之名不立。

愚按，《檀弓》云，死谥，周道也。《谥法》，至周始备，然商时疑已有之。《仲虺》诰曰"成汤"，《商颂》曰"武汤"，汤，是号；成与武，则皆谥也。蔡传，或曰谥汤，此语当删。

王柏曰，《书》序云，汤升自陑（音而），与桀战鸣条之野，作《汤誓》。今详"舍我穑事"及"今朕必往"语，此非鸣条决战之誓，乃亳邑兴师之誓也。亳众未明吊伐之大义，故以不恤穑事为疑，及誓言出，而众心释然。鸣条之役，所以不烦再誓也。

（清）张英《书经衷论》卷二《商书·汤誓》

《汤誓》者，成汤誓师于亳之辞也。其曰"非予小子敢行称乱"，又曰"予畏上帝不敢不正"，何其词之恭也。故先儒谓汤之数桀也恭；武王之数纣也慢。今观《泰誓》之言，呜呼！何其尽哉。而所谓后世口实之惧，亦且无之矣。君子以此论商、周之际焉。

（清）孙之騄辑《尚书大传》卷二《商书·汤誓传》

《汤誓传》桀无道，囚汤，后释之，诸侯八，译来者六国（《北堂书抄》引《大传》）。

行而无资，谓之乏；居而无食，谓之困（《周礼》疏引《大传》）。

郑玄曰，止曰居，食谓米也。

王曰，格，尔众庶，悉听朕言

1.（汉）孔氏传、（唐）陆德明音义、孔颖达疏《尚书注疏》卷七《商书·汤誓》

王曰，格，尔众庶，悉听朕言。

传，契始封商，汤遂以为天下号。汤称王，则比桀于一夫。

音义：

格，庚白反，来也。

疏：

正义曰，商王成汤将与桀战，呼其将士，曰，来，汝在军之众，庶悉听我之誓言。

传正义曰，以汤于此称王，故本其号商之意，契始封商。汤号为商，知契始封商，汤遂以商为天下之号。郑玄之说亦然。惟王肃云。相土居商丘。汤取商为号。若取商丘为号，何以不名商丘，而单名商也。若八迁，国名商不改，则此商，犹是契商，非相土之商也。若八迁，迁即改名，则相土至汤改名多矣。相土既非始祖，又非受命，何故用其所居之地以为天下号名。成汤之意复何取乎？知其必不然也。汤取契封商以商为天下之号，周不取后稷封邰为天下之号者，契后八迁，商名不改，成汤以商受命，故宜以商为号。后稷之后，随迁易名，公刘为豳，太王为周，文王以周受命，故当以周为号。二代不同，理则然矣。《泰誓》云"独夫受"，此"汤称为王，则比桀于一夫"，桀既同于一夫，故汤可称王矣。是言汤于伐桀之时，始称王也。《周书·泰誓》称王，则亦伐纣之时始称王也。郑玄以文王生称王，亦谬也。

2.（宋）苏轼撰《书传》卷七《商书·汤誓第一》

王曰，格，尔众庶，悉听朕言。非台小子，敢行称乱。有夏多罪，天命殛之。今尔有众汝，曰，我后不恤我众，舍我穑事，而割正夏。予惟闻汝众言，夏氏有罪，予畏上帝，不敢不正。今汝其曰，夏罪其如台。夏王率遏众力，率割夏邑。有众率怠弗协，曰，时日曷丧，予及汝皆亡。夏德若兹，今朕必往。

桀之恶不能及商民，商民安于无事而畏伐桀之劳，故曰，我后不恤我众，舍我穑事，而割正夏。夏氏之罪，其能若我何？故汤告之曰，夏王遏绝众力，以割夏邑。其民皆曰，何时何日当丧，吾欲与之皆亡。其亟若此，不可以不救。

3.（宋）林之奇《尚书全解》卷十四《商书·汤誓》

王曰，格，尔众庶，悉听朕言。非台小子敢行称乱，有夏多罪，天命殛之。

《礼》曰，天无二日，民无二王，尊无二上。汤、武誓师之时，桀、纣犹在上，而称"王曰"者，此盖史官之追称也。汤、武之称王，必在于既克夏、胜商、革命之后。武王既克商，柴望，大告武成，然后追王太王、王季、文王。武王追王其先世。犹必待于有天下之后。岂其身而急于自王乎？汉孔氏曰，汤称王而誓师矣。据下文汤之称桀曰"夏王率遏众力"，则是汤犹以王称桀也。而谓比桀于一夫可乎？汤既称王，而又称桀为王，是二王也。汤之所为必不如此也。此事涉于君臣之分，不可不辨也。"格，尔众庶，悉听朕言"者，呼众使前，以听朕之誓言也。"非台小子敢行称乱，有夏多罪，天命殛之"，此所以告之以吊伐之意也。夫以诸侯而伐天子，以分言之，是称乱也。然夏氏之多罪，天命殛之，虽欲不伐不可得也。或问，《孟子》曰，劝齐伐燕有诸？曰，未也。沈同问燕可伐与？吾应之曰，可。彼然而伐之也。彼如曰孰可伐之，则将应之曰，为天吏则可以伐之。今有杀人者，或问之曰，人可杀与？则将应之曰，可。

彼如曰孰可以杀之，则将应之曰，为士师则可以杀之。今以燕伐，燕何为劝之哉。盖非为天吏，则不可以伐有罪以燕，伐燕是也。为天吏则不可以不伐有罪，汤放桀、武王伐纣是也。不为天吏而伐有罪，犹不为士师而擅杀人者也。为天吏而不伐有罪，犹为士师而故纵死罪囚者也。汤、武之事，虽曰以臣伐君，然天之所命，民之所归，实有不得已而不敢已者。故汤曰"夏氏有罪，予畏上帝，不敢不正"，武王曰"商罪贯盈，天命诛之，予弗顺天，厥罪惟钧"，盖为天吏而不伐有罪，则是逆天之命，安然坐视斯民陷于涂炭，而莫之救，其不仁孰甚乎？故汤之誓师，谓非我小子敢行称乱之事，盖天之命我伐有夏之多罪，而不敢赦也。自"今尔有众"至于"今朕必往"，汉儒解释此义，迂回缴绕，最为难晓。惟薛氏、王氏为深得之。今参酌二家之说，以述其义。若汉儒异同之失，则亦不复论。

4. （宋）史浩《尚书讲义》卷七《商书·汤誓》

《汤誓》。

王曰，格！尔众庶，悉听朕言，非台小子敢行称乱。有夏多罪，天命殛之。今尔有众，汝曰，我后不恤我众，舍我穑事，而割正夏。予惟闻汝众言，夏氏有罪。予畏上帝，不敢不正。今汝其曰，夏罪其如台。

三分天下有其二，以服事商，周之德，可谓至德也已矣。成汤之心，亦犹是也。今伊尹为汤宣言以誓众，乃曰，非台小子敢行称乱。夫称乱，岂圣人之所为，人亦不当以是疑圣人也。是必亳之民，皆有是说，故以此解之也。其曰"我后不恤我众，舍我穑事，而割正夏"，亳民之心可见矣。夫亳民非不顺服汤也，使汤素有伐桀之心，民之耳目久已习熟，于是而用其力，虽使赴水火何不可哉。今举事之际，民惊骇若此，怨咨又若此，有以见汤本无是心，伊尹强之明矣。盖尹得尧舜之道，怀亲见之心，皇皇然也。既丑有夏，则舍汤无足与有为者，是以决为此举而不辞。经曰"必有忍，其乃有济"，尹之谓也。向使一胜韦、顾、昆吾，而遂班师，汤之心也。然汤之心，则然亳民之心亦然。其如有夏之民，若大旱之望云霓，何则尹为此举，又非其私矣，故曰"天命殛之"，又曰"予畏上帝，不敢不正"，诚恐亳民之不我从也，夫天命也，上帝也，何以知之，民心其是矣。《易》曰"顺乎天而应乎人"，岂不信然。

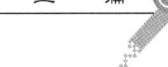

5.（宋）夏僎《尚书详解》卷九《商书·汤誓》

《汤誓》。

王曰，格！尔众庶，悉听朕言，非台小子敢行称乱，有夏多罪，天命殛之。

林少颖谓，天无二日，民无二王。汤、武誓师之时，桀纣犹在上，言"王曰"者，盖史官之追称也。汤武称王，必在克夏胜商之后，故武既克商，柴望告成，然后追王太王，王季，文王。夫武王追王前世，犹待有天下之后，岂其身急于自王乎？汉孔氏乃谓，汤称王，则比桀于一夫，信如此，则未胜桀，已称王誓师矣。然下文，汤称桀为"夏王率遏众力"，是汤犹以王称桀也，而谓汤比桀为一夫，可乎？说者又引《武成》言"有道曾孙周王发"，则武王当往征之时，过名山大川告神之语，已言周王，则武王已称王矣。殊不知《泰誓》但言"予小子发"，未尝言王。此《武成》盖史氏之文其言，以纪其成功，故言"王"尔，非当时实言"王"也。苏氏说亦与此同。格，至也，犹"格，汝舜"，"格，汝禹"也。盖汤将誓师，故呼众庶至前，使听令，故首言"格，汝众庶，悉听朕言"也。夫汤臣也，桀君也，以臣伐君，是举行暴疾之事，殊不知汤之伐桀，非汤之伐也，夏王有可诛之罪，天命汤诛殛之，汤特奉行天罚而已，非汤利桀而行此暴乱之事，故曰"非台小子敢行称乱。有夏多罪，天命殛之"。台，我也，犹言"非我小子"也。汤自称小子，犹后世称"寡人"，盖谦辞也。

6.（宋）时澜《增修东莱书说》卷七《商书·汤誓第一》

王曰，格，尔众，庶悉听朕言。非台小子敢行称乱，有夏多罪，天命殛之。

汤告众庶而称"王曰"，此史官于伊尹复归之后，因天命之已决，而定其称也。方天命未绝于桀，汤得伊尹而进之拳拳尊君之心，无所不至。及伊尹丑之，天命绝矣。绝于彼，则不容释于此。昔之尊君，不幸而无所伸，岂预称王而誓师乎？事定而不敢居，圣人之心也。事未定而居之，无乃非圣人之心哉？天命所在，固惟圣人见之明的，而此心则不然也。"非台小子敢行称乱"，以此知非汤伐桀，乃天也，使汤非顺天命应人心，则为称乱矣。

7.（宋）黄度《尚书说》卷三《商书·汤誓》

《汤誓》。

王曰，格，尔众庶悉听朕言。非台小子敢行称乱。

王誓众，正大义也。夫是之谓天讨。格，至；称，举。君臣有定分，而至于放伐，世固或以为乱也。尧、舜之禅，汤、武之伐，皆权道也。德必若舜、禹，而又有尧舜荐之者，乃可为禅让。孔子不有天下，继世而有天下；继世而有天下，亦必若桀、纣，而又有如汤、武者，乃可以言放、伐。是故非圣人。而论权。则乱而已矣。

8.（宋）袁燮《絜斋家塾书钞》卷八《商书·汤誓》

（案，袁氏《汤誓》篇解，《永乐大典》原阙）

9.（宋）蔡沈《书经集传》卷三《商书·汤誓》

王曰，格，尔众庶，悉听朕言。非台小子敢行称乱，有夏多罪，天命殛之。

台，音怡，后同。"王曰"者，史臣追述之称也。格，至；台，我；称举也。以人事言之。则臣伐君。可谓乱矣；以天命言之，则所谓天吏，非称乱也。

10.（宋）黄伦《尚书精义》卷十五《商书·汤誓》

《汤誓》。

王曰，格，尔众庶，悉听朕言。非台小子，敢行称乱。有夏多罪，天命殛之。今尔有众，汝曰，我后不恤我众，舍我穑事，而割正夏，予惟闻汝众言。夏氏有罪，予畏上帝不敢不正。今汝其曰，夏罪其如台。

无垢曰，汤所有之众，即桀所有之众也。桀所有之众，平时怨嗟之，言曰，我后夏桀，不忧念我众民，舍我稼穑之事，而兴台、榭、池、沼之役，既使民失衣食之路矣，又苛敛横赋，而割剥我夏邑之民。夫既用民力于无用之地，使之失衣食之路矣，又复苛敛横赋，以割剥之，使民憔悴困迫，穷不聊生。为民父母，当如是乎？天生民而立之君，以司牧之，是君者，神之主也，民之望也。天之爱民甚矣，岂使一人肆于民上，以纵其欲，而弃天地之性乎？此汤所以畏上帝，不敢不正夏之罪也。

张氏曰，夏氏之罪，闻于上帝，上帝命我以征，释而不征，是逆天者也。逆天者亡，故曰"予畏上帝不敢不正"。武王之伐纣，曰"商罪贯盈，天命诛之，予弗顺天，厥罪惟钧"亦此意也。"今汝其曰夏罪其如台"者，言商民保汤以自安，而夏罪所以不能加，故其自言曰，夏罪其如我何，固无伐桀之志也。然而至公以天下为心，故不以私害公，不以寡妨众，其肯恤一国之民，而坐视天下之罹于凶害者哉？此所以历陈夏桀之恶，而告之以必往也。

萧氏曰，汤之伐桀也，必不废商民之农时，然而民未知役止之期，故曰舍我穑事也。割正，割断而正其罪也。然而汤之伐桀也，不因民愿乎？曰夏民之愿，而商民未之愿也，以桀之祸，不能及于商民故也。

东莱曰，天、人相去甚远，何以知天命在汤，盖自民心而知之。民之心，即天心也。圣人察民之心，归于我而不可舍，故称王以告众，故知天命之切者，莫如民心。知民心之切者，莫如圣人。

又曰，汤之德泽及于民者深，教化及于民者明，桀之民虽不聊生，然商之民陶陶于农亩，而不知非化之深者，能如此乎？桀为无道，而且以为正夏，非教之明，而尊卑上下之分，犹不忘乎？至"夏罪其如台"，尤足以见汤之化也。盖夏之民，在涂炭之内，而商之民长在于春风和气中。

11.（宋）陈经《尚书详解》卷十《汤誓商书·汤誓》

王曰，格！尔众庶，悉听朕言。非台小子敢行称乱，有夏多罪，天命殛之。今尔有众汝曰，我后不恤我众，舍我穑事，而割正夏。予惟闻汝众言，夏氏有罪，予畏上帝，不敢不正。今汝其曰，夏罪其如台。

汤称王，则比桀于一夫，汤已受命于天，君臣之义已绝矣。"格！尔众庶"，即亳邑之众也。非我小子敢行举乱之事，自尧舜揖逊，禹传之子，曾未闻有征伐之事，至于汤之身而为之，汤岂无不足之意。有夏多罪，为天命所殛，予不可不顺天也。今尔有众，反以为怨曰，我后，指汤也，不恤我亳众，舍我稼穑之事，而割伐正夏。观此可见，汤之德泽及民也深，而教化之在民心也素明。何以知之桀之暴虐，桀之民誓不与俱生。至于汤之民，则恬然如在衽席之上，更不知桀之为虐。成汤为应天顺人之举，亳之民尚以夏为正。以夏为正，则汤之所行非正矣。此汤民所见如此。予闻于众人之言，但夏桀之罪，上通于天，予畏上帝，不敢不正。苟拘于一时之名分，而为姑息，则违天矣。今汝其曰，夏罪其如台，汝众反以为夏王之罪其如我何。虽夏桀之虐不及亳众，独不念桀之民受其害乎。

12.（宋）钱时《融堂书解》卷五《商书·汤誓》

王曰，格！尔众庶悉听朕言，非台小子敢行称乱，有夏多罪，天命殛之。

先儒谓桀犹在上，未当称王。此言"王曰"者，史氏之追称也。愚见不然，汤奉行天罚，诛一独夫耳。若谓桀犹在上，未当称王，则是犹有君臣之大分，如天地之不可易置也。今日之师，岂宜轻举乎？汤之革命，固定于誓师之日也，汤虽不自王，而当时固已王之矣。此书"王曰"，正是史官实录，夫复何疑？不然，则《仲虺之诰》实作于大坰汤返，未及国而曰"锡王"，曰"惟王"，曰"王懋昭"者，不一而足，亦谓之追称可乎？

13.（宋）魏了翁《尚书要义》

（原阙）

14.（宋）陈大猷《书集传或问》卷上《汤誓》

（归善斋按，未解）

15.（宋）胡士行《尚书详解》卷四《商书·汤誓第一》

《汤誓》。

王（史追称汤）曰，格（来）！汝众庶悉（皆）听朕言。非台（我）小子敢行称（举兵）乱（以侯伐王）。有夏多罪，天命殛（诛）之。今尔有众（夏民），汝曰，我后（桀）不恤我众，舍（夺）我穑事（农时），

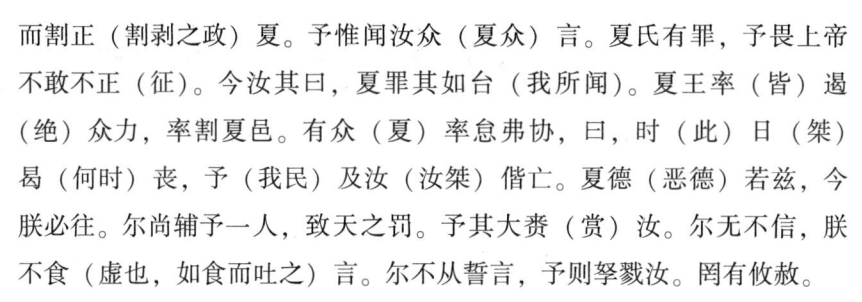

而割正（割剥之政）夏。予惟闻汝众（夏众）言。夏氏有罪，予畏上帝不敢不正（征）。今汝其曰，夏罪其如台（我所闻）。夏王率（皆）遏（绝）众力，率割夏邑。有众（夏）率怠弗协，曰，时（此）日（桀）曷（何时）丧，予（我民）及汝（汝桀）偕亡。夏德（恶德）若兹，今朕必往。尔尚辅予一人，致天之罚。予其大赉（赏）汝。尔无不信，朕不食（虚也，如食而吐之）言。尔不从誓言，予则孥戮汝。罔有攸赦。

临事而惧，不得不然，非德不足也。

16.（元）吴澄《书纂言》卷三《商书·汤誓》

王曰，格！尔众庶，悉听朕言。非台小子敢行称乱。有夏多罪，天命殛之。

王，追称也。格，至；台，我；称，举；殛，诛也。以人事言之，则臣伐君，疑于乱矣；以天命言之，则所谓天吏，非称乱也。

17.（元）陈栎《书集传纂疏》卷三《朱子订定蔡氏集传商书·汤誓》

王曰，格！尔众庶，悉听朕言。非台小子，敢行称乱。有夏多罪，天命殛之。

"王曰"者，史臣追述之称也。格，至；台，我；称，举也。以人事言之，则臣伐君，可谓乱矣；以天命言之，则所谓天吏，非称乱也。

纂疏：

张氏曰，"天命殛之"，岂谆谆然命之乎？天以天下之心为心，古之论天者，多以民心卜之。

林氏曰，非天吏而伐有罪，犹不为士师而擅杀人也。为天吏，而不伐有罪，犹为士师而故纵罪人也。

18.（元）许谦《读书丛说》卷五《商书·汤誓》

（归善斋按，未解）

19. （元）董鼎《书传辑录纂注》卷三《商书·汤誓》

王曰，格！尔众庶，悉听朕言。非台小子敢行称乱。有夏多罪，天命殛之。

王曰者，史臣追述之称之。格，至；台，我；称，举也。以人事言之，则臣伐君，可谓乱矣；以天命言之，则所谓天吏，非称乱也。

纂注：

张氏曰，天命殛，言之岂谆谆然，命之乎曰天，以天下之心为心。古之论天者，多以民心卜之。以民心卜者，多以贤者之心卜之。

20. （元）朱祖义《尚书句解》卷四《商书·汤誓第一》

《汤誓》。

王曰，格！尔众庶（至尔亳邑众庶），悉听朕言（尽听我之誓言）。

21. （明）王樵《尚书日记》卷七《商书·汤誓》

"王曰，格！尔众庶"至"天命殛之"。

孔氏曰，汤称王，则比桀于一夫。称，举也，举乱，以诸侯伐天子。非我小子敢行此事，桀有昏德，天命诛之，今顺天。

正义曰，《泰誓》云，独夫受，此汤称为王，则比桀于一夫。桀既同于一夫，故汤可称王矣，是汤于伐桀之时，始称王也。《周书·泰誓》称王，则亦伐纣之时，始称王也。郑玄以文王生称王，亦缪也。

金氏曰，汤、武兴师之时，是即受命之日。张子所谓，此事间不容发，一日之间，天命未绝，则为君臣；天命既绝，则为独夫者，其在斯时乎？夫天命已属，师徒既兴，则桀、纣即独夫矣，岂待南巢、牧野之后，而天命始绝哉，且汤武既已兴师而犹自称曰诸侯以令于众则是以诸侯而伐天子名实俱不可也然则称王誓众，理固然矣，而必谓史臣追书，不几于嫌圣人而文之哉。

按，王者，天下之所归往也，亦何常称之有哉？天下之所归往者，则为王矣。汤、武所不得而辞者也。"王若曰"犹可谓史臣之追书，至《武成》"有道曾孙周王发"，明见诸祝辞，而亦以为史臣所追增，恐无是理。

天命殛之，天岂谆谆然命之乎，亦以民心卜之而已。

22.（清）库勒纳等撰《日讲书经解义》卷四《商书·汤誓》

王曰，格！尔众庶，悉听朕言。非台小子，敢行称乱。有夏多罪，天命殛之。

此一节书是，商王汤誓师伐夏，而首言奉天讨罪之意也。格，来也。台，我也。称，犹言"举"也。商王汤曰，来尔众多百姓，皆听我言。今兴兵伐夏，非我小子敢以臣犯君，行此悖乱之举也。盖人君体天心，以子爱其民，然后可长保天命。夏王桀虐民而慢天，其罪非一，天厌其恶，命我诛殛之，故不得已，而奉行天讨，岂我之轻于用兵哉？夫誓师之初，先以称乱为惧，可见伐夏，非汤之本心，奉天命也。桀以慢天而亡，汤以畏天而兴，非万世炯鉴乎？

（明）马明衡《尚书疑义》卷三《商书·汤誓》

汤、武誓师，皆称"王曰"，孔传以为汤称王，则比桀于一夫，是以伐桀之时，即称王矣。蔡注以为，"王曰"者，史臣追述之言也。然《武成》"有道曾孙周王发"亦以为追述之言，则不通矣。夫以为追述之言者，盖嫌于后世，故主未灭，辄自称帝之说，圣人固不若是之汲汲也。然后世规取天下者，徒以力为胜负。胜负未可知，而辄袭尊号，幸而成不幸而败，其心曰，非如是，不足以取富贵也。是其所谓尊号者，以为富天下之枢机，固在此耳。呜呼！此岂可以语圣人哉，而亦何足以为汤、武之嫌疑哉？夫名者，实之标也；实者，名之本也。既有其实，何嫌乎其名。既有其名，由于有其实。汤武之以"作民父母"为己任，夫既有其实矣，而又欲避其名乎？善乎，张子之言曰，当日未绝，则为君臣；当日既绝，则为独夫。桀、纣既已为独夫矣，则汤、武之称王，又何疑焉。且今既称兵以伐之矣，而犹逡巡不敢当其名称，则所谓伐之者，抑何义乎。兵可举也，则名可称也。名不可称，则兵亦不可举矣。此于天命、人心之际，间不容发之几，圣人体会断制，何等明白，而又岂为含糊委曲，如后世不由道理，只是较量于事势之间，是则反为私意而已矣。是故，同此放伐也，在汤、武则为应天顺人；在后世则为欲富天下。同此称号也，在汤、武则为顺承天命之公；在后世，则为压服人心之私。广而言之，同此去也，在微子则为存宗祀；在后世，则为忘君事雠。同此禅授也，在尧、舜则为公，在唐宋以下，则为私天下之事。无有不然者，而何于此独疑之乎？故窃以为，汤武称王，或未举兵之前而已称之乎，或称之而后以举兵乎，皆不可得而知。但于天命、人心之际，已审，已决，而非若后世侥幸于成败之间者也。

（清）朱鹤龄《尚书埤传》卷七《商书·汤誓》

王曰。

孔传，汤称王，则比桀于一夫。疏云，汤于伐桀之时，始称王。《周书·泰誓》称王，亦在伐纣之时。郑玄以文王生称王，谬也。蔡传，"王曰"者，史臣追述之称。金履祥曰，汤武兴师之日，张子所谓，一日之间，天命未绝，则为君臣；天命既绝，则为独夫者，其在斯时乎？夫天命已属，师徒既兴，则桀、纣即独夫矣，岂待南巢、牧野之后，天命始绝哉。且汤、武既已兴师，而犹自称诸侯以令于众，则是以诸侯而伐天子，名实俱不可也。然则，称王誓众，理固然矣，而必谓史臣追书，不几于嫌圣人而文之哉。

非台小子，敢行称乱，有夏多罪，天命殛之

1.（汉）孔氏传、（唐）陆德明音义、孔颖达疏《尚书注疏》卷七《商书·汤誓》

非台小子，敢行称乱，有夏多罪，天命殛之。

传，称，举也。举乱，以诸侯伐天子，非我小子敢行此事。桀有昏德，天命诛之，今顺天。

音义：

台，以之反，下同。殛，居力反。

疏：

我伐夏者，非我小子辄敢行此，以臣伐君，举为乱事，乃由有夏君桀多有大罪，上天命我诛之。桀既失君道，我非复桀臣，是以顺天诛之。由其多罪故也。桀之罪状，汝尽知之。

传正义曰，称，举，《释言》文。常法，以臣伐君，则为乱逆，故举乱，谓以诸侯伐天子。"桀有昏德"，宣三年《左传》文，以有昏德，天命诛之。今乃顺天行诛，非复臣伐君也。以此解众人守常之意也。

2.（宋）苏轼撰《书传》卷七《商书·汤誓第一》

（归善斋按，见"王曰，格，尔众庶，悉听朕言"）

3.（宋）林之奇《尚书全解》卷十四《商书·汤誓》

（归善斋按，见"王曰，格，尔众庶，悉听朕言"）

4.（宋）史浩《尚书讲义》卷七《商书·汤誓》

（归善斋按，见"王曰，格，尔众庶，悉听朕言"）

5.（宋）夏僎《尚书详解》卷九《商书·汤誓》

（归善斋按，见"王曰，格，尔众庶，悉听朕言"）

6.（宋）时澜《增修东莱书说》卷七《商书·汤誓第一》

（归善斋按，见"王曰，格，尔众庶，悉听朕言"）

7.（宋）黄度《尚书说》卷三《商书·汤誓》

（归善斋按，另见"王曰，格，尔众庶，悉听朕言"）

有夏多罪，天命殛之。今尔有众汝曰，我后不恤我众，舍我穑事，而割正夏，予惟闻汝众言。夏氏有罪，予畏上帝不敢不正。

穑事轻，正夏重。以农敛获时出师，桀之罪一日不可容于天下矣。众言奚敢不恤上帝为可畏也。

8. (宋)袁燮《絜斋家塾书钞》卷八《商书·汤誓》

(案，袁氏《汤誓》篇解，《永乐大典》原阙)

9. (宋)蔡沈《书经集传》卷三《商书·汤誓》

(归善斋按，见"王曰，格，尔众庶，悉听朕言")

10. (宋)黄伦《尚书精义》卷十五《商书·汤誓》

(归善斋按，见"王曰，格，尔众庶，悉听朕言")

11. (宋)陈经《尚书详解》卷十《汤誓商书·汤誓》

(归善斋按，见"王曰，格，尔众庶，悉听朕言")

12. (宋)钱时《融堂书解》卷五《商书·汤誓》

(归善斋按，见"王曰，格，尔众庶，悉听朕言")

13. (宋)魏了翁《尚书要义》

(原阙)

14. (宋)陈大猷《书集传或问》卷上《汤誓》

(归善斋按，未解)

15. (宋)胡士行《尚书详解》卷四《商书·汤誓第一》

(归善斋按，见"王曰，格，尔众庶，悉听朕言")

16. (元)吴澄《书纂言》卷三《商书·汤誓》

(归善斋按，见"王曰，格，尔众庶，悉听朕言")

17. (元)陈栎《书集传纂疏》卷三《朱子订定蔡氏集传商书·汤誓》

(归善斋按，见"王曰，格，尔众庶，悉听朕言")

18.（元）许谦《读书丛说》卷五《商书·汤誓》

（归善斋按，未解）

19.（元）董鼎《书传辑录纂注》卷三《商书·汤誓》

（归善斋按，见"王曰，格，尔众庶，悉听朕言"）

20.（元）朱祖义《尚书句解》卷四《商书·汤誓第一》

非台小子敢行称乱（不是我小子敢行举乱），有夏多罪（桀之多罪），天命殛之（天命我诛殛之）。

21.（明）王樵《尚书日记》卷七《商书·汤誓》

（归善斋按，见"王曰，格，尔众庶，悉听朕言"）

22.（清）库勒纳等撰《日讲书经解义》卷四《商书·汤誓》

（归善斋按，见"王曰，格，尔众庶，悉听朕言"）

今尔有众，汝曰，我后不恤我众，舍我穑事而割正夏

1.（汉）孔氏传、（唐）陆德明音义、孔颖达疏《尚书注疏》卷七《商书·汤誓》

今尔有众，汝曰，我后不恤我众，舍我穑事而割正夏。

传，汝，汝有众；我后，桀也。正，政也，言夺民农功，而为割剥之政。

音义：

恤，荀律反。舍，音舍，废也。

疏：

今汝桀之所有之众，即汝辈是也。汝等言曰，我君夏桀不忧念我等众人，舍废我稼穑之事，夺我农功之业，而为割剥之政于夏邑，敛我货财。

2.（宋）苏轼撰《书传》卷七《商书·汤誓第一》

（归善斋按，见"王曰，格，尔众庶，悉听朕言"）

3.（宋）林之奇《尚书全解》卷十四《商书·汤誓》

今尔有众，汝曰，我后不恤我众，舍我穑事，而割正夏。予惟闻汝众言，夏氏有罪，予畏上帝，不敢不正。今汝其曰，夏罪其如台？夏王率遏众力，率割夏邑。有众率怠弗协，曰，时日曷丧，予及汝皆亡。夏德若兹，今朕必往。

此盖亳邑之民，安于无事，而深惮伐桀之劳。我后，指汤也，谓汤不恤亳邑之众，舍其稼穑之事，而断正有夏之罪。盖言有夏之罪，非汤之所当忧，而亳邑之民，方勤于农事，不可以夺其时，而为此役也。汤谓我亦闻汝众言如此，然夏氏有罪，获谴于上天，故上帝命我以吊民伐罪。予畏上帝之命，不敢不往正有夏之罪，以吊民也。今汝亳邑之民，保我以自固，谓夏虐之所不能加，而无伐夏之意者，则曰夏罪虽虐，其如我何。殊不知夏王，方且率为虐政，遏绝众力，割剥夏邑，谓征役之烦，赋敛之重也。夏王既虐用其民如此，故有夏之众，亦皆相率怠惰而不和协，曰何时何日而丧亡，我欲杀其身以与之皆亡。夏民之情其迫切如此，我岂可与汝亳邑之众，苟安于朝夕，坐视而弗救乎？故曰"夏德若兹，今朕必往"，言夏之虐患既如此之极，虽尔亳邑之众舍其穑事，以为此役，然所活者众，所存者大，不可以不往也。夫以汤之伐夏，所以应天下之望也。至于东面而征，西夷怨；南面而征，北狄怨。然而亳邑之民，乃惮于兴师而不肯往。至于誓之以必往，而后往者，以此见汤之忠厚之德，克化于亳邑之民，熏陶渐渍，盖有由之而不自知者。其伐桀也，不惟汤有黾勉不得已之意，而亳邑之民亦至于强而后从，而非其本心乐于为是举也。非其化于汤之盛德，何以及此。如安禄山、史思明，蓄其不轨之谋，以乱唐室，幽陵之民，至以安、史为圣，此则惟恐其叛之不速，而事之不济也，岂待强而后从哉。

4.（宋）史浩《尚书讲义》卷七《商书·汤誓》

（归善斋按，见"王曰，格，尔众庶，悉听朕言"）

5.（宋）夏僎《尚书详解》卷九《商书·汤誓》

今尔有众，汝曰，我后不恤我，众舍我穑事，而割正夏。予惟闻汝众言。夏氏有罪，予畏上帝，不敢不正。今汝其曰，夏罪其如台？夏王率遏众力，率割夏邑。有众率怠弗协，曰，时日曷丧，予及汝皆亡。夏德若兹，今朕必往。

二孔释此，乃以"我后"谓夏桀，谓《汤誓》言，我所以伐桀者，缘尔众言我君夏桀，不忧念我众人，舍弃我稼穑之事，而为割剥之政于夏邑。我惟闻汝众言，夏氏有此罪，我畏上天之命，不敢不正桀罪而诛。今汝众人又言，夏王之罪，实如我言，夏王非特如此，又与臣下相率遏绝众力，使不得事农，又相率为割剥之政于此夏邑。汝等皆怠惰，不与上和协，比桀于日，曰，时日何时能丧，若可丧，我与汝皆亡身杀之。夏王恶德如此，故我今日必于往伐也。详味此解，既迂回缴绕难晓。必据此说，则文意重迭。汤之誓恐不如此。惟林少颖，参酌苏氏、王氏二家之说，而折中之其说可从。少颖谓，此亳邑之民，安于无事，而惮伐桀之劳。我后，指汤也。盖汤自谓我今日伐桀，本在救民。今尔有众，乃惮其劳，谓我不恤亳邑之民，舍其稼穑之事，而断割以正有夏之罪，意谓我不当忧有夏之罪，而夺其农时，以为此役。故汤谓，我实闻尔众言如此，但夏氏有罪，获谴上天。上帝命我吊民伐罪，我实畏上帝，不敢不往正夏桀之罪，令汝亳邑之民，虽恃我自固，谓夏罪虽虐，其如我何？殊不知夏王方且相率遏绝众力，而征役之烦；相率割剥夏邑，而赋敛之重，虐用其民如此，故有夏之众，皆相率怠惰，而不和协，相与语曰，桀何时何日而丧亡乎？我欲与汝杀身以与之俱亡。夏王之恶德如此，其民迫切又如此，岂可与汝亳邑之众，苟安于朝夕，坐视而不救乎？故曰"夏德若兹，今朕必往"，言决往无疑也。此说上下文理贯穿，故特从之。说者乃谓，观《汤誓》之辞，致行天罚，无复有所顾者，岂其惭德之说出于貌言欤？盖不然，汤之伐桀，初无伐桀之意也，迫于民情而为是举，故始而决于必往者，非利桀也，为民也。终也，桀既灭，而民共戴商，惟汤为后，故汤欿然而有惭德者，以己初无是心，而民共戴之，故有惭者。恐不知者，以我为篡也。林少颖又谓，汤之伐桀，至于东征西怨，南征北怨，然亳民乃惮于兴师，必誓以必往，而强其从者，此见汤之忠厚，化于亳邑，故其伐桀，不惟汤有黾勉不得已之意，而亳民亦至于强而后从，非其本心乐为是举，此非汤之盛德，何以及此。不然，则安史之乱，幽陵之民，至于以安史为圣，惟恐其事之不济，岂至强而后从哉？此说极得亳民不从之深意，故特表而出之。

6.（宋）时澜《增修东莱书说》卷七《商书·汤誓第一》

今尔有众，汝曰，我后不恤我众，舍我穑事，而割正夏，予惟闻汝众言。夏氏有罪，予畏上帝，不敢不正。今汝其曰，夏罪其如台。夏王率遏众力，率割夏邑。有众率怠弗协，曰，时日曷丧，予及汝皆亡。夏德若兹，今朕必往。

今商之众曰，"我后不恤我众，舍我穑事，而割正夏"，观此可以见汤德泽入于民者深，教化示于民者，明桀之民，虽不聊生，商之民陶陶于农亩，而不知非德泽之深，能若此乎？桀为无道，而且以为正夏。正者，"正统"之正，非教化之明，尊卑上下之分，能不忘乎？"予惟闻汝众言"，固有当于予心特畏上帝，不敢不正耳。"夏罪其如台"，尤见汤德泽之深。夏之民在涂炭之内，而商之民在春风和气之中，故曰"夏罪其如台"。夏之虐不相接而相忘也，故汤举夏之罪曰"夏王率遏众力，率割夏邑"，天下之力，所以作众人之事，乃聚众人之力而为一人之事，故曰"率遏众力"。想其多为宫室、台榭，男不得耕，女不得织，而皆罹冻馁之患矣。割者，为屠戮残虐之政，以割下也。"有众率怠弗协"，桀为威虐天下，宜奔走畏惧，而乃"率怠"，何哉？盖畏虐之极，必至堕弛。民至不聊之地，皆有不愿生之心，自知必死，则苟且度日耳。虽有威虐，其如之何？"夏德若兹，今朕必往"，夫商民所以不肯往者，但以一国之内，不被桀之虐，而汤则以天下为心，一民失所，皆汤之责，况天下皆在涂炭乎？天命所在，圣人岂容已邪。

7. (宋)黄度《尚书说》卷三《商书·汤誓》

(归善斋按,见"非台小子,敢行称乱,有夏多罪,天命殛之")

8. (宋)袁燮《絜斋家塾书钞》卷八《商书·汤誓》

(案,袁氏《汤誓》篇解,《永乐大典》原阙)

9. (宋)蔡沈《书经集传》卷三《商书·汤誓》

今尔有众,汝曰,我后不恤我众,舍我穑事,而割正夏,予惟闻汝众言。夏氏有罪,予畏上帝不敢不正。

穑,刈获也。割,断也。亳邑之民,安于汤之德政。桀之虐焰所不及,故不知夏氏之罪,而惮伐桀之劳,反谓汤不恤亳邑之众,舍我刈获之事,而断正有夏。汤言我亦闻汝众论如此。然夏桀暴虐,天命殛之,我畏上帝不敢不往正其罪也。

10. (宋)黄伦《尚书精义》卷十五《商书·汤誓》

(归善斋按,见"王曰,格,尔众庶,悉听朕言")

11. (宋)陈经《尚书详解》卷十《汤誓商书·汤誓》

(归善斋按,见"王曰,格,尔众庶,悉听朕言")

12. (宋)钱时《融堂书解》卷五《商书·汤誓》

今尔有众,汝曰,我后不恤我众,舍我穑事,而割正夏。予惟闻汝众言,夏氏有罪,予畏上帝不敢不正。今汝其曰,夏罪其如台?夏王率遏众力率割夏邑,有众率怠弗协,曰,时日曷丧,予及汝皆亡。夏德若兹,今朕必往。

"正夏",言正统也。"今汝其曰",犹言"今汝何不曰"也。今汝何不曰夏之有罪。一如我之有罪乎?"时日曷丧",言有日在上,何时得汝丧亡乎?

13. (宋)魏了翁《尚书要义》

(原阙)

14.（宋）陈大猷《书集传或问》卷上《汤誓》

（归善斋按，未解）

15.（宋）胡士行《尚书详解》卷四《商书·汤誓第一》

（归善斋按，见"王曰，格，尔众庶，悉听朕言"）

16.（元）吴澄《书纂言》卷三《商书·汤誓》

今尔有众汝，曰，我后不恤我众，舍我穑事，而割正夏。予惟闻汝众言。夏氏有罪，予畏上帝，不敢不正。

我后，汤民指汤也。恤，忧念也。穑，耕、获之通称；割，断也。亳邑之民，惮伐桀之劳，谓汤不恤我众，舍我耕获之事，而断正有夏。汤言闻众之言如此，然夏氏有暴虐之罪，天命我殛之。我畏上帝，不敢不往正其罪也。

17.（元）陈栎《书集传纂疏》卷三《朱子订定蔡氏集传商书·汤誓》

今尔有众，汝曰，我后不恤我众，舍我穑事，而割正夏。予惟闻汝众言。夏氏有罪，予畏上帝不敢不正。

穑，刈获也。割，断也。亳邑之民，安于汤之德政，桀之虐焰所不及，故不知夏氏之罪，而惮伐桀之劳，反谓汤不恤亳邑之众，舍我刈获之事，而断正有夏。汤言，我亦闻汝众论如此，然夏桀暴虐，天命殛之，我畏上帝，不敢不往正其罪也。

纂疏：

吕氏曰，曰舍我穑事，汤之伐桀，不因民愿乎？曰亳民之不愿，而夏民之愿也。

愚谓汤之兴，顺乎天而应乎人，此一节见商民以己为心，汤则以上天为心，盖是时夏之天命已绝，汤所以顺乎天也。

18.（元）许谦《读书丛说》卷五《商书·汤誓》

（归善斋按，未解）

19.（元）董鼎《书传辑录纂注》卷三《商书·汤誓》

今尔有众，汝曰，我后不恤我众，舍我穑事，而割正夏。予惟闻汝众言。夏氏有罪，予畏上帝，不敢不正。

穑，刈获也。割，断也。亳邑之民，安于汤之德政，桀之虐焰所不及，故不知夏氏之罪，而惮伐桀之劳，反谓汤不恤亳邑之众，舍我刈获之事，而断正有夏。汤言，我亦闻汝众论如此，然夏桀暴虐，天命殛之，我畏上帝，不敢不往正其罪也。

纂注：

吕氏曰，曰舍我穑事，然则，汤之伐桀，不因民愿乎？曰，亳民之不愿而夏民之愿也。

新安陈氏曰，汤之兴顺乎天而应乎人，此一节可见商民以一己为心，汤则以上天为心。盖是时，夏之天命已绝，汤所以顺乎天也。

20.（元）朱祖义《尚书句解》卷四《商书·汤誓第一》

今尔有众（今尔亳邑所有众民，安于无事，惮伐桀之劳），汝曰（汝等乃言），我后不恤我众（我君汤不矜恤我亳邑众民），舍我穑事（舍我稼穑之事），而割正夏（而割我以正有夏之罪）。

21.（明）王樵《尚书日记》卷七《商书·汤誓》

"今尔有众汝曰"至"今朕必往"。

金氏曰，吊伐之师，义也，而亳众有不恤之怨，何也？曰，自亳众而观，则如在春风，如在慈母，不知有天下之暴乱也。自夏众而观，则如在水火，不可无圣人之拯救也，故在此之怨，虽曰"我后不恤我众，舍我穑事"，而在彼之怨，则又曰"徯我后奚为后"，我观成汤辩晓之辞，首之曰"予畏上帝，不敢不正"，盖亳众知己事之小，而不知天意之大。在圣人则不可不顺天也。继之曰"夏德若兹，今朕必往"，盖亳众知商邑之安，而不知夏民之危。在圣人，则不可不救民也。

22.（清）库勒纳等撰《日讲书经解义》卷四《商书·汤誓》

今尔有众，汝曰，我后不恤我众，舍我穑事而割正夏。予惟闻汝众言。夏氏有罪，予畏上帝，不敢不正。

此一节书是，商王汤申言天命所在，论商民以伐夏之不得已也。穑事，农家收获之事。割，裁也。商王汤曰，我奉天命伐夏，甚非得已。今尔众民，但见汝在亳邑之安，乃曰我君不体恤我众民，舍我亳邑收获之事，而兴兵动众，裁正有夏之罪。我亦闻汝众论，惮于劳役如此。然夏王桀得罪于天，天既命我诛之，我畏上帝之明命，不敢不往正其罪，岂得徇尔亳众以偷安哉？当时商邑百姓安于汤之德政，故不被桀虐，则不知桀罪，徒见往伐为劳。然汤以应天顺人之举，犹必委曲开谕如此。圣人之信而后劳其民，于此可见矣。

（清）张英《书经衷论》卷二《商书·汤誓》

汤、文之时，亳都、西土之民，日在圣人德泽之内，而未罹桀、纣之荼毒，如冱寒霜雪之中，而有畅和温燠之室，居此室之人，亦且忘之矣。故《汤誓》之言曰"夏罪其如台"，又曰"我后不恤我众，舍我穑事，而割正夏"，周文王之诗曰"王室如毁，父母孔迩"，盖小民之见狭隘，止知为其身谋而已。圣人以天下为心，一夫不获，时予之辜，况天下之大，咸被一人之毒，虽违众而有所不恤矣。夏台之罚，与羑里之囚，先后如出一辙，不如此，则独夫之恶不极，而圣人救民之心不迫耳。

予惟闻汝众言

1.（汉）孔氏传、（唐）陆德明音义、孔颖达疏《尚书注疏》卷七《商书·汤誓》

予惟闻汝众言。

传，不忧我众之言。

疏：

我惟闻汝众言。

2.（宋）苏轼撰《书传》卷七《商书·汤誓第一》

(归善斋按，见"王曰，格，尔众庶，悉听朕言")

3.（宋）林之奇《尚书全解》卷十四《商书·汤誓》

(归善斋按，见"今尔有众，汝曰，我后不恤我众，舍我穑事，而割正夏")

4.（宋）史浩《尚书讲义》卷七《商书·汤誓》

(归善斋按，见"王曰，格，尔众庶，悉听朕言")

5.（宋）夏僎《尚书详解》卷九《商书·汤誓》

(归善斋按，见"今尔有众，汝曰，我后不恤我众，舍我穑事，而割正夏")

6.（宋）时澜《增修东莱书说》卷七《商书·汤誓第一》

(归善斋按，见"今尔有众，汝曰，我后不恤我众，舍我穑事，而割正夏")

7.（宋）黄度《尚书说》卷三《商书·汤誓》

(归善斋按，见"非台小子，敢行称乱，有夏多罪，天命殛之")

8.（宋）袁燮《絜斋家塾书钞》卷八《商书·汤誓》

(案，袁氏《汤誓》篇解，《永乐大典》原阙)

9.（宋）蔡沈《书经集传》卷三《商书·汤誓》

(归善斋按，见"今尔有众，汝曰，我后不恤我众，舍我穑事，而割正夏"）

10.（宋）黄伦《尚书精义》卷十五《商书·汤誓》

（归善斋按，见"王曰，格，尔众庶，悉听朕言"）

11.（宋）陈经《尚书详解》卷十《汤誓商书·汤誓》

（归善斋按，见"王曰，格，尔众庶，悉听朕言"）

12.（宋）钱时《融堂书解》卷五《商书·汤誓》

（归善斋按，未解）

13.（宋）魏了翁《尚书要义》

（原阙）

14.（宋）陈大猷《书集传或问》卷上《汤誓》

（归善斋按，未解）

15.（宋）胡士行《尚书详解》卷四《商书·汤誓第一》

（归善斋按，见"王曰，格，尔众庶，悉听朕言"）

16.（元）吴澄《书纂言》卷三《商书·汤誓》

（归善斋按，见"今尔有众，汝曰，我后不恤我众，舍我穑事，而割正夏"）

17.（元）陈栎《书集传纂疏》卷三《朱子订定蔡氏集传商书·汤誓》

（归善斋按，见"今尔有众，汝曰，我后不恤我众，舍我穑事，而割正夏"）

18.（元）许谦《读书丛说》卷五《商书·汤誓》

（归善斋按，未解）

19.（元）董鼎《书传辑录纂注》卷三《商书·汤誓》

(归善斋按，见"今尔有众，汝曰，我后不恤我众，舍我穑事，而割正夏")

20.（元）朱祖义《尚书句解》卷四《商书·汤誓第一》

予惟闻汝众言（我惟闻亳邑众言如此）。

21.（明）王樵《尚书日记》卷七《商书·汤誓》

(归善斋按，见"今尔有众，汝曰，我后不恤我众，舍我穑事，而割正夏")

22.（清）库勒纳等撰《日讲书经解义》卷四《商书·汤誓》

(归善斋按，见"今尔有众，汝曰，我后不恤我众，舍我穑事，而割正夏")

夏氏有罪，予畏上帝，不敢不正

1.（汉）孔氏传、（唐）陆德明音义、孔颖达疏《尚书注疏》卷七《商书·汤誓》

夏氏有罪，予畏上帝，不敢不正。
传，不敢不正桀罪诛之。
疏：
夏氏既有此罪，上天命我诛桀，我畏上天之命，不敢不正桀罪而诛之。

2.（宋）苏轼撰《书传》卷七《商书·汤誓第一》

(归善斋按，见"王曰，格，尔众庶，悉听朕言")

3.（宋）林之奇《尚书全解》卷十四《商书·汤誓》

（归善斋按，见"今尔有众，汝曰，我后不恤我众，舍我穑事，而割正夏"）

4.（宋）史浩《尚书讲义》卷七《商书·汤誓》

（归善斋按，见"王曰，格，尔众庶，悉听朕言"）

5.（宋）夏僎《尚书详解》卷九《商书·汤誓》

（归善斋按，见"今尔有众，汝曰，我后不恤我众，舍我穑事，而割正夏"）

6.（宋）时澜《增修东莱书说》卷七《商书·汤誓第一》

（归善斋按，见"今尔有众，汝曰，我后不恤我众，舍我穑事，而割正夏"）

7.（宋）黄度《尚书说》卷三《商书·汤誓》

（归善斋按，见"非台小子，敢行称乱，有夏多罪，天命殛之"）

8.（宋）袁燮《絜斋家塾书钞》卷八《商书·汤誓》

（案，袁氏《汤誓》篇解，《永乐大典》原阙）

9.（宋）蔡沈《书经集传》卷三《商书·汤誓》

（归善斋按，见"今尔有众，汝曰，我后不恤我众，舍我穑事，而割正夏"）

10.（宋）黄伦《尚书精义》卷十五《商书·汤誓》

（归善斋按，见"王曰，格，尔众庶，悉听朕言"）

11.（宋）陈经《尚书详解》卷十《汤誓商书·汤誓》

（归善斋按，见"王曰，格，尔众庶，悉听朕言"）

12.（宋）钱时《融堂书解》卷五《商书·汤誓》

(归善斋按，见"今尔有众，汝曰，我后不恤我众，舍我穑事，而割正夏")

13.（宋）魏了翁《尚书要义》

(原阙)

14.（宋）陈大猷《书集传或问》卷上《汤誓》

(归善斋按，未解)

15.（宋）胡士行《尚书详解》卷四《商书·汤誓第一》

(归善斋按，见"王曰，格，尔众庶，悉听朕言")

16.（元）吴澄《书纂言》卷三《商书·汤誓》

(归善斋按，见"今尔有众，汝曰，我后不恤我众，舍我穑事，而割正夏")

17.（元）陈栎《书集传纂疏》卷三《朱子订定蔡氏集传商书·汤誓》

(归善斋按，见"今尔有众，汝曰，我后不恤我众，舍我穑事，而割正夏")

18.（元）许谦《读书丛说》卷五《商书·汤誓》

(归善斋按，未解)

19.（元）董鼎《书传辑录纂注》卷三《商书·汤誓》

(归善斋按，见"今尔有众，汝曰，我后不恤我众，舍我穑事，而割正夏")

20.（元）朱祖义《尚书句解》卷四《商书·汤誓第一》

夏氏有罪，予畏上帝（我实畏惧上帝），不敢不正（不敢不往正夏桀之罪）。

21.（明）王樵《尚书日记》卷七《商书·汤誓》

（归善斋按，见"今尔有众，汝曰，我后不恤我众，舍我穑事，而割正夏"）

22.（清）库勒纳等撰《日讲书经解义》卷四《商书·汤誓》

（归善斋按，见"今尔有众，汝曰，我后不恤我众，舍我穑事，而割正夏"）

（清）张英《书经衷论》卷二《商书·汤誓》

"予畏上帝"，汤之言也；"予弗顺天厥罪惟均"，武王之言也，致开后世奸雄篡窃之渐。莽之言曰"今予独迫于上天威命"；操之言曰"果天命在我，吾其为周文王乎"。圣人举事，致使后世之人得藉之为口实，岂非圣人之不幸哉。合观《尚书》所载誓师之词，禹之词温，《甘誓》之词简，《胤征》之词烦，《汤誓》之词惧，《泰誓》之词慢，《牧誓》之词谨。《费誓》之词小，诸侯之体也；《秦誓》之词惭，霸王之略也。

今汝其曰，夏罪，其如台

1.（汉）孔氏传、（唐）陆德明音义、孔颖达疏《尚书注疏》卷七《商书·汤誓》

今汝其曰，夏罪，其如台。
传，今汝其复言桀恶，其亦如我所闻之言。
音义：
复，扶又反。
疏：

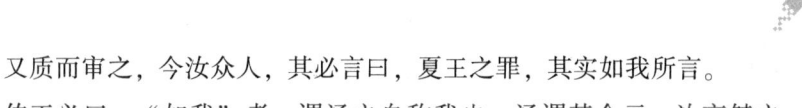

又质而审之，今汝众人，其必言曰，夏王之罪，其实如我所言。

传正义曰，"如我"者，谓汤之自称我也。汤谓其众云，汝言桀之罪，如我誓言所述也。

2.（宋）苏轼撰《书传》卷七《商书·汤誓第一》

（归善斋按，见"王曰，格，尔众庶，悉听朕言"）

3.（宋）林之奇《尚书全解》卷十四《商书·汤誓》

（归善斋按，见"今尔有众，汝曰，我后不恤我众，舍我穑事，而割正夏"）

4.（宋）史浩《尚书讲义》卷七《商书·汤誓》

（归善斋按，见"王曰，格，尔众庶，悉听朕言"）

5.（宋）夏僎《尚书详解》卷九《商书·汤誓》

（归善斋按，见"今尔有众，汝曰，我后不恤我众，舍我穑事，而割正夏"）

6.（宋）时澜《增修东莱书说》卷七《商书·汤誓第一》

（归善斋按，见"今尔有众，汝曰，我后不恤我众，舍我穑事，而割正夏"）

7.（宋）黄度《尚书说》卷三《商书·汤誓》

今汝其曰，夏罪其如台？夏王率遏众力，率割夏邑。有众率怠弗协，曰，时日曷丧，予及汝皆亡。夏德若兹，今朕必往。

今汝其必谓，夏罪其如我所云者犹曰固知其然也。率，犹一切也，言一切遏绝众力，不得用于养生丧死之事，而又一切割剥之，使独丰。夏众知大命近止，亦一切怠惰。人各有心，不相和合，所谓农夫释耒，工女下机，靡衣偷食，以待灭亡也。时，是；曷，何，是曰丧矣。特不知其事状如何耳。予及汝不能相救，皆亡而已。民非后罔事，后非民罔使。而夏德若此，岂复可以君斯民哉？必往，言遂伐之也。

8. （宋）袁燮《絜斋家塾书钞》卷八《商书·汤誓》

（案，袁氏《汤誓》篇解，《永乐大典》原阙）

9. （宋）蔡沈《书经集传》卷三《商书·汤誓》

今汝其曰，夏罪其如台。夏王率遏众力，率割夏邑。有众率怠弗协，曰，时日曷丧，予及汝皆亡。夏德若兹，今朕必往。

遏，绝也。割，剖，割夏邑之割。时，是也。汤又举商众言，桀虽暴虐，其如我何？汤又应之曰，夏王率为重役以穷民，力严刑以残民。生民厌夏德，亦率皆怠于奉上，不和于国，疾视其君，指日而曰，是日何时而亡乎？若亡则，吾宁与之俱亡。盖苦桀之虐，而欲其亡之甚也。桀之恶德如此，今我之所以必往也。桀尝自言吾有天下，如天之有日，日亡吾乃亡耳。故民因以日目之。

10. （宋）黄伦《尚书精义》卷十五《商书·汤誓》

（归善斋按，见"王曰，格，尔众庶，悉听朕言"）

11. （宋）陈经《尚书详解》卷十《汤誓商书·汤誓》

（归善斋按，见"王曰，格，尔众庶，悉听朕言"）

12. （宋）钱时《融堂书解》卷五《商书·汤誓》

（归善斋按，见"今尔有众，汝曰，我后不恤我众，舍我穑事，而割正夏"）

13. （宋）魏了翁《尚书要义》

（原阙）

14. （宋）陈大猷《书集传或问》卷上《汤誓》

（归善斋按，未解）

15. （宋）胡士行《尚书详解》卷四《商书·汤誓第一》

（归善斋按，见"王曰，格，尔众庶，悉听朕言"）

16. （元）吴澄《书纂言》卷三《商书·汤誓》

今汝其曰，夏罪其如台？夏王率遏众力，率割夏邑。有众率怠弗协，曰，时日曷丧，予及汝皆亡。夏德若兹。今朕必往。

"其曰"，其者，将然之辞。"如台"，犹曰"如何"也。率，尽；遏，绝也。割，如"劓割夏邑"之"割"。怠，谓解体；弗协，谓离心；时，是也。日，指桀；曷，何也。丧，亦亡也。汤既言夏氏有罪，然亳众安于汤德政，桀之虐焰所不及，故不知夏氏之罪，其心曰夏氏之罪，其如何哉？故汤言夏王率为重役，以穷民力；严刑以残民生。夏之有众率皆解体离心，疾视其君，指日而曰，是日何时而亡乎？若亡，吾宁与之俱亡。盖苦桀之虐，而欲其亡之甚也。桀之恶德如此，今我必往征之。桀尝自言，吾有天下，如天之有日，日亡，吾乃亡耳，故民因以日目之。

17. （元）陈栎《书集传纂疏》卷三《朱子订定蔡氏集传商书·汤誓》

今汝其曰，夏罪，其如台？夏王率遏众力，率割夏邑。有众率怠弗协，曰，时日曷丧，予及汝皆亡。夏德若兹，今朕必往。

遏，绝也。割，"劓割夏邑"之"割"。时，是也。汤又举商众言，桀虽暴虐，其如我何？汤又应之曰，夏王率为重役，以穷民力；严刑以残民生。民厌夏德，亦率皆怠于奉上，不和于国，疾视其君，指日而曰，是日何时而亡乎？若亡，则吾宁与之俱亡。盖苦桀之虐，而欲其亡之甚也。桀之恶德如此，今我之所以必往也。桀尝自言吾有天下，如天之有日，日亡吾乃亡耳，故民因以"日"目之。

纂疏：

吕氏曰，夏罪其如台，是夏民在涂炭，而商民自在春风和气中也。

愚谓，此一节见商民以一国为心，汤则以天下为心。盖是时，夏之人心已离，汤所以应乎人也。

18. （元）许谦《读书丛说》卷五《商书·汤誓》

（归善斋按，未解）

19. （元）董鼎《书传辑录纂注》卷三《商书·汤誓》

今汝其曰，夏罪其如台？夏王率遏众力，率割夏邑。有众率怠弗协，曰，时日曷丧，予及汝皆亡。夏德若兹，今朕必往。

遏，绝也。割，"劓割夏邑"之"割"。时，是也。汤又举商众言，桀虽暴虐，其如我何？汤又应之曰，夏王率为重役，以穷民力；严刑以残民生。民厌夏，亦率皆怠于奉上，不和于国，疾视其君，指日而曰，是日何时而亡乎？若亡，则吾宁与之俱亡。盖苦桀之虐，而欲其亡之甚也。桀之恶德如此，今我之所以必往也。桀尝自言，吾有天下，如天之有日，日亡，吾乃亡耳。故民因以"日"目之。

纂注：

吕氏曰，夏罪其如台，是夏民在涂炭，而商民自在春风和气中也。

张氏曰，人情莫不恶死而好生，今欲与桀偕亡，疾之甚矣。

新安陈氏曰，此一节，见商民以一国为心，汤则以天下为心。盖是时，夏之人心已离，汤所以应乎人也。

20. （元）朱祖义《尚书句解》卷四《商书·汤誓第一》

今汝其曰（今汝亳邑之人，恃我自固乃曰），夏罪其如台（夏桀罪恶，其如我何）？

21. （明）王樵《尚书日记》卷七《商书·汤誓》

（归善斋按，见"今尔有众，汝曰，我后不恤我众，舍我穑事，而割正夏"）

22. （清）库勒纳等撰《日讲书经解义》卷四《商书·汤誓》

今汝其曰，夏罪其如台？夏王率遏众力，率割夏邑。有众率怠弗协，曰，时日曷丧，予及汝皆亡。夏德若兹，今朕必往。

此一节书是，商王汤正言夏桀暴虐之实，以见伐夏救民之不可缓也。遏，绝也。割，戕也。时，解作"是"。商王汤曰，天命讨夏，即于民心怨夏。见之今汝众民意中，或曰，夏王桀虽有暴虐之罪，但害得夏民，其如我商民？何不知夏民，犹之吾民也。人情莫不欲逸，夏王桀率为重役，以遏绝夏众之民力；人情莫不欲安，夏王桀率为严刑，以残割夏邑之民生，所以夏众离心，皆怠于奉上，弗相和协。因夏王桀自言，吾有天下，如天之有日，遂指日而怨曰，是日何时亡乎？若亡，则我宁与汝皆亡。盖欲其亡之甚，不复堪此重役严刑之困也。夏王桀之恶德，为民所怨恨若此，忍坐视而不救哉？今我决计往伐，以速慰夏民之望而已。盖民心向背，即天命之所以去留。《易》言，汤、武革命，应乎天而顺乎人。圣人岂有私天下之意哉？

（清）张英《书经衷论》卷二《商书·汤誓》

（归善斋按，见"今尔有众，汝曰，我后不恤我众，舍我穑事，而割正夏"）

夏王率遏众力，率割夏邑

1.（汉）孔氏传、（唐）陆德明音义、孔颖达疏《尚书注疏》卷七《商书·汤誓》

夏王率遏众力，率割夏邑。

传，言桀君臣相率为劳役之事，以绝众力，谓废农功相；率割剥夏之邑居，谓征赋重。

音义：

遏，于葛反，徐音谒。马云，止也。

疏：

夏王非徒如此，又与臣下相率遏绝众力，使不得事农；又相率为割剥之政于此夏邑，使不得安居。

传正义曰，"率遏众力，率割夏邑"，此经与上"舍我穑事，而割正夏"，其意一也。上言夏王之身，此言君臣相率，再言所以积桀之罪也。力施于农，财供上赋，故以止绝众力，谓废农功；割剥夏邑，谓征赋重。言以农时劳役，又重敛其财，致使民困而怨深。赋敛重，则民不安矣。

2. （宋）苏轼撰《书传》卷七《商书·汤誓第一》

（归善斋按，见"王曰，格，尔众庶，悉听朕言"）

3. （宋）林之奇《尚书全解》卷十四《商书·汤誓》

（归善斋按，见"今尔有众，汝曰，我后不恤我众，舍我穑事，而割正夏"）

4. （宋）史浩《尚书讲义》卷七《商书·汤誓》

夏王率遏众力，率割夏邑。有众率怠弗协，曰，时日曷丧，予及汝皆亡。夏德若兹，今朕必往。尔尚辅予一人，致天之罚，予其大赉汝。尔无不信，朕不食言。尔不从誓言，予则孥戮，汝罔有攸赦。

和其民人，保其社稷，诸侯之职也。彼遏绝有众，不裕其力，使相率而怠惰。其弗协之情，桀之民，则然也。割剥夏邑，尽取其赋，使民欲与之皆亡，其阽危之势，桀之社稷则然也。汤为诸侯，知治其国而已。天子之民人、社稷如是，将何术以救之。然而伊尹曾适有夏，见桀政之暴虐，悯斯民之涂炭，轸纳隍之虑，怀挞市之辱。其急若拯水火，是以因韦、顾、昆吾之伐，辅汤而为此行，汤亦不自意其至是也。居是时，虽欲辞之，有不可得，是以其必往致罚之辞，不得不发也。其曰"汝无不信，朕不食言"，益足以知汤初无伐桀之谋。今虽已在戎行，而亳民犹未信其必然也。先儒谓，日者人君之象，夏人指桀为日，谓奚其不丧，似或未然。其实民共苦桀，皆曰死亡无日尔，无他意也。《尔雅》曰，食，伪也，不食者，谓朕言非伪，从之，则大赉以为赏；不从，则孥戮以为罚也。先王举事，赏罚之明若此。详观誓辞，始忧亳民之怨咨，终恐亳民之不信，皆所以明汤为是举，非其本心。序书者，纪伐桀之功，必以伊尹为首，得是意也。呜呼！又焉知，此书非伊尹之辞乎。

5.（宋）夏僎《尚书详解》卷九《商书·汤誓》

（归善斋按，见"今尔有众，汝曰，我后不恤我众，舍我穑事，而割正夏"）

6.（宋）时澜《增修东莱书说》卷七《商书·汤誓第一》

（归善斋按，见"今尔有众，汝曰，我后不恤我众，舍我穑事，而割正夏"）

7.（宋）黄度《尚书说》卷三《商书·汤誓》

（归善斋按，见"今汝其曰，夏罪其如台"）

8.（宋）袁燮《絜斋家塾书钞》卷八《商书·汤誓》

（案，袁氏《汤誓》篇解，《永乐大典》原阙）

9.（宋）蔡沈《书经集传》卷三《商书·汤誓》

（归善斋按，见"今汝其曰，夏罪其如台"）

10.（宋）黄伦《尚书精义》卷十五《商书·汤誓》

夏王率遏众力，率割夏邑。有众率怠弗协，曰，时日曷丧，予及汝皆亡。夏德若兹，今朕必往。

无垢曰，众人受其困苦，率皆怠惰，疾视其上而不和协，至为忿疾之言，曰，是日曷丧。日，指桀也，谓是桀何时死乎。受此困苦，皆不欲生。予及汝俱并力而死，不复以生为乐矣。为君而使民如此，天下之心，皆可知矣。疑汤所闻，皆伊尹丑有夏之，言以其所亲见亲闻者，告之于汤也。桀之凶德如此，举兵其可已乎？故曰"今朕必往"也。

张氏曰，率遏众力者，夺民之力也。率割夏邑者，害民之财也。夺民之力，则政繁；害民之财，则赋重政繁。赋重，则民不聊生。此其所以"率怠弗协"也。

东莱曰，天下之力，当作众人之事。夏王乃聚众人之力而为一人之事，故曰，率遏众力。想其多为宫室、台榭，男不得耕，女不得织，皆罹冻饿之患。

11.（宋）陈经《尚书详解》卷十《汤誓商书·汤誓》

夏王率遏众力，率割夏邑。有众率怠弗协，曰，时日曷丧，予及汝偕亡。夏德若兹，今朕必往。尔尚辅予一人，致天之罚。予其大赉汝，尔无不信，朕不食言。尔不从誓言，予则孥戮汝，罔有攸赦。

前既言亳众之不欲往，此乃言夏桀之罪如此，我不可不往。夏王与其臣同恶。相率而遏绝众人之力，谓役民以为台榭、宫室也。又相率而割剥夏邑之赋税，谓横敛以伤民财也。既竭民力，又竭民财，于是有众相率而怠，弗协其上。怠惰而无意以与上和合也，且曰，时日曷丧。日，君也。是君何不丧亡，予及汝皆亡，有生不如无生。夏之恶德如此，今朕必往无疑。尔庶几辅我一人，以致天之罚功成事毕，当有以赉赐汝。尔无有不信我言者，我不食其言，谓非空言无实也。尔不从誓言，则有孥戮之刑，罔有攸赦。观此足以知风俗之变愈薄。启之誓师也，曰"赏于祖，戮于社"，诱之以赏，威之以刑，则既薄于唐虞时矣。至汤，不徒曰"赉"之、"戮"之而已，且曰"尔无不信，朕不食言"，恐恐然，惧夫人之不己信，则又薄于夏时矣。于此大道既隐，天下为家，小康之事也欤。

12.（宋）钱时《融堂书解》卷五《商书·汤誓》

（归善斋按，见"今尔有众，汝曰，我后不恤我众，舍我穑事，而割正夏"）

13.（宋）魏了翁《尚书要义》

（原阙）

14.（宋）陈大猷《书集传或问》卷上《汤誓》

（归善斋按，未解）

15. （宋）胡士行《尚书详解》卷四《商书·汤誓第一》

（归善斋按，见"王曰，格，尔众庶，悉听朕言"）

16. （元）吴澄《书纂言》卷三《商书·汤誓》

（归善斋按，见"今汝其曰，夏罪其如台"）

17. （元）陈栎《书集传纂疏》卷三《朱子订定蔡氏集传商书·汤誓》

（归善斋按，见"今汝其曰，夏罪其如台"）

18. （元）许谦《读书丛说》卷五《商书·汤誓》

（归善斋按，未解）

19. （元）董鼎《书传辑录纂注》卷三《商书·汤誓》

（归善斋按，见"今汝其曰，夏罪其如台"）

20. （元）朱祖义《尚书句解》卷四《商书·汤誓第一》

夏王率遏众力（殊不知，夏桀方且与其臣，相率遏绝众民之力，以征役之烦），率割夏邑（又相率割剥夏邑之赋税）。

21. （明）王樵《尚书日记》卷七《商书·汤誓》

（归善斋按，见"今尔有众，汝曰，我后不恤我众，舍我穑事，而割正夏"）

22. （清）库勒纳等撰《日讲书经解义》卷四《商书·汤誓》

（归善斋按，见"今汝其曰，夏罪其如台"）

有众率怠弗协，曰，时日曷丧？予及汝皆亡

1. （汉）孔氏传、（唐）陆德明音义、孔颖达疏《尚书注疏》卷七《商书·汤誓》

有众率怠弗协，曰，时日曷丧？予及汝皆亡。

传，众下相率为怠惰，不与上和合，比桀于日，曰，是日何时丧？我与汝俱亡。欲杀身以丧桀。

音义：

丧，息浪反，注同。惰，徒卧反。

疏：

上下同恶，民困益甚。由是汝等相率怠惰，不与在上和协，比桀于日，曰，是日何时能丧，若其可丧，我与汝皆亡。身杀之，宁杀身以亡桀，是其恶之甚。

传正义曰，上既驭之非道，下亦不供其命，故众下相率为怠惰，不与上和合，不肯每事顺从也。比桀于日，曰，是日何时丧亡，欲令早丧桀命也。"我与汝俱亡"者，民相谓之辞，言并欲杀身，以丧桀也。所以比于日者，以日无丧之理，犹云桀不可丧，言丧之难也。不避其难，与汝俱亡，欲杀身以丧桀，疾之甚也。郑云，桀见民欲叛，乃自比于日，曰，是日何尝丧乎？日若丧亡，我与汝亦皆丧亡，引不亡之征，以胁恐下民也。

2. （宋）苏轼撰《书传》卷七《商书·汤誓第一》

（归善斋按，见"王曰，格，尔众庶，悉听朕言"）

3. （宋）林之奇《尚书全解》卷十四《商书·汤誓》

（归善斋按，见"今尔有众，汝曰，我后不恤我众，舍我穑事，而割正夏"）

4. （宋）史浩《尚书讲义》卷七《商书·汤誓》

（归善斋按，见"夏王率遏众力，率割夏邑"）

5. （宋）夏僎《尚书详解》卷九《商书·汤誓》

（归善斋按，见"今尔有众，汝曰，我后不恤我众，舍我穑事，而割正夏"）

6. （宋）时澜《增修东莱书说》卷七《商书·汤誓第一》

（归善斋按，见"今尔有众，汝曰，我后不恤我众，舍我穑事，而割正夏"）

7. （宋）黄度《尚书说》卷三《商书·汤誓》

（归善斋按，见"今汝其曰，夏罪其如台"）

8. （宋）袁燮《絜斋家塾书钞》卷八《商书·汤誓》

（案，袁氏《汤誓》篇解，《永乐大典》原阙）

9. （宋）蔡沈《书经集传》卷三《商书·汤誓》

（归善斋按，见"今汝其曰，夏罪其如台"）

10. （宋）黄伦《尚书精义》卷十五《商书·汤誓》

（归善斋按，见"夏王率遏众力，率割夏邑"）

11. （宋）陈经《尚书详解》卷十《汤誓商书·汤誓》

（归善斋按，见"夏王率遏众力，率割夏邑"）

12. （宋）钱时《融堂书解》卷五《商书·汤誓》

（归善斋按，见"今尔有众，汝曰，我后不恤我众，舍我穑事，而割正夏"）

13.（宋）魏了翁《尚书要义》

（原阙）

14.（宋）陈大猷《书集传或问》卷上《汤誓》

（归善斋按，未解）

15.（宋）胡士行《尚书详解》卷四《商书·汤誓第一》

（归善斋按，见"王曰，格，尔众庶，悉听朕言"）

16.（元）吴澄《书纂言》卷三《商书·汤誓》

（归善斋按，见"今汝其曰，夏罪其如台"）

17.（元）陈栎《书集传纂疏》卷三《朱子订定蔡氏集传商书·汤誓》

（归善斋按，见"今汝其曰，夏罪其如台"）

18.（元）许谦《读书丛说》卷五《商书·汤誓》

（归善斋按，未解）

19.（元）董鼎《书传辑录纂注》卷三《商书·汤誓》

（归善斋按，见"今汝其曰，夏罪其如台"）

20.（元）朱祖义《尚书句解》卷四《商书·汤誓第一》

有众率怠弗协（故有夏之众，皆相率怠惰而不和协），曰（相语曰），时日曷丧（桀何时何日丧亡乎）？予及汝皆亡（我欲与汝杀身，与之俱亡）。

21.（明）王樵《尚书日记》卷七《商书·汤誓》

（归善斋按，见"今尔有众，汝曰，我后不恤我众，舍我穑事，而割正夏")

22.（清）库勒纳等撰《日讲书经解义》卷四《商书·汤誓》

（归善斋按，见"今汝其曰，夏罪其如台"）

（清）孙之騄辑《尚书大传》卷二《商书·汤誓传》

夏人饮酒醉者持不醉者；不醉者持醉者，相和而歌曰，盍归于亳，亳亦大矣。故伊尹退而闲居，深听乐声，更曰觉兮，较兮，吾大命格兮，去不善而就善，何乐兮。伊尹入告于桀（一作王）。

曰大命之亡（亡，一作去）有日矣。桀哑笑曰，天之有日，犹吾之有民（民，一作人），日有亡哉，日亡，吾亦亡矣，是以伊尹遂去夏适汤。

郑玄曰，深听乐声思其故也。是时伊尹仕桀，觉兮，谓先知者，较兮，谓直道者也。格，至也。吾语，桀也。自比于天，言常在也。比于日，言去复来也。

汤放桀也，居中野，士民皆奔汤。桀与其属五百人，南徙千里，止于齐，齐士民往奔汤。桀与其属五百人，徙于鲁，鲁士民复奔汤。桀曰，国君之有也，吾闻海外有人，与五百人俱去。

夏德若兹，今朕必往

1.（汉）孔氏传、（唐）陆德明音义、孔颖达疏《尚书注疏》卷七《商书·汤誓》

夏德若兹，今朕必往。
传，凶德如此，我必往诛之。
疏：
夏王恶德如此，今我必往诛之。

2.（宋）苏轼撰《书传》卷七《商书·汤誓第一》

（归善斋按，见"王曰，格，尔众庶，悉听朕言"）

3.（宋）林之奇《尚书全解》卷十四《商书·汤誓》

（归善斋按，见"今尔有众，汝曰，我后不恤我众，舍我穑事，而割正夏"）

4.（宋）史浩《尚书讲义》卷七《商书·汤誓》

（归善斋按，见"夏王率遏众力，率割夏邑"）

5.（宋）夏僎《尚书详解》卷九《商书·汤誓》

（归善斋按，见"今尔有众，汝曰，我后不恤我众，舍我穑事，而割正夏"）

6.（宋）时澜《增修东莱书说》卷七《商书·汤誓第一》

（归善斋按，见"今尔有众，汝曰，我后不恤我众，舍我穑事，而割正夏"）

7.（宋）黄度《尚书说》卷三《商书·汤誓》

（归善斋按，见"今汝其曰，夏罪其如台"）

8.（宋）袁燮《絜斋家塾书钞》卷八《商书·汤誓》

（案，袁氏《汤誓》篇解，《永乐大典》原阙）

9.（宋）蔡沈《书经集传》卷三《商书·汤誓》

（归善斋按，见"今汝其曰，夏罪其如台"）

10.（宋）黄伦《尚书精义》卷十五《商书·汤誓》

（归善斋按，见"夏王率遏众力，率割夏邑"）

11.（宋）陈经《尚书详解》卷十《汤誓商书·汤誓》

（归善斋按，见"夏王率遏众力，率割夏邑"）

12.（宋）钱时《融堂书解》卷五《商书·汤誓》

（归善斋按，见"今尔有众，汝曰，我后不恤我众，舍我穑事，而割正夏"）

13.（宋）魏了翁《尚书要义》

（原阙）

14.（宋）陈大猷《书集传或问》卷上《汤誓》

（归善斋按，未解）

15.（宋）胡士行《尚书详解》卷四《商书·汤誓第一》

（归善斋按，见"王曰，格，尔众庶，悉听朕言"）

16.（元）吴澄《书纂言》卷三《商书·汤誓》

（归善斋按，见"今汝其曰，夏罪其如台"）

17.（元）陈栎《书集传纂疏》卷三《朱子订定蔡氏集传商书·汤誓》

（归善斋按，见"今汝其曰，夏罪其如台"）

18.（元）许谦《读书丛说》卷五《商书·汤誓》

（归善斋按，未解）

19.（元）董鼎《书传辑录纂注》卷三《商书·汤誓》

（归善斋按，见"今汝其曰，夏罪其如台"）

20.（元）朱祖义《尚书句解》卷四《商书·汤誓第一》

夏德若兹（夏王恶德如此），今朕必往（今我必往伐之无疑）。

21.（明）王樵《尚书日记》卷七《商书·汤誓》

（归善斋按，见"今尔有众，汝曰，我后不恤我众，舍我穑事，而割正夏"）

22.（清）库勒纳等撰《日讲书经解义》卷四《商书·汤誓》

（归善斋按，见"今汝其曰，夏罪其如台"）

尔尚辅予一人，致天之罚，予其大赉汝

1.（汉）孔氏传、（唐）陆德明音义、孔颖达疏《尚书注疏》卷七《商书·汤誓》

尔尚辅予一人，致天之罚，予其大赉汝。
传，赉，与也。汝庶几辅成我，我大与汝爵赏。
音义：
罚，音伐。赉，力代反，徐音来。
疏：
汝庶几辅成我一人，致行天之威罚，我其大赏赐汝。

2.（宋）苏轼撰《书传》卷七《商书·汤誓第一》

尔尚辅予一人，致天之罚。予其大赉汝。尔无不信，朕不食言。尔不从誓言，予则孥戮汝，罔有攸赦。

3．（宋）林之奇《尚书全解》卷十四《商书·汤誓》

尔尚辅予一人，致天之罚。予其大赉汝。尔无不信，朕不食言。尔不从誓言，予则孥戮汝，罔有攸赦。

经曰"天视自我民视，天听自我民听"，民既恶桀，而欲与之皆亡，则是天绝之矣。尔众士，尚辅我一人以伐之，欲致天之罚也。尔苟用命，我则赉汝以爵赏，盖汝能顺天之意，是天命之所当加也。尔无以朕之言不可信，朕必不食此言。盖古者，以言之虚伪而不实者，谓之食言。食言者，盖言之不行，如食之消尽也。尔或不从我之誓言，我则戮汝之孥，以耻辱之，无有所赦。盖汝既不能承天之意，则是天讨之所宜加也。或刑或赏，我岂容私喜怒于其间哉？凡以奉天之意而已。详考此篇盖，是商民惮于征役，不欲为伐桀之举，故汤丁宁恳切，告以所为吊伐之意，必是其始兴师之时，誓众于亳邑之辞。既誓而后往伐桀，升自陑以与桀战于鸣条之野。然观孔序之文，则类夫临战而后誓之者。盖序文总载夫伐桀之详，而系之以本所誓师之辞，非是行阵于鸣条临战而后誓，若《牧誓》之类也。凡若此之类，在夫学者以意逆志而得之，不可以轻重先后拘于言语文字之间，而失古人之大意也。《孟子》曰禹、稷、颜回同道。禹思天下有溺者由己溺之；稷思天下有饥者，由己饥之。禹、稷、颜子易地，则皆然。今有同室之人斗者，救之，虽被发缨冠而往救之可也，乡邻有斗者，被发缨冠而往救之则惑也。虽闭户可也，使汤居处穷约不为天吏，不为斯民之所系望，坐视斯民困于虐政，若乡邻之有斗者，其势可以闭户而不救，则不惟天下之民不得以被其泽，虽亳邑之民亦不得被其泽矣。若孔、颜、孟，于邹、鲁之民是也。今也，既处乎不得不救之地，东面而征，西夷怨；南面而征，北狄怨。天之眷命也重矣；民之责望也深矣。视斯民之无告，有若同室之人斗，当被发缨冠而往救之，当此之时，岂可以亳民之不欲，而使其泽不被于天下乎？故伊尹于是时，思天下之民，匹夫匹妇有不被乎尧舜之泽者。若已推而纳诸沟中，匹夫匹妇尚不可使不被其泽，天下之民，况可以徇亳民之私意而不被其泽乎？此《汤誓》所由作也。然其终篇，必诱之以"大赉"，惮之以"孥戮"者，此盖誓师之常理也。《易》曰"师出以律，否臧凶"象曰"师出以律，失律凶"也。盖师之纪律，必明于始出之时。始出而律纪不明，虽师有名，亦危道也。用命者有赏，不用命者有刑，此师律之大者。汤之兴师，虽曰伐夏救民，安能废师律乎？《舜典》曰"三载考绩，三考黜陟幽明"，夫舜之考绩，犹不能不用刑赏，况汤、武之行师，宜其刑赏之不可废也。唐高定尝读书至此篇，问其父郢曰，奈何以臣伐君。郢曰，应天顺人。何云伐邪，对曰，用命赏于祖，弗用命戮于社，是顺人乎？此盖浮薄之论也。而唐史为之立传，纪载此言，以为辨惑，是率天下而为浮薄也。杨子云曰，仲尼多爱，爱义也。子长多爱，爱奇也。唐史记载高定此言，亦有好奇之过，是可删也。

4.（宋）史浩《尚书讲义》卷七《商书·汤誓》

（归善斋按，见"夏王率遏众力，率割夏邑"）

5.（宋）夏僎《尚书详解》卷九《商书·汤誓》

尔尚辅予一人，致天之罚，予其大赉汝。尔无不信，朕不食言。尔不从誓言，予则孥戮汝，罔有攸赦。

汤既数桀罪，不可不征，今必欲往，故于此勉饬众士，使戮力相助，共成大功也。《泰誓》曰"民之所欲，天必从之"，今夏众苦桀如此，则天绝之必矣。故汤所以言，"尔尚辅予一人致天之罚"，尚，庶几也，谓我之伐桀，非我之意，乃天欲伐，而我致之，故尔众士庶几辅我共致天罚可也。尔诚用我命，我则赉尔以爵赏。尔无以我言不可信，朕必不食此言。盖古者，以言之虚伪不实者为食言，以言之不行，如食之消尽也。尔或不从我誓言，我孥戮汝而无赦宥也。孥戮，前甘誓已解矣。盖囚奴而戮辱之也。少颖谓，终篇必诱以"大赉"，继以"孥戮"者，誓师之常理。此说是也。

胡益之谓，汤之伐桀，武王之伐纣，皆以顺天应人，事体宜同，而《汤誓》《泰誓》所载不合甚多。武王伐商，四方诸侯不期而会；汤之伐桀，诸侯无助之者。武王伐商，西土之人同心同德；汤之伐桀，亳民再三晓谕而终不悦。武王伐商，其誓众之言不过曰功多厚赏，不敌显戮，意缓而不迫。汤之伐桀。则既言"大赉汝"，又言"不食言"；既言"孥戮汝"，又言"罔有攸赦"。法严而意迫，如是不同者，盖周自文王为西伯，

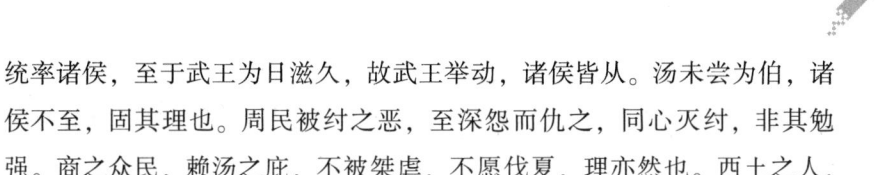

统率诸侯，至于武王为日滋久，故武王举动，诸侯皆从。汤未尝为伯，诸侯不至，固其理也。周民被纣之恶，至深怨而仇之，同心灭纣，非其勉强。商之众民，赖汤之庇，不被桀虐，不愿伐夏，理亦然也。西土之人，怨纣如此，则人自为战，何赖赏罚。商民初不怨桀，非有劝戒，无由成功，法严意迫，理亦然也。然则，商民何以不怨桀，周民何以怨纣，盖桀无道，汤自庇其民，未尝受制于夏桀，恶德不及商民，故不怨。周自文王为西伯，服事于商，又有羑里之囚，为商所制，故纣恶及周民，而民所以怨。然此亦曲说也，未以为然。

6. （宋）时澜《增修东莱书说》卷七《商书·汤誓第一》

尔尚辅予一人，致天之罚。予其大赉汝。尔无不信，朕不食言。尔不从誓言，予则孥戮，汝罔有攸赦。

申言赏罚以警众也，用师之际，警敕之意自不可少。然与上古则有间矣。禹伐苗，止曰"尔尚一乃心，力其克有勋"，至启乃曰"用命赏于祖，弗用命戮于社。予则孥戮汝"，已不同矣。汤誓师之辞，与启相若，而又曰"朕不食言"，"罔有攸赦"，世变风移，圣人不得不然，亦敬心愈加之意，非德不足也。

7. （宋）黄度《尚书说》卷三《商书·汤誓》

尔尚辅予一人，致天之罚，予其大赉汝。尔无不信，朕不食言。尔不从誓言，予则孥戮汝，罔有攸赦。

天命殛之，予畏上帝致天之罚，惟有天德者能知之。大赉，功大者，锡爵封国，赉，大封于庙。

8. （宋）袁燮《絜斋家塾书钞》卷八《商书·汤誓》

（案，袁氏《汤誓》篇解，《永乐大典》原阙）

9. （宋）蔡沈《书经集传》卷三《商书·汤誓》

尔尚辅予一人，致天之罚，予其大赉汝。尔无不信，朕不食言。尔不从誓言，予则孥戮汝，罔有攸赦。

赉，与也。食言，言已出，而反吞之也。禹之征苗，止曰"尔尚一乃心，力其克有勋"，至启则曰"用命赏于祖，不用命戮于社。予则孥戮汝"，此又益以"朕不食言"，"罔有攸赦"，亦可以观世变矣。

10. （宋）黄伦《尚书精义》卷十五《商书·汤誓》

尔尚辅予一人，致天之罚，予其大赉汝。尔无不信，朕不食言。尔不从誓言，予则孥戮汝，罔有攸赦。

无垢曰，夫民既有予及汝皆亡之言，是伐桀者，民之心也。而汤犹以大赉诱之，孥戮恐之，使之有所畏慕，何也？岂此行非民之本心乎？曰，军事尚严，虽此举因民心行之，然而不有赏罚以耸动焉，恐于号令之间，有所乖违，以至败事，不得不为之豫备也。

张氏曰，汤之伐桀，其誓众士，赉必曰大，戮必及孥者，盖赉之大，则人情之所甚欲；戮及孥，则人情之所甚恶也。以其所甚欲者诱之于前，而使知所慕；以其所甚恶者恐之于后，而使知所畏。夫然后人人各迪其功，而罔不用命矣。

徐氏曰，汤之承夏，始变乎常道。道序乎变，则不能以直行，是故协戴商溪后之众，而切切于大赉、孥戮之间，拯人涂炭而有口实惭德之诰，特以为，上诚之不谕者，不足以定其业；下情之不尽者，不足以赴其功，是以质之以天时，示之以卜筮，动之以祸福，而期乎终行其志也。

东莱曰，禹伐苗止曰"尔尚一乃心，力其克有勋"，至启乃曰"用命赏于祖，不用命戮于社，予则孥戮汝"，已与禹不同。今汤誓师之辞，虽与启相似，而又曰"朕不食言"，"罔有攸赦"，此世变风移，圣人不得不然，亦是敬心愈加之意。

11. （宋）陈经《尚书详解》卷十《汤誓商书·汤誓》

（归善斋按，见"夏王率遏众力，率割夏邑"）

12. （宋）钱时《融堂书解》卷五《商书·汤誓》

尔尚辅予一人，致天之罚，予其大赉汝，尔无不信，朕不食言。尔不从誓言，予则孥戮汝，罔有攸赦。

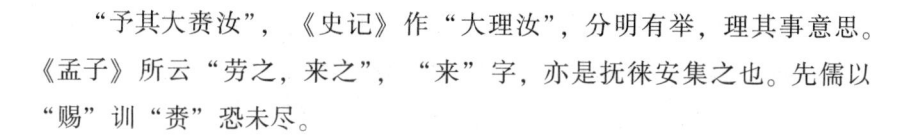

"予其大赉汝",《史记》作"大理汝",分明有举,理其事意思。《孟子》所云"劳之,来之","来"字,亦是抚徕安集之也。先儒以"赐"训"赉"恐未尽。

13. (宋) 魏了翁《尚书要义》

(原阙)

14. (宋) 陈大猷《书集传或问》卷上《汤誓》

(归善斋按,未解)

15. (宋) 胡士行《尚书详解》卷四《商书·汤誓第一》

(归善斋按,见"王曰,格,尔众庶,悉听朕言")

16. (元) 吴澄《书纂言》卷三《商书·汤誓》

尔尚辅予一人,致天之罚,予其大赉汝。尔无不信,朕不食言。尔不从誓言,予则孥戮汝,罔有攸赦。

致,推而至于彼也。赉,与也,谓胜夏之后有赏赐也。食言,如"日食"之"食",自有而无,谓言已出口,又收入而吞食之,不行其言也。不从誓言,谓不肯往伐夏也。孥、奴通。孥戮,谓囚系为奴,而戮辱之也。

17. (元) 陈栎《书集传纂疏》卷三《朱子订定蔡氏集传商书·汤誓》

尔尚辅予一人,致天之罚,予其大赉汝。尔无不信,朕不食言。尔不从誓言,予则孥戮汝,罔有攸赦。

赉,与也。食言,言已出而反吞之也。禹之征苗,止曰"尔尚一乃心,力其克有勋";至启则曰"用命赏于祖,不用命戮于社。予则孥戮汝";此又益以"朕不食言,罔有攸赦",亦可以观世变矣。

纂疏:

愚谓,天生民而立之君,使司牧之。今桀虐其民,民欲其速亡如此。

人心所归，即天命所属；人心所离，即天命所弃也。天命汤伐之，汤敢违天乎？汤之誓师，拳拳惟以天言，曰"天命殛之"，曰"予畏上帝"，曰"致天之罚"，非汤伐之，天伐之也。汤曰"予畏上帝不敢不正"，武王曰"予弗顺天，厥罪惟均"，其心一也。尧、舜之授受，禹、启之传继，汤、武之征伐，事虽不同，其顺乎天，适乎时，合乎义，一而已矣。

18.（元）许谦《读书丛说》卷五《商书·汤誓》

（归善斋按，未解）

19.（元）董鼎《书传辑录纂注》卷三《商书·汤誓》

尔尚辅予一人，致天之罚，予其大赉汝。尔无不信，朕不食言。尔不从誓言，予则孥戮汝，罔有攸赦。

赉，与也。食言，言已出而反吞之也。禹之征苗，止曰"尔尚一乃心力其克有勋"，至启则曰"用命赏于祖，不用命戮于社。予则孥戮"，汝此又益以"朕不食言"，"罔有攸赦"，亦可以观世变矣。

纂注：

新安陈氏曰，天生民而立之君，使司牧之。今桀虐其民，民欲其速亡如此。人心之所归，即天命之所在；人心之所离即天命之所弃也。天命汤伐之，汤敢违天乎？汤之誓师，拳拳惟以天言，曰"天命殛之"，曰"予畏上帝"，曰"致天之罚"，非汤伐之，天伐之也。汤曰"予畏上帝不敢不正"，武王曰"予弗顺天，厥罪惟钧"，其心一也。尧、舜之授受，禹、启之传继，汤、武之征伐，事虽不同，其顺乎天，适乎时，合乎义，一而已矣。

愚谓，禹征苗有誓，启征扈有誓，胤侯征羲和又有誓，皆征所当征，名正而言顺。若汤之伐夏，而亦有誓何欤？盖誓者，临众发命，述其兴师之意，故禹也，启也，胤侯也，犹可无誓，惟汤则不可无誓。汤无，则称兵之意不明，而称乱之罪滋大。苟可明目张胆言之而不怍，则顺天应人行之而无疑矣。先正有言，吾无过人者，惟日所行事，未尝有不可对人言者耳，亦是意也。

今观一书之旨，首以"非予小子敢行称乱，有夏多罪天命殛之"，夫

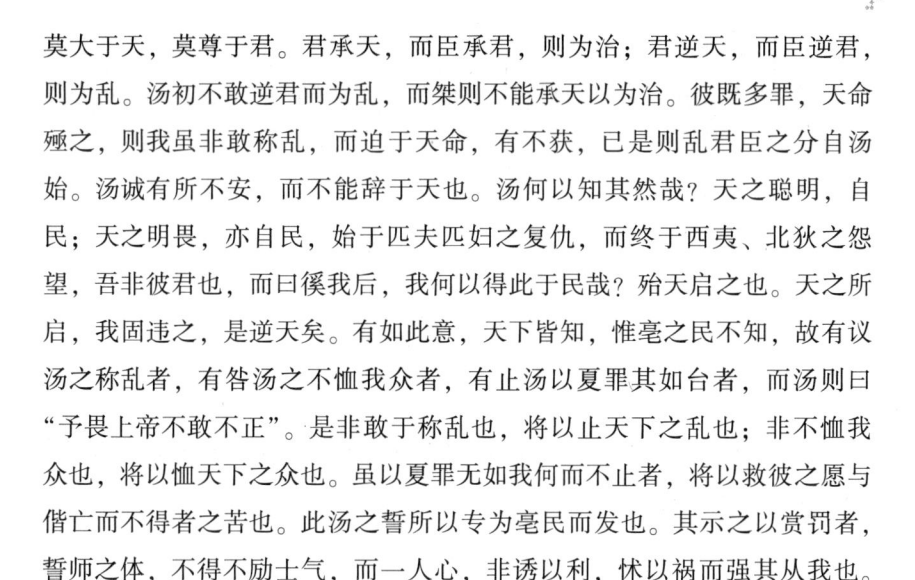

莫大于天，莫尊于君。君承天，而臣承君，则为治；君逆天，而臣逆君，则为乱。汤初不敢逆君而为乱，而桀则不能承天以为治。彼既多罪，天命殛之，则我虽非敢称乱，而迫于天命，有不获，已是则乱君臣之分自汤始。汤诚有所不安，而不能辞于天也。汤何以知其然哉？天之聪明，自民；天之明畏，亦自民，始于匹夫匹妇之复仇，而终于西夷、北狄之怨望，吾非彼君也，而曰徯我后，我何以得此于民哉？殆天启之也。天之所启，我固违之，是逆天矣。有如此意，天下皆知，惟亳之民不知，故有议汤之称乱者，有咎汤之不恤我众者，有止汤以夏罪其如台者，而汤则曰"予畏上帝不敢不正"。是非敢于称乱也，将以止天下之乱也；非不恤我众也，将以恤天下之众也。虽以夏罪无如我何而不止者，将以救彼之愿与偕亡而不得者之苦也。此汤之誓所以专为亳民而发也。其示之以赏罚者，誓师之体，不得不励士气，而一人心，非诱以利，怵以祸而强其从我也。吁！汤之不幸，乃天下之大幸也。

20. （元）朱祖义《尚书句解》卷四《商书·汤誓第一》

尔尚辅予一人（尔亳邑之民，庶几辅佐我一人），致天之罚（行天之罚）。予其大赉汝（功成事毕，我其大赉赐汝）。

21. （明）王樵《尚书日记》卷七《商书·汤誓》

"尔尚辅予一人致天之罚"至"罔有攸赦"。赉，谓爵赏；食言，言已出而复吞之也。孥戮，说见《甘誓》。

22. （清）库勒纳等撰《日讲书经解义》卷四《商书·汤誓》

尔尚辅予一人，致天之罚，予其大赉汝。尔无不信，朕不食言。尔不从誓言，予则孥戮汝，罔有攸赦。

此一节书是，商王汤示赏罚之明断，以肃军心也。商王汤曰，伐夏之举，既不容已，尔将士，庶几同心同力，辅我一人，致天之罚于夏，是能上顺天命下救民困也，我则以显爵荣禄大赐赉于汝等。尔将士，无得猜疑，我言既出，决不自食其言。赏之必厚如此。尔将士若不从我誓言，观望退缩，是以天命不足畏，民困不足恤也。我则不但戮汝身，并戮汝妻子，无有所赦。罚之必重如此，可不戒勉哉？商王汤赏罚之令，与夏王启《甘誓》同，可见行军治兵之际，以赏罚明断为主，赏罚不当，则恩不足劝，而威不足惩，欲以成功难矣。故曰用赏者贵信，用罚者贵必。

尔无不信，朕不食言

1.（汉）孔氏传、（唐）陆德明音义、孔颖达疏《尚书注疏》卷七《商书·汤誓》

尔无不信，朕不食言。

传，食尽其言，伪不实。

疏：

汝无得不信我语，我终不食尽其言，为虚伪不实。

传正义曰，《释诂》云，食，伪也。孙炎曰，食言之伪也。哀二十五年《左传》云，孟武伯恶郭重，曰何肥也？公曰，是食言多矣，能无肥乎？然则，言而不行，如食之消尽，后终不行前言，为伪，故通谓伪言，为食言。故《尔雅》训"食"为"伪"也。

2.（宋）苏轼撰《书传》卷七《商书·汤誓第一》

（归善斋按，未解）

3.（宋）林之奇《尚书全解》卷十四《商书·汤誓》

（归善斋按，见"尔尚辅予一人，致天之罚。予其大赉汝"）

4.（宋）史浩《尚书讲义》卷七《商书·汤誓》

（归善斋按，见"夏王率遏众力，率割夏邑"）

5.（宋）夏僎《尚书详解》卷九《商书·汤誓》

(归善斋按，见"尔尚辅予一人，致天之罚。予其大赉汝")

6.（宋）时澜《增修东莱书说》卷七《商书·汤誓第一》

(归善斋按，见"尔尚辅予一人，致天之罚。予其大赉汝")

7.（宋）黄度《尚书说》卷三《商书·汤誓》

(归善斋按，见"尔尚辅予一人，致天之罚。予其大赉汝")

8.（宋）袁燮《絜斋家塾书钞》卷八《商书·汤誓》

(案，袁氏《汤誓》篇解，《永乐大典》原阙)

9.（宋）蔡沈《书经集传》卷三《商书·汤誓》

(归善斋按，见"尔尚辅予一人，致天之罚。予其大赉汝")

10.（宋）黄伦《尚书精义》卷十五《商书·汤誓》

(归善斋按，见"尔尚辅予一人，致天之罚。予其大赉汝")

11.（宋）陈经《尚书详解》卷十《汤誓商书·汤誓》

(归善斋按，见"夏王率遏众力，率割夏邑")

12.（宋）钱时《融堂书解》卷五《商书·汤誓》

(归善斋按，未解)

13.（宋）魏了翁《尚书要义》

(原阙)

14.（宋）陈大猷《书集传或问》卷上《汤誓》

(归善斋按，未解)

15. （宋）胡士行《尚书详解》卷四《商书·汤誓第一》

（归善斋按，见"王曰，格，尔众庶，悉听朕言"）

16. （元）吴澄《书纂言》卷三《商书·汤誓》

（归善斋按，见"尔尚辅予一人，致天之罚。予其大赉汝"）

17. （元）陈栎《书集传纂疏》卷三《朱子订定蔡氏集传商书·汤誓》

（归善斋按，见"尔尚辅予一人，致天之罚。予其大赉汝"）

18. （元）许谦《读书丛说》卷五《商书·汤誓》

（归善斋按，未解）

19. （元）董鼎《书传辑录纂注》卷三《商书·汤誓》

（归善斋按，见"尔尚辅予一人，致天之罚。予其大赉汝"）

20. （元）朱祖义《尚书句解》卷四《商书·汤誓第一》

尔无不信（尔无以朕言不可信），朕不食言（我不食其言，谓非空言无实，以言之不行，如食之消尽也）。

21. （明）王樵《尚书日记》卷七《商书·汤誓》

（归善斋按，见"尔尚辅予一人，致天之罚。予其大赉汝"）

22. （清）库勒纳等撰《日讲书经解义》卷四《商书·汤誓》

（归善斋按，见"尔尚辅予一人，致天之罚。予其大赉汝"）

尔不从誓言

1.（汉）孔氏传、（唐）陆德明音义、孔颖达疏《尚书注疏》卷七《商书·汤誓》

尔不从誓言。

传，不用命。

疏：

汝若不从我之誓言。

2.（宋）苏轼撰《书传》卷七《商书·汤誓第一》

（归善斋按，未解）

3.（宋）林之奇《尚书全解》卷十四《商书·汤誓》

（归善斋按，见"尔尚辅予一人，致天之罚。予其大赉汝"）

4.（宋）史浩《尚书讲义》卷七《商书·汤誓》

（归善斋按，见"夏王率遏众力，率割夏邑"）

5.（宋）夏僎《尚书详解》卷九《商书·汤誓》

（归善斋按，见"尔尚辅予一人，致天之罚。予其大赉汝"）

6.（宋）时澜《增修东莱书说》卷七《商书·汤誓第一》

（归善斋按，见"尔尚辅予一人，致天之罚。予其大赉汝"）

7.（宋）黄度《尚书说》卷三《商书·汤誓》

（归善斋按，未解）

8.（宋）袁燮《絜斋家塾书钞》卷八《商书·汤誓》

(案，袁氏《汤誓》篇解，《永乐大典》原阙)

9.（宋）蔡沈《书经集传》卷三《商书·汤誓》

(归善斋按，见"尔尚辅予一人，致天之罚。予其大赉汝")

10.（宋）黄伦《尚书精义》卷十五《商书·汤誓》

(归善斋按，见"尔尚辅予一人，致天之罚。予其大赉汝")

11.（宋）陈经《尚书详解》卷十《汤誓商书·汤誓》

(归善斋按，见"夏王率遏众力，率割夏邑")

12.（宋）钱时《融堂书解》卷五《商书·汤誓》

(归善斋按，未解)

13.（宋）魏了翁《尚书要义》

(原阙)

14.（宋）陈大猷《书集传或问》卷上《汤誓》

(归善斋按，未解)

15.（宋）胡士行《尚书详解》卷四《商书·汤誓第一》

(归善斋按，见"王曰，格，尔众庶，悉听朕言")

16.（元）吴澄《书纂言》卷三《商书·汤誓》

(归善斋按，见"尔尚辅予一人，致天之罚。予其大赉汝")

17.（元）陈栎《书集传纂疏》卷三《朱子订定蔡氏集传商书·汤誓》

(归善斋按，见"尔尚辅予一人，致天之罚。予其大赉汝")

18.（元）许谦《读书丛说》卷五《商书·汤誓》

（归善斋按，未解）

19.（元）董鼎《书传辑录纂注》卷三《商书·汤誓》

（归善斋按，见"尔尚辅予一人，致天之罚。予其大赉汝"）

20.（元）朱祖义《尚书句解》卷四《商书·汤誓第一》

尔不从誓言（尔或不从我誓言）。

21.（明）王樵《尚书日记》卷七《商书·汤誓》

（归善斋按，见"尔尚辅予一人，致天之罚。予其大赉汝"）

22.（清）库勒纳等撰《日讲书经解义》卷四《商书·汤誓》

（归善斋按，见"尔尚辅予一人，致天之罚。予其大赉汝"）

予则孥戮汝，罔有攸赦

1.（汉）孔氏传、（唐）陆德明音义、孔颖达疏《尚书注疏》卷七《商书·汤誓》

予则孥戮汝，罔有攸赦。

传，古之用刑，父、子、兄、弟，罪不相及。今云"孥戮汝"，无有所赦，权以胁之，使勿犯。

疏：

我则并杀汝子，以戮汝身，必无有所赦。劝使勉力，勿犯法也。庶，亦众也。古人有此重言，犹云艰难也。

传正义曰，昭二十年《左传》引《康诰》曰，父子兄弟罪不相及，是古之用刑如是也。既刑不相及，必不杀其子。权时以迫胁之，使勿犯刑法耳。不于《甘誓》解之者，以夏启承舜禹之后，刑罚尚宽。殷周以后，其罪或相缘坐，恐其实有孥戮，故于此解之。郑玄云，大罪不止其身，又孥戮其子孙。《周礼》云，其奴男子入于罪隶，女子入于舂稾。郑意以为实戮其子，故《周礼》注云，奴，谓从坐而没入县官者也。孔以"孥戮"为权胁之辞，则《周礼》所云非从坐也。郑众云，谓坐为盗贼而为奴者，输于罪隶、舂人、稾人之官。引此"孥戮汝"，又引《论语》云"箕子为之奴"，或如众言，别有没入，非缘坐者也。

2. （宋）苏轼撰《书传》卷七《商书·汤誓第一》

（归善斋按，未解）

3. （宋）林之奇《尚书全解》卷十四《商书·汤誓》

（归善斋按，见"尔尚辅予一人，致天之罚。予其大赉汝"）

4. （宋）史浩《尚书讲义》卷七《商书·汤誓》

（归善斋按，见"夏王率遏众力，率割夏邑"）

5. （宋）夏僎《尚书详解》卷九《商书·汤誓》

（归善斋按，见"尔尚辅予一人，致天之罚。予其大赉汝"）

6. （宋）时澜《增修东莱书说》卷七《商书·汤誓第一》

（归善斋按，见"尔尚辅予一人，致天之罚。予其大赉汝"）

7. （宋）黄度《尚书说》卷三《商书·汤誓》

（归善斋按，未解）

8. （宋）袁燮《絜斋家塾书钞》卷八《商书·汤誓》

（案，袁氏《汤誓》篇解，《永乐大典》原阙）

9. （宋）蔡沈《书经集传》卷三《商书·汤誓》

(归善斋按，见"尔尚辅予一人，致天之罚。予其大赉汝")

10. （宋）黄伦《尚书精义》卷十五《商书·汤誓》

(归善斋按，见"尔尚辅予一人，致天之罚。予其大赉汝")

11. （宋）陈经《尚书详解》卷十《汤誓商书·汤誓》

(归善斋按，见"夏王率遏众力，率割夏邑")

12. （宋）钱时《融堂书解》卷五《商书·汤誓》

(归善斋按，未解)

13. （宋）魏了翁《尚书要义》

(原阙)

14. （宋）陈大猷《书集传或问》卷上《汤誓》

(归善斋按，未解)

15. （宋）胡士行《尚书详解》卷四《商书·汤誓第一》

(归善斋按，见"王曰，格，尔众庶，悉听朕言")

16. （元）吴澄《书纂言》卷三《商书·汤誓》

(归善斋按，见"尔尚辅予一人，致天之罚。予其大赉汝")

17. （元）陈栎《书集传纂疏》卷三《朱子订定蔡氏集传商书·汤誓》

(归善斋按，见"尔尚辅予一人，致天之罚。予其大赉汝")

18. （元）许谦《读书丛说》卷五《商书·汤誓》

(归善斋按，未解)

19.（元）董鼎《书传辑录纂注》卷三《商书·汤誓》

（归善斋按，见"尔尚辅予一人，致天之罚。予其大赉汝"）

20.（元）朱祖义《尚书句解》卷四《商书·汤誓第一》

予则孥戮汝（我则囚孥汝，而戮辱之），罔有攸赦（无有所赦）。

21.（明）王樵《尚书日记》卷七《商书·汤誓》

（归善斋按，见"尔尚辅予一人，致天之罚。予其大赉汝"）

22.（清）库勒纳等撰《日讲书经解义》卷四《商书·汤誓》

（归善斋按，见"尔尚辅予一人，致天之罚。予其大赉汝"）

《夏社》《疑至》《臣扈》

汤既胜夏，欲迁其社，不可

1.（汉）孔氏传、（唐）陆德明音义、孔颖达疏《尚书注疏》卷七《商书·汤誓》

序，汤既胜夏，欲迁其社不可。

传，汤承尧舜禅代之后，顺天应人，逆取顺守而有惭德，故革命创制，改正易服，变置社稷，而后世无及句龙者，故不可而止。

音义：

社，后土之神。禅，时战反。应，应对之应。创，初亮反。正，音征，又音正。句，音钩。句龙，共工之子，为后土。

疏：

正义曰，汤既伐而胜夏，革命创制，变置社稷，欲迁其社，无人可代句龙，故不可而止。于时有言，议论其事，故史叙之。

传正义曰，传解汤迁社之意。汤承尧舜禅代之后，己独伐而取之。虽复应天顺人，乃是逆取顺守，而有惭愧之德。自恨不及古人。故革命创制，改正易服，因变置社稷也。《易·革卦》彖曰，汤武革命，顺乎天而应乎人。下篇言汤有惭德，《大传》云，改正朔，易服色，此其所得与民变革者也。所以变革此事，欲易人之视听，与之更新，故于是之时变置社稷。昭二十九年《左传》云，共工氏有子曰句龙，为后土。后土为社。有烈山氏之子曰"柱"，为稷，自夏已上祀之。周"弃"亦为稷，自商已来祀之。《祭法》云，厉山民之有天下也。其子曰农，能殖百谷。夏之衰也，周弃继之，故祀以为稷。共工氏之霸九州岛也，其子曰后土，能平九州岛，故祀以为社，是言变置之事也。《鲁语》文与《祭法》正同，而云夏之兴也。周弃继之兴，当为"衰"字之误耳。汤于初时，社稷俱欲改之，周弃功多于柱，即令废柱祀。弃而上世治水土之臣，其功无及句龙者，故不可迁而止。此序之次在《汤誓》之下。云"汤既胜夏"，下云"夏师败绩，汤遂从之"，是未及逐桀，已为此谋。郑玄等注，此序乃在《汤誓》之上。若在作誓之前不得云"既胜夏"也。《孟子》曰，"牺牲既成，粢盛既洁，祭祀以时。然而旱干水溢，则变置社稷"。郑玄因此乃云，汤伐桀之时大旱，既置其礼祀，明德以荐，而犹旱至七年，故更置社稷，乃谓汤即位之后七年大旱，方始变之。若实七年乃变，何当系之"胜夏"。"胜夏"犹尚不可，况在《汤誓》前乎？且《礼记》云"夏之衰也，周弃继之"，商兴七年乃变，安得以夏衰为言也。若商革夏命，犹七年祀柱，《左传》亦不得断为自夏已上祀"柱"，自商已来祀"弃"也。由此而言，孔称改正朔而变置社稷，所言得其旨也。汉世儒者说社稷有二，《左传》说社祭句龙，稷祭柱、弃惟，祭人神而已。《孝经》说社为土神，稷为谷神。句龙、柱、弃是配食者也。孔无明说，而此经云迁社，孔传云无及句龙，即同贾逵、马融等说，以社为句龙也。

2.（宋）苏轼撰《书传》卷七《商书·汤誓第一》

汤既胜夏，欲迁其社，不可，作《夏社》《疑至》《臣扈》。

《春秋传》曰，共工氏有子曰句龙，为后土，后土为社。烈山氏之子曰柱，为稷，自夏以上祀之。周弃亦为稷，自商以来祀之。是汤以弃易柱，而无以易句龙者，故曰欲迁其社不可。

3.（宋）林之奇《尚书全解》卷十四《商书·汤誓》

汤既胜夏，欲迁其社不可，作《夏社》《疑至》《臣扈》。

4.（宋）史浩《尚书讲义》卷七《商书·汤誓》

汤既胜夏，欲迁其社，不可作，《夏社》《疑至》《臣扈》。

昔者，共工氏之子曰后土，能平九州岛，故祀以为社。然而，旱干水溢，尚有变置之法，孰谓平其国，而不可迁其社乎？读书者当以意逆之可也。汤既胜夏，其欲迁社者，众人之情也；其不可者，汤也。汤既以为不可，乃作《夏社》《疑至》《臣扈》之书。夏社者，意必存其祭祀，若周家《微子之命》也。《疑至》《臣扈》者，意必保其余民，若周家《康诰》《酒诰》之书也。然是三篇者当在夏师败绩之后今附于此，所未可晓，岂此书既逸，编次者失其序乎？

5.（宋）夏僎《尚书详解》卷九《商书·汤誓》

汤既胜夏，欲迁其社，不可，作《夏社》《疑至》《臣扈》。夏师败绩，汤遂从之，遂伐三朡，俘厥宝玉。谊伯、仲伯作《典宝》。

二孔谓，汤胜夏革命，变置社稷，欲迁其社，而无人可代句龙，不可而止。故言"欲迁其社不可"。胡益之谓不然。社，所以祭土之神也；稷，所以祭谷之神也。此古之命祀，自生民以来，未尝移易。共工氏之子，配食于社；烈山氏之子，配食于稷，纵有移易，安得谓之"迁社"，此事之不然者也。汤伐桀，为民除害而已，非有私怨，岂肯并其社而改之。此理之未然也。盖迁者，欲迁此而就彼，如"迁都"之"迁"。《春秋》许迁邢之类是也。王者必自立社，谓之大社。所谓右社稷，左宗庙是也。汤既胜夏而为天子，谓夏之社，宜迁于商之都，而臣扈之意，以谓汤必立夏之后，以为商宾，则夏之社稷，可迁于夏后所封之地，不当迁于商都，故言"欲迁其社不可"。今书虽亡，然详考此序所言，则益之所言亦自有理，但解此作《夏社》《疑至》《臣扈》三篇之名，乃谓始也欲迁，故作《夏社》；中也疑之，故作《疑至》；终也从臣扈之言而止，故作《臣扈》，此皆强说也。但此三篇必言"欲迁社不可"之意，经既亡，不可得知，不必如此分刖也。

夏师败绩，汤遂从之，遂伐三朡俘厥宝玉。谊伯、仲伯作《典宝》，此又《典宝》篇之序也。盖夏师既败走。保于三朡。其国之宝器。即祭天地诸神宝玉之类，皆输于三朡。汤追之，桀走南巢，汤于是俘其宝玉以归，故谊伯、仲伯所以作《典宝》，言其得国之常宝也。盖非国之常宝，则汤必不取也。其书既亡，其义不可考，此说亦意之耳，未敢自以为然。

6.（宋）时澜《增修东莱书说》卷七《商书·汤誓第一》

汤既胜夏，欲迁其社，不可，作《夏社》《疑至》《臣扈》。夏师败绩，汤遂从之，遂伐三朡，俘厥宝玉，谊伯、仲伯作《典宝》。

7.（宋）黄度《尚书说》卷三《商书·汤誓》

汤既胜夏，欲迁其社，不可，作《夏社》《疑至》《臣扈》。

古说，汤革命，创制变置社稷，而后世无及句龙者，故不可，非也。夏社，大社，王社也。天子之社也，将迁去之而义不可。《夏社》《疑至》《臣扈》三书，宜有议论。至周黜殷而犹存。亳社，用汤故事。三书皆亡。

8.（宋）袁燮《絜斋家塾书钞》卷八《商书·汤誓》

（案，袁氏《汤誓》篇解，《永乐大典》原阙）

9.（宋）蔡沈《书经集传》卷三《商书·汤誓》

（归善斋按，未解）

10.（宋）黄伦《尚书精义》卷十五《商书·汤誓》

汤既胜夏，欲迁其社，不可，作《夏社》《疑至》《臣扈》。

无垢曰，夫汤伐桀，岂本心哉，天下之心耳。天下之心，伊尹之心耳。桀既亡矣，汤心自有惭德，以十七代天子，一旦而为旅人，汤尝北面事之，今使之至此，其心当如之何，更欲废其先王所立之社，此忍人所为也，不知其先王何罪焉，姑存之，以见汤忠厚之心，不得已之意尔。

11.（宋）陈经《尚书详解》卷十《汤誓商书·汤誓》

汤既胜夏，欲迁其社，不可，作《夏社》《疑至》《臣扈》。夏师败绩，汤遂从之，遂伐三朡，俘厥宝玉。谊伯、仲伯作《典宝》。

孔安国云，汤承禅代之后，逆取顺守，犹有惭德，故改正易服，变置社稷。后世无及句龙者，故不可而止。唐孔氏释其意，按《左传》昭公十九年，共工氏有子曰句龙，为后土，后土为社；有烈山氏之子曰柱，为稷。自夏以上，祀之。周弃亦为稷，自商以来祀之。《祭法》云，厉山氏之有天下也，其子曰农，能植百谷。夏之衰也，周弃继之，故祀以为稷。共工氏之霸九州也，其子曰后土，能平九州，故祀以为社，是言变置之事也。汤初时，社、稷俱欲改之。周弃功居多于柱，即令废柱祀弃，而上世治水土之人，其功无及句龙者，故不可迁而止。汉世儒者说社、稷有二，《左传》说，社，祭句龙者；稷，祭柱、弃，惟祭人神而已。《孝经》说，社为土神，稷为谷神。句龙、柱、弃是配食者也。据先儒所说，第言配食之神。按经文"欲迁其社，不可"，有以见成汤忠厚不忍之心，不欲遽废。夏之社屋之，使不受天阳。丧国之社，如此，若天子之大社，必受风雨霜露，以达天地之气。作《夏社》《疑至》《臣扈》。疑至、臣扈，二臣名。三篇之书，大率言迁社不可之意。"夏师既败绩，汤遂从之"，从之者，任其所往不迫之也。"遂伐三朡俘厥宝玉"者，桀当败亡之余，犹不知悔，且伐三朡之国，取其宝玉以行。谊伯、仲伯作《典宝》之书，意其所言者，必云国有常宝，当以民为贵，若《孟子》所谓，诸侯之宝三，土地、人民、政事。宝珠玉者，殃必及身，与此同意也。其书亡矣，不可得而强通。

12.（宋）钱时《融堂书解》卷五《商书·汤誓》

汤既胜夏，欲迁其社，不可，作《夏社》《疑至》《臣扈》。

汤既胜夏，尝欲迁其社于商矣，已而又不忍使夏之社竟废，故不可。"不可"者，非欲之而不可得之谓也，所以见汤忠厚之意也。《夏社》《疑至》《臣扈》三书，虽亡，要无非陈述其始之欲迁，与夫所以不可之旨耳。丧国之社，屋之，先儒谓此制恐始于汤，容有此理。使汤之前已有此制，则必无欲迁之议，三书亦不必作也。《疑至》未详，或谓同《臣扈》，为迁社之议者，然经传无考，难遽信也。臣扈，汤臣，逮事太戊。

13.（宋）魏了翁《尚书要义》

（原阙）

14.（宋）陈大猷《书集传或问》卷上《汤誓》

（归善斋按，未解）

15.（宋）胡士行《尚书详解》卷四《商书·汤誓第一》

汤既胜夏，欲迁其社，不可，作《夏社》《疑至》《臣扈》（三书亡）。

社，五土之神；稷，五谷之神。共工氏之子勾龙，配食于社；烈山氏之子柱，配食于稷。汤革夏命，变置社稷，欲迁社，而无人可代勾龙。臣扈，汤臣议迁社者。

16.（元）吴澄《书纂言》卷三《商书·汤誓》

（归善斋按，未解）

17.（元）陈栎《书集传纂疏》卷三《朱子订定蔡氏集传商书·汤誓》

（归善斋按，未解）

18.（元）许谦《读书丛说》卷五《商书·汤誓》

（归善斋按，未解）

19.（元）董鼎《书传辑录纂注》卷三《商书·汤誓》

（归善斋按，未解）

20.（元）朱祖义《尚书句解》卷四《商书·汤誓第一》

汤既胜夏（此乃《夏社》《疑至》《臣扈》三篇亡书序。汤既胜夏为天子），欲迁其社（欲迁夏社稷为商都），不可（臣扈谓，汤必以夏之后为商宾，则夏之社稷可迁于夏后所封之地，不可迁于商都）。

21.（明）王樵《尚书日记》卷七《商书·汤誓》

（归善斋按，未解）

22.（清）库勒纳等撰《日讲书经解义》卷四《商书·汤誓》

（归善斋按，未解）

作《夏社》《疑至》《臣扈》

1.（汉）孔氏传、（唐）陆德明音义、孔颖达疏《尚书注疏》卷七《商书·汤誓》

作《夏社》《疑至》《臣扈》。
传，言夏社不可迁之义。《疑至》及《臣扈》，三篇皆亡。
音义：
扈，音户。
疏：

为《夏社》《疑至》《臣扈》，三篇皆亡。

传正义曰，"疑至"与"臣扈"相类，当是二臣名也。盖亦言其不可迁之意。马融云，圣人不可自专，复用二臣自明也。

2.（宋）苏轼撰《书传》卷七《商书·汤誓第一》

（归善斋按，见"汤既胜夏，欲迁其社，不可"）

3.（宋）林之奇《尚书全解》卷十四《商书·汤誓》

（归善斋按，未解）

4.（宋）史浩《尚书讲义》卷七《商书·汤誓》

（归善斋按，见"汤既胜夏，欲迁其社，不可"）

5.（宋）夏僎《尚书详解》卷九《商书·汤誓》

（归善斋按，见"汤既胜夏，欲迁其社，不可"）

6.（宋）时澜《增修东莱书说》卷七《商书·汤誓第一》

（归善斋按，未解）

7.（宋）黄度《尚书说》卷三《商书·汤誓》

（归善斋按，见"汤既胜夏，欲迁其社，不可"）

8.（宋）袁燮《絜斋家塾书钞》卷八《商书·汤誓》

（案，袁氏《汤誓》篇解，《永乐大典》原阙）

9.（宋）蔡沈《书经集传》卷三《商书·汤誓》

（归善斋按，未解）

10.（宋）黄伦《尚书精义》卷十五《商书·汤誓》

（归善斋按，见"汤既胜夏，欲迁其社，不可"）

11. （宋）陈经《尚书详解》卷十《汤誓商书·汤誓》

(归善斋按，见"汤既胜夏，欲迁其社，不可")

12. （宋）钱时《融堂书解》卷五《商书·汤誓》

(归善斋按，见"汤既胜夏，欲迁其社，不可")

13. （宋）魏了翁《尚书要义》

(原阙)

14. （宋）陈大猷《书集传或问》卷上《汤誓》

(归善斋按，未解)

15. （宋）胡士行《尚书详解》卷四《商书·汤誓第一》

(归善斋按，见"汤既胜夏，欲迁其社，不可")

16. （元）吴澄《书纂言》卷三《商书·汤誓》

(归善斋按，未解)

17. （元）陈栎《书集传纂疏》卷三《朱子订定蔡氏集传商书·汤誓》

(归善斋按，未解)

18. （元）许谦《读书丛说》卷五《商书·汤誓》

(归善斋按，未解)

19. （元）董鼎《书传辑录纂注》卷三《商书·汤誓》

(归善斋按，未解)

20. （元）朱祖义《尚书句解》卷四《商书·汤誓第一》

作《夏社》《疑至》《臣扈》（始作《夏社》，言其欲迁；中作《疑至》，疑其不可；终作《臣扈》以臣扈之言而止）。

21. （明）王樵《尚书日记》卷七《商书·汤誓》

（归善斋按，未解）

22. （清）库勒纳等撰《日讲书经解义》卷四《商书·汤誓》

（归善斋按，未解）

《典宝》

夏师败绩，汤遂从之

1. （汉）孔氏传、（唐）陆德明音义、孔颖达疏《尚书注疏》卷七《商书·汤誓》

序，夏师败绩，汤遂从之。
传，大崩曰败绩。从谓遂讨之。
音义：
绩，子寂反。从，才容反。

2. （宋）苏轼撰《书传》卷七《商书·汤誓第一》

夏师败绩，汤遂从之，遂伐三朡，俘厥宝玉，谊伯、仲伯作《典宝》。
三朡，今定陶。四篇亡。

3. （宋）林之奇《尚书全解》卷十四《商书·汤誓》

夏师败绩，汤遂从之，遂伐三朡，俘厥宝玉，谊伯、仲伯作《典宝》。

4.（宋）史浩《尚书讲义》卷七《商书·汤誓》

夏师败绩，汤遂从之，遂伐三朡，俘厥宝玉，谊伯、仲伯作《典宝》。

三朡，今之定陶是也。夏师既败，商人有以存夏为心者，抱其宝玉奔溃于三朡，汤使收之，复纳于夏社宜矣。夏之宝玉，亦犹商之祭器也。说者乃谓，汤自取之，似未必然也。夫楚不以白珩为宝，彼不殖货利之君，而肯以是为宝乎？嗟乎！典宝之书亡，使成汤存夏之美意，不得昭见于后世，为阙典也，惜哉。

5.（宋）夏僎《尚书详解》卷九《商书·汤誓》

（归善斋按，见"汤既胜夏，欲迁其社，不可"）

6.（宋）时澜《增修东莱书说》卷七《商书·汤誓第一》

（归善斋按，未解）

7.（宋）黄度《尚书说》卷三《商书·汤誓》

夏师败绩，汤遂从之，遂伐三朡，俘厥宝玉，谊伯、仲伯作《典宝》。

桀载其宝玉，保于三朡。汤伐之，桀奔南巢，遂俘其宝玉。三朡，今广济军定陶县东北，有三朡亭，古国也。典，主也。谊伯、仲伯二臣。作《典宝》，述兴亡之戒云。

8.（宋）袁燮《絜斋家塾书钞》卷八《商书·汤誓》

（案，袁氏《汤誓》篇解，《永乐大典》原阙）

9.（宋）蔡沈《书经集传》卷三《商书·汤誓》

（归善斋按，未解）

10.（宋）黄伦《尚书精义》卷十五《商书·汤誓》

夏师败绩，汤遂从之，遂伐三朡，俘厥宝玉。谊伯、仲伯作《典宝》。

无垢曰，呜呼！桀之不可救也如此，夫其师大败，汤不敢迫逐也，从之者，谓任其所之也。此汤忠厚之心也。桀都安邑，在洛阳西北。三朡，定陶也，在洛阳东南，是桀自安邑东入山，出太行，乃东南涉河，知三朡有宝玉，遂伐三朡而取之。夫天下大宝也，桀既失之矣，后有大兵，犹不知悔，乃区区贪三朡之宝玉而取之，以行其下愚不移者欤。谊伯、仲伯，伤桀之不知轻重如此，乃作《典宝》之篇，其书不可得而见也。

11.（宋）陈经《尚书详解》卷十《汤誓商书·汤誓》

（归善斋按，见"汤既胜夏，欲迁其社，不可"）

12.（宋）钱时《融堂书解》卷五《商书·汤誓》

夏师既败，汤遂从之，遂伐三朡，俘厥宝玉。谊伯、仲伯作《典宝》。

"遂从之"者，遂从而追之也。谊伯、仲伯，汤之二臣也。典，常也。明此宝乃有国之常宝，世代相传，所不可无藏之祖庙，所不可失者。桀不能守而汤得之，必当有以寓其警戒之意矣。若非有国之常宝，是乃桀之所亡者，汤必不取也。且一举兵而首利其宝玉，虽张良、萧何亦所不屑，而谓吊民伐罪，顺天应人者为之乎？

13.（宋）魏了翁《尚书要义》

（原阙）

14.（宋）陈大猷《书集传或问》卷上《汤誓》

（归善斋按，未解）

15.（宋）胡士行《尚书详解》卷四《商书·汤誓第一》

夏师败绩，汤遂从（追）之，遂伐三朡（桀去保三朡，故伐之），俘（取）厥宝玉（国之宝器，即祭天地诸神，宝玉之类），谊伯、仲伯（汤二臣），作《典宝》（多得国之常宝，非常宝，则不取。书亡）。

16.（元）吴澄《书纂言》卷三《商书·汤誓》

（归善斋按，未解）

17.（元）陈栎《书集传纂疏》卷三《朱子订定蔡氏集传商书·汤誓》

（归善斋按，未解）

18.（元）许谦《读书丛说》卷五《商书·汤誓》

（归善斋按，未解）

19.（元）董鼎《书传辑录纂注》卷三《商书·汤誓》

（归善斋按，未解）

20.（元）朱祖义《尚书句解》卷四《商书·汤誓第一》

夏师败绩（此又《典宝》亡篇序。夏师既大崩，曰败绩），汤遂从之（汤遂任其所往从而迫之）。

21.（明）王樵《尚书日记》卷七《商书·汤誓》

（归善斋按，未解）

22.（清）库勒纳等撰《日讲书经解义》卷四《商书·汤誓》

（归善斋按，未解）

遂伐三朡，俘厥宝玉

1.（汉）孔氏传、（唐）陆德明音义、孔颖达疏《尚书注疏》卷七《商书·汤誓》

遂伐三朡，俘厥宝玉。

传，三朡，国名。桀走保之，今定陶也。桀自安邑东入山，出太行东南涉河，汤缓追之不迫，遂奔南巢。俘，取也。玉以礼神，使无水旱之灾，故取而宝之。

音义：

朡，子公反。俘，音孚。行，户刚反，一音如字。

疏：

传正义曰，汤伐三朡，知是国名。逐桀而伐其国，知桀走保之也。今定陶者，相传为然。安邑在洛阳西北，定陶在洛阳东南。孔迹其所往之路。桀自安邑东入山，出太行，乃东南涉河，往奔三朡。汤缓追之不迫，遂奔南巢。俘，取《释诂》文。桀必载宝而行，弃于三朡。取其宝玉，取其所弃者也。《楚语》云，玉，足以庇荫嘉谷，使无水旱之灾，则宝之。韦昭云，玉，礼神之玉也，言用玉礼神，神享其德，使风雨调和，可以庇荫嘉谷，故取而宝之。

2.（宋）苏轼撰《书传》卷七《商书·汤誓第一》

（归善斋按，见"夏师败绩，汤遂从之"）

3.（宋）林之奇《尚书全解》卷十四《商书·汤誓》

（归善斋按，未解）

4.（宋）史浩《尚书讲义》卷七《商书·汤誓》

（归善斋按，见"夏师败绩，汤遂从之"）

5.（宋）夏僎《尚书详解》卷九《商书·汤誓》

（归善斋按，见"汤既胜夏，欲迁其社，不可"）

6.（宋）时澜《增修东莱书说》卷七《商书·汤誓第一》

（归善斋按，未解）

7.（宋）黄度《尚书说》卷三《商书·汤誓》

（归善斋按，见"夏师败绩，汤遂从之"）

8.（宋）袁燮《絜斋家塾书钞》卷八《商书·汤誓》

（案，袁氏《汤誓》篇解，《永乐大典》原阙）

9.（宋）蔡沈《书经集传》卷三《商书·汤誓》

（归善斋按，未解）

10.（宋）黄伦《尚书精义》卷十五《商书·汤誓》

（归善斋按，见"夏师败绩，汤遂从之"）

11.（宋）陈经《尚书详解》卷十《汤誓商书·汤誓》

（归善斋按，见"汤既胜夏，欲迁其社，不可"）

12.（宋）钱时《融堂书解》卷五《商书·汤誓》

（归善斋按，见"夏师败绩，汤遂从之"）

13.（宋）魏了翁《尚书要义》

（原阙）

14.（宋）陈大猷《书集传或问》卷上《汤誓》

（归善斋按，见"《汤誓》"）

15.（宋）胡士行《尚书详解》卷四《商书·汤誓第一》

（归善斋按，见"夏师败绩，汤遂从之"）

16.（元）吴澄《书纂言》卷三《商书·汤誓》

（归善斋按，未解）

17.（元）陈栎《书集传纂疏》卷三《朱子订定蔡氏集传商书·汤誓》

（归善斋按，未解）

18.（元）许谦《读书丛说》卷五《商书·汤誓》

（归善斋按，未解）

19.（元）董鼎《书传辑录纂注》卷三《商书·汤誓》

（归善斋按，未解）

20.（元）朱祖义《尚书句解》卷四《商书·汤誓第一》

遂伐三朡（桀走三朡国，在定陶，汤遂伐三朡），俘厥宝玉（取其祭天地诸神之宝玉）。

21.（明）王樵《尚书日记》卷七《商书·汤誓》

（归善斋按，未解）

22.（清）库勒纳等撰《日讲书经解义》卷四《商书·汤誓》

（归善斋按，未解）

谊伯、仲伯作《典宝》

1.（汉）孔氏传、（唐）陆德明音义、孔颖达疏《尚书注疏》卷七《商书·汤誓》

谊伯、仲伯作典宝。
传，二臣作《典宝》一篇，言国之常宝也。亡。
音义：
谊，本或作"义"。

2.（宋）苏轼撰《书传》卷七《商书·汤誓第一》

（归善斋按，见"夏师败绩，汤遂从之"）

3.（宋）林之奇《尚书全解》卷十四《商书·汤誓》

（归善斋按，未解）

4.（宋）史浩《尚书讲义》卷七《商书·汤誓》

（归善斋按，见"夏师败绩，汤遂从之"）

5.（宋）夏僎《尚书详解》卷九《商书·汤誓》

（归善斋按，见"汤既胜夏，欲迁其社，不可"）

6.（宋）时澜《增修东莱书说》卷七《商书·汤誓第一》

（归善斋按，未解）

7.（宋）黄度《尚书说》卷三《商书·汤誓》

（归善斋按，见"夏师败绩，汤遂从之"）

8.（宋）袁燮《絜斋家塾书钞》卷八《商书·汤誓》

（案，袁氏《汤誓》篇解，《永乐大典》原阙）

9.（宋）蔡沈《书经集传》卷三《商书·汤誓》

（归善斋按，未解）

10.（宋）黄伦《尚书精义》卷十五《商书·汤誓》

（归善斋按，见"夏师败绩，汤遂从之"）

11.（宋）陈经《尚书详解》卷十《汤誓商书·汤誓》

（归善斋按，见"汤既胜夏，欲迁其社，不可"）

12.（宋）钱时《融堂书解》卷五《商书·汤誓》

（归善斋按，见"夏师败绩，汤遂从之"）

13.（宋）魏了翁《尚书要义》

（原阙）

14.（宋）陈大猷《书集传或问》卷上《汤誓》

（归善斋按，见"《汤誓》"）

15.（宋）胡士行《尚书详解》卷四《商书·汤誓第一》

（归善斋按，见"夏师败绩，汤遂从之"）

16.（元）吴澄《书纂言》卷三《商书·汤誓》

（归善斋按，未解）

17.（元）陈栎《书集传纂疏》卷三《朱子订定蔡氏集传商书·汤誓》

（归善斋按，未解）

18. （元）许谦《读书丛说》卷五《商书·汤誓》

（归善斋按，未解）

19. （元）董鼎《书传辑录纂注》卷三《商书·汤誓》

（归善斋按，未解）

20. （元）朱祖义《尚书句解》卷四《商书·汤誓第一》

谊伯、仲伯作典宝（谊伯、仲伯之臣，作《典宝》之书，言宝玉若非国之常宝，汤亦不取）。

21. （明）王樵《尚书日记》卷七《商书·汤誓》

（归善斋按，未解）

22. （清）库勒纳等撰《日讲书经解义》卷四《商书·汤誓》

（归善斋按，未解）

周书　费誓第三十一

鲁侯伯禽宅曲阜

1.（汉）孔氏传、（唐）陆德明音义、孔颖达疏《尚书注疏》卷十九《周书·费誓》

序，鲁侯伯禽宅曲阜。
传，始封之国，居曲阜。
音义：
伯禽，鲁侯名。
疏：
正义曰，鲁侯伯禽于成王即政元年，始就封于鲁，居曲阜之地。于时徐州之戎、淮浦之夷，并起为寇于鲁。

2.（宋）苏轼撰《书传》卷二十《周书·费誓第三十一》

鲁侯伯禽宅曲阜，徐夷并兴，东郊不开，作《费誓》。
伯禽，周公子。费，在东海郡。

3.（宋）林之奇《尚书全解》卷四十《周书·费誓》

鲁侯伯禽宅曲阜，徐夷并兴，东郊不开，作《费誓》。

《费誓》。

公曰，嗟！人无哗，听命。徂兹淮夷，徐戎并兴。善敹乃甲胄，敿乃干，无敢不吊。备乃弓矢，锻乃戈矛，砺乃锋刃，无敢不善。今惟淫舍牿牛马，杜乃擭，敜乃阱，无敢伤牿。牿之伤，汝则有常刑。马牛其风，臣妾逋逃，勿敢越逐。祗复之，我商赉汝；乃越逐不复，汝则有常刑。无敢寇攘，逾垣墙，窃马牛，诱臣妾，汝则有常刑。甲戌，我惟征徐戎，峙乃糗粮，无敢不逮，汝则有大刑。鲁人三郊三遂，峙乃桢、干，甲戌，我惟筑。无敢不供，汝则有无余刑非杀。鲁人三郊三遂，峙乃刍茭，无敢不多，汝则有大刑。

曲阜，鲁之所都，《左传》所谓"少皞之墟"者也。鲁之分地，实《禹贡》徐州之境。其地南抵于淮。徐戎、淮夷，盖东方戎夷之种，落错居于鲁之境内者也。周之王业，肇基于西土，而化行于江汉之域，故西南夷最先服，东土之人邈远，正化而染于纣之余习，故其服周为最缓。而东夷亦最后服，是以西南夷，如庸、蜀、羌、髳、微、卢、彭、濮会于牧野之战，而东夷，如淮夷、徐奄，预于武庚之乱也。惟东夷，在周之初，独为骄悍而未服，是以周之封建诸侯，则以周公居鲁，太公居齐，此二人者，亲贤之最者也，而其分地，乃介于戎夷之间，去周为甚远，则以控扼东夷故也。周公留辅周室，使其子伯禽受封于鲁，实与齐太公同时，而之国相先后而报政。彼东夷，当纣之时，中国无政，尝侵入职方之地，肆为吞噬，则其心必不利于齐、鲁之建国。故伯禽之始，居曲阜，而淮夷、徐戎并兴者，盖与之争鲁也。案《史记·齐世家》，太公封于营丘，东就，道宿行迟，逆旅人曰，客寝甚安，殆非就国者也。太公夜衣而行，黎明至国。莱侯来伐，与之争营丘。营丘边莱，莱人夷也。会纣之乱，而周初定，未能集远方，是以与太公争国。以太公之事观之，则知淮夷、徐戎之于曲阜，亦犹莱夷之于营丘也。戎之与夷，壤地相望，盖有唇齿掎角之势。服，则俱服；叛，则俱叛。《常武》之诗美宣王有常德，以立武事，其诗曰"率彼淮浦，省此徐土，不留不处，三事就绪"；《闷宫》之诗颂僖公能复周公之宇，其诗曰"保有凫绎，遂荒徐宅，至于海邦，淮夷蛮貊，莫不率从"，言淮浦，必言徐土；言徐宅，必言淮夷，明此二者之凭陵中国，尝有并兴之势故也。唐孔氏曰，经称淮夷、徐戎，序言徐夷，略之也。是也。淮夷、徐戎皆在曲阜之东，故其并兴而为寇，则东郊为之不开。东郊不开，鲁之计可谓危矣。而伯禽能为战守之，备修器械，筑城堡，积糗粮、刍茭以待之，号令明而赏罚信，卒能使戎夷远遁，遂以立鲁国之社稷，辅成周家盘石之势。其成算硕画，盖可以为万世法，此《费誓》所以录于帝王誓诰之末也。费，地名。《论语》曰"颛臾固而近于费"，又曰"颛臾昔先王以为东蒙主"，是费近于东蒙。《左传》定五年季桓子行东野，及费，子泄逆劳于郊，是费近于东野。惟其地近于东蒙、东野，则是鲁东郊之地也。誓师徒缮守备于此，故以"费誓"名篇。篇中本无"费"字，而以命篇之名，盖《顾命》之类也。

"嗟！人无哗，听命"者，将使所誓之人静以待命也。彼既静以待命，于是为言所以徂征之故，言我之所以为此役者，以淮夷、徐戎并起，而为寇故也。彼既并兴而来，则在我者不可不严为战守之备，而战守之备，最所当先者，莫如器械之犀利。盖夷狄、中国各有长技。夷狄以野战为胜，中国以兵器为强。汉晁错论中国之长技，谓劲弩长戟，射疏及远，则匈奴之弓，弗能格也；坚甲利刃，长短相杂，游弩往来，什伍俱前，则匈奴之兵弗能当也。材官驺发，矢道同的，则匈奴之革笥木荐弗能支也；下马地斗，剑戟相接，去就相薄，则匈奴之足弗能给也。以是知中国之所以能取胜于夷狄者，惟在于兵甲之坚利而已。宣王惟能修车马，备器械，故外攘夷狄，以复文武之境土，盖以我所长，乘彼所短，未有不胜者也。故伯禽将与淮夷、徐戎战，必以是为先甲胄也。干也，弓矢也，戈矛也，锋刃也，此皆兵器之所常用，而不可阙一者也。曰敿，曰敽，曰备，曰锻，曰砺，皆谓修治之。无敢不吊，无敢不善，则欲其无不精致。吊，至也。至，即善也。此皆随宜相配成文，非有深义于其间，不可以曲为之配合也。

淫，大也。"淫舍牿牛马"，汉孔氏以为，大放舍牿牢之牛马，言军所在必放牧也，此说不然。淮夷、徐戎方且并兴而为寇，东郊为之不开，不应放牧其所牿牢之牛马于野，使彼得以掠而取之也。此"舍"当作

"舍止"之"舍",盖夷狄之侵扰边境,其志惟在于虏掠牛马、臣妾,以肆其吞噬无厌之欲而已。故伯禽之为守御之计,使东郊之民大舍止牿所蓄之牛马,拘系其臣妾,此实坚壁清野之策,将使之无所掠卤,以困之也。攫、阱,皆捕兽之器。攫,以捕虎豹,穿地为深坑,又设机于上,防其跃而出也。阱,以捕小兽,亦穿地为深坑,入必不能出,但不设机耳。男曰臣,女曰妾,必欲为坚壁清野之策,使敌人无所掠卤,则不可不申严法令,以约束其民。自"今惟淫舍牿牛马"以下,皆所以约束之也。夫欲牿牛马,必于穷山穷谷,掠卤所不至之地。惧夫未舍牿之前,有为攫、阱,以陷猛兽者,或能为牛马之害,故使之杜塞其攫,窒敛其阱,无敢伤其所牿之牛马。既已约束之矣,而有不塞攫、阱以伤其牿者,则为犯法,故常刑之所不赦也。所牿之牛马,或有风佚,所拘之臣妾或有逋逃,则使失之者,不得越所守以追逐,而其得之者,则谨而还之。既已约束之矣,其得之而祗复,则是有功者,故商度而赉赏之。则其失之而越逐者,与夫得之而不复者,则为犯法,故常刑之所不赦也。又当禁止寇攘之人,使不得逾越垣墙,以窃所牿之牛马,诱所拘之臣妾。既已约束之矣,而有逾垣墙以窃而诱之者,则为犯法,故常刑之所不赦也。约束既如此之严,而赏罚又如此之明,则坚壁清野之策得行,而牛马、臣妾无有暴露于外者,彼淮夷、徐戎既无所掠卤,果何利于为寇哉。峙,储峙也。糗,《说文》曰,熬米麦也,谓熬使熟,又捣之以为粉也。桢、干者,皆筑城之具。桢,当墙两端者也。干,当墙两边,障土者也。刍、茭,以饲牛马。《说文》曰,刍,刈草也。茭,干刍也。案《周礼》,天子六军,则有六乡六遂,乡在王国百里之内,遂在百里之外,以是而推,则诸侯大国,当有三乡三遂,此所谓三遂,意若指鲁之三军者。故说者多引此,以为鲁有三军之证。然而苟指鲁之军制言之,谓之三乡三遂则可,谓之三郊则不可。《礼记》曰,四郊多垒,此卿大夫之辱也。盖国必有四郊,郊外为遂,有四郊,则必有四遂,此所谓遂,非必是五县之,遂犹《春秋》言伐我北鄙、南鄙,非必是五鄙之鄙,盖泛指四郊之外,遂为鄙也。其曰三郊三遂者,盖淮夷、徐戎并兴为寇,东郊为之不开,则东郊者,正其受敌之处也,故伯禽使此郊之民,修治其甲胄干戈之属,以为征讨之计,舍牿其牛马,拘系其臣妾,以为坚壁清野之备。如此则可以战,可以守矣。遂使之峙其糗粮，将以甲戌之日往征徐戎，东郊之民既将与之出征，则使南西北三郊三遂之民，峙其桢、干，亦以甲戌日，于东郊筑城垒，保障以固其守，为不可动之势，而又给其供军马牛之刍茭。盖受敌之地，则专意于攻守，而调发徭役，则取给于不受敌之地。此所以别远近，均劳逸矣。夫鲁国之全力，而制一方之侵轶也。上言东郊，则三郊三遂之为南、西、北也，明矣。其以甲戌之日征，亦以甲戌之日筑者。夷狄之情，方其侵扰边境，则不利于中国之有障塞也。故我于增筑城堡，彼必为争利之举以扰之。苟其先我而争利，则桢、干之功不可得而施也。于是先徐戎未动，使东郊之民，以是日征之。而三郊三遂之民，亦以是日而筑。且征且筑，同时而举，彼方与征者斗，则不暇与筑者争矣。此实应变出奇之长算也。既其御戎之算，有赖于此，则是投机之会在于甲戌一日之间，盖不容稣也。机不可失如此，其有糗粮之不及，刍茭之不多，则人畜，将乏食而无以征，失其所以可征之机矣，是军法之当杀也。故皆曰，汝则有大刑。大刑，则非常刑之比也。至于桢、干之不供，而无以筑，是又失其所以可筑之机矣。筑之不时，则其征亦为妄动，此其不供之刑，盖又重于乏军食者，故曰"汝则有无余刑非杀"，言刑至此，而无余矣。不惟杀汝，又将孥戮汝之妻子焉。此又非大刑之比也。夫刑，非圣人之所忍言也。今伯禽之誓，既言常刑，又言大刑，又言无余刑非杀，可谓忍于言用刑矣。而夫子乃录其书于帝王之次者，盖平居无事之时，人主不可以言用刑也，至于用兵，则不厌夫三令而五申之，所以全民命，而重戎事也。孔子曰，"不教而杀谓之虐，不戒视成谓之暴。慢令致期谓之贼"。将为战守攻筑之备，苟不先为之誓戒，及陷于罪，遂从而刑之，自民而言，则为虐之、暴之、贼之；自国而言，则失战守、攻筑之大计。民之叛服，国之安危，系焉。故《甘誓》《汤誓》《泰誓》《费誓》之言用刑，夫子皆不以为过者，以其为誓师而言也。使其平居无事，而辄以刑戮胁其民，则是乃李斯、商鞅之所以亡秦者也，夫子何取焉？

4. （宋）史浩《尚书讲义》卷二十《周书·费誓》

鲁侯伯禽宅曲阜，徐夷并兴，东郊不开，作《费誓》。

伯禽有国，在周公既没之后。史曰"宅曲阜"盖纪其始至也。始至而有戎夷之难。故有是役也。按《礼·曾子问》篇，子夏问曰，三年之丧，卒哭，金革之事无避也者，礼欤？孔子曰，吾闻诸老聃曰，昔者，鲁公伯禽有为为之也。解曰，鲁侯急王事不得已也。彼其哀戚抢攘中，而号令之严如此，岂非家学所传，义方素明故欤。

5.（宋）夏僎《尚书详解》卷二十六《周书·费誓》

伯禽、穆公，诸侯也，而其书得附于帝王之后者，无垢谓，平王之后，孔子知王道不可复，得如伯禽之治兵，穆公之悔过，则可以庶几于王道，故升二书以补之。考无垢此意，亦如孔子所谓"圣人吾不得而见，得见君子"之意。无垢详说见《泰誓》解中。费，鲁东郊之地，盖于是时，鲁侯伯禽方就侯国，居曲阜之地。徐戎、淮夷遽兴，兵侵伐伯禽，而伯禽誓师于费以御之，故其书谓之"费誓"。无垢谓，观伯禽之饬戒，一何严哉，盖军事，性命所在，一失其几，所害非祗一性命而已，其可不严耶。甲胄，干戈，弓矢，矛刃，马牛，臣妾，糗粮，桢干，刍茭，无不告戒，其防微早虑如此，想其所以待敌者，无不探赜索隐，钩深致远矣。乃知三代用兵如此，而襄公"不鼓不成列"，陈"余不用诈谋奇计"，以为行仁义，岂鲁公，周公之子，用兵亦如此其谨哉，此皆过人之论也。

鲁侯伯禽，宅曲阜，徐夷并兴，东郊不开，作《费誓》。

孔子序《费誓》一篇之大旨也。无垢谓，夫伯禽始宅曲阜，徐夷乃兴兵，遽来侵伐，何也？岂以为周公私其子，故特为此举乎？昔舜始受禅，四凶伏诛；禹始受禅，有苗不服。蛮夷小人，乘间投隙，每每如此，不足怪也。此圣人所以明明书之曰"鲁侯伯禽宅曲阜，徐夷并兴，东郊不开"，则蛮夷之心可见也。经言徐戎、淮夷，此言"徐、夷"，并言之也，故系以"并兴"，此二种，皆在鲁东。古者建国，郊外皆有门，以为捍御。今二种作乱于鲁之东境，故鲁东之门为之闭而不开也。

6.（宋）时澜《增修东莱书说》卷三十五《周书·费誓第三十一》

禹之家学见于《甘誓》，周公之家学见于《费誓》。启初嗣位，而骤当有扈之变；伯禽初就封，而骤当徐夷之变。一旦誓师，左右攻伐之节，戈矛马牛之利病，曲折纤悉，若老于行阵者，孰谓其长于深宫之中，而豢于膏粱之养邪。是以知大禹、周公之家学，盖本末具举，而无所遗也。

鲁侯伯禽宅曲阜，徐夷并兴，东郊不开，作《费誓》。

徐戎、淮夷，世为周患。武王崩，三监及淮夷叛，载于《大诰》。兴衰拨乱，命召公平淮夷，载于《江汉》。匪绍匪游。徐方绎骚。载于《常武》。自成王至于宣王，其叛其服，系国之兴衰。每有一变，朝廷为之摇动，殆非小寇也。

曲阜之地，与二寇邻。周公当国，而伯禽就封焉，谓不自处危地，以率天下，固量周公之浅者，然不择安以遗子孙，亦足以见圣人大公无适无莫之心也。

7.（宋）黄度《尚书说》卷七《周书·费誓》

鲁侯伯禽，宅曲阜，徐夷并兴，东郊不开，作《费誓》。

此成王伐东夷时也。伯禽既封鲁，宅曲阜，而徐夷连衡并起为寇。鲁东郊不敢启关。国关在郊，成王自洛出师伐淮夷，鲁侯于是征徐戎，徐败，夷亦灭。誓众于费，作《费誓》。费，今沂州费县。淮夷，淮上诸夷。徐戎，在泗州临淮县。

8.（宋）袁燮《絜斋家塾书钞》

（归善斋按，无此篇）

9.（宋）蔡沈《书经集传》卷六《周书·费誓》

（归善斋按，未解）

10.（宋）黄伦《尚书精义》卷五十《周书·费誓》

鲁侯伯禽宅曲阜，徐夷并兴，东郊不开，作《费誓》。

无垢曰，东郊不开，言淮夷徐戎自东而来也。伯禽讲武治粮，申令于费。费，非战地也。

孔武仲曰，夫圣人之定书，将以垂法于后世，所以垂于后世者，莫若立言之深切著明，苟其言之善，足以为法于人矣，则位虽卑，德虽薄，何害其言之善乎。苟其言之不善，且或无言可录，则虽桀纣之位，贵为天子；子弓之贤，亚于圣人，不闻有言可法于后世。然则，诗书之所录，何必待其德与位哉。此秦穆公不用蹇叔之言，一战于殽而败绩，归而有悔过自新之意。鲁伯禽率三郊三遂之兵，征讨徐夷，有藩屏王室，尊事天子之心，是皆有美言善道，可为后世之法，列于书之末，不亦宜乎。

张沂曰，《尚书》谓之帝王遗书，何以系之以《费誓》《秦誓》，曰，孔子叙书，以鲁有佐王讨罪之备，秦有悔过自誓之戒，足为世法，故录以备王事。然则，秦、鲁之君，皆是王臣，故录其誓而系之《周书》，亦犹皋陶之谟，系于《虞书》也。以是论之，何必他议。或曰，孔安国曰，鲁有治戎征伐之备，今子言鲁有佐王讨罪之备，何据乎？曰，今据《蔡仲之命》曰"成王东征淮夷"，《费誓》曰"徐戎、淮夷并兴"。鲁侯征之于费，而誓众，是同王征伐，而有备也。周之时，诸侯征伐多矣。其事不载于书，今独载《费誓》，是伯禽为圣人后，能佐王讨罪，故录其誓也。

林氏曰，"何彼秾矣"，平王之诗，而系之国风者，以治内之事在焉。《駉》者，僖公之诗，而继以"颂"后者，以长善之意在焉。今《书》者，政事之纪，帝王之轨范，而连之以诸侯之事者，孔子之意，以鲁有治戎征讨之备，秦有悔过自誓之，戒足以为法，故录以示于后，盖以长善救失之心，是知《诗》《书》之意，相为表里。

吕氏曰，帝王诰命至于《文侯之命》已绝。《文侯之命》既绝，是《书》合当以此终，然而犹有《费誓》《秦誓》于其后，孔子定《书》，自有深意。帝王之道，乃古今常行共由之道也。若是《书》终于平王《文侯之命》，则是天子。诸侯不能出诰命，《书》便绝于此。诰命有时而穷，孔子要后世之道理无穷，后面所以又有两篇诸侯之誓，正恐当时以为圣人之道如天，天不可阶而升道，便于此穷极断绝了。且如《易》不终于《既济》，而终于《未济》。若终于《既济》，是天下无余事，《易》已无余蕴。如此则是《易》有时而穷。惟是终于《未济》，所以见《易》无时而穷。若《书》果终于《文侯之命》，则是帝王之泽亦终，人无缘进于帝王之道，所以存此两者。《费誓》一篇见得帝王之遗泽尚在，夫子尝言，"齐一变至于鲁，鲁一变至于道"。时当春秋，王纲解纽，惟鲁尚有周家典章文物，纪纲法度，由鲁亦可以至于道。孔子所以存《费誓》一篇，见伯禽创业垂统，承周公之教，为无穷之法。

11. （宋）陈经《尚书详解》卷四十九《周书·费誓》

鲁侯伯禽宅曲阜，徐、夷并兴，东郊不开，作《费誓》。

始封之国，居于曲阜。徐州之戎，及淮浦之夷并起为寇，先儒谓此戎狄，帝王所羁縻，错居九州岛之内，秦始皇逐出之。三代未尝无戎狄之害，特在中国，所以备御之如何耳。周公居摄之初，淮夷尝连武庚叛矣，及成王即政，而又叛。鲁国近于徐戎，观此篇，伯禽所以治军旅者，盖正素治，虽有淮夷焉，能为鲁害哉。其后鲁之子孙，不能遵守伯禽之法，若隐公会戎于潜，及戎盟于唐。春秋，内中国，而外夷狄，岂可与之讲盟会之礼哉。

12. （宋）钱时《融堂书解》卷二十《周书·费誓》

鲁侯伯禽宅曲阜，徐夷并兴，东郊不开，作《费誓》。

伯禽封鲁，在周公复辟之初，已而成王遂有东伐淮夷之役，此云"鲁侯伯禽宅曲阜，徐夷并兴"，则《费誓》之作，正成王东伐之时也。徐戎、淮夷，与鲁为邻，异时数叛，亦大不静矣。周公复辟告老，成王留之，不容去，而特封伯禽于鲁。先儒谓不择安，以遗其子，为圣人大公无适无莫之心，使圣人果不择安以遗其子也，则可封之国亦多矣，何乃独处之于鲁乎？若子弗克负荷，而遽投之危疑变故之地，万一误事，天下将不可保，圣人亦欲示大公，而以社稷安危，试其子于不测，可不可也。呜呼！伯禽之封鲁，正周公虑患之深谋也。殷之顽民，已营成周；殷之余民，既畀康叔，是前日之不静者，一一皆有所处，而他日之可虑，独在淮、徐耳。今观《费誓》严密如许，是伯禽此时，已熟于家学，已练于世故；才谋干略，已可施为；应卒支变，已可付托，而又周公之亲子出镇淮、徐之近地，非徒曰"命公后"，享封国之荣而已也。曲阜既宅，淮、徐果叛，而伯禽果有以应之，则周公之心见矣。孔子特书"鲁侯伯禽宅曲阜"，以明"徐、夷并兴"，在伯禽始就国之时，其有以欤。先儒谓，命伯禽宅曲阜，为方伯，《费誓》之师其殆，伯禽率所统之诸侯，以助成王东伐狁。徐戎、淮夷并兴,而独曰"甲戌,我惟征徐戎",王师东伐淮夷,而伯禽之师,则惟征徐戎狁。然则,孔子序书,何以知东郊之不开,曰,孔子,鲁人也,且相去未远,当有国史可考。然既曰东郊,则必有南、西、北郊。经文"峙桢干"之类,止曰"三郊三遂",先儒谓明东郊距守不峙,此正"东郊不开"之实证也。东郊当敌之冲,故距守不开,以严戒备,而治兵于费狁。费,鲁东郊地名。

13.（宋）魏了翁《尚书要义》卷二十《费誓》

八、鲁居曲阜,徐、戎并起为寇。

"鲁侯伯禽宅曲阜",始封之国,居曲阜。"徐夷并兴东郊不开",徐戎、淮夷并起,为寇于鲁,故东郊不开。

14.（宋）陈大猷《书集传或问》卷上《费誓》

（归善斋按,未解）

15.（宋）胡士行《尚书详解》卷十三《周书·费誓第三十一》

鲁侯伯禽（初封）宅（都）曲阜,徐、夷（三监及淮夷叛）并兴,东郊（东门外）不开（闭城）,作《费誓》。

禹之家学见于《甘誓》,周公之家学见于《费誓》。伯禽初就封,骤当徐、夷之变,一旦誓师,曲折详尽,若老于行陈者,盖圣贤之学,本末并举而无遗故也。

16.（元）吴澄《书纂言》卷四下《周书·费誓》

（归善斋按,未解）

17.（元）陈栎《书集传纂疏》卷六《朱子订定蔡氏集传周书·费誓》

（归善斋按,未解）

18.（元）许谦《读书丛说》卷六《周书·费誓》

（归善斋按，未解）

19.（元）董鼎《书传辑录纂注》卷六《周书·费誓》

（归善斋按，未解）

20.（元）朱祖义《尚书句解》卷十三《周书·费誓第三十一》

鲁侯伯禽（鲁国，诸侯名。伯禽，周公之子），宅曲阜（始居鲁国曲阜之地）。

21.（明）王樵《尚书日记》卷十六《周书·费誓》

（归善斋按，未解）

22.（清）库勒纳等撰《日讲书经解义》卷十三《周书·费誓》

（归善斋按，未解）

（清）蒋廷锡《尚书地理今释·周书·费誓》

鲁，《史记》武王封弟周公旦于曲阜，曰鲁。《括地志》云兖州曲阜县外城，即周公旦子伯禽所筑古鲁城也。曲阜县，今属山东兖州府。

徐、夷并兴，东郊不开

1.（汉）孔氏传、（唐）陆德明音义、孔颖达疏《尚书注疏》卷十九《周书·费誓》

徐、夷并兴，东郊不开。

传,徐戎、淮夷并起为寇于鲁,故东郊不开。

音义:

不开,旧读皆作开,马本作辟。

疏:

正义曰,东郊之门不敢开辟,鲁侯时为方伯,率诸侯征之,至费地而誓,戒士众。

传正义曰,经称淮夷、徐戎,序言徐、夷略之也。此戎、夷在鲁之东,诸侯之制于郊有门,恐其侵逼鲁境,故东郊之门不开。

2. (宋)苏轼撰《书传》卷二十《周书·费誓第三十一》

(归善斋按,未解)

3. (宋)林之奇《尚书全解》卷四十《周书·费誓》

(归善斋按,见"鲁侯伯禽宅曲阜")

4. (宋)史浩《尚书讲义》卷二十《周书·费誓》

(归善斋按,见"鲁侯伯禽宅曲阜")

5. (宋)夏僎《尚书详解》卷二十六《周书·费誓》

(归善斋按,见"鲁侯伯禽宅曲阜")

6. (宋)时澜《增修东莱书说》卷三十五《周书·费誓第三十一》

(归善斋按,见"鲁侯伯禽宅曲阜")

7. (宋)黄度《尚书说》卷七《周书·费誓》

(归善斋按,见"鲁侯伯禽宅曲阜")

8. (宋)袁燮《絜斋家塾书钞》

(归善斋按,无此篇)

9. （宋）蔡沈《书经集传》卷六《周书·费誓》

（归善斋按，未解）

10. （宋）黄伦《尚书精义》卷五十《周书·费誓》

（归善斋按，见"鲁侯伯禽宅曲阜"）

11. （宋）陈经《尚书详解》卷四十九《周书·费誓》

（归善斋按，见"鲁侯伯禽宅曲阜"）

12. （宋）钱时《融堂书解》卷二十《周书·费誓》

（归善斋按，见"鲁侯伯禽宅曲阜"）

13. （宋）魏了翁《尚书要义》卷二十《费誓》

（归善斋按，见"鲁侯伯禽宅曲阜"）

14. （宋）陈大猷《书集传或问》卷上《费誓》

《费誓》。

秦始皇驱夷狄出塞外，此非先王之智力不及始皇，盖先王仁爱兼覆戎夷，错居内地者，平时与之相安于无事，至其或叛，则征之；服则抚之，不为已甚，故不暇犁庭捣穴而逐之也。要之，政治苟修，虽有戎狄，不能为患，适足以为吾之法家拂士耳。政治苟乱，虽无夷狄，骨肉皆仇仇，故斥逐夷狄不足以救秦之亡，而后世徒戎之论，则又审于自量者也。

林氏曰，戎、狄错居鲁之境内。淮夷、徐奄，预武庚之乱，骄悍未服。周封建诸侯，以周公居鲁，太公居齐。此二人亲贤之最，而分地乃介于戎夷之间，去周甚远，则以控扼东夷故也。周公留辅周室，使其子伯禽受封于鲁。东夷之心，必不利于鲁之建国，故伯禽始居曲阜，而戎夷并兴者，盖与之争鲁也。按《史记》太公封于营丘，夜衣而行，黎明至国。莱人来伐，与之争营丘。周家初定，未能安集远方，是以与太公争国。淮夷、徐戎之于曲阜，亦犹莱夷之于营丘。徐戎、淮夷壤地相望，有唇齿掎角之势。服则俱服，叛则俱叛。考《常武》《閟官》之诗，可见东郊不开，鲁可谓危矣。而伯禽能为战守之备以待之，号令明而赏罚信，卒使戎、夷远遁，遂以立鲁社稷，辅成周家盘石之势，可为万世法，故录于帝王誓命之末。

15. （宋）胡士行《尚书详解》卷十三《周书·费誓第三十一》

（归善斋按，见"鲁侯伯禽宅曲阜"）

16. （元）吴澄《书纂言》卷四下《周书·费誓》

（归善斋按，未解）

17. （元）陈栎《书集传纂疏》卷六《朱子订定蔡氏集传周书·费誓》

（归善斋按，未解）

18. （元）许谦《读书丛说》卷六《周书·费誓》

（归善斋按，未解）

19. （元）董鼎《书传辑录纂注》卷六《周书·费誓》

（归善斋按，未解）

20. （元）朱祖义《尚书句解》卷十三《周书·费誓第三十一》

徐、戎并兴（徐戎、淮夷并兴，兵侵伐鲁），东郊不开（二种作乱于鲁东境，故鲁东郊外捍御之，门闭而不开）。

21. （明）王樵《尚书日记》卷十六《周书·费誓》

（归善斋按，未解）

22.（清）库勒纳等撰《日讲书经解义》卷十三《周书·费誓》

（归善斋按，未解）

（清）蒋廷锡《尚书地理今释·周书·费誓》

徐戎，按孔安国传，徐戎，徐州之戎。《括地志》云，大徐城，在泗川徐城县北三十里，古之徐国也（《括地志》又以徐国，即淮夷，非是）。徐城县，今废为江南凤阳府泗州。

作《费誓》

1.（汉）孔氏传、（唐）陆德明音义、孔颖达疏《尚书注疏》卷十九《周书·费誓》

作《费誓》。

传，鲁侯征之于费地而誓众也。诸侯之事，而连帝王。孔子序《书》以鲁有治戎征讨之备，秦有悔过自誓之戒，足为世法，故录以备王事，犹《诗》录商鲁之颂。

音义：

费，音秘。

疏：

正义曰，史录其誓辞，作《费誓》。

《尚书注疏》卷十九《考证》

《费誓》序传"诸侯之事，而连帝王"。

臣召南按，传言，孔子序书，以鲁有治戎征讨之备，秦有悔过自誓之戒，足为世法，故录以备王事，犹《诗》录商鲁之颂，其义正大光明，故吕祖谦，深取其说，而讥后儒议论，皆以私意窥圣人也。

2.（宋）苏轼撰《书传》卷二十《周书·费誓第三十一》

（归善斋按，见"鲁侯伯禽宅曲阜"）

3.（宋）林之奇《尚书全解》卷四十《周书·费誓》

（归善斋按，见"鲁侯伯禽宅曲阜"）

4.（宋）史浩《尚书讲义》卷二十《周书·费誓》

（归善斋按，见"鲁侯伯禽宅曲阜"）

5.（宋）夏僎《尚书详解》卷二十六《周书·费誓》

（归善斋按，见"鲁侯伯禽宅曲阜"）

6.（宋）时澜《增修东莱书说》卷三十五《周书·费誓第三十一》

（归善斋按，见"鲁侯伯禽宅曲阜"）

7.（宋）黄度《尚书说》卷七《周书·费誓》

（归善斋按，见"鲁侯伯禽宅曲阜"）

8.（宋）袁燮《絜斋家塾书钞》

（归善斋按，无此篇）

9.（宋）蔡沈《书经集传》卷六《周书·费誓》

（归善斋按，未解）

10.（宋）黄伦《尚书精义》卷五十《周书·费誓》

（归善斋按，见"鲁侯伯禽宅曲阜"）

11.（宋）陈经《尚书详解》卷四十九《周书·费誓》

（归善斋按，见"鲁侯伯禽宅曲阜"）

12. （宋）钱时《融堂书解》卷二十《周书·费誓》

（归善斋按，见"鲁侯伯禽宅曲阜"）

13. （宋）魏了翁《尚书要义》卷二十《费誓》

九、鲁以戎备，秦以悔过，得列帝王之后。

"作《费誓》"，鲁侯征之于费地而誓众也。诸侯之事而连帝王，孔子序《书》以鲁有治戎征讨之备，秦有悔过自誓之，戒足为世法，故录以备王事，犹《诗》录商、鲁之颂。《费誓》，费，鲁东郊之地名。正义曰，鲁侯伯禽于成王即政元年始就封于鲁，居曲阜之地。于时，徐州之戎、淮浦之夷并起为寇。

14. （宋）陈大猷《书集传或问》卷上《费誓》

（归善斋按，未解）

15. （宋）胡士行《尚书详解》卷十三《周书·费誓第三十一》

（归善斋按，见"鲁侯伯禽宅曲阜"）

16. （元）吴澄《书纂言》卷四下《周书·费誓》

（归善斋按，未解）

17. （元）陈栎《书集传纂疏》卷六《朱子订定蔡氏集传周书·费誓》

（归善斋按，未解）

18. （元）许谦《读书丛说》卷六《周书·费誓》

（归善斋按，未解）

19. （元）董鼎《书传辑录纂注》卷六《周书·费誓》

（归善斋按，未解）

20. （元）朱祖义《尚书句解》卷十三《周书·费誓第三十一》

作《费誓》（伯禽誓师作此书。费，泌）。

21. （明）王樵《尚书日记》卷十六《周书·费誓》

（归善斋按，未解）

22. （清）库勒纳等撰《日讲书经解义》卷十三《周书·费誓》

（归善斋按，未解）

（清）孙之騄辑《尚书大传》卷三《周书·鲁传》

周初，淮浦、徐州、并起为寇、伯禽伐之于鲜誓。

鲜誓，《史记》伯禽作《肸誓》。《索隐》曰，按《尚书大传》作"鲜誓"。《周礼》注《柴誓》曰，获，乃获敜乃阱。《尔雅》郭璞注引《费誓》曰"汝则有逸罚"。疏云今文。

《费誓》

（汉）孔氏传、（唐）陆德明音义、孔颖达疏《尚书注疏》卷十九《周书·费誓》

《费誓》。

传，费，鲁东郊之地名。

疏：

传正义曰，《甘誓》《牧誓》，皆至战地而誓，知费非战地者，东郊不开，则戎夷去鲁近矣。此誓令其治兵器，具糗粮，则是未出鲁境，故知费是鲁东郊地名，非战处也。

《尚书注疏》卷十九《考证》

《费誓》传"费，鲁东郊之地名"。

臣召南按，费去鲁尚远，不得即言东郊，当是鲁公帅诸侯之师至费地，将战而誓，军士非战于鲁国近郊也。孔传因书序有东郊不开之文，遂误以费地为东郊耳。苏轼谓费在东海郡，非鲁东郊，乃当时治兵于费，所见甚卓。《甘誓》《牧誓》《费誓》皆以所战之地为誓名也。

（宋）蔡沈《书经集传》卷六《周书·费誓》

《费誓》。

费，地名。淮夷、徐戎并起为寇。鲁侯征之，于费誓众，故以"费誓"名篇。今文、古文皆有。

吕氏曰，伯禽抚封于鲁，夷戎妄意其未更事，且乘其新造之隙，而伯禽应之者，甚整暇有序。先治戎备，次之以除道路，又次之以严部伍，又次之以立期会先后之序，皆不可紊。又按，《费誓》《秦誓》皆侯国之事而系于帝王书末者，犹《诗》之录《商颂》《鲁颂》也。

（宋）陈经《尚书详解》卷四十九《周书·费誓》

此篇见伯禽之在鲁，凡军旅行阵之间，器械，车马，刍茭，糗粮，桢干，无一不备，亦无一不知。此古人之学，所以精粗为一致，本末一理，岂有能文而不能用武，徒知性命道德之理，而不达于军旅战阵之事哉？岂特当时周礼尽在鲁。凡先王所谓制度，大纲，小纪，皆于鲁国而可考。自非周公所以教其子，则何以至是哉？孔安国曰，诸侯之事而连帝王，孔子序书以鲁有治戎征讨之备，秦有悔过自誓之戒，足为世法，故录之以备王事。犹《诗》录商、鲁之颂。夫子诚以是诱进后人，使知帝王之事，诚不远也。苟于《费誓》《秦誓》二篇之书观之，虽春秋诸侯之事，而帝王之制度，与帝王之心术，大概可见矣。

（宋）胡士行《尚书详解》卷十三《周书·费誓第三十一》

《费誓第三十一》。

周之东，王道不可复。得如伯禽之治兵，穆公之悔过，则可以庶几于王道故升二书以补之。

（元）吴澄《书纂言》卷四下《周书·费誓》

《费誓》。

费，地名，后为季氏邑。鲁侯伯禽征徐戎之时，誓师于费也。案《史记·周本纪》《鲁世家》，武王克殷，封周公旦于曲阜，曰鲁公不就封，留佐王。王崩，管叔及群弟流言，公相成王，而使子伯禽代就封于鲁。管、蔡、武庚反，公奉王命东伐淮夷。徐戎亦反，伯禽率师伐之，作《肸誓》，遂平徐戎定鲁。肸，即"费"字，传写不同尔。

（元）陈栎《书集传纂疏》卷六《朱子订定蔡氏集传周书·费誓》

《费誓》。

费，地名，淮夷、徐戎并起为寇，鲁侯征之于费，誓众，故以"费誓"名篇，今文、古文皆有。

吕氏曰，伯禽抚封于鲁，夷戎妄意其未更事，且乘其新造之隙。而伯禽应之者，甚整暇有序，先治戎备，次之以除道路，又次之以严部位，又次之以立期会。先后之序，皆不可紊。又案《费誓》《秦誓》，皆侯国之事，而系于帝王书末者，犹《诗》之录《商颂》《鲁颂》也。

纂疏：

孔氏曰，费，鲁东郊地名。伯禽为方伯，监七百里诸侯，帅之以征。诸侯之事，而连帝王，孔子序书，以鲁有治戎征讨之备，秦有悔过自誓之戒，足为世法，故录之，犹《诗》录《鲁颂》。

唐孔氏曰，伯禽于成王即政元年，始就封。礼，诸侯不得专征，伐惟州牧于当州内，有不顺者，得专征之。《明堂位》曰，封周公于曲阜，地方七百里。孔意，以周大国不过百里，云七百里监七百里诸侯耳。下云

"鲁人三郊三遂",指言鲁人,明于时军中,更有诸侯之人也。

苏氏曰,费在东海郡,后为季氏邑。国外十里为郊,费,非鲁东郊,当时治兵于费耳。

张氏沂曰,《逸书·成王政》之序言,成王东伐淮夷。唐孔氏言,王伐淮夷,鲁伐徐戎,然则,鲁侯乃佐王征讨也。

蔡氏元度曰,征者,上伐下。言征徐戎,鲁侯盖承王命,以征之也。

张氏震曰,是书详于自治,而略于治人。有志于征守,而无志于战。王者之兵也。

吕氏曰,徐戎、淮夷世为周患。武王崩,三监及淮夷叛,载于《大诰》。命召公平淮夷,载于《江汉》。徐方绎骚,载于《常武》。自成王至宣王,每有叛乱,中外骚动,非小寇也。禹之家学,见于《甘誓》,周公之家学见于《费誓》。启、伯禽之誓师,曲折纤悉,若老于行阵者。禹,周公之家学,盖本末具举,而无遗也。

余氏芑舒曰,《曾子问》篇,子夏问曰,三年之丧,卒哭金革之事,无辟也者,非欤。孔子曰,吾闻诸老聃。昔鲁公伯禽有为为之也。郑注,伯禽封鲁,有徐戎之难,丧卒哭而征之,急王事也。案,此则周公已殁矣。《洛诰》传中谓,东郊不开,在周公东征时,与《礼记》不合。

(元)董鼎《书传辑录纂注》卷六《周书·费誓》

《费誓》。

费,地名。淮夷、徐戎并起为寇,鲁侯征之于费誓众,故以"费誓"名篇。今文、古文皆有。

吕氏曰,伯禽抚封于鲁,夷戎妄意其未更事,且乘其新造之隙,而伯禽应之者甚整暇有序。先治戎备,次之以除道路,又次之以严部伍,又次之以立期会,先后之序皆不可紊。又案,《费誓》《秦誓》,皆侯国之事而系于帝王书末者,犹诗之录《商颂》《鲁颂》也。

辑录:

《费誓》《秦誓》,亦皆有说不行,不可晓处。广。

纂注:

孔氏曰,费,东郊地名。伯禽为方伯,监七百里诸侯,帅之以征。诸侯之事，而连帝王，孔子序《书》以鲁有治戎征讨之备，秦有悔过自誓之戒，足为世法，故录以备王事，犹《诗》录商、鲁之颂。

唐孔氏曰，伯禽于成王即政元年，始就封于鲁。《礼》，诸侯不得专征伐，惟州牧于当州之内，有不顺者，得专征之。《记·明堂位》云，封周公于曲阜，地方七百里。孔意以周之大国，不过百里，云七百里者，监七百里之诸侯耳。下云"鲁人三郊三"，遂指言鲁人，明于时，军内更有诸侯之人也。

苏氏曰，费，在东海郡，后为季氏邑。国外十里为郊，费，非鲁东郊。当时治兵于费也。

张氏沂曰，《逸书·成王政》之序言，成王东伐淮夷。唐孔引《费誓》序言，王伐淮夷，鲁伐徐戎。然则，鲁侯乃佐王征讨也。

蔡氏元度曰，鲁侯盖承王命率诸侯以征徐戎，故曰"我惟征徐戎"，征者，上伐下也。言征，非承王命故邪？

张氏震曰，是书详于自治，而略于治人。有志于征守，而无志于战，王者之兵也，故孔子取之。

吕氏曰，徐戎、淮夷世为周患，武王崩，三监及淮夷叛，载于《大诰》；命召公平淮夷，载于《江汉》；徐方绎骚，载于《常武》。自成王至宣王，每有叛乱，朝廷为之摇动，非小寇也。禹之家学，见于《甘誓》；周公之家学，见于《费誓》。启之嗣位，骤当扈之变；伯禽就封，骤当徐夷之变。观其誓师，曲折纤悉，若老于行陈者，是以知禹、周公之家学，盖本末具举，而无所遗也。

息斋余氏曰，《礼记·曾子问》载鲁公伯禽事。郑注谓，伯禽封鲁，有徐戎之难，丧卒哭而征之，是周公已死。而《洛诰》传中谓，东郊不开，在周公东征之时，伯禽就国已久。真氏是之，非特与《记》不合，与此传所引，吕说亦不合矣。

（元）朱祖义《尚书句解》卷十三《周书·费誓第三十一》

《费誓第三十一》（伯禽诸侯，其书得附帝王之后，以精于治兵，庶几王道，孔子存之。费，鲁东郊之地。伯禽方就侯国，徐戎淮夷，遽兴兵侵伐。伯禽誓师于费，以御之也）。

费誓（竹简所标）。

(明) 王樵《尚书日记》卷十六《周书·费誓》

《费誓》。

孔氏曰，费，鲁东郊之地名。鲁侯伯禽所封之国，居曲阜，徐戎、淮夷并起为寇于鲁，故东郊不开。鲁侯征之于费地，而誓众也。诸侯之事，而连帝王，孔子序《书》，以鲁有治戎征讨之备，秦有悔过自誓之戒，足为世法，故录以备王事，犹《诗》录商、鲁之颂。

正义曰，《甘誓》《牧誓》，皆至战地而誓，知费非战地者，东郊不开，则戎、夷去鲁近矣。此誓，令其治兵器，具糇粮，则是未出鲁境，故知费非战处也。

张沂曰，《逸书·成王政》之序言，成王东伐淮夷，疏引《费誓》序言，王伐淮夷，鲁伐徐戎。然则，鲁侯乃佐王征讨也。

吕氏曰，徐戎、淮夷，世为周患。武王崩，三监及淮夷叛，载于《大诰》。命召公平淮夷，载于《江汉》。"徐方绎骚"载于《常武》。自成王至宣王。屡有事焉。非小寇也、禹之家学，见于《甘誓》；周公之家学，见于《费誓》。启嗣位，而当有扈之变；伯禽就封，而当徐戎之变。观其誓师，纤悉若老于行陈者，是以知禹、周公之家学，盖本末具举，而无所遗也。

(清) 库勒纳等撰《日讲书经解义》卷十三《周书·费誓》

《费誓》。

费，地名也，昔周公之子伯禽初封为鲁侯，因淮夷、徐戎作乱，率师伐之，誓师于费，记书者遂以"费誓"名篇。

(元) 陈师凯《书蔡氏传旁通》卷六下《周书·费誓》

《费誓》。

费，地名。

愚按，伯禽建国，今兖州曲阜县也。费，今沂州费县也。《寰宇记》，沂在兖州之东三百八十五里，费在沂之西北九十五里，曲阜在兖州之东三十里，是自曲阜至费邑，约二百六十余里也。春秋之初，费自为国。隐元年《传》曰"费伯帅师城郎，后为鲁季氏之邑"，僖元平《传》曰"公赐季友汶阳之田及费"，《论语》"使闵子骞为费宰"是也。然则。伯禽时。费决非鲁地，但鲁为方伯，费在属国之中耳。孔安国。谓费为鲁东郊之地。颖达附会，且言未出鲁境。皆非也。伯禽之誓于费，如启之誓于甘，汤于鸣条，武王于牧，皆临敌境而后誓，所以申令吾将士，其时徐戎必寇费，故伯禽征之耳。

（明）马明衡《尚书疑义》卷六《周书·费誓、费誓》

《费誓》《秦誓》二书，夫子所以有取者。《费誓》之誓师，词义正而纪律明，与汤武之誓如出一体，非若世之用兵，专以智巧戕害为事，是可为后世用兵之法。穆公之悔过，诚意恳恻，而所论用人足为至言，非若文过饰非之比，是可为后世补过之法。王者，吾不得而见之矣，得见若是者，斯可矣。

（清）朱鹤龄《尚书埤传》卷九《周书·费誓》

《费誓》。

按，费，本鲁附庸国，并于鲁后，为季氏邑，今沂州费县西，有古费城，去曲阜故城三百里。费非鲁近郊，盖当时治兵于费。

吕祖谦曰，徐戎、淮夷世为周患，考之《大诰》及《大雅·江汉》《常武》二诗，自成王至宣王，每有叛乱，朝廷为之动摇，非小寇也。禹之家学，见于《甘誓》；周公之家学见于《费誓》。启之嗣位，骤当有扈之变；伯禽就封，骤当徐夷之扰。观其誓辞，曲折纤悉，若老于行阵者，是以知古圣人之家学，盖本末具举，而无所遗也。

王应麟曰，子夏问金革之事无辟。孔子曰，吾闻诸老聃曰，昔者，鲁公伯禽有为为之也。郑注云，有徐戎作难，丧卒哭而征之，急王事也。征之，作《粊誓》，后世起复者，皆以伯禽借口。考《多方》篇"王来自奄"，孔注云，周公归周之明年，淮夷、奄又叛，鲁征淮夷，作《费誓》。《鲁世家》伯禽即位之后，有管蔡等反，淮夷、徐戎并兴，于是伯禽率师

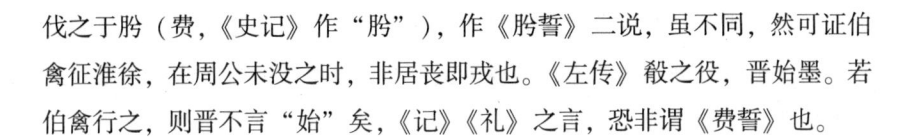

伐之于肸（费，《史记》作"肸"），作《肸誓》二说，虽不同，然可证伯禽征淮徐，在周公未没之时，非居丧即戎也。《左传》殽之役，晋始墨。若伯禽行之，则晋不言"始"矣，《记》《礼》之言，恐非谓《费誓》也。

（清）张英《书经衷论》卷四《周书·费誓》

《费誓》（凡四条）。

古但云"师出以律"，而未言所谓律者何谓也。坐作、击刺，步法；止齐，战法也。若《费誓》，其行师之律乎，师之事有五，《费誓》备言之。一曰器械，二曰马牛，三曰行伍，四曰期会，五曰刍茭。五者皆不可以无律。伯禽，生长于富贵，而能言之精晰周详，各警之以常刑，如老于师中者然，可见古人之学无所不贯。以诸侯之兵，敌淮徐之夷，亦必先为不可胜以待敌，方为万全之师，故不言战法，而先言纪律也。

从来誓师之词，如《甘誓》《胤征》，皆言奉行天罚之意，声罪致讨，此天子之体也。若伯禽以方伯，帅天子之师，则古所谓诸侯伐而不讨者，故但言师中之律而已，此诸侯之体也。盖其气象之大小，绝不侔矣。

《颂》有《鲁颂》，《书》有《费誓》，皆夫子尊宗国之意。齐、晋无书而专录。《秦誓》以继周之后，当亦取其悔过之意云尔。但当日齐桓、晋文，伯业炳然，为《春秋》之所许，而不载于《书》，独载《秦誓》一篇，或因其地势、国势，据西周，而下临三川，有兼并六合之势。盖亦知继周之必为秦矣。夫子于此，殆有微旨欤。

（清）孙之騄辑《尚书大传》卷三《周书·鲁传》

周公封以鲁，身未尝居鲁也（《选注》）。

伯禽将归于鲁，周公谓伯禽之傅曰，汝将行，盍志而子美德乎，对曰其为人宽，好自用，以慎，此三者，其美德也已。周公曰，呜呼！以人恶为美德乎。君子好以道德，故其民归道。彼其宽也，出无辨矣，是其好自用也，以敛益之也。彼其慎也，是其所以浅也。吾语女，吾文王之子，武王之弟，成王之叔父，吾于天下不贱矣。然而吾所执贽而见者，十人。还贽而相见者，三十人。貌执之士者，百有余人。欲言而请毕事者，千有余人。于是吾仅得三士焉，以正吾身，以定天下。吾所以得三士者，亡于十人与三十人中，乃在百人与千人之中。故上士吾薄为之貌，下士吾厚为之貌。人人皆以我为越逾好士，然故士至。士至，而后见物。见物，然后知是非之所在，戒之哉。汝其以鲁国骄人几矣（《荀子》注引《大传》）。

郑玄曰，贽者，所执以至也。君子见于所尊敬，必执贽以将其厚意也。十人，公卿之中也。三十人，群士之中也。百人，群大夫之中也。

子贡曰，叶公问政于夫子，子曰政在于附近而来远。鲁哀公问政，子曰，政在于论臣。齐景公问政，子曰，政在于节用。三君问政，夫子应之不同。然则，政有异乎？子曰，荆之地广而都狭，民有离志焉，故曰政在于附近而来远。哀公有臣三人，内比周以惑其君；外障拒诸侯宾客，以蔽其明，故曰政在论臣。齐景公奢于台榭，淫于苑囿，五官之乐不解，一旦而赐人百乘之家者三，故曰政在节用。

（清）蒋廷锡《尚书地理今释·周书·费誓》

费，孔传云，费，鲁东郊地名。苏氏云，费在东海郡，后为季氏邑。季氏之费邑，今山东兖州府费县西北二十里，有故城，是。孔安国谓，鲁东郊地，则是今曲阜县境，未详所在。

公曰，嗟！人无哗，听命

1.（汉）孔氏传、（唐）陆德明音义、孔颖达疏《尚书注疏》卷十九《周书·费誓》

公曰，嗟，人无哗，听命。

传，伯禽为方伯，监七百里内之诸侯，帅之以征。叹而敕之，使无喧哗，欲其静听誓命。

音义：

哗，户瓜反。监，工衔反。

疏：

正义曰，鲁侯将征徐戎，召集士众，叹而敕之。公曰，嗟！在军之人，无得喧哗，皆静而听我誓命。

传正义曰，礼，诸侯不得专征伐，惟州牧于当州之内，有不顺者得专征之。于时，伯禽为方伯，监七百里内之诸侯，故得帅之以征戎夷。《王制》云千里之外设方伯，以八州八伯，是州别立一贤侯，以为方伯，即《周礼大宗伯》云"八命作牧"是也。《礼记·明堂位》云，封周公于曲阜，地方七百里。孔意以周之大国，不过百里，《礼记》云七百里者，监此七百里内之诸侯，非以七百里地，并封伯禽也。下云"鲁人三郊三遂"，指言"鲁人"，明于时，军内更有诸侯之人，故知帅七百里内诸侯之人，以之共征也。郑云，人谓军之士众，及费地之民。案，下句令填塞坑阱，必使军旁之民塞之，或当如郑言也。

2.（宋）苏轼撰《书传》卷二十《周书·费誓第三十一》

公曰，嗟！人无哗，听命。

哗，谨也。逸臣妾，逋逃而听其越逐，则军或以乱，亦恐奸人规乱我军，故窃牛马，诱臣妾，以发之禁。其主使不得捕逐，则军自定。得此风逃者，当敬复其主。我当商度有以赐汝，若其越逐与其得而不复者，皆有常刑。

3.（宋）林之奇《尚书全解》卷四十《周书·费誓》

（归善斋按，见"鲁侯伯禽宅曲阜"）

4.（宋）史浩《尚书讲义》卷二十《周书·费誓》

《费誓》。

公曰，嗟！人无哗，听命。徂兹淮夷，徐戎并兴，善敹乃甲胄，敿乃干，无敢不吊，备乃弓矢，锻乃戈矛，砺乃锋刃，无敢不善。今惟淫舍牿牛马，杜乃擭，敜乃阱，无敢伤牿。牿之伤，汝则有常刑。马牛其风，臣妾逋逃，勿敢越逐。祗复之，我商赉汝。乃越逐、不复，汝则有常刑。无敢寇攘，逾垣墙，窃马牛，诱臣妾，汝则有常刑。甲戌，我惟征徐戎，峙乃糗粮，无敢不逮，汝则有大刑。鲁人三郊三遂，峙乃桢、干。甲戌我惟筑，无敢不供，汝则有无余刑非杀。鲁人三郊三，遂峙乃刍茭，无敢不多，汝则有大刑。

淮夷既叛，徐戎并兴，鲁公仓卒之间处之，若无难者。盖军旅之兴，所当备而取胜者，不过利器械，畜牛马，严军律，禁窃盗，积糗粮，筑营垒，备刍茭，惟此七事，于行军用师，阙一不可。鲁公于此，皆备豫不虞，可谓得治军之要矣。何谓利器械，甲胄贵敿，敿，简也。干贵敹，敹，施也。弓矢贵备，弓调，矢利也。戈矛贵于锻，锻者，炼也。锋刃贵于砺，砺者，淬砺也。如此则器械利矣。故曰"无敢不吊"，吊，善也。何谓畜马牛。军之所止。必大放牧。彼有捕兽之机槛。必当杜塞；彼有陷兽之坑阱，必当敛窒，无使伤牛马。牛马伤，则汝有刑。如此则牛马畜矣。何谓严军律，马牛逋逸，奴婢淫奔，不当越队伍而捕逐。马牛奴婢之失，其害小；而部伍不整，其害大。若他人捕获，敬以复还，当议行赏；若越逐、不复，是俗所谓逃军也，能免刑乎？如此，则军律严矣。何谓禁窃盗，夫寇攘劫夺也，逾墙垣，穿窬奔窜也。他人之马牛，盗而杀之，他人之仆妾，诱而匿之，刑亦不可逃矣。如此则窃盗禁矣。何谓积糗粮？夫三军待餔，不可一日无食。无食则争夺逃亡，无所不至，军何由治。苟有不逮，则有大刑。如此则糗粮积矣。何谓筑营垒？夫桢、干，板筑之具也。军之所至，惟恃垒壁，苟无其具，则暴露矣。是以不供，则有无余刑。无余者，全家囚系，必待其供而后释之，故曰"非杀"也。如此则营垒筑矣。何谓备刍、茭？夫牛马之行，刍、茭不饱，何以用其力？聚之不多，则有大刑。如此则刍、茭备矣。七者既修，则军势强矣。以此而行师，则战必胜，而攻必取矣。戎夷何足虑哉？方军之行，必用军法。常刑，轻也；大刑，重也。而所谓三郊三遂者，诸侯四郊，有四遂，遂有大夫。东郊既用兵，其所供役者，三郊三遂也。呜呼！鲁公可谓得行军用师之道矣。《孟子》曰，春秋无义战，盖以当时，诸侯不知自治之道，惟怙势以相侵伐故也。观鲁公治军备之先具如此，则非驱市人而战也。嗟乎！后世不知彼已不恤，备之未具，譊譊然惟以杀伐为说。昧者何知，第闻其语，莫不以为正论。一人唱之，众人和之，及一败涂地，则钳口结舌，不复言兵。闻鲁公之风，亦可少愧矣。向非鲁公得乃父之绪余，何以有此？读书者，知其成功自有所本，则思过半矣。

5.（宋）夏僎《尚书详解》卷二十六《周书·费誓》

《费誓》。

公曰，嗟！人无哗，听命。徂兹淮夷，徐戎并兴。善敹乃甲胄，敿乃干，无敢不吊；备乃弓矢，锻乃戈矛，砺乃锋刃，无敢不善。

此"费誓"二字，亦竹简旧标之题也。

"公曰，嗟！人无哗，听命"者，伯禽将誓众，欲其静以听命，故戒以无喧哗。孔氏谓，诸侯不得专征伐。惟州牧于当州之内，有不顺者得专征之。于是伯禽为方伯，监七百里之诸侯，故得行师以征徐戎、淮夷。此其意谓伯禽所谓"嗟人"，乃此七百里之诸侯也。"徂兹淮夷徐戎并兴"，徂兹，如云前此与往者，盖谓往者。徐州之戎与淮浦之夷并起为寇，以侵优我东郊也。孔氏谓，四夷之名，东方谓之夷，西方谓之戎，谓在九州之外，此徐州，淮浦，中夏之地，安得有戎夷者，此蛮夷，帝王之所羁縻，而统驭之，不以中国之法，齐其风俗，故得杂错居九州之内。伯禽时，徐夷并兴，当宣王时，亦命召公平淮夷，则戎夷之处中国久矣。汉时，内地无戎夷者，秦始皇逐出之。由此言之，则此所谓徐戎、淮夷者，乃若今之溪洞诸蛮是也。无垢，谓成王时，三监及淮夷叛。宣王时，"命程伯休父"，"率彼淮浦，省此徐土"，是三代徐戎、淮夷屡为中国之患，而始皇独逐出之，可谓能除害矣。先王似于此一事有不及焉。然始皇知逐淮夷、徐戎不为中国害，而不知逐赵高、李斯，使不为子孙害。先王虽不能逐戎夷，而能用召公、伯禽，与程伯休父，以此观之，不忧中国有戎、夷，第忧朝廷无忠臣耳。此高见远识也，故特备书之。

善敹，乃甲胄。甲，身铠也。胄，兜鍪，首铠也。颖达谓，经典皆言，甲胄。秦世以来，始有铠，兜鍪之名。盖古之作甲用皮，秦汉以来用铁。铠、鍪二字，皆从金，盖用铁为之，而因以作名也。甲胄，有善有恶，故令敹，简取善者。孔氏则以"敹"训"简"。郑氏则谓"敹"，乃穿彻之，谓甲绳有断绝，当使敹理穿治之，此以敹为整治之意。二义皆通，故并存之。"敿乃干"，干，楯也。安国谓，施汝楯纷。颖达广其意谓，楯无用功处，惟使系"纷"于楯，故以为施汝楯，"纷纷"，如绶而小，系于楯以持之，以为饰。郑氏亦云，敿犹系也。以此推之，则"敿乃干"，乃系汝之干也。"无敢不吊"，吊，至也，谓或敕，或敽，无有一事敢不极其至也。无垢谓，此见古人自卫之密也。盖甲、胄、干、楯，皆自卫之器，既善且至，则执兵者，不忧弓矢、锋刃之苦矣。"备乃弓矢"，古者，每一弓百矢，弓十矢千，其数欲其备足，故云"备"也。"锻乃戈矛，砺乃锋刃"者，孔颖达谓，凡金为兵器，皆须锻、砺。有刃之兵，非独戈、矛而已，云锻炼戈矛，磨砺锋刃者，其文互相通也。"无敢不善"者，谓无一事敢不尽其善也。或言吊，或言善，亦互文也。无垢谓，用弓矢，戈矛，锋刃，岂戏事哉，将以保国家而御寇，一有不善，则身且不保，况御寇乎？善之为言，精治之谓也。伯禽讲武治粮，申令于费。费，非战地也，使虏战于城下，则伯禽为无谋矣。盖其平居无事，谨烽燧，严斥堠，寇一有动意，此已早正素治以待之矣，而其间应变为计，对机而谋，则造神入妙，与造化同功。不如是，何足以为周公之子哉。

6.（宋）时澜《增修东莱书说》卷三十五《周书·费誓第三十一》

公曰，嗟！人无哗，听命。徂兹，淮夷、徐戎并兴。善敕乃甲胄，敽乃干，无敢不吊；备乃弓矢，锻乃戈矛，砺乃锋刃，无敢不善。

戎狄之于中国，每观衅而动。伯禽免于保、傅，而抚封于鲁。淮夷、徐戎固妄意，其未更事，所以并起，而欲乘其新造之隙也。伯禽应之者，乃甚整暇而有序。先治戎备，次之以除道路，又次之以严部伍，又次之以立期会。先后之序，皆不可紊。自敕甲胄，至砺锋刃，皆治戎备之事也。而于一事之中，又自有序焉。甲所以卫身，胄所以卫首，干、楯亦所以捍蔽，皆自卫者也。长兵则用弓矢，短兵则用戈矛。锋刃亦所以击刺，皆攻人者也。治戎备之际，先自卫而后攻人，所谓一事之中又自有序。

7.（宋）黄度《尚书说》卷七《周书·费誓》

《费誓》。

公曰，嗟，人无哗听命。徂兹淮夷，徐戎并兴。善敕乃甲胄，敽乃干，无敢不吊。备乃弓矢，锻乃戈矛，砺乃锋刃，无敢不善。

诸侯在其国称公，将往伐淮夷，而徐戎并兴。徐本牵制鲁，使不得会王师伐夷，故鲁独出征徐。甲，铠；胄，兜鍪；敿，谓敿理穿治之；敽，编连之也。干，楯；吊，至；锻，炼；砺，磨也。

8. （宋）袁燮《絜斋家塾书钞》

（归善斋按，无此篇）

9. （宋）蔡沈《书经集传》卷六《周书·费誓》

公曰，嗟，人无哗，听命。徂兹淮夷，徐戎并兴。

汉孔氏曰，徐戎、淮夷并起寇鲁。伯禽为方伯，帅诸侯之师以征，叹而敕之，使无喧哗，欲其静听誓命。苏氏曰，淮夷叛已久矣，及伯禽就国，又胁徐戎并起，故曰，徂兹淮夷，徐戎并兴。徂兹者，犹曰"往"者云。

10. （宋）黄伦《尚书精义》卷五十《周书·费誓》

公曰，嗟！人无哗，听命。徂兹淮夷，徐戎并兴。善敿乃甲胄，敽乃干，无敢不吊；备乃弓矢，锻乃戈矛，砺乃锋刃，无敢不善。

无垢曰，弓矢言备，戈矛言锻，锋刃言砺，皆法言也。孔颖达曰，弓一则矢百，弓十则矢千，使之数备足。其说是矣。戈矛非锻则不精，锋刃非砺则不利。

林氏曰，好生而恶死者，天下之常情也。今也，鲁侯驱民于万死一生之地，冒锋镝，犯霜露，以从事于此，而又整戎备，戒其士卒，以至无有不善者，何哉？盖好生恶死，虽天下之常情，而所欲有甚于生，所恶有甚于死者，为人上者，得不所欲与之聚之，所恶与之去之，夫然后与民同乐，而上下咸安者哉。

傅说曰，惟干戈省厥躬，盖已之不正物，将奈何。今淮夷徐戎侵我边鄙，戕我人民，吾得不帅民以去之宜乎？告誓之，如是之严也。

张氏曰，甲之于身，胄之于首，干之扞蔽，皆所以自卫也。"敿乃甲胄"者，简择之而使精也。"敽乃干"者，攻治之，而使谨也。凡用兵，远则弓矢者射之，近则矛者勾之，戈者刺之，则弓矢、戈矛，与夫锋刃，皆所以讨敌者也。弓一而矢百，则弓矢欲其备。戈矛必有金而成之，故戈矛欲其锻，锋刃必就砺也，然后利，故锋刃欲其砺。用兵行师，以自卫者为先；而讨敌者次之，故先言甲、胄、干，而后曰弓矢、戈矛、锋刃。至于甲、胄、干，非特欲其善也，又欲其无敢不吊，则其所以自卫者，尤致其谨也。

吕氏曰，大抵戎狄，德盛则后服，德衰则先叛。盖气禀之偏者，难服易叛，所以伯禽宅曲阜之初，徐戎乘新定未集，便乘间来作乱。

11.（宋）陈经《尚书详解》卷四十九《周书·费誓》

公曰，嗟！人无哗，听命。徂兹淮夷，徐戎并兴。善敹乃甲胄，敿乃干，无敢不吊。备乃弓矢，锻乃戈矛，砺乃锋刃，无敢不善。今惟淫舍牿牛马，杜乃擭，敜乃阱，无敢伤牿，牿之，伤汝则有常刑。马牛其风，臣妾逋逃，勿敢越逐。祗复之，我商赉汝。乃越逐、不复，汝则有常刑。无敢寇攘，逾垣墙，窃马牛，诱臣妾，汝则有常刑。

伯禽方为伯，监七百里内之诸侯，帅之以征，叹而誓之，曰，无宜哗，听我之命，欲其听之专也。徂，往也。往者，居此淮浦之夷，徐州之戎，盖其叛也久矣。今又并起为寇，今往征之。"善敹乃甲胄，敿乃干"，甲以卫身，胄以卫首。而干，盾，亦备以具。不待逐而自得牛马矣。古人处事精审如此。"无敢寇攘，逾垣墙，窃牛马，诱臣妾，汝则有常刑"，此又戒军中之事。行军之时，人众所在，易至于寇攘人，劫掠人者，或逾垣墙，而窃人之牛马，诱人之臣妾者，皆是军无纪律，故禁之。军事以严终。古人之善用兵者，多多益办，视千万人之心，若一人之心者，以其纪律整齐故也。观此一段，伯禽于人情曲折，行陈纤悉之事，无不周知，所学亦微矣。

12.（宋）钱时《融堂书解》卷二十《周书·费誓》

公曰，嗟！人无哗，听命。徂兹淮夷，徐戎并兴。善敹乃甲胄，敿乃干，无敢不吊；备乃弓矢，锻乃戈矛，砺乃锋刃，无敢不善。今惟淫舍牿牛马，杜乃获，敜乃阱，无敢伤牿。牿之伤，汝则有常刑。马牛其风，臣妾逋逃，无敢越逐。祗复之，我商赉汝。乃越逐、不复，汝则有常刑。无敢寇攘，逾垣墙，窃马牛，诱臣妾，汝则有常刑。甲戌，我惟征徐戎，峙乃糗粮，无敢不逮，汝则有大刑。鲁人三郊三遂，峙乃桢、干，甲戌，我惟筑，无敢不供，汝则有无余刑非杀。鲁人三郊三遂，峙乃刍、茭，无敢不多，汝则有大刑。

后两言"三郊三遂"，而首独曰"嗟！人"，则知此是普告所统诸侯之师，非专誓鲁人明矣。徂兹者，往此也。伯禽，谓我往此鲁邦，而淮浦之夷，徐州之戎，适相挺并起，所以有今日之誓。序特书"鲁侯伯禽宅曲阜，徐、夷并兴"，正发此"徂兹"之旨也。此后，誓戒之辞整整，具有次第。公子王孙，一旦出临事变，而法度精明，规模严密如许，此可以观古人之学矣。若伯禽者，真周公之子哉。自"善敹乃甲胄"而下，治器械也。自"今惟淫舍牿牛马"而下，谨牧放。自"马牛其风"而下，严军律也。自"甲戌，我惟征徐戎"而下，豫军需也。自《甘誓》以后，凡誓书，皆是将战誓师，明赏罚，使用命。惟此书，无一语及战，但前期为师行之备。盖伯禽甫就封，而遽有此变，军旅未闲训习，百尔器备皆非素讲，故此日专作誓，以警饬之。从头逐一整顿，贵在先期豫定，此最见伯禽老成详练处，与其它誓师决战者不同也。说者谓，徐、夷寇鲁，故东郊不开，而有此誓。若贼已迫我，而方敹敌干胄，锻砺兵刃，则与渴而穿井者何异。观此"甲戌，我惟征徐戎"，则知徐戎并兴，而伯禽以方伯往征之，亦必与王师有期日方动，所以闭关严戒以备，非常而治兵于费，整暇如许，非因其来而与之拒战也。

先儒谓，《周礼·司徒》万二千五百家为乡；《司马法》万二千五百人为军。《小司徒》云，凡起徒役，无过家一人，是家出一人，一乡为一军。天子六军，出自六乡。诸侯大国三军，亦当出自三乡也。《周礼》又云，万二千五百家为遂。《遂人职》云，以岁时稽其人民，简其兵器，以起徒役。则六遂，亦当出六军。乡为正，遂为副。郊，即乡也。故此云"三郊三遂"，其说固然。然以愚观之，国必有四郊，谓万二千五百人为乡，而曰三乡，则可。今断断以郊为乡，则国止有三郊矣，而可乎。要之，只是东郊严戒，既专为守备，故桢、干、刍、茭之峙，役之西、南、北三郊三遂之人耳，理甚明正，似不必他求也。筑者，三郊三遂储峙此物用也。先儒谓，甲戌日，当筑攻敌垒距堙之属。愚谓，"甲戌我惟征徐戎"，方以是日启行往征之，非谓定以是日加兵也。地之远近，固不可知,然敌情叵测,事变无常,亦岂能豫定。况机事不密则害成。敌国相关间谍相伺,此尤不可不密,安有誓师之始,昭昭然揭之于人,而曰以某日加兵乎?必无此理。然则"甲戌,我惟筑",亦非真谓以是日筑也。其实只是豫使储峙。既以是日行师,而此筑具亦以是日俱发,故皆以"甲戌"为期也。此事本在成王时以侯国之誓,故附周书之末。

13.（宋）魏了翁《尚书要义》卷二十《费誓》

十、《记》云封周公地方七百里。

孔谓,监七百里诸侯。正义曰,礼,诸侯不得专征伐,惟州牧于当州之内,有不顺者,得专征之。于时,伯禽为方伯,监七百里内之诸侯,故得帅之以征戎夷。《王制》云,千里之外,设方伯,以八州八伯,是州别立一贤侯,以为方伯,即《周礼·大宗伯》云"八命作牧"是也。《礼记·明堂位》云,封周公于曲阜,地方七百里,孔意以周之大国,不过百里,《礼记》云七百里者,监七百里内之诸侯,非。以七百里地并封伯禽也。下云"鲁人三郊三遂",指言鲁人,明于时,军内更有诸侯之人,故知帅七百里内诸侯之人,以之共征也。

14.（宋）陈大猷《书集传或问》卷上《费誓》

（归善斋按,未解）

15.（宋）胡士行《尚书详解》卷十三《周书·费誓第三十一》

《费誓》。

公曰,嗟!人无哗（喧）,听命。徂（往）兹（者）淮（浦）夷,徐（州）戎并兴（侵东郊）,善敹简乃甲胄（兜鍪）,敿（施纷）乃干（楯）,无敢不吊（极至）,备乃弓矢,锻（炼）乃戈矛,砺（磨）乃锋刃,无敢不善。

夷戎意伯禽之未更事也,而伯禽所以应之者,整暇如此。

16.（元）吴澄《书纂言》卷四下《周书·费誓》

公曰，嗟！人无哗，听命。

戒敕之，使无喧哗，欲其静听誓命也。

17.（元）陈栎《书集传纂疏》卷六《朱子订定蔡氏集传周书·费誓》

公曰，嗟！人无哗，听命。徂兹淮夷，徐戎并兴。

汉孔氏曰，徐戎、淮夷并起寇鲁。伯禽为方伯，帅诸侯之师以征，叹而敕之，使无喧哗，欲其静听誓命。

苏氏曰，淮夷叛已久矣，及伯禽就国，又胁徐戎并起，故曰"徂兹淮夷，徐戎并兴"。"徂兹"者，犹曰"往"者云。

纂疏：

孔氏曰，徂兹，今往征伐此。

18.（元）许谦《读书丛说》卷六《周书·费誓》

（归善斋按，未解）

19.（元）董鼎《书传辑录纂注》卷六《周书·费誓》

公曰，嗟！人无哗，听命。徂兹淮夷，徐戎并兴。

汉孔氏曰，徐戎淮夷并起寇鲁。伯禽为方伯，帅诸侯之师以征，叹而敕之，使无喧哗，欲其静听誓命。苏氏曰，淮夷叛已久矣，及伯禽就国，又胁徐戎并起，故曰"徂兹淮夷，徐戎并兴"，徂兹者，犹曰"往"者云。

纂注：

孔氏曰，徂兹，今往征伐此。此戎夷，帝王所羁縻，故错居九州岛之内。

新安胡氏曰，苏氏以徂兹，犹言"往"者，恐未然，当是谓今往此地者，以淮夷与徐戎并兴故也。

20.（元）朱祖义《尚书句解》卷十三《周书·费誓第三十一》

公曰（伯禽言），嗟！人无哗，听命（咨嗟众人无喧哗，静以听我命）。

21.（明）王樵《尚书日记》卷十六《周书·费誓》

公曰，嗟！人无哗，听命，徂兹淮夷，徐戎并兴。

孔氏曰，伯禽为方伯，帅诸侯之师以征，叹而敕之，使无喧哗，静听誓命。淮浦之夷，徐州之戎，并起为寇，此戎、夷，帝王所羁縻统叙，故错居九州岛之内，秦始皇逐出之。

正义曰，礼，诸侯不得专征伐，惟州牧于当州之内，有不顺者，得专征之。伯禽为方伯，监诸侯，故得帅之以征。下云"鲁人三郊三遂"，指言鲁人，明于时，军内更有诸侯之人。

苏氏曰，徂兹，犹云"往"者。

22.（清）库勒纳等撰《日讲书经解义》卷十三《周书·费誓》

公曰，嗟！人无哗，听命，徂兹淮夷，徐戎并兴。

此一节书是，言出师之由也。徂，往也。鲁公叹息言曰，吾受天子之命为方伯，得专征伐。今尔等诸侯从我出征，无得喧哗，静听我之誓命。吾今者出师，非为得已往者。淮夷叛乱，为王室之患，今又乘我始就国封，军旅未习，乃胁徐方之戎，一时并起。夫两处连兵，声势震动，逼处我肘腋之间。吾有征讨之责。岂得不帅统内之诸侯。声伐罪之举。以安国家。而卫王室哉？此尔等所当静听吾之命者也。按。淮夷、徐戎，世为周患，胁三监同叛，载于《大诰》；召公平淮夷，载于《江汉》，徐方震惊，载于《常武》自成王至宣王，俱叛服不常。当伯禽初就国，尤窥伺思逞之时，所以不得已，誓师徂征。若师出无名，则为黩武，而非孔子所以录是书之意矣。

徂兹淮夷，徐戎并兴

1. （汉）孔氏传、（唐）陆德明音义、孔颖达疏《尚书注疏》卷十九《周书·费誓》

徂兹淮夷，徐戎并兴。

传，今往征此淮浦之夷，徐州之戎并起为寇。此戎、夷，帝王所羁縻统叙故错居九州之内，秦始皇逐出之。

疏：

今往征此淮浦之夷、徐州之戎、以其并起为寇故也。

传正义曰，《诗》美宣王"命程伯休父，率彼淮浦，省此徐土"，知淮夷是淮浦之夷，徐戎是徐州之戎也。四海之名，东方曰夷，西方曰戎，谓在九州岛之外。此徐州、淮浦中夏之地而得有戎、夷者。此戎夷。帝王之所羁縻。而统叙之。不以中国之法齐其风俗。故得杂错居九州岛之内。此伯禽之时，有淮浦者。淮浦之夷并起，《诗》美宣王"命召穆公平淮夷"，则戎夷之处中国久矣。汉时，内地无戎、夷者，秦始皇逐出之。始皇之崩，至孔之初惟可三四十年，古老犹在，及见其事，故孔得亲知之也。王肃云，皆纣时错居中国，经传不说其事，无以知纣时来也。

《尚书注疏》卷十九《考证》

徂兹。

苏轼谓，犹言往者。王充耘曰，当从孔传，解作往征。

2. （宋）苏轼撰《书传》卷二十《周书·费誓第三十一》

徂兹淮夷，徐戎并兴。

成王征淮夷，灭奄，盖此徐州之戎，及淮浦之夷叛已久矣，及伯禽就国，则并起攻鲁，故曰"徂兹淮夷，徐戎并兴"。徂兹者，犹云往者云尔。

233

3. （宋）林之奇《尚书全解》卷四十《周书·费誓》

（归善斋按，见"鲁侯伯禽宅曲阜"）

4. （宋）史浩《尚书讲义》卷二十《周书·费誓》

（归善斋按，见"公曰，嗟！人无哗，听命"）

5. （宋）夏僎《尚书详解》卷二十六《周书·费誓》

（归善斋按，见"公曰，嗟！人无哗，听命"）

6. （宋）时澜《增修东莱书说》卷三十五《周书·费誓第三十一》

（归善斋按，见"公曰，嗟！人无哗，听命"）

7. （宋）黄度《尚书说》卷七《周书·费誓》

（归善斋按，见"公曰，嗟！人无哗，听命"）

8. （宋）袁燮《絜斋家塾书钞》

（归善斋按，无此篇）

9. （宋）蔡沈《书经集传》卷六《周书·费誓》

（归善斋按，见"公曰，嗟！人无哗，听命"）

10. （宋）黄伦《尚书精义》卷五十《周书·费誓》

（归善斋按，见"公曰，嗟！人无哗，听命"）

11. （宋）陈经《尚书详解》卷四十九《周书·费誓》

（归善斋按，见"公曰，嗟！人无哗，听命"）

12. （宋）钱时《融堂书解》卷二十《周书·费誓》

（归善斋按，见"公曰，嗟！人无哗，听命"）

13.（宋）魏了翁《尚书要义》卷二十《费誓》

十一、戎夷错居中国，至秦始逐出。

此徐州、淮浦，中夏之地，而得有戎夷者，此戎夷帝王之所羁縻，而统叙之，不以中国之法齐其风俗，故得杂错居九州之内。此伯禽之时，有淮浦者，淮浦之夷并起。《诗》美宣命召穆公平淮夷，则戎夷之处中国久矣。汉时，内地无戎夷者，秦始皇逐出。始皇之崩，至孔之初，惟可三四十年。古老犹在，及见其事。故孔得亲知之也。王肃云。皆纣时错居中国。经传不说其事。无以知纣时来也。

14.（宋）陈大猷《书集传或问》卷上《费誓》

（归善斋按，未解）

15.（宋）胡士行《尚书详解》卷十三《周书·费誓第三十一》

（归善斋按，见"公曰，嗟！人无哗，听命"）

16.（元）吴澄《书纂言》卷四下《周书·费誓》

徂兹淮夷，徐戎并兴，善敹乃甲胄，敿乃干，无敢不吊；备乃弓矢，锻乃戈矛，砺乃锋刃，无敢不善。

徂兹，犹曰"往"者。敹，整治之也。敿，施楯纷也。纷，如组而小，系于楯，以持之。吊，精至也。备，具也。每弓百矢，又有重弓，以防损折。锻，炼；砺，磨也。锋刃，刀剑之属。甲，卫身；胄，卫首；干，楯以捍敌，皆自卫者。战伐所用，长兵则弓矢，短兵则戈矛，与凡可以击刺之锋刃，皆攻人者。先自卫之器，后攻人之器，言之序也。鲁侯谓往者，至国之初，已有淮夷、徐戎并起叛乱。其时已尝俾汝修戎备，无敢有不精好者矣。今往征徐戎，且筑垒壁，有当教戒之事，如下文所云，故又誓众也。

17. （元）陈栎《书集传纂疏》卷六《朱子订定蔡氏集传周书·费誓》

（归善斋按，见"公曰，嗟！人无哗，听命"）

18. （元）许谦《读书丛说》卷六《周书·费誓》

（归善斋按，未解）

19. （元）董鼎《书传辑录纂注》卷六《周书·费誓》

（归善斋按，见"公曰，嗟！人无哗，听命"）

20. （元）朱祖义《尚书句解》卷十三《周书·费誓第三十一》

徂兹淮夷，徐戎并兴（往者，居此淮浦之夷、徐州之戎并兴为寇）。

21. （明）王樵《尚书日记》卷十六《周书·费誓》

（归善斋按，见"公曰，嗟！人无哗，听命"）

22. （清）库勒纳等撰《日讲书经解义》卷十三《周书·费誓》

（归善斋按，见"公曰，嗟！人无哗，听命"）

（元）陈师凯《书蔡氏传旁通》卷六下《周书·费誓》

淮夷、徐戎并起为寇。

徐，州名。鲁亦在徐州境内。淮夷，盖自古有之。《禹贡》于徐州，有淮夷蠙珠之贡，徐戎亦其类也。虽居中国，自为戎、夷之俗，历代帝王亦以戎、夷待之，如后世之羁縻州县也。伯禽分封于鲁，实与为邻，故此戎，乘鲁之新造，相挺而动，远连商邑，近结奄民。周公故尝征之，成王故尝践之。不知与此事先后如何耳。誓辞首以淮夷、徐戎并称。甲戌，则惟征徐戎，则此誓专为征徐戎而作也。然蠢兹戎夷为乱，必非一次。周公既没，又复为乱。《礼记曾子问》篇，子夏曰，三年之丧卒，哭金革之事，无辟也者，非，与孔子曰，吾闻诸老聃，曰，昔者鲁公伯禽，有为为之也。注云，伯禽，周公子，有徐戎作难，丧卒哭而征之，则在成王之十四年也。蔡氏于此，引吕氏之说，则谓伯禽初封之时。而《洛诰》传又谓，《费誓》在周公东征之时，则伯禽就国，已十年矣，终不可指其的年月也。

（元）王充耘《读书管见》卷下《费誓》

《费誓》。

徂兹淮夷，徐戎并兴。

徂，往。当从孔氏言"今往伐此戎、夷"为是。孔氏谓，戎、夷，帝王羁縻，故错居九州岛之内。窃意，古者天下初辟，礼义之风未能悉遍。凡无礼无义者，辄以戎、夷目之；而有礼义者，辄谓为华夏，非必四海九州岛之外，而后为戎、夷也。故五服之制，则蛮夷在要荒之地，然以周时考之，太原有白狄，徐州有淮夷、徐戎，齐有莱夷，伊川有陆浑之戎，而吴楚大国，皆摈以夷、狄是又非必皆在要荒之地也。皋陶以刑制蛮夷猾夏。只是无礼义，而侵乱礼教者。辄刑之，而传者不察，遂妄谓皋陶掌兵，不知彼时，蛮夷与中国之俗杂处，何待于兵革，岂如后世遣大将征伐四夷之谓乎？

此书得之西皋王氏，写者甚草草，而其末尤甚，当时恐失其真，辄以纸临写一本，而以意正若干字，略可读。吁！惜吾生之晚，不得抠衣于耕野之堂也。梅幼和鹗云。

（清）朱鹤龄《尚书埤传》卷九《周书·费誓》

徂兹淮夷，徐戎并兴。

孔传，伯禽为方伯，监七百里之诸侯，帅之以往征。此淮浦之夷、徐州之戎并起为寇。此戎、夷，帝王所羁縻统叙，故错之九州岛之内。秦始皇逐出之（蔡传，徂兹，犹云"往"者，本苏说）。疏云，始皇逐戎夷，经传不载。始皇距孔君，初仅可三四十年，古老犹在，及见其事，故孔知之也。愚按，西周之末，戎偪诸夏，自陇山以东，往往有戎。渭北，有翟、貔、邽、冀之戎；泾北，有义渠之戎；洛川有大荔之戎；渭南有骊戎；伊洛，有陆浑之戎。始皇所驱斥者，当是此种。故汉初不闻为患，若徐戎、淮夷则被服中华已久，当始皇时，固不得以戎夷名之矣。

何楷曰，徂兹淮夷，徐戎并兴，言往已中淮夷之难矣，今徐戎又蠢动也。《费誓》之作，惟征徐戎，如此读便了然。

善敹乃甲胄，敽乃干，无敢不吊

1. （汉）孔氏传、（唐）陆德明音义、孔颖达疏《尚书注疏》卷十九《周书·费誓》

善敹乃甲胄，敽乃干，无敢不吊。

传，言当善简汝甲铠胄兜鍪，施汝楯纷，无敢不令，至攻坚使可用。

音义：

敹，了雕反。敽，居表反。吊，音的。铠，苦代反。兜，丁侯反。鍪，音矛。楯，常准反，又音允。纷，芳云反。令，力呈反。

疏：

汝等善简择汝之甲胄，施汝楯纷，无敢不令，至攻极坚。

传正义曰，《世本》云，杼作甲，宋仲子云，少康子杼也。《说文》云，胄，兜鍪也。兜鍪，首铠也。经典皆言"甲胄"，秦世已来，始有"铠兜鍪"之文。古之作甲用皮。秦汉以来，用铁。"铠鍪"二字皆从金，盖用铁为之，而因以作名也。甲胄为有善有恶，故令敹简取其善者。郑云，敹谓穿彻之，谓甲绳有断绝，当使敹穿治之。干，是楯也。敽乃干，必施功于楯，但楯无施功之处，惟系纷于楯，故以为施汝楯纷。纷如绶而小，系于楯，以持之，其以为饰。郑云，敽，犹系也。王肃云，敽楯当有纷系持之，是相传为此说也。吊，训"至"也。无敢不令至极，攻坚使可用。郑云，至，犹善也。

2.（宋）苏轼撰《书传》卷二十《周书·费誓第三十一》

善敹乃甲胄，敿乃干，无敢不吊。备乃弓矢，锻乃戈矛，砺乃锋刃，无敢不善。

敹、敿、锻、砺，皆修治也。吊，精至也。

3.（宋）林之奇《尚书全解》卷四十《周书·费誓》

(归善斋按，见"鲁侯伯禽宅曲阜")

4.（宋）史浩《尚书讲义》卷二十《周书·费誓》

(归善斋按，见"公曰，嗟！人无哗，听命")

5.（宋）夏僎《尚书详解》卷二十六《周书·费誓》

(归善斋按，见"公曰，嗟！人无哗，听命")

6.（宋）时澜《增修东莱书说》卷三十五《周书·费誓第三十一》

(归善斋按，见"公曰，嗟！人无哗，听命")

7.（宋）黄度《尚书说》卷七《周书·费誓》

(归善斋按，见"公曰，嗟！人无哗，听命")

8.（宋）袁燮《絜斋家塾书钞》

(归善斋按，无此篇)

9.（宋）蔡沈《书经集传》卷六《周书·费誓》

善敹乃甲胄，敿乃干，无敢不吊；备乃弓矢，锻乃戈，予砺乃锋刃，无敢不善。

敹，速条反。敿，举夭反。吊，音的。锻都玩反。敹，缝完也，缝完其甲胄，勿使断毁。敿，郑氏云，犹"系"也。王肃云，敿，楯当有纷系持之。吊精,至也。锻,淬;砺,磨也。甲胄,所以卫身;弓矢,戈矛,所以克敌。先自卫而后攻人,亦其序也。

10. (宋)黄伦《尚书精义》卷五十《周书·费誓》

(归善斋按,见"公曰,嗟!人无哗,听命")

11. (宋)陈经《尚书详解》卷四十九《周书·费誓》

(归善斋按,见"公曰,嗟!人无哗,听命")

12. (宋)钱时《融堂书解》卷二十《周书·费誓》

(归善斋按,见"公曰,嗟!人无哗,听命")

13. (宋)魏了翁《尚书要义》卷二十《费誓》

十二、经典惟甲胄,秦后始有铠鍪金为之。

《世本》云,杼作甲。宋仲子云,少康子杼也。《说文》云胄,兜鍪也。兜鍪,首铠也。经典皆言甲胄,秦世已来,始有铠兜鍪之文。古之作甲用皮,秦汉已来用铁,铠、鍪二字皆从金。盖用铁为之而因以作名也。

十三、敿甲胄,穿治之。敿干,犹系搢纷。甲胄为有善有恶,故令敿简取其善者。郑云,敿谓穿彻之,谓甲绳有断绝,当使敿理穿理之。干,是楯也。敿乃干,必施功于楯,但楯无施功之处,惟系纷于楯,故以为施汝楯纷。纷如绶而小,系于楯以持之,其以为饬。郑云,敿犹系也。王肃云,敿楯当有纷,系持之,是相传为此说也。吊,训"至"也,无敢不令至极攻坚,使可用。郑云,至,犹"善"也。

14. (宋)陈大猷《书集传或问》卷上《费誓》

(归善斋按,未解)

15. (宋)胡士行《尚书详解》卷十三《周书·费誓第三十一》

(归善斋按,见"公曰,嗟!人无哗,听命")

16. (元)吴澄《书纂言》卷四下《周书·费誓》

(归善斋按,见"徂兹淮夷,徐戎并兴")

17. (元)陈栎《书集传纂疏》卷六《朱子订定蔡氏集传周书·费誓》

善敹乃甲胄,敿乃干,无敢不吊;备乃弓矢,锻乃戈矛,砺乃锋刃,无敢不善。

敹,缝完也,缝完其甲胄,勿使断毁。敿,郑氏云,犹"系"也。王肃云,敿,楯当有纷系持之。吊,精至也。锻,淬;砺,磨也。甲胄,所以卫身;弓矢、戈矛,所以克敌,先自卫而后攻人,亦其序也。

纂疏:

唐孔氏曰,《世本》云,少康子杼作甲,兜鍪,首铠也。经皆言"甲胄",秦以来,始云"铠,兜鍪",古用皮,秦以后用铁。铠、鍪皆从金,盖用铁也。楯纷,如绶而小,系纷于楯,以为饰。备,具也。每弓百矢,五十矢为束。

18. (元)许谦《读书丛说》卷六《周书·费誓》

(归善斋按,未解)

19. (元)董鼎《书传辑录纂注》卷六《周书·费誓》

善敹乃甲胄,敿乃干,无敢不吊;备乃弓矢,锻乃戈矛,砺乃锋刃,无敢不善。

敹,缝完也。缝完其甲胄,勿使断毁。敿,郑氏云,犹"系"也。王肃云,敿楯,当有纷系持之。吊,精至也。锻,淬;砺,磨也。甲胄,所以卫身;弓矢、戈矛,所以克敌。先自卫,而后攻人,亦其序也。

纂注:

孔氏曰,善简汝甲铠胄兜鍪,施汝楯纷。

唐孔氏曰,《世本》云,少康子杼作甲,兜鍪,首铠也。经典皆言"甲胄"。秦世以来,始有"铠,兜鍪"之文。古作甲用皮,秦汉以来用铁。铠、鍫二字皆从金，盖用铁为之。郑云，敿，谓穿彻之，谓甲绳有断绝，当使敿理穿治之。楯纷如绶而小，系纷于楯，以为饰。备，训"具"。每弓百矢，弓十矢千，使其数备足。毛传云，五十矢为束，或临战用五十矢为束。凡金为兵器，皆须锻砺有刃之兵，非独戈矛，其文互相通。

20. （元）朱祖义《尚书句解》卷十三《周书·费誓第三十一》

善敿乃甲胄（善简择汝甲，以卫身；胄以卫首。敿，聊），敌乃干（干，楯也。安国谓，施汝楯纷，纷如绶而小，系于楯持之，以为饰。敌，矫），无敢不吊（无有一事敢不极其至，吊，的）。

21. （明）王樵《尚书日记》卷十六《周书·费誓》

"善敿乃甲胄"至"无敢不善"。

正义曰，古之作甲用皮，秦汉以来用铁。甲胄为有善恶，故令敿简取其善者。郑云，敿，谓穿彻之，谓甲绳有断绝，当使敿理穿治之。干，楯也。楯无施功之处，惟系纷于楯纷如绶而小系于楯，以持之，且以为饰。郑玄云，敌犹系也。王肃云，敌，楯当有纷系持之，是相传为此说也。吊，至也，无不至坚。郑云，至，犹善也。备，具也。每弓百矢，弓十矢千，其数备足，令弓调矢利。凡金为兵器，皆须锻砺。有刃之兵，非独戈矛而已，其文互相通，无敢不善，皆利快也。

按，弓必二，以备折坏，矢一房，必百。锻，是烧而纳水中，以坚之。锻、砺虽互文，然戈矛刺人之物，须锻。斧钺、刀剑，有锉刃，须砺，分言亦有谓也（敿，了雕反。敌居表反。吊，音的）。

22. （清）库勒纳等撰《日讲书经解义》卷十三《周书·费誓》

善敿乃甲胄，敌乃干，无敢不吊；备乃弓矢，锻乃戈矛，砺乃锋刃，无敢不善。

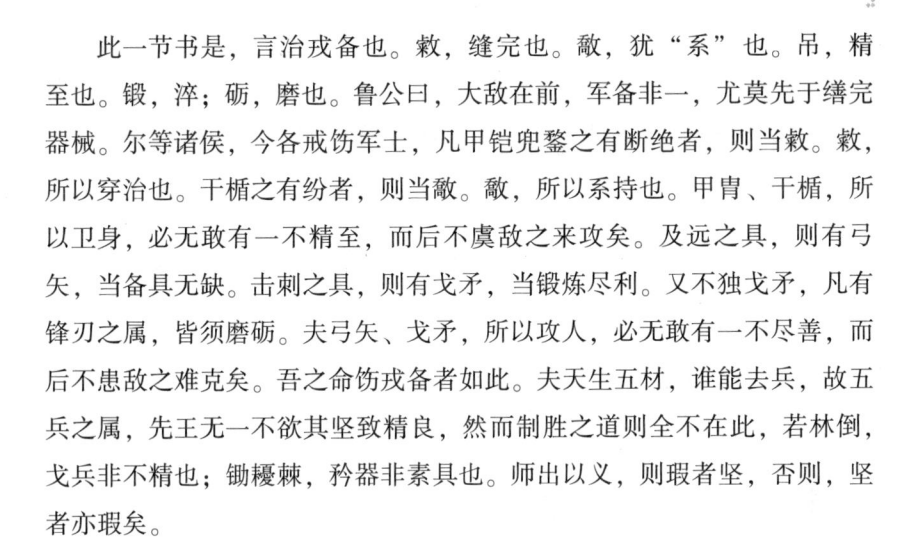

此一节书是，言治戎备也。敿，缝完也。敿，犹"系"也。吊，精至也。锻，淬；砺，磨也。鲁公曰，大敌在前，军备非一，尤莫先于缮完器械。尔等诸侯，今各戒饬军士，凡甲胄兜鍪之有断绝者，则当敿。敿，所以穿治也。干楯之有纷者，则当敿。敿，所以系持也。甲胄、干楯，所以卫身，必无敢有一不精至，而后不虞敌之来攻矣。及远之具，则有弓矢，当备具无缺。击刺之具，则有戈矛，当锻炼尽利。又不独戈矛，凡有锋刃之属，皆须磨砺。夫弓矢、戈矛，所以攻人，必无敢有一不尽善，而后不患敌之难克矣。吾之命饬戎备者如此。夫天生五材，谁能去兵，故五兵之属，先王无一不欲其坚致精良，然而制胜之道则全不在此，若林倒，戈兵非不精也；锄耰棘，矜器非素具也。师出以义，则瑕者坚，否则，坚者亦瑕矣。

（元）陈师凯《书蔡氏传旁通》卷六下《周书·费誓》

敿，缝完也。缝完其甲胄，勿使断毁。

古注，甲，铠；胄，兜鍪。正义云，经典皆言甲胄。秦世以来，始有铠、兜鍪之文。古作甲用皮，秦汉以来用铁。铠、鍪二字，皆从金，盖用铁为之。郑云，敿，谓穿彻之谓。甲绳有断绝，当使敿理穿治之。

敿，楯当有纷系持之。

楯，即干，扞蔽之物。纷，即"纷帨"之"纷"，读如焚。《周礼》注，纷如绶有文而狭。孔颖达云，系纷于楯以为饰。蔡氏谓，系而持之也。

（清）朱鹤龄《尚书埤传》卷九《周书·费誓》

敿乃干，备乃弓矢。

敿，犹"系"也。孔疏，楯纷如绶而小，系于楯以为饰。

孔疏，备，训足。每弓百矢，弓十矢千，使其数备足。《诗》传，束矢，五十矢也。或临战，用五十矢为束。

备乃弓矢，锻乃戈矛，砺乃锋刃，无敢不善

1.（汉）孔氏传、（唐）陆德明音义、孔颖达疏《尚书注疏》卷十九《周书·费誓》

备乃弓矢，锻乃戈矛，砺乃锋刃，无敢不善。
传，备汝弓矢，弓调矢利，锻炼戈矛，磨砺锋刃，皆使无敢不功善。
音义：
锻，丁乱反。砺，力世反。炼，来见反。
疏：
备汝弓矢，一弓百矢。令弓调矢利，锻炼汝之戈矛，磨砺汝之锋刃，无敢不使皆善，戒之使善，言不善将得罪也。
传正义曰，备，训"具"也。每弓百矢，弓十矢千，使其数备足，令弓调矢利。案，毛传云，五十矢为束，或临战用五十矢为束。凡金为兵器，皆须锻砺有刃之兵，非独戈矛而已。云锻炼戈矛，磨砺锋刃，令其文互相通，称诸侯兵器，皆使无敢不功善，令皆利快也。

2.（宋）苏轼撰《书传》卷二十《周书·费誓第三十一》

（归善斋按，见"善敹乃甲胄，敿乃干，无敢不吊"）

3.（宋）林之奇《尚书全解》卷四十《周书·费誓》

（归善斋按，见"鲁侯伯禽宅曲阜"）

4.（宋）史浩《尚书讲义》卷二十《周书·费誓》

（归善斋按，见"公曰，嗟！人无哗，听命"）

5.（宋）夏僎《尚书详解》卷二十六《周书·费誓》

（归善斋按，见"公曰，嗟！人无哗，听命"）

6.（宋）时澜《增修东莱书说》卷三十五《周书·费誓第三十一》

（归善斋按，见"公曰，嗟！人无哗，听命"）

7.（宋）黄度《尚书说》卷七《周书·费誓》

（归善斋按，见"公曰，嗟！人无哗，听命"）

8.（宋）袁燮《絜斋家塾书钞》

（归善斋按，无此篇）

9.（宋）蔡沈《书经集传》卷六《周书·费誓》

（归善斋按，见"善敹乃甲胄，敽乃干，无敢不吊"）

10.（宋）黄伦《尚书精义》卷五十《周书·费誓》

（归善斋按，见"公曰，嗟！人无哗，听命"）

11.（宋）陈经《尚书详解》卷四十九《周书·费誓》

（归善斋按，见"公曰，嗟！人无哗，听命"）

12.（宋）钱时《融堂书解》卷二十《周书·费誓》

（归善斋按，见"公曰，嗟！人无哗，听命"）

13.（宋）魏了翁《尚书要义》卷二十《费誓》

（归善斋按，未引）

14.（宋）陈大猷《书集传或问》卷上《费誓》

（归善斋按，未解）

15.（宋）胡士行《尚书详解》卷十三《周书·费誓第三十一》

（归善斋按，见"公曰，嗟！人无哗，听命"）

16.（元）吴澄《书纂言》卷四下《周书·费誓》

（归善斋按，见"徂兹淮夷，徐戎并兴"）

17.（元）陈栎《书集传纂疏》卷六《朱子订定蔡氏集传周书·费誓》

（归善斋按，见"善敹乃甲胄，敿乃干，无敢不吊"）

18.（元）许谦《读书丛说》卷六《周书·费誓》

《费誓》。

战车，甲士三人，御者居前，左执弓矢，右用五兵。弓矢为长兵，五兵为短兵。弓一用矢百，又有一弓以备损折。故《诗》曰"交韔二弓"，必二弓百矢具足，故曰"备"。五兵者，戈、殳、戟、酋矛、夷矛，建于车右，随所宜用之，以金为之，故曰"锻"。唯殳积竹为之，为击兵不主刺。此言戈、矛，总该五兵也。砺锋刃，则又总上两句，兼矢、戈、戟、矛言之。

19.（元）董鼎《书传辑录纂注》卷六《周书·费誓》

（归善斋按，见"善敹乃甲胄，敿乃干，无敢不吊"）

20.（元）朱祖义《尚书句解》卷十三《周书·费誓第三十一》

备乃弓矢（古者，每一弓百矢，其数欲备足），锻乃戈矛（戈矛以金为刃，则锻炼之），砺乃锋刃（凡有锋刃，皆磨砺之），无敢不善（无有一事，敢不尽善）。

21.（明）王樵《尚书日记》卷十六《周书·费誓》

（归善斋按，见"善敹乃甲胄，敿乃干，无敢不吊"）

22.（清）库勒纳等撰《日讲书经解义》卷十三《周书·费誓》

（归善斋按，见"善敹乃甲胄，敿乃干，无敢不吊"）

（清）朱鹤龄《尚书埤传》卷九《周书·费誓》

（归善斋按，见"善敹乃甲胄，敿乃干，无敢不吊"）

今惟淫舍牿牛马

1.（汉）孔氏传、（唐）陆德明音义、孔颖达疏《尚书注疏》卷十九《周书·费誓》

今惟淫舍牿牛马。

传，今军人，惟大放舍牿牢之牛马，言军所在必放牧也。

音义：

牿，工毒反，杜本又作㲻。

疏：

正义曰，此戒军旁之民也。今军人惟欲大放舍牿牢之牛马，令牧于野泽。

传正义曰，淫，训"大"也。《周礼》充人掌系祭祀之牲牷，祀五帝，则系于牢刍之三月。郑玄云，牢，闭也。校人掌王马之政，天子十有二闲马六种。然则，掌牛马之处，谓之牢闲，牢闲，是周卫之名也。此言大舍牿牛马，则是出之牢闲，牧于野泽，令其逐草而牧之，故谓此牢闲之牛马，为牿牛马，而知牿，即闲牢之谓也。故言大放舍牿牢之牛马，言军人所在必须放牧，此告军旁之民也。既言牛马在牿，遂以"牿"为牛马之名。下云"无敢伤牿",谓伤牛马,牿之伤,谓牛马伤也。郑玄以牿为桎牿之牿,施牿于牛马之脚,使不得走失。

2. (宋) 苏轼撰《书传》卷二十《周书·费誓第三十一》

今惟淫舍牿牛马。

牿,所以械牛马者。今当用之于战,故大释其牿。淫,大也。

3. (宋) 林之奇《尚书全解》卷四十《周书·费誓》

(归善斋按,见"鲁侯伯禽宅曲阜")

4. (宋) 史浩《尚书讲义》卷二十《周书·费誓》

(归善斋按,见"公曰,嗟!人无哗,听命")

5. (宋) 夏僎《尚书详解》卷二十六《周书·费誓》

今惟淫舍牿牛马,杜乃擭,敜乃阱,无敢伤牿。牿之伤,汝则有常刑。马牛其风,臣妾逋逃,勿敢越逐。祗复之,我商赉汝。乃越逐、不复,汝则有常刑。无敢寇攘,逾垣墙,窃马牛,诱臣妾,汝则有常刑。

此又戒费地之人,恐有旧设陷阱取野兽者,今日不除,必伤在军之牛马。其下并及牛马风逸,臣妾逋逃,与为寇贼攘夺之事者,盖马牛为车战,及负载之用,尤军事所急者,故伯禽于是戒之曰,今日惟大放舍平日所牿之马牛,使放牧于费地。牿,即闲牢之类,所以闲制牛马,如桎梏,然使不得奔逸,故谓之牿也。惟其放散所牿牛马,牧于费地,故戒在费地之人,或平时为擭以取猛兽者,今则杜而绝之;为阱以取小兽者,今则窒而塞之。擭、阱皆捕兽之器,穿地为深坑,又设机于上,以防其跃出者,谓之擭;穿地为深坑,使入不能出其上,不复设机者,谓之阱。擭有机,故绝之。阱,惟坑耳,故塞之。所以欲其杜且塞者,盖欲其不至于伤所牿之牛马也。不言牛马,直言"牿"者,以上言"牿牛马",此承上文,惟言"牿",则牛马可知矣。若既戒之后,不杜,不塞,至于伤牿,则自有行军伤牛马常刑以加之也。"马牛其风,臣妾逋逃"者,谓马牛或因风而至于奔逸,臣妾或因罪而逃走,军行队伍各有车乘与糗粮,故各有牛马;

各有家人妇子，故各有臣妾。夫马牛因风而奔，臣妾因罪而逃，于人情所当逐之使反故伍。今伯禽乃戒之，使不敢越队伍而妄逐者，盖军事尚严，行有号令，居有部伍使不听号令，不守部伍，则无纲纪，奸人将乘此，以为乱其众，其害岂细事哉？故伯禽所以于马牛之当逐，戒不使逐；臣妾之当捕，戒不使捕者，恐其越次而追，则乱其众故也。然伯禽既使在部伍者，不得越逐马牛与臣妾，则因奔逸逃亡而至于他队者，彼必就而攘之，而故主不复可得，故又戒之曰，若马牛因风而逸，臣妾因罪而逃，自此队奔而至于他队者，诚能因其来而收取，以敬复还其旧主，我则量其马牛臣妾之多少，而商度以等级而赐赉于汝，如此则失物者不忧必失，不萌妄逐之心，以乱众。得物者，不敢苟得，不萌固执之心，以愤众。伯禽既戒众使无越逐己物，与复还人物，又恐有未必从其令者，故又以刑惧之曰，我上戒汝使失物者不得越逐，与得物者必敬复本主，今乃或有越部伍分而擅逐，与既得物乃意不复还本主者，是汝违吾之令也。违军令者，自有常刑，汝不可不畏也。无垢谓，古人举事，动有私意，致不得越逐，疑于委弃，使人心不平。然不复者有刑，则马牛臣妾，将不待逐而自归其处。事类如此，则岂复有遗恨乎。群行攻劫，曰寇；因物自至而取之，曰攘；潜人盗物，曰窃；以言调人，曰诱。伯禽上戒乃越逐者，与不复者，此则不止越逐与不复而已，乃群行攻劫，物至攘取，越人垣墙，以盗窃人之牛马，引诱人之臣妾，如此则岂止越逐、不复而已，故又戒之曰，汝等无敢寇攘，逾垣墙，窃马牛，诱臣妾，若敢如此，在军亦自有常刑。此三言"常刑"则同，而所以为刑则异，盖此三事各有当法也。

6.（宋）时澜《增修东莱书说》卷三十五《周书·费誓第三十一》

　　今惟淫舍牿牛马，杜乃擭，敛乃阱，无敢伤牿。牿之伤，汝则有常刑。

　　戎备既修，则师可以出矣。此所以继之以除道路之事也。淫，大也。牿，闲牧也。师既出牛马所舍之闲牧，大布于郊野。郊野之民，皆当修治其地室，塞其擭阱，一或不谨，而伤闲牧之牛马，则有常刑。举此一条以例之。凡川梁，薮泽，险阻，屏翳，有害于师屯者，除治之功，盖无所不施矣。

7. （宋）黄度《尚书说》卷七《周书·费誓》

今惟淫舍牿牛马，杜乃擭，敜乃阱，无敢伤牿。牿之伤，汝则有常刑。

孔颖达曰，此戒军旁之民。淫，纵；舍，放；牿，牢闲也。牛马有牢闲，今军行放牧纵之。杜，塞；擭，机槛；敜，闭；阱，穿地陷兽也。民本设机、阱以捕兽，恐伤军人牛马，今闭塞之。不闭塞，伤牿有常刑。今律，施机枪，作坑阱，杖伤人畜产，偿价，犹此意也。

8. （宋）袁燮《絜斋家塾书钞》

（归善斋按，无此篇）

9. （宋）蔡沈《书经集传》卷六《周书·费誓》

今惟淫舍牿牛马，杜乃擭，敜乃阱，无敢伤牿。牿之伤，汝则有常刑。

牿，音谷。擭，胡化反。敜，乃结反。阱，疾郢反。淫，大也。牿，闲牧也。擭，机槛也。敜，塞也。师既出，牛马所舍之闲牧，大布于野，当窒塞其擭阱，一或不谨，而伤闲牧之牛马，则有常刑。此令军在所之居民也。举此例之，凡川梁、薮泽、险阻、屏翳，有害于师屯者，皆在矣。此除道路之事。

10. （宋）黄伦《尚书精义》卷五十《周书·费誓》

今惟淫舍牿牛马，杜乃擭，敜乃阱，无敢伤牿。牿之伤，汝则有常刑。

无垢曰，牛马为车战，及负载之用，军事所不可忽也。擭，设机以捕兽者也。阱，掘地以陷兽者也。军傍之民，有此类者，本非有意于取军中牛马也。然当吾放牧之际，傥不杜绝敜塞之，则必伤吾牛马，以害军事，故不杜敜，有至伤牿者，则军有常刑矣。此誓军傍居民也。呜呼！军自军，民自民，在军则战，在民则耕。故虽有军事，而军傍居民，不妨其安业也。先王行兵，乃如常事矣。

11.（宋）陈经《尚书详解》卷四十九《周书·费誓》

（归善斋按，见"公曰，嗟！人无哗，听命"）

12.（宋）钱时《融堂书解》卷二十《周书·费誓》

（归善斋按，见"公曰，嗟！人无哗，听命"）

13.（宋）魏了翁《尚书要义》卷二十《费誓》

（归善斋按，未引）

14.（宋）陈大猷《书集传或问》卷上《费誓》

（归善斋按，未解）

15.（宋）胡士行《尚书详解》卷十三《周书·费誓第三十一》

今惟淫（大）舍（放牧）牿（平日闲牢所牿）牛马（于费地），杜（塞）乃擭（张兽机槛），敜乃阱（陷兽坑），无敢伤（损）牿（牛马）。牿之伤，汝则有常刑。

戎备修，则师出，此以除道路也。

16.（元）吴澄《书纂言》卷四下《周书·费誓》

今惟淫舍牿牛马，杜乃擭，敜乃阱，无敢伤牿。牿之伤，汝则有常刑。

今，谓今出征之时也。淫，大；舍，放；牿，牢，言放牧。杜，塞；擭，捕兽机槛；敜，塞；阱，穿地，陷兽。伤牿，谓伤牿之牛马。牛马在牿，遂以牿为牛马之名。

17.（元）陈栎《书集传纂疏》卷六《朱子订定蔡氏集传周书·费誓》

今惟淫舍牿牛马，杜乃擭，敜乃阱，无敢伤牿。牿之伤，汝则有常刑。

淫，大也。牿，闲牧也。攑，机槛也。敛，塞也。师既出，牛马所舍之闲牧，大布于野，当窒塞其攑阱，一或不谨而伤闲牧之牛马，则有常刑。此令军在所之居民也。举此例之，凡川梁、薮泽、险阻、屏翳，有害于师屯者，皆在矣。此除道路之事。

纂疏：

唐孔氏曰，牛马在牿，遂以牿名牛马。《礼》冥氏掌为阱攑。攑以捕虎豹，穿地为深阱，又设机其上，防其跃出也。阱以捕小兽，穿地为深坑，入必不能出，上不设机也。阱以穿地为名，攑以获兽为名。攑亦设于阱中，但阱不设机为异耳。杜、敛，皆闭塞之义。

18.（元）许谦《读书丛说》卷六《周书·费誓》

（归善斋按，未解）

19.（元）董鼎《书传辑录纂注》卷六《周书·费誓》

今惟淫舍牿牛马，杜乃攑，敛乃阱，无敢伤牿。牿之伤，汝则有常刑。

淫，大也。牿，闲牧也。攑，机槛也。敛，塞也。师既出，牛马所舍之闲牧，大布于野，当窒塞其攑阱，一或不谨，而伤闲牧之牛马，则有常刑。此令军在所之居民也。举此例之，凡川梁、薮泽、险阻、屏翳，有害于师屯者，皆在矣。此除道路之事。

纂注：

唐孔氏曰，既言牛马在牿，遂以牿为牛马之名。《礼》冥氏掌为阱攑。攑以捕虎豹，穿地为深坑，又设机其上，防其跃而出也。阱，以捕小兽，穿地为深坑，入必不能出其上，不设机也。阱以穿地为名，攑以得兽为名。攑，亦设于阱中，但阱不设机，为异耳。杜、敛皆闭塞之义。

张氏曰，牛马为车战，及负载之用。

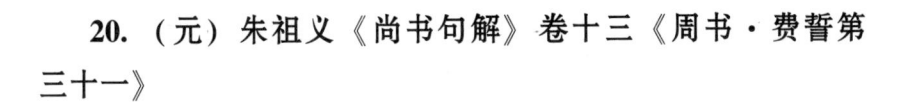

20.（元）朱祖义《尚书句解》卷十三《周书·费誓第三十一》

今惟淫舍牿牛马（军中牛以负载，马以驾车。今惟行军所在，必大放舍所牿之牛马而牧之。牿，梏）。

21.（明）王樵《尚书日记》卷十六《周书·费誓》

"今惟淫舍牿牛马"至"牿之伤，汝则有常刑"。

此告军旁之民也。淫，大也。舍，牧放也。牿，牢闲也。军所止之处，大舍牿牛马，谓出之牢闲，牧于草泽。杜、敜皆塞也。擭，槛也。穿地曰阱，槛以捕虎豹，穿地为深坑，又设机于上，防其跃而出也。阱以捕小兽，入必不能出，不设机也。牢闲，周卫之名，既言牛马在牿，遂以牿为牛马之名。"无敢伤牿"，谓伤牛马。牿之伤，谓牛马伤也。有常刑，孔氏曰，谓残人畜之刑。正义曰，今律施机枪作坑阱者，杖一百伤人之畜产者，偿所减价。蔡氏曰，此除道路之事。一说，梏施梏于牛马之足，防走失也。

22.（清）库勒纳等撰《日讲书经解义》卷十三《周书·费誓》

今惟淫舍牿牛马。杜乃擭，敜乃阱，无敢伤牿。牿之伤，汝则有常刑。

此一节书是，言除道路也。淫，大也。牿，闲牧也。擭，机槛也。敜，塞也。鲁公曰，军行所以载糗粮，供驰驱者，惟牛马是赖，尔等居民，当辟除道路，以待军行，凡军士经过止宿之处，必须大舍牛马，作为闲牧。尔民向为机槛以捕兽，而有擭，则须杜绝之。向掘地以陷兽，而为阱，则当敜塞之。务使牛马闲牧，无有一伤害。如或触于擭，或陷于阱，而有伤，则汝民当有常刑，不汝赦也。吾之命治道路者如此。观此一节，则虽师出极有名，而为道路之绎骚者不少矣。先儒谓，不止于擭、阱，凡川梁、薮泽、险阻、屏翳，有害于师屯者，皆可例推。其震动不宁，岂细故哉？万一师出不以当，是重牛马，而轻杀人也，可不慎哉。

（清）王夫之《尚书稗疏》卷四下《周书·牧誓》

《费誓》。

淫舍。

淫，大也，亦放也。军行五十里为一舍，所舍之地，必有顿置牛马之场，为攗阱之所不及，乃此征徐戎之师，不但鲁师，诸侯之兵大集，则旧所为次舍者，不足以容，淫滥四出，随地安舍，则越阡陌，践蹊径，而旧非禁地，攗阱之设，固有之矣。是故，使之杜而敛焉。抑此蔡注谓，以令军所在之居民，乃誓者苾众于行间之词也。故前云，"嗟人无哗"则其为面命可知，则亦使闭牧牛马者，自杜敛之也。不然牧人不谨，使马牛罹伤，而独罪居民，非法之允矣。

（清）朱鹤龄《尚书埤传》卷九《周书·费誓》

牿牛马，杜乃攗。

牿，即《易》"童牛之牿"，施横木于牛角也。马当是施之于脚，此郑玄说。

孔传，攗，捕兽机槛。疏云，攗，柞鄂也，捕兽之器。槛，栏也，圈也，设机于上，曰机槛。

杜乃攗，敛乃阱，无敢伤牿，牿之伤，汝则有常刑

1. （汉）孔氏传、（唐）陆德明音义、孔颖达疏《尚书注疏》卷十九《周书·费誓》

杜乃攗，敛乃阱，无敢伤牿，牿之伤，汝则有常刑。

传，攗，捕兽机槛，当杜塞之。阱，穿地陷兽，当以土窒敛之。无敢令伤所放牿牢之牛马。牛马之伤，汝则有残人畜之常刑。

音义：

攰，华化反，徐户覆反。敜，徐乃协反，又乃结反。阱，在性反。槛，户减反。窒，珍栗反。畜，许六反，又丑六反。

疏：

正义曰，杜汝捕兽之攰，塞汝陷兽之阱，无敢令伤所放牿牢之牛马，牛马之伤，汝则有残害人畜之常刑。

传正义曰，《周礼》冥氏掌为阱攰，以攻猛兽，知阱攰皆是捕兽之器也。槛以捕虎豹，穿地为深坑，又设机于上，防其跃而出也。阱以捕小兽，穿地为深坑，入必不能出其上，不设机也。阱以穿地为名，攰以得兽为名。攰，亦设于阱中，但阱不设机为异耳。杜塞之，窒敜之，皆闭塞之义，使之填坑废机，无敢令伤所放牿牢之牛马，牛马之伤，汝则有残人畜之常刑。今律文，施机枪，作坑阱者，杖一百；伤人之畜产者，偿所减价。王肃云，杜，闭也。攰，所以捕禽兽机槛之属。敜，塞也。阱，穿地为之，所以陷堕之。恐害牧牛马，故使闭塞之。郑玄云，山林之田，春始穿地为阱，或设攰其中，以遮兽。攰，作罥也。

2. （宋）苏轼撰《书传》卷二十《周书·费誓第三十一》

杜乃攰，敜乃阱，无敢伤牿。牿之伤汝则有常刑。

攰，机槛也。敜，塞也，恐伤此释牿之牛马，此令军所在居民也。

3. （宋）林之奇《尚书全解》卷四十《周书·费誓》

(归善斋按，见"鲁侯伯禽宅曲阜")

4. （宋）史浩《尚书讲义》卷二十《周书·费誓》

(归善斋按，见"公曰，嗟！人无哗，听命")

5. （宋）夏僎《尚书详解》卷二十六《周书·费誓》

(归善斋按，见"今惟淫舍牿牛马")

6.（宋）时澜《增修东莱书说》卷三十五《周书·费誓第三十一》

（归善斋按，见"今惟淫舍牿牛马"）

7.（宋）黄度《尚书说》卷七《周书·费誓》

（归善斋按，见"今惟淫舍牿牛马"）

8.（宋）袁燮《絜斋家塾书钞》

（归善斋按，无此篇）

9.（宋）蔡沈《书经集传》卷六《周书·费誓》

（归善斋按，见"今惟淫舍牿牛马"）

10.（宋）黄伦《尚书精义》卷五十《周书·费誓》

（归善斋按，见"今惟淫舍牿牛马"）

11.（宋）陈经《尚书详解》卷四十九《周书·费誓》

（归善斋按，见"公曰，嗟！人无哗，听命"）

12.（宋）钱时《融堂书解》卷二十《周书·费誓》

（归善斋按，见"公曰，嗟！人无哗，听命"）

13.（宋）魏了翁《尚书要义》卷二十《费誓》

十四、杜擭、敛阱，犹今律坑阱有禁。阱，以穿地为名擭，以得兽为名。擭亦设于阱中，但阱不设机为异耳。杜塞之，窒敛之，皆闭塞之，义使之填坑废机，无敢令伤所放牿牢之牛马。牛马之伤，汝则有残人畜之常刑，今律文，施机枪作坑阱者杖一百；伤人之畜产者，偿所减价。王肃云，杜，闭也。檴所以捕禽兽机槛之属。敛，塞也。阱，穿地为之，所以陷堕之。恐害牧牛马，故使闭塞之。

14.（宋）陈大猷《书集传或问》卷上《费誓》

（归善斋按，未解）

15.（宋）胡士行《尚书详解》卷十三《周书·费誓第三十一》

（归善斋按，见"今惟淫舍牿牛马"）

16.（元）吴澄《书纂言》卷四下《周书·费誓》

（归善斋按，见"今惟淫舍牿牛马"）

17.（元）陈栎《书集传纂疏》卷六《朱子订定蔡氏集传周书·费誓》

（归善斋按，见"今惟淫舍牿牛马"）

18.（元）许谦《读书丛说》卷六《周书·费誓》

凡言常刑者，军律之常，于此申言之尔。曰大刑，曰无余刑，则此誓之权也。

19.（元）董鼎《书传辑录纂注》卷六《周书·费誓》

（归善斋按，见"今惟淫舍牿牛马"）

20.（元）朱祖义《尚书句解》卷十三《周书·费誓第三十一》

杜乃擭（擭者，郊野之民设机捕兽，必杜塞之。擭，胡化反），敜乃阱（阱者，掘地以陷兽，当窒敜之。敜，捻；阱，阱），无敢伤牿（无敢以擭与阱伤损我所牿之牛马也）。牿之伤，汝则有常刑（不杜、不敜，伤所牿牛马，汝郊野之民，皆有常刑）。

21.（明）王樵《尚书日记》卷十六《周书·费誓》

（归善斋按，见"今惟淫舍牿牛马"）

22.（清）库勒纳等撰《日讲书经解义》卷十三《周书·费誓》

（归善斋按，见"今惟淫舍牿牛马"）

（元）陈师凯《书蔡氏传旁通》卷六下《周书·费誓》

攜，机槛也。

正义云，攜，以捕虎豹，穿地为深坑，又设机其上，防其跃而出也。阱，以捕小兽，穿地为深坑，入则必不能出，上不设机也。阱以穿地为名，攜以得兽为名。

（清）朱鹤龄《尚书埤传》卷九《周书·费誓》

（归善斋按，见"今惟淫舍牿牛马"）

马牛其风，臣妾逋逃，勿敢越逐

1.（汉）孔氏传、（唐）陆德明音义、孔颖达疏《尚书注疏》卷十九《周书·费誓》

马牛其风，臣妾逋逃，勿敢越逐。

传，马牛其有风佚，臣妾逋亡，勿敢弃越垒伍而求逐之。役人贱者，男曰臣，女曰妾。

音义：逋，布吴反。佚，音逸，商如字，徐音章。

疏：

正义曰，马牛其有放佚，臣妾其有逋逃，汝无敢弃越垒伍而远求逐之。

传正义曰，僖四年《左传》云"惟是风马牛不相及也"，贾逵云，风，放也。牝牡相诱，谓之风。然则，马牛风佚，因牝牡相逐，而遂至放佚远去也。逋，亦逃也。军士在军，当各守部署，止则有垒壁，行则有队伍，勿敢弃越垒伍，而远求逐之。《周礼》大宰以九职任万民，八曰，臣妾聚敛疏材。僖十七年《左传》云晋惠公之妻梁嬴孕过期，卜招父与其子卜之。其子曰，将生一男一女。招曰然，男为人臣，女为人妾，是役人贱者，男曰臣，女曰妾也。古人或以妇女从军，故云"臣妾逋逃"也。

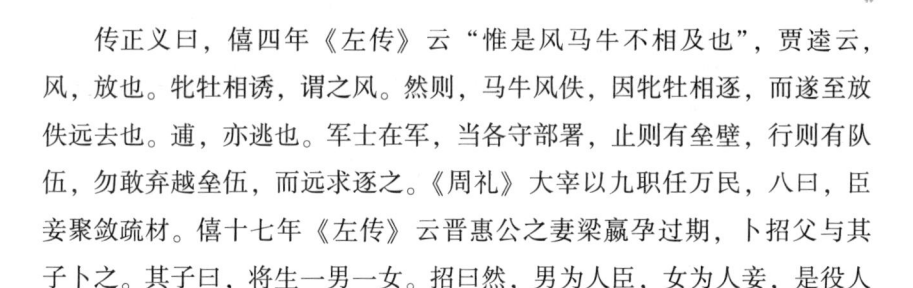

2. （宋）苏轼撰《书传》卷二十《周书·费誓第三十一》

马牛其风，臣妾逋逃，勿敢越逐。祇复之，我商赉汝。乃越逐不复，汝则有常刑。

军乱生于动，故军以各居，其所不动为法。若牛马风，后为季氏邑，非鲁近郊，盖当时治兵于费。

3. （宋）林之奇《尚书全解》卷四十《周书·费誓》

（归善斋按，见"鲁侯伯禽宅曲阜"）

4. （宋）史浩《尚书讲义》卷二十《周书·费誓》

（归善斋按，见"公曰，嗟！人无哗，听命"）

5. （宋）夏僎《尚书详解》卷二十六《周书·费誓》

（归善斋按，见"今惟淫舍牿牛马"）

6. （宋）时澜《增修东莱书说》卷三十五《周书·费誓第三十一》

马牛其风，臣妾逋逃，勿敢越逐。祇复之，我商赉汝。乃越逐、不复，汝则有常刑。无敢寇攘，逾垣墙，窃马牛，诱臣妾，汝则有常刑。

师既出，则部伍不可不严。自此，皆严部伍之事也。"马牛其风，臣妾逋逃"，师行之变也。城濮之战，晋中军风于泽，亡大旆之左旃。盖师行遇风，瞀乱奔逸，虽非所常遇，然众散兵溃，常必由之。乃军中之深忌，不得不预戒也。当此之时，惟宜镇之以静。故戒其本部，安堵不动，无敢越逐。若纵之越逐，则奔者未及，逐者先乱。军律不可复整矣。惟严之以越逐之刑，使之森然，各守部伍，则溃乱者，将徐而自止。此出师镇定变乱之法也。又戒其它部，见马牛臣妾奔逸而至者，无敢保藏，敬而归之，随其多寡，商度行赏。人诱于"祇复"之赏，而惮于"不复"之刑，则流散者，将不召而自集。此出师招集散亡之法也。本部不敢离局，它部不敢匿奸。部伍条达，绳引綦布，何变乱之足忧哉。至于师旅所经，又申以寇攘窃诱之法，此不惟欲田野不扰，自古丧师者，每因剽掠失部伍，为敌所乘，故不得不戒也。

7. （宋）黄度《尚书说》卷七《周书·费誓》

马牛其风，臣妾逋逃，勿敢越逐。祇复之，我商赉汝。乃越逐、不复，汝则有常刑。

马牛风佚，臣妾逋逃，常时得越逐，军行亦禁之。马牛、臣妾，军民皆有之，越逐惊扰，且招斗也，必使复之。不复之而禁，逐为难行。祇，敬也。无利苟得，无尚忿争，故称"祇复"。或曰，祇，与"亦祇以异"之"祇"同，今俗称"只"，言只当复之，禁其执也。商，度也，度其轻重而赉赐。得者无赉，强使复人，恐其不乐从也。此亦军行权宜。民闲逸兽、逋臣，使还之，官为出赏赉畀得者，岂常行之法。越逐，犯禁；不复则为窃攘，皆有常刑。今律，阑遗视盗论。臣妾，贱者之称。《周礼》九职，八曰臣妾。

8. （宋）袁燮《絜斋家塾书钞》

（归善斋按，无此篇）

9. （宋）蔡沈《书经集传》卷六《周书·费誓》

马牛其风，臣妾逋逃，无敢越逐，祇复之，我商赉汝。乃越逐、不复，汝则有常刑。无敢寇攘，逾垣墙，窃马牛，诱臣妾，汝则有常刑。

攘，逾垣墙，窃马牛，诱臣妾，汝则有常刑。役人贱者，男曰臣，女曰妾。马牛风逸，臣妾逋亡，不得越军垒而逐之。失主虽不得逐，而人得风马牛、逃臣妾者，又当敬还之。我商度多寡，以赏汝。如或越逐而失伍，不复而攘取，皆有常刑。有故窃夺，逾垣墙，窃人牛马，诱人臣妾者，亦有常刑。此严部伍之事。

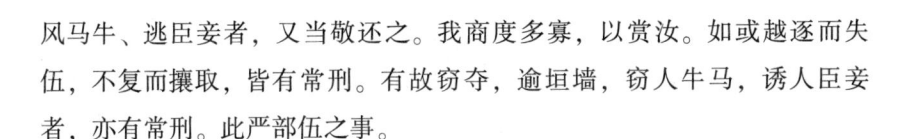

10. （宋）黄伦《尚书精义》卷五十《周书·费誓》

马牛其风，臣妾逋逃，勿敢越逐。祗复之，我商赉汝。乃越逐、不复，汝则有常刑。无敢寇攘，逾垣墙，窃马牛，诱臣妾，汝则有常刑。

无垢曰，虽马牛其风可逐而不敢逐，臣妾逋逃可捕而不敢捕，勿敢越逐者，恐乱军众也。有能得放逸之马牛、逋逃之臣妾，而谨还其本主者，此良民也，吾乃商度多寡，而等级以赏赉之，所以劝其守分，而不生侥幸之心也。

又曰，乃越其部分，不待号令，而擅自捕逐之者，乃有得马牛臣妾，认为己有而不还本主者，二者则军有常刑矣，所以禁其乱众而止其苟得也。

又曰，人众则气盛，故多妄作。又有小人鼓唱其间，故有恃众而为寇盗者，攘夺人财物者，逾垣墙而为奸者，窃他人马牛者，诱他人臣妾者，固所不能免也。唯探赜索隐，钩深致远，长虑却顾，知其必有此事，而先为之防范，则众心安定，而小人无能为矣。盖刑所以禁未发，而制邪心也。其算索物情，如此其精，以此心而料敌制胜，盖有余矣。

11. （宋）陈经《尚书详解》卷四十九《周书·费誓》

(归善斋按，见"公曰，嗟！人无哗，听命")

12. （宋）钱时《融堂书解》卷二十《周书·费誓》

(归善斋按，见"公曰，嗟！人无哗，听命")

13. （宋）魏了翁《尚书要义》卷二十《费誓》

十五、马牛风，臣妾逃，勿越逐，祗复之。马牛其有放佚，臣妾其有逋逃，汝无敢弃越垒伍而远求逐之。其有得逸马牛逃臣妾，皆敬还之，归于本主，我则商度汝功，赏赐汝，汝若弃越垒伍，远求逐马牛臣妾，及有得马牛、臣妾不肯敬还复归本主者，汝则有常刑。僖四年《左传》云，唯是风马牛不相及。贾逵云，风，放也。牝牡相诱，谓之风。然则，马牛风佚，因牝牡相逐，而遂至放佚远去也。逋，亦逃也。军士，在军，当各守部署，止则有垒壁，行则有队伍，勿敢弃越垒、伍，而远求逐之。

十六、古或以妇女从军，故云臣妾。

役人贱者，男曰臣，女曰妾也。古人或以妇女从军，故云臣妾。逋，逃也。

14.（宋）陈大猷《书集传或问》卷上《费誓》

（归善斋按，未解）

15.（宋）胡士行《尚书详解》卷十三《周书·费誓第三十一》

马牛其风（遇风，瞀乱奔逸。城濮之役，晋中军风于泽，亡大旆之左旃），臣妾逋逃（溃散，此行师之变，不可不预戒），勿敢越（乱部伍）逐（追）。祇复（归）之，我商（议）赉（赏）。汝乃越逐、不复，汝则有常刑。无敢寇（群行攻劫）攘（物至而取），逾垣墙，窃（潜入盗物）马牛，诱（以言调人）臣妾，汝则有常刑。

此以严部伍也。

16.（元）吴澄《书纂言》卷四下《周书·费誓》

马牛其风，臣妾逋逃，勿敢越逐。祇复之，我商赉汝。乃越逐、不复，汝则有常刑。

风，牝牡相奔逸。役人贱者，男曰臣，女曰妾。逐，追求也。复，还之也。失者，无得逾越垒伍而追求；得者，惟当归还之，则我当商度多寡，以赏赉汝。如或失者越伍追逐，得者藏匿不还，则皆有常刑也。

17.（元）陈栎《书集传纂疏》卷六《朱子订定蔡氏集传周书·费誓》

马牛其风，臣妾逋逃，勿敢越逐。祇复之，我商赉汝。乃越逐、不复汝则有常刑。无敢寇攘，逾垣墙，窃马牛，诱臣妾，汝则有常刑。

役人贱者，男曰臣，女曰妾。马牛风逸，臣妾逋亡，不得越军垒而逐之。失主虽不得逐，而人得风马牛，逃臣妾者，又当敬还之，我商度多寡，以赏汝。如或越逐而失伍，不复而攘取，皆有常刑。有故窃夺，逾垣墙，窃人牛马，诱人臣妾者，亦有常刑。此严部伍之事。

纂疏：

《左传》风马牛不相及，贾逵曰，牝牡相诱谓之风。

吕氏曰，自古丧师，每因剽掠失伍，为敌所乘。本部不敢离局，他部不敢匿，奸无可乘矣。

18.（元）许谦《读书丛说》卷六《周书·费誓》

（归善斋按，未解）

19.（元）董鼎《书传辑录纂注》卷六《周书·费誓》

马牛其风，臣妾逋逃，勿敢越逐。祗复之，我商赉汝。乃越逐、不复汝则有常刑。无敢寇攘，逾垣墙，窃马牛，诱臣妾，汝则有常刑。

役人贱者，男曰臣，女曰妾。马牛风逸，臣妾逋亡，不得越军垒而逐之。失主虽不得逐，而人得风马牛逃臣妾者，又当敬还之。我商度多寡以赏汝。如或越逐而失伍，不复而攘取，皆有常刑。有故窃夺，逾垣墙，窃人牛马，诱人臣妾者，亦有常刑，此严部伍之事。

纂注：

唐孔氏曰，《左传》风马牛不相及。贾逵云，风，放也。牝牡相诱，谓之风。

苏氏曰，军乱生于动，故军以各居其所，不动为法。

吕氏曰，自古丧师，每因剽掠失部伍，为敌所乘。本部不敢离局，他部不敢匿奸，何溃乱之忧。

20.（元）朱祖义《尚书句解》卷十三《周书·费誓第三十一》

马牛其风（马迎风而驰，牛顺风而走，相奔逐也），臣妾逋逃（男贱为臣，女贱为妾，或因罪而逃走），勿敢越逐（皆不得逾越军垒求逐之）。

21.（明）王樵《尚书日记》卷十六《周书·费誓》

"马牛其风"至"诱臣妾，汝则有常刑"。

贾逵云，牝牡相诱，谓之风。马牛风逸，因牝牡相逐，而遂至放逸远去也。役人贱者，男曰臣，女曰妾。逋，亦逃也。军士在军，当各守部署，止则有垒壁，行则有队伍，故戒以马牛有风逸，臣妾有逋逃，勿敢弃越垒伍而远求逐之。其有得逸马牛，逃臣妾者，皆敬还之于本主，我商度多寡以赏汝。若弃越垒伍，远求逐马牛臣妾，及有得马牛臣妾，不肯敬还归本主者，汝则有常刑。

孔氏曰，越逐为失伍，不复为攘盗，有此刑也。又戒军人，无敢暴劫所过居民，及攘取其物。越人垣墙，为奸若盗，或窃人马牛，或诱人臣妾，汝则有犯军令之刑。

前言马牛臣妾越逐、不复之刑，后言劫攘、窃、诱之刑。前之马牛臣妾，指其在军中者也；后之窃诱，兼军中与所过居民之家而言也。或疑军中安得有臣妾，古之兵，皆平民，衣粮自赍一人从军，一家供之。汉时，亦有私从，安得谓无也。

金氏云，古者，戎车一乘甲士三人，步卒七十二人，马四匹，牛三头，余子二十五人。余子，即臣妾也。按，余子在百人为卒之中，非臣妾也。勿越逐，失主也。祇复，得马牛臣妾人也，是两人。越逐有禁，而不复无刑，则无以行其禁。不复有刑，祇复有赏，人孰敢犯令哉？

吕氏曰，师旅所经，又申之以寇、攘、窃、诱之法，不惟欲田野不扰，自古丧师，每因剽掠失部伍，为敌所乘，故不得不戒也。

蔡氏曰，此严部伍之事。按，此最可见古人行师之道，以自治为本，节制为尚。号令行于未战之先，故可使前无汤火，战无不克，守无不坚。后世之兵不待见敌，行顿之间，果三军如一人乎？有闻无声乎？观其平时可以知战矣。知此者，可语治兵矣。

22.（清）库勒纳等撰《日讲书经解义》卷十三《周书·费誓》

马牛其风，臣妾逋逃，勿敢越逐。祗复之，我商赉汝。乃越逐、不复，汝则有常刑。无敢寇攘，逾垣墙，窃马牛，诱臣妾，汝则有常刑。

此一节书是，言严部伍也。风者，马牛牝牡相诱，因而狂走也。臣妾，男女贱者之称也。商，度量也。鲁公曰，自古丧师之患，未有不因节制不严，部伍不肃，而为敌所乘者。今戒汝等军士，凡军中马牛有风逸者，役使之臣妾有逃亡者，失主俱不得越军垒而逐之。失主虽不得逐，而人有得风马牛，逃臣妾者，皆当敬还之，我则商度所还之物多寡之数，以赏赉汝。如或越逐而失伍，不复而藏匿，各有常刑无赦。夫失者犹不得逐也，况取非其有乎？得者犹不可不复也，况其往而盗之者乎？故汝等必无敢为寇盗，攘夺，如有逾越垣墙，窃人之马牛，诱人之臣妾者，其所犯尤重，各有常刑无赦。吾之命严部伍者如此。古者，师出以律，虽武事而必使知礼，知义，知信。今观此节，所戒礼、义、信，三者具矣。以守，则固；以战，必克也。然在平时，教阅为尤亟。故古者，择将必得说《礼》《乐》，而敦《诗》《书》者，盖得其本矣。

（元）陈师凯《书蔡氏传旁通》卷六下《周书·费誓》

马牛风逸。

正义云，僖四年《左传》云"唯是风马牛不相及也"，贾逵云，风，放也。牝牡相诱，谓之风。然则，马牛风逸，因牝牡相逐，至于放逸远去也。

（清）王夫之《尚书稗疏》卷四下《周书·牧誓》

臣妾。

注以此为严部伍之事，乃军中有女子，自乱世之政，况营伍不守，乃至妇人亦得逋逃，则丁壮之溃散又何禁乎？不责其防卫之不严，而但戒其勿越逐，尚为有军政哉？按此盖为淮夷、徐戎所侵犯之境，避兵入保者言也。避兵者，与征战之士，旁午交错于道，而避兵之民，牛马臣妾有迷失者，若许其主穿营伍而求之，则奸谍或诈为寻逐之民，以生不测，故禁民勿逐，而令收得者还之也，必如此释，于义乃顺。

（清）朱鹤龄《尚书埤传》卷九《周书·费誓》

马牛其风，臣妾逋逃。

孔疏，牝牡相诱，谓之风。因牝牡相诱，而至放逸去也。袁黄曰，古时，丘甸法行，牛马皆养于民间。此马牛、臣妾，断是居民之物，不然军中安得有臣妾乎？疏云，古人或以妇女从军，故云臣妾逋逃，此岂可训。杜甫不云乎，妇人在兵中，兵气恐不扬。

祇复之，我商赍汝

1.（汉）孔氏传、（唐）陆德明音义、孔颖达疏《尚书注疏》卷十九《周书·费誓》

祇复之，我商赍汝。

传，众人其有得佚马牛，逃臣妾，皆敬还复之。我则商度汝功，赐与汝。

音义：

赍，力代反，徐音来。度，待洛反。

疏：

正义曰，其有得佚马牛，逃臣妾，皆敬还复之，归于本主，我则商度汝功，赏赐汝。

2.（宋）苏轼撰《书传》卷二十《周书·费誓第三十一》

（归善斋按，见"马牛其风，臣妾逋逃，勿敢越逐"）

3.（宋）林之奇《尚书全解》卷四十《周书·费誓》

（归善斋按，见"鲁侯伯禽宅曲阜"）

4.（宋）史浩《尚书讲义》卷二十《周书·费誓》

(归善斋按，见"公曰，嗟！人无哗，听命")

5.（宋）夏僎《尚书详解》卷二十六《周书·费誓》

(归善斋按，见"今惟淫舍牿牛马")

6.（宋）时澜《增修东莱书说》卷三十五《周书·费誓第三十一》

(归善斋按，见"马牛其风，臣妾逋逃，勿敢越逐")

7.（宋）黄度《尚书说》卷七《周书·费誓》

(归善斋按，见"马牛其风，臣妾逋逃，勿敢越逐")

8.（宋）袁燮《絜斋家塾书钞》

(归善斋按，无此篇)

9.（宋）蔡沈《书经集传》卷六《周书·费誓》

(归善斋按，见"马牛其风，臣妾逋逃，勿敢越逐")

10.（宋）黄伦《尚书精义》卷五十《周书·费誓》

(归善斋按，见"马牛其风，臣妾逋逃，勿敢越逐")

11.（宋）陈经《尚书详解》卷四十九《周书·费誓》

(归善斋按，见"公曰，嗟！人无哗，听命")

12.（宋）钱时《融堂书解》卷二十《周书·费誓》

(归善斋按，见"公曰，嗟！人无哗，听命")

13.（宋）魏了翁《尚书要义》卷二十《费誓》

(归善斋按，见"马牛其风，臣妾逋逃，勿敢越逐")

14.（宋）陈大猷《书集传或问》卷上《费誓》

（归善斋按，未解）

15.（宋）胡士行《尚书详解》卷十三《周书·费誓第三十一》

（归善斋按，见"马牛其风，臣妾逋逃，勿敢越逐"）

16.（元）吴澄《书纂言》卷四下《周书·费誓》

（归善斋按，见"马牛其风，臣妾逋逃，勿敢越逐"）

17.（元）陈栎《书集传纂疏》卷六《朱子订定蔡氏集传周书·费誓》

（归善斋按，见"马牛其风，臣妾逋逃，勿敢越逐"）

18.（元）许谦《读书丛说》卷六《周书·费誓》

（归善斋按，未解）

19.（元）董鼎《书传辑录纂注》卷六《周书·费誓》

（归善斋按，见"马牛其风，臣妾逋逃，勿敢越逐"）

20.（元）朱祖义《尚书句解》卷十三《周书·费誓第三十一》

祗复之（其有得牛马、臣妾者，敬而还之。有此队奔至它队者，敬而还之）。我商赉汝（我当商度其功，而赏赉尔）。

21.（明）王樵《尚书日记》卷十六《周书·费誓》

（归善斋按，见"马牛其风，臣妾逋逃，勿敢越逐"）

22.（清）库勒纳等撰《日讲书经解义》卷十三《周书·费誓》

(归善斋按，见"马牛其风，臣妾逋逃，勿敢越逐")

乃越逐、不复，汝则有常刑

1.（汉）孔氏传、（唐）陆德明音义、孔颖达疏《尚书注疏》卷十九《周书·费誓》

乃越逐、不复，汝则有常刑。
传，越逐，为失伍；不还，为攘盗，汝则有此常刑。
音义：
攘，如羊反。
疏：
正义曰，汝若弃越垒伍，远求逐马牛，臣妾，及有得马牛臣妾，不肯敬还复归本主者，汝则有常刑。

2.（宋）苏轼撰《书传》卷二十《周书·费誓第三十一》

(归善斋按，见"马牛其风，臣妾逋逃，勿敢越逐")

3.（宋）林之奇《尚书全解》卷四十《周书·费誓》

(归善斋按，见"鲁侯伯禽宅曲阜")

4.（宋）史浩《尚书讲义》卷二十《周书·费誓》

(归善斋按，见"公曰，嗟！人无哗，听命")

5.（宋）夏僎《尚书详解》卷二十六《周书·费誓》

(归善斋按，见"今惟淫舍牿牛马")

6.（宋）时澜《增修东莱书说》卷三十五《周书·费誓第三十一》

(归善斋按，见"马牛其风，臣妾逋逃，勿敢越逐")

7.（宋）黄度《尚书说》卷七《周书·费誓》

(归善斋按，见"马牛其风，臣妾逋逃，勿敢越逐")

8.（宋）袁燮《絜斋家塾书钞》

(归善斋按，无此篇)

9.（宋）蔡沈《书经集传》卷六《周书·费誓》

(归善斋按，见"马牛其风，臣妾逋逃，勿敢越逐")

10.（宋）黄伦《尚书精义》卷五十《周书·费誓》

(归善斋按，见"马牛其风，臣妾逋逃，勿敢越逐")

11.（宋）陈经《尚书详解》卷四十九《周书·费誓》

(归善斋按，见"公曰，嗟！人无哗，听命")

12.（宋）钱时《融堂书解》卷二十《周书·费誓》

(归善斋按，见"公曰，嗟！人无哗，听命")

13.（宋）魏了翁《尚书要义》卷二十《费誓》

(归善斋按，见"马牛其风，臣妾逋逃，勿敢越逐")

14.（宋）陈大猷《书集传或问》卷上《费誓》

(归善斋按，未解)

15.（宋）胡士行《尚书详解》卷十三《周书·费誓第三十一》

（归善斋按，见"马牛其风，臣妾逋逃，勿敢越逐"）

16.（元）吴澄《书纂言》卷四下《周书·费誓》

（归善斋按，见"马牛其风，臣妾逋逃，勿敢越逐"）

17.（元）陈栎《书集传纂疏》卷六《朱子订定蔡氏集传周书·费誓》

（归善斋按，见"马牛其风，臣妾逋逃，勿敢越逐"）

18.（元）许谦《读书丛说》卷六《周书·费誓》

（归善斋按，见"杜乃擭，敛乃阱，无敢伤牿，牿之伤，汝则有常刑"）

19.（元）董鼎《书传辑录纂注》卷六《周书·费誓》

（归善斋按，见"马牛其风，臣妾逋逃，勿敢越逐"）

20.（元）朱祖义《尚书句解》卷十三《周书·费誓第三十一》

乃越逐、不复（乃有逾越军伍逐牛马臣妾，而不复还），汝则有常刑（汝军民，皆有常刑）。

21.（明）王樵《尚书日记》卷十六《周书·费誓》

（归善斋按，见"马牛其风，臣妾逋逃，勿敢越逐"）

22.（清）库勒纳等撰《日讲书经解义》卷十三《周书·费誓》

（归善斋按，见"马牛其风，臣妾逋逃，勿敢越逐"）

无敢寇攘，逾垣墙

1.（汉）孔氏传、（唐）陆德明音义、孔颖达疏《尚书注疏》卷十九《周书·费誓》

无敢寇攘，逾垣墙。
传，军人无敢暴劫人，逾越人垣墙，物有自来者，无敢取之。
音义：
垣，音袁。

2.（宋）苏轼撰《书传》卷二十《周书·费誓第三十一》

无敢寇攘，逾垣墙，窃马牛，诱臣妾。汝则有常刑。甲戌，我惟征徐戎，峙乃糗粮，无敢不逮，汝则有大刑。鲁人三郊三，遂峙乃桢干。甲戌，我惟筑。

糗，糒也，师远行，则用之。桢、干皆木也。所以筑者，徐戎、淮夷，近在鲁东郊，不伐之于郊，而载糗粮远征其国，既以甲戌筑，又以甲戌行，何也？古来未有知其说者。以予考之，伯禽初至鲁，鲁人未附。韩信所谓"非素拊循士大夫"。驱市人而战者，若伐之于东郊，鲁人自战其地，易以败散。筑城而守之，徐夷必争使土功，不得成，故以是日筑，亦以是日行。徐夷方空国寇鲁，鲁侯乃以大兵往攻其巢穴，师兴之日，东郊之围自解，所谓攻其必救，筑者亦得成功也。《费誓》言征，言筑，而终不言战，盖妙于用兵。周公之子，盖亦多材艺耳。

3.（宋）林之奇《尚书全解》卷四十《周书·费誓》

（归善斋按，见"鲁侯伯禽宅曲阜"）

4.（宋）史浩《尚书讲义》卷二十《周书·费誓》

（归善斋按，见"公曰，嗟！人无哗，听命"）

5.（宋）夏僎《尚书详解》卷二十六《周书·费誓》

(归善斋按,见"今惟淫舍牿牛马")

6.（宋）时澜《增修东莱书说》卷三十五《周书·费誓第三十一》

(归善斋按,见"马牛其风,臣妾逋逃,勿敢越逐")

7.（宋）黄度《尚书说》卷七《周书·费誓》

无敢寇攘,逾垣墙,窃马牛,诱臣妾,汝则有常刑。

此专禁军旅。兽佚,臣逋,犹不敢有之,况寇攘乎？军行易纵肆,强取,和诱,皆有常刑。凡言常刑,在军,在民,皆有常刑之法。

8.（宋）袁燮《絜斋家塾书钞》

(归善斋按,无此篇)

9.（宋）蔡沈《书经集传》卷六《周书·费誓》

(归善斋按,见"马牛其风,臣妾逋逃,勿敢越逐")

10.（宋）黄伦《尚书精义》卷五十《周书·费誓》

(归善斋按,见"马牛其风,臣妾逋逃,勿敢越逐")

11.（宋）陈经《尚书详解》卷四十九《周书·费誓》

(归善斋按,见"公曰,嗟！人无哗,听命")

12.（宋）钱时《融堂书解》卷二十《周书·费誓》

(归善斋按,见"公曰,嗟！人无哗,听命")

13.（宋）魏了翁《尚书要义》卷二十《费誓》

(归善斋按,未引)

14.（宋）陈大猷《书集传或问》卷上《费誓》

（归善斋按，未解）

15.（宋）胡士行《尚书详解》卷十三《周书·费誓第三十一》

（归善斋按，见"马牛其风，臣妾逋逃，勿敢越逐"）

16.（元）吴澄《书纂言》卷四下《周书·费誓》

无敢寇攘，逾垣墙，窃马牛，诱臣妾，汝则有常刑。
上文既言马牛臣妾之去失者，此又言不因去失，而敢盗取他队之马牛、臣妾者，先戒之以无敢寇攘，而或有逾垣墙而窃其马牛，诱其臣妾者，当服寇攘之罪，故亦有常刑也。

17.（元）陈栎《书集传纂疏》卷六《朱子订定蔡氏集传周书·费誓》

（归善斋按，见"马牛其风，臣妾逋逃，勿敢越逐"）

18.（元）许谦《读书丛说》卷六《周书·费誓》

（归善斋按，未解）

19.（元）董鼎《书传辑录纂注》卷六《周书·费誓》

（归善斋按，见"马牛其风，臣妾逋逃，勿敢越逐"）

20.（元）朱祖义《尚书句解》卷十三《周书·费誓第三十一》

无敢寇攘（军人无敢为寇攘劫掠），逾垣墙（或有逾过垣墙）。

21.（明）王樵《尚书日记》卷十六《周书·费誓》

（归善斋按，见"马牛其风，臣妾逋逃，勿敢越逐"）

22.（清）库勒纳等撰《日讲书经解义》卷十三《周书·费誓》

(归善斋按，见"马牛其风，臣妾逋逃，勿敢越逐")

窃马牛，诱臣妾，汝则有常刑

1.（汉）孔氏传、（唐）陆德明音义、孔颖达疏《尚书注疏》卷十九《周书·费誓》

窃马牛，诱臣妾，汝则有常刑。
传，军人盗窃马牛，诱偷奴婢，汝则有犯军令之常刑。
音义：
峙，直里反，《尔雅》云，具也。

2.（宋）苏轼撰《书传》卷二十《周书·费誓第三十一》

(归善斋按，未解)

3.（宋）林之奇《尚书全解》卷四十《周书·费誓》

(归善斋按，见"鲁侯伯禽宅曲阜")

4.（宋）史浩《尚书讲义》卷二十《周书·费誓》

(归善斋按，见"公曰，嗟！人无哗，听命")

5.（宋）夏僎《尚书详解》卷二十六《周书·费誓》

(归善斋按，见"今惟淫舍牿牛马")

6.（宋）时澜《增修东莱书说》卷三十五《周书·费誓第三十一》

（归善斋按，见"马牛其风，臣妾逋逃，勿敢越逐"）

7.（宋）黄度《尚书说》卷七《周书·费誓》

（归善斋按，见"无敢寇攘，逾垣墙"）

8.（宋）袁燮《絜斋家塾书钞》

（归善斋按，无此篇）

9.（宋）蔡沈《书经集传》卷六《周书·费誓》

（归善斋按，见"马牛其风，臣妾逋逃，勿敢越逐"）

10.（宋）黄伦《尚书精义》卷五十《周书·费誓》

（归善斋按，见"马牛其风，臣妾逋逃，勿敢越逐"）

11.（宋）陈经《尚书详解》卷四十九《周书·费誓》

（归善斋按，见"公曰，嗟！人无哗，听命"）

12.（宋）钱时《融堂书解》卷二十《周书·费誓》

（归善斋按，见"公曰，嗟！人无哗，听命"）

13.（宋）魏了翁《尚书要义》卷二十《费誓》

（归善斋按，未引）

14.（宋）陈大猷《书集传或问》卷上《费誓》

（归善斋按，未解）

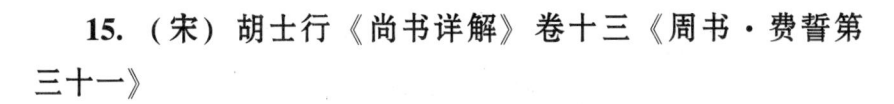

15.（宋）胡士行《尚书详解》卷十三《周书·费誓第三十一》

(归善斋按，见"马牛其风，臣妾逋逃，勿敢越逐")

16.（元）吴澄《书纂言》卷四下《周书·费誓》

(归善斋按，见"无敢寇攘，逾垣墙")

17.（元）陈栎《书集传纂疏》卷六《朱子订定蔡氏集传周书·费誓》

(归善斋按，见"马牛其风，臣妾逋逃，勿敢越逐")

18.（元）许谦《读书丛说》卷六《周书·费誓》

(归善斋按，见"杜乃擭，敜乃阱，无敢伤牿，牿之伤，汝则有常刑")

19.（元）董鼎《书传辑录纂注》卷六《周书·费誓》

(归善斋按，见"马牛其风，臣妾逋逃，勿敢越逐")

20.（元）朱祖义《尚书句解》卷十三《周书·费誓第三十一》

窃马牛，诱臣妾（窃人马牛，说诱人臣妾），汝则有常刑（汝军人有常刑）。

21.（明）王樵《尚书日记》卷十六《周书·费誓》

(归善斋按，见"马牛其风，臣妾逋逃，勿敢越逐")

22.（清）库勒纳等撰《日讲书经解义》卷十三《周书·费誓》

(归善斋按，见"马牛其风，臣妾逋逃，勿敢越逐")

甲戌，我惟征徐戎

1.（汉）孔氏传、（唐）陆德明音义、孔颖达疏《尚书注疏》卷十九《周书·费誓》

甲戌，我惟征徐戎。
传，誓后甲戌之日，我惟征之。

2.（宋）苏轼撰《书传》卷二十《周书·费誓第三十一》

（归善斋按，未解）

3.（宋）林之奇《尚书全解》卷四十《周书·费誓》

（归善斋按，见"鲁侯伯禽宅曲阜"）

4.（宋）史浩《尚书讲义》卷二十《周书·费誓》

（归善斋按，见"公曰，嗟！人无哗，听命"）

5.（宋）夏僎《尚书详解》卷二十六《周书·费誓》

甲戌，我惟征徐戎。峙乃糗粮，无敢不逮，汝则有大刑。鲁人三郊三遂，峙乃桢干。甲戌，我惟筑，无敢不供，汝则有无余刑非杀。鲁人三郊三遂，峙乃刍、茭无敢不多，汝则有大刑。

前所戒乃是未战时事，此乃将出征之事也。故前皆言"常刑"，此则言"大刑"与"无余刑"也。伯禽，谓我将以甲戌日，往征徐戎，不言淮夷者，盖前已言，之此从省文。汝等凡在军者，须当峙汝之干粮。峙，具也，谓储之使具足也。干粮，谓之糗粮。郑众以谓，熬大豆及米。《说文》以为，熬米麦。郑玄以为，捣熬谷。其说虽殊，要之，或以豆，或以麦，或以谷，皆可至于熬之，使熟捣以为末，则同也。盖两军相当，兵戈相持，不复炊爨，不事匕箸，故为此干糒，以充饥也。其或有办糗粮不能多，致乃至用之不及，则军必乏食，战必不力，利害非轻，故加之以大刑，盖死刑也。以糗粮不及，则士饥不可战，六军皆不可保，所以有一人不及，则加以大刑，盖戮一人，以警百万人也。

夫徐戎、淮夷因伯禽初立，肆其侵侮，以常情处此，惟当整兵选士，为捍御之计可也，何至往征其国，以深入其地哉。东坡谓，伯禽初至，鲁人未附，韩信所谓"非素拊循士大夫"，而驱市人而战者，若伐之于东郊，则鲁人自战其地，易以败散，此所以必往征战其国也。

"鲁人三郊三遂"者，专指鲁人而戒之也。前不言鲁人，惟言"峙乃糗粮"，自此乃言"鲁人"，盖伯禽为方伯，监七百里内诸侯，是时皆率以同征徐戎。粮食当各自赍持，故前不言鲁人者，谓统告诸侯在会之人也。此下桢、干、刍、茭，非远国所能自赍，故特责之鲁人。所以言"鲁人三郊三遂"者，郊，即乡也。天子六乡六遂，出战，则为六军，而六卿将之。六乡为正，而六遂副焉。国外百里为郊，而乡在焉，故乡亦曰郊。二百里为遂，诸侯之国亦然，特大国"三乡三遂"耳。故云"鲁人三郊三遂"也。孔氏谓，郊遂之人，布在国外，四面而居，不云四郊四遂，而云"三郊三遂"，乃东郊不开，其地被兵，故不使供桢干与刍茭。要之，不必如此说。既是天子六乡六遂，大国三乡三遂，则大国为乡遂者，总四面而言，止于三耳，不必更泥"东郊不开"之说，以为有四郊四遂也。盖指四面言之，则可以言四郊，故虽天子亦可谓之四郊。今既谓天子六乡六遂，大国三乡三，遂则是计人数而言。计四郊内外共有三乡三遂，不当更四郊之说也。

桢，筑墙所立两木也。干，乃墙两边障土者。《诗》谓之"缩版"。伯禽谓，汝郊遂之人，当具汝桢、干，我于甲戌日，将筑垒壁，以备不虞。盖古人用兵，不敢自以为必胜，常视彼以为不可胜，则不至于轻敌而致败。自古败军覆将，皆生于将骄卒惰，若视彼为不可胜，则将卒必不骄惰。是故，武王以至仁伐至不仁者也，犹且"宁执非敌"，况其它乎？然则伯禽以甲戌日征徐戎，复以甲戌日筑垒壁，盖虑其或有不可胜，而预为捍御之具，乃且攻且守，万举万全之策也。孔氏则以此为，筑，距堙之属，距堙乃土山，窥敌城内者，其意则谓，既以甲戌日征，不当又以甲戌日筑，故以此筑为于彼往征之处，筑土为山，以窥敌城虚实也。此恐未然。东坡之意则谓，徐戎侵扰东郊，若遽城守之，则敌人必争土功，亦无时可成。伯禽于是以甲戌日征其巢穴，攻其必救，则东郊不攻自解，乃即以是日兴版筑之功，则土功可以易成。此亦一说也，皆不若前说为得古人用兵之深意。

"无敢不供，汝则有无余刑非杀"者，谓鲁人若不供此桢、干有妨版筑之功，使徂征之举，一有少挫，捍御无策，则一败涂地，为害非常，故加以"无余刑非杀"。此"无余刑非杀"，有数说。东坡谓，刑汝不遗余力但不杀耳。少颖则谓，刑至此极，非止于杀也。孔氏则谓，刑者非一，然亦非杀汝。其意则谓，父母妻子同族皆坐之无遗免者。然入于罪隶，亦不杀之余。以三说考之，皆未敢以为然。少颖则太酷，孔氏则又滥及无辜，皆非先王忠厚之意。盖糗粮、桢干、刍茭皆军事所急者，一事不办，皆能致败，自应皆服大刑。今伯禽独于桢干，言"无余刑非杀"者，盖糗粮不逮，刍茭不多，非全军皆然，必以多较，少有不逮不多者，此时所犯不过数人，故可以大刑加之。桢干，非若糗粮、刍茭使人自营，亦必集众力，然后能办其物，能副其役。此时或有不供，则非一人之罪，尽加以大刑，则太酷，故特设以无余刑，谓凡有犯者，不问同队，同伍，或数十百人，皆有刑责，不使遗漏。犯者既多，不可胜诛，故不杀也。刍茭所以供牛马者，牛马所以为车载与负载，若刍茭不继，则车疲马劣，亦能致败，故供之不多，亦服大刑。无垢谓，伯禽生富贵安逸，始侯于鲁，遇难能济，达于政，练于兵，皆见于《费誓》知周公教子有方也。孔子序书，盖取此也。

6. （宋）时澜《增修东莱书说》卷三十五《周书·费誓第三十一》

甲戌，我惟征徐戎，峙乃糗粮，无敢不逮，汝则有大刑。鲁人三郊三遂，峙乃桢、干。甲戌，我惟筑，无敢不供，汝则有无余刑非杀。鲁人三郊三遂，峙乃刍、茭，无敢不多，汝则有大刑。

戎备既治，道路既除，部伍既严，行师之道备，而兵可用矣。故于此，而立期会焉。甲戌，用兵之期也，徐戎、淮夷并兴，今所攻者，独徐戎，盖量其敌之坚瑕缓急而攻之也。声势相倚，徐戎败。则淮夷将不攻而自溃矣。军事以期会为本。刍粮为命，失期而服大刑，宜也。鲁人三郊三遂，国外曰郊，郊外曰遂。郊之兵，其正也。在天子则六乡之军也。遂之兵其副也，在天子则六遂之军也。两寇并至，其势甚重，故悉起正副之兵，以应之。东郊，则其受兵之地，故所起者三郊三遂而已。攻以甲戌，筑以甲戌，攻筑同日者，彼方御我之攻势，不得扰我之筑也。"无余刑非杀"者，所以刑之者无余，但非杀尔，降死一等之刑也。糗粮，刍茭之不给，加以死刑；桢干之不供，加以降死一等之刑，何也？糗粮，人食也。刍、茭马食也。人马不可一日无食。桢干，虽版筑之所须，视二者，则犹稍缓也。然则，古人之于杀，非甚不得已，肯轻用之哉？

7. （宋）黄度《尚书说》卷七《周书·费誓》

甲戌，我惟征徐戎，峙乃糗粮，无敢不逮，汝则有大刑。

糗，熬米麦而舂之。峙，积也。无敢不及事。糗粮所在积之，遗人可考，行则裹赍。《诗》"乃裹糇粮"。大刑，死也。今律，乏军兴斩。

8. （宋）袁燮《絜斋家塾书钞》

（归善斋按，无此篇）

9. （宋）蔡沈《书经集传》卷六《周书·费誓》

甲戌，我惟征徐戎，峙乃糗粮，无敢不逮，汝则有大刑。鲁人三郊三遂，峙乃桢、干。甲戌，我惟筑，无敢不供，汝则有无余刑非杀。鲁人三郊三遂，峙乃刍、茭无敢不多，汝则有大刑。

峙，丈理反。糗，去九反。桢，音贞。刍，窗俞反。茭，音交。甲戌，用兵之期也。峙，储备也。糗，粮食也。不逮，若今之乏军兴。淮夷、徐戎并起，今所攻独徐戎者，盖量敌之坚瑕缓急，而攻之也。国外曰郊，郊外曰遂。天子六军，则六乡六遂。大国三军，故鲁三郊三遂也。桢、干，板筑之木，题曰桢，墙端之木也；旁曰干，墙两边障土者也。以是日征，是日筑者，彼方御我之攻，势不得扰我之筑也。无余刑非杀者，刑之非一，但不至于杀尔。刍、茭，供军牛马之用，军以期会，刍粮为急，故皆服大刑。桢干，刍茭独言鲁人者，地近而致便也。

10.（宋）黄伦《尚书精义》卷五十《周书·费誓》

甲戌，我惟征徐戎，峙乃糗粮，无敢不逮，汝则有大刑。鲁人三郊三遂，峙乃桢、干，甲戌我惟筑，无敢不供，汝则有无余刑非杀。鲁人三郊三遂，峙乃刍、茭无敢不多，汝则有大刑。

无垢曰，夫淮夷、徐戎，以"伯禽宅曲阜"，而兴兵侵扰。今不俟其至，先往征之。此兵法，所谓先有夺人之心也。盖兴兵而来，则其备严。未至而先征之，则出其不意，而彼气丧。以周公之子，行兵如此，则知三代行兵，与宋襄公、成安君大异矣。

又曰，两军相当，性命相角，干、戈相持，不服炊爨，不事匕箸，为此干糒以充饥虚。盖军，饱则气盈，饥则气乏。其于糗粮，其可不储峙之，以供军需乎。其或不逮，使三军饥乏，是乏军兴也。兵法，乏军兴者斩。汝则有大刑，谓付之死地也，军事至重，不得不严也。

又曰，天子六军，则有六乡六遂。大国三军，故止言三郊三遂。乡，即郊也。国外曰郊，郊外曰遂。百里为郊，二百里为遂。三郊三遂，储蓄桢、干，以备筑壁垒，及距堙之属也。距堙，即土山也。在外以窥城中，在内以窥敌情。桢、干，谓筑墙所立两木谓之桢，当墙两边障土者谓之干。干，即《诗》所谓"缩板"。

东坡曰，徐戎、淮夷，近在鲁东郊，不伐之于郊，而载糗远征其国，既以甲戌筑，亦以甲戌行，何也？古来未有知其说者。以予考之，伯禽初至鲁，鲁人未附，韩信所谓非素拊循士大夫，驱市人而战者。若伐之于东郊，鲁人自战其地，易以败散。筑城而守之，徐夷必争，使土功不得成，故以是日筑，亦以是日行，徐夷方空国寇鲁，鲁侯乃以大兵往攻其巢穴。师兴之日，东郊之围自解，所谓攻其必救，筑者亦得成功也。《费誓》言征，言筑，而终不言战，盖妙于用兵，周公之子，盖亦多才多艺耶。

又曰，汝敢不供桢、干则吾之刑汝，不遗余力矣，特不杀而已。糗粮、刍茭不供，则军饥，故皆用大刑。大刑，死刑也。桢干不供，比刍茭差缓，故用"无余刑非杀"也。近时学者乃谓，无余刑孥戮也，非止杀其身而已，至于杀而犹不止，谁忍言之。伯禽，周公之子也，而至于是哉？

又曰，言鲁人以别之，知当时有诸侯之师也。桢干、刍茭皆重物，故独使鲁人供之。三郊三遂，南、西、北方郊遂之人。东郊以备寇，不供也。徐夷作难久矣，鲁固受其害而以宅伯，禽知周公不私其子也。伯禽生而富贵安佚，始侯于鲁，遇难而能济，达于政，练于兵，皆见于《费誓》，知周公教子有方也。孔子叙《书》盖取此也。余考伯禽为方伯，凡所统率兵皆在焉。何独鲁人而已，而供桢干、刍茭独鲁人者，盖糗粮，则诸侯之师可自办，而桢干、刍茭皆重且多，岂可使诸侯远致哉。

林氏曰，兵，凶器也，亦可置之吉。战，危事也亦可置之安。但观其用心如何耳。使其心乎安民，则不在于杀伐为事，不在于勇敢为能，而大意欲为民去害，而即安以乱而易治。彼以有心来，我以无心应，不得不然也。故其戒誓之辞，御戎之备，无所不至。戒誓之后，汝往徂征，故峙乃糗粮，则远者可致也，故使诸侯之人。峙乃桢干、刍茭，则宜赋役近者，故使鲁人供之。凡事之轻，则誓之以常刑；事之重，则誓之以大刑。且先王之时，以去害为务，以仁民为政，应天顺人，兴师动众，出于仁义，而刑尚不可忘，则知古者，用兵未有去刑而能治也。是必责之甚严，戒之至备，不得已而后动其于刑，必使易避难犯，以喻之至熟，而后加焉，故使之有过于死，而人不怨也。

胡氏曰，郊遂者，制军之数也。天子六卿，故六军。大国三卿，故三军。鲁以方百里之地，非若王畿之可以制军，如乡之数，盖合采邑，与受田之人，以其在野，是以谓之三遂也。方徐戎并兴，三乡之军未足以支，故兼起于三遂也。

11. （宋）陈经《尚书详解》卷四十九《周书·费誓》

甲戌，我惟征徐戎，峙乃糗粮，无敢不逮，汝则有大刑。鲁人三郊三遂，峙乃桢干。甲戌，我惟筑，无敢不供，汝则有无余刑非杀。鲁人三郊三遂，峙乃刍茭，无敢不多，汝则有大刑。

誓后，以甲戌之日，征徐戎，糗糒之粮，军食也，预先储峙之，无敢不及，才有不及，则有乏军用纳之死刑。"鲁人三郊三遂"，天子六乡六遂，则有六军。大国三军，故三郊三遂。郊即乡也，国外为乡，乡之外为遂。别言"鲁人"者，当时诸侯亦有以师属伯禽者，故此专戒鲁之郊遂，峙乃桢干，乃筑城之具。所立之木，谓之桢；两旁障土者，谓之干。以甲戌之日筑城垒，无敢不供，汝则有无余刑非杀，苟有不供者，刑皆尽用之，但不至死耳。刍茭，所以供牛马也，亦责之三郊三遂之民，无敢不多，不然则亦有死刑。军事以严终，而所用之刑，则自有轻重，有所谓常刑，有所谓无余刑非杀者，又有所谓大刑而至死者。盖刍茭、糗粮一不备，则乏军兴，其罪为重，故置之死刑。其余则筑工，重于用军，次舍纪律也。东坡先生曰，徐戎、淮夷近在鲁东郊，不伐之于郊，而载糗远征其国，既以甲戌筑，又以甲戌行，何也？伯禽初至鲁，鲁人未附，韩信所谓驱市人而战者，若伐之于东郊，鲁国自战其地，易以败散。筑而守之，徐夷必争，土功不得成，故以是日筑，亦以是日行，徐戎方空国寇鲁，鲁乃以大兵往攻其巢穴，师兴之日，东郊之围自解，所谓攻其必救。筑者，亦得成功。《费誓》言征，言筑，终不言战，盖妙于用兵，周公之子，盖亦多材多艺邪。其论甚精确。

12.（宋）钱时《融堂书解》卷二十《周书·费誓》

（归善斋按，见"公曰，嗟！人无哗，听命"）

13.（宋）魏了翁《尚书要义》卷二十《费誓》

（归善斋按，未引）

14.（宋）陈大猷《书集传或问》卷上《费誓》

（归善斋按，未解）

15.（宋）胡士行《尚书详解》卷十三《周书·费誓第三十一》

甲戌，我惟征徐戎，峙（具）乃糗（干）粮，无敢不逮（及），汝则有大刑。

此出师之期会也。

16.（元）吴澄《书纂言》卷四下《周书·费誓》

甲戌，我惟征徐戎，峙乃糗粮，无敢不逮，汝则有大刑。

甲戌，用兵之期也。峙，储也。糗，粮食也。不逮，不及数也。大刑，死刑也。淮夷、徐戎并起，今独征徐戎，盖徐戎近鲁，先攻近者。

17.（元）陈栎《书集传纂疏》卷六《朱子订定蔡氏集传周书·费誓》

甲戌，我惟征徐戎，峙乃糗粮，无敢不逮，汝则有大刑。鲁人三郊三遂，峙乃桢、干，甲戌我惟筑，无敢不供，汝则有无余刑，非杀。鲁人三郊三遂，峙乃刍、茭，无敢不多，汝则有大刑。

甲戌，用兵之期也。峙，储备也。糗，粮食也。不逮，若今之乏军兴。淮夷、徐戎并起，今所攻独徐戎者，盖量敌之坚瑕缓急而攻之也。国外曰郊，郊外曰遂。天子六军，则六乡六遂；大国三军，故鲁三郊三遂也。桢、干，板筑之木，题曰桢，墙端之木也；旁曰干，墙两边障土者也。以是日征，是日筑者，彼方御我之攻势，不得扰我之筑也。"无余刑，非杀"者，刑之非一，但不至于杀尔。刍、茭，供军牛马之用。军以期会，刍、粮为急，故皆服大刑。桢、干、刍、茭，独言"鲁人"者，地近而致便也。

纂疏：

唐孔氏曰，万二千五百人为军，一家出一人，一乡为一军。天子六军，出自六乡；则诸侯，大国三军亦出自三乡也。

林氏曰，国有四郊，郊外为遂。夷、戎为寇，东郊受敌，故使东民专意攻守，而调发储峙，则使西、南、北三郊三遂之民，盖取给于不受敌之地也。

苏氏曰，无余刑，刑不遗余力，特不杀而已。

李氏杞曰，常刑，刑有定名者也。大刑，死刑也。无余刑，刑之不至死，减死一等也。

18.（元）许谦《读书丛说》卷六《周书·费誓》

（归善斋按，未解）

19.（元）董鼎《书传辑录纂注》卷六《周书·费誓》

甲戌，我惟征徐戎，峙乃糗粮，无敢不逮，汝则有大刑。鲁人三郊三遂，峙乃桢、干，甲戌我惟筑，无敢不供，汝则有无余刑，非杀。鲁人三郊三遂，峙乃刍、茭无敢不多，汝则有大刑。

甲戌，用兵之期也。峙，储备也。糗，粮食也。不逮，若今之乏军兴。淮夷、徐戎并起，今所攻独徐戎者，盖量敌之坚瑕缓急而攻之也。国外曰郊，郊外曰遂。天子六军，则六乡六遂。大国三军，故鲁三郊三遂也。桢、干，板筑之木，题曰桢，墙端之木也。旁曰干，墙两边障土者也。以是日征，是日筑者，彼方御我之攻势，不得扰我之筑也。"无余刑，非杀"者，刑之非一，但不至于杀尔。刍、茭，供军牛马之用。军以期会，刍、粮为急，故皆服大刑。桢、干、刍、茭，独言鲁人者，地近而致便也。

纂注：

夏氏曰，不言淮夷，盖前已言之。

唐孔氏曰，《周礼》万二千五百人为军，一家出一人，一乡为一军。天子六军，出自六乡。则诸侯大国三军，亦出自三乡也。诸侯之制，亦当乡在郊内，遂在郊外。此云三郊三遂，三郊，谓三乡也。

林氏曰，此所谓三遂，意若指鲁之三军，故说者多引以为鲁有三军之证。然苟指鲁之军制，言谓之三乡三遂，则可；谓之三郊则不可。盖国必有四郊，郊外谓遂，其曰三郊三遂，盖夷戎为寇，东郊正受敌处，故使此郊之民，专意于攻守，而调发储峙，则使西、南、北三郊三遂之民，盖取给于不受敌之地也。

苏氏曰，无余刑，刑之不遗余力，特不杀而已。

李氏杞曰，常刑，刑有定名者也。大刑，死刑也。无余刑，刑之不至于死，减死一等也。

愚谓，此国史所书，而孔子存之于帝王之后者，以周礼犹在鲁也。虽一时御敌，未足以尽。鲁侯之美，而国之大事在祀与戎，于此而尽其心，则他可知矣。即此一事，而本末先后，轻重缓急，井然有条，规模整暇，鲁侯其贤矣哉。

20.（元）朱祖义《尚书句解》卷十三《周书·费誓第三十一》

甲戌（日也），我惟征徐戎（我惟征伐徐戎。征者，正也，正其罪也）。

21.（明）王樵《尚书日记》卷十六《周书·费誓》

"甲戌，我惟征徐戎"至"汝则有大刑"。

孔氏曰，誓后甲戌之日，我惟征之，皆当峙汝糗糒之粮，使足食，无敢不相逮及，汝则有乏军兴之死刑。总诸侯之师，而但称鲁人峙具桢、干，道近也。题曰桢，旁曰干。言三郊三遂，明东郊距守不峙。甲戌日，当筑攻敌垒距堙之属，峙具桢干无敢不供，汝则有无余之刑，刑者，非一也，然亦非杀。郊遂多积刍、茭，供军牛马，不多汝则亦有乏军兴之大刑。

林氏曰，东郊正受敌处，故使专意于攻守。

正义曰，峙，具也，预贮米粟，谓之储。峙糗，熬米麦也，糒干饭也。不相逮及，谓粮储少，不及众人兴军征伐，而有乏少，谓之乏军兴。桢，筑墙所立两木也。干，当墙两边障土者也。三郊三遂，谓鲁人三军，家出一人一，乡为一军。天子六军，出自六乡，则诸侯大国三军，亦当出自三乡也。六遂亦当出六军，乡为正，遂为副。六遂之地，在王国百里之外。王国百里为郊，乡在郊内，遂在郊外。百里之国，去国十里为郊，亦当乡在郊内，遂在郊外。此言三郊三遂者，三郊，谓三乡也。盖使三乡之民，分在四郊之内，三遂之民分在四郊之外。乡近于郊，故以郊言之乡。遂之民分在国之四面，当有四郊四遂，惟言三郊三遂者，明东郊留守，不令峙桢、干也。堙，土山；距堙，上城具也。糗粮难备，不得偏少，故云无敢不逮。桢、干易得，惟恐阙事，故云无敢不供。刍、茭贱物，惟多为善，故云无敢不多。郑玄云，"无余刑非杀"者，谓尽奴其妻子，在军给厮役，反则入于罪隶、舂橐，不杀之。然不供桢、干虽是大罪，未应缘坐及家人，盖亦权以胁之，使勿犯尔。郑云，茭，干刍也。

按，峙糗粮，不言鲁人，盖诸侯自赍。

吕氏曰，戎备既治，道路既除，部伍既严，行师之道备，而兵可用矣。故于此而立期会焉。甲戌，用兵之期也。徐戎、淮夷并兴，今所征，独徐戎，盖量其敌之坚瑕缓急而攻之也。军事以期会为本，刍粮为命。失期而服大刑，宜也。两寇并至，其势甚重，故悉起乡、遂正副之兵以应之。攻以甲戌，筑以甲戌，攻筑同日者，彼方御我之攻势，不得扰我之筑也。"无余刑非杀"者，刑之者无余，但非杀尔，降死一等之刑也。糗粮、刍茭之不给，加以死刑。桢、干之不供，加以降死一等之刑，何也？糗粮，人食；刍茭，马食，人马不可一日无食。桢、干虽版筑，所须视二者，犹稍缓故也。

按，凡言有常刑者，法书有定名，而申之也。无余刑者，不定之辞，法书既无定名，临时以情轻重刑之者非一，特不杀尔。

22.（清）库勒纳等撰《日讲书经解义》卷十三《周书·费誓》

甲戌，我惟征徐戎，峙乃糗粮，无敢不逮，汝则有大刑。鲁人三郊三遂，峙乃桢、干，甲戌我惟筑，无敢不供，汝则有无余刑，非杀。鲁人三郊三遂，峙乃刍、茭无敢不多，汝则有大刑。

此一节书是，言立期会，具供亿也。峙，储备也。糗，粮食也。国外曰郊，郊外曰遂。桢、干，板筑之木。刍、茭，供军牛马之用。鲁公曰，吾今戒汝以用兵之期，将以甲戌之日，往征徐戎。盖淮夷固首谋，而徐戎乃胁从者。谋非素定，交非素附，于势易破也。徐戎破，则淮夷势孤，无与为乱矣。军行以糗粮为亟，尔诸侯各预为储备，无或不逮，以乏军兴。如有不逮，则主馈运者死。尔等诸侯，既从征，则糗粮固分当自办，不独我鲁人供亿者也。至我国有三军，本三郊三遂之人，则各具版筑之木，可为桢，为干者，我将即以甲戌日修筑城垣营垒。盖且攻且筑，敌方御我之攻势，不能扰我之筑。汝等桢、干必无有不供，如不供，则吾之所以刑汝者，有不一之条，但不至于杀耳。又汝等三郊三遂之人，各备乃刍、茭以供牛马，必须多为储待，如不多，致马牛饥瘦，贻误重大，其罪亦坐死。此桢、干、刍、茭，则我国中地近，而致便，亦不以烦尔诸侯也。吾之命汝等听无哗者，止此。

按，此书屡言用刑，兵刑相连而及者。故圣王慎用兵焉。又军行最以运粮粮、刍茭为苦，千里转输，丁男困踣，愁怨不已，而至于逃亡。逃亡不已，而至于盗贼。秦隋之祸，皆以此也。伯禽是师，盖不得已而应者，故孔子有取焉。

（清）朱鹤龄《尚书埤传》卷九《周书·费誓》

征徐戎，三郊三遂，甲戌我惟筑。

黄度曰，徐戎兴师压鲁境，本牵制鲁，使不得会王师伐淮夷。鲁征徐，所以散淮夷之党。袁黄曰，参观孔氏《多方》传，时成王已伐淮夷，故鲁惟征徐，若曰量敌之坚瑕缓急，必临阵而后可见也。

《礼记》疏，古者，兵赋之法，王畿之内六乡，家出一人，万二千五百家为乡，则万二千五百人为军，是一乡出一军也。凡出军之法，乡为正，遂为副，则遂之出军，与乡同。其王畿之外，大国三军，次国二军，小国一军，皆出乡遂，故《费誓》云"鲁人三郊三遂"，是知诸侯有乡有遂。盖乡在郊内，遂在郊外也。《鲁颂》"公交车千乘"，谓大总计，地出军公徒三万，谓乡、遂兵数也。林之奇曰，三遂，意是指鲁之三军，故说者，多以为鲁有三军之证。然苟以鲁之军制言，何不言三乡三遂，乃谓之三郊。盖国必有四郊。郊外为遂，乡近于郊，故以郊言之。乡、遂之民，分在国之四面，当有四郊。四遂，其曰三郊三遂者，因东郊受敌，故使之专意拒守，而调发储峙则，以责此外郊、遂之民，取给于不受敌之地也。

苏传，徐戎、淮夷，近在鲁东郊，不伐之于郊，而载糗粮远征其国，既以甲戌筑，又以甲戌行，何也？伯禽初至鲁，鲁人未尽附，若伐之于东郊，鲁人自战其地，易以败散。筑城而守之，徐夷必争，使土功不得成，故以是日筑，即以是日行。徐夷方空国寇鲁，鲁侯乃以大兵往攻其巢穴。兴师之日，东郊之围自解，所谓攻其必救，筑者亦得成功也。《费誓》言征，言筑，而终不言战，盖善于用兵者也（陈启源曰，苏子之说固是兵机，但筑者，注疏言，至日即筑，是筑攻敌之垒距堙之属，兵法攻城，筑土为山，以窥望城内，谓之距堙，非谓筑城东郊，以自守也。东郊近国门，已有城可守矣，又何待筑乎。）

吴澄曰，峙糗粮，不言鲁人，盖伯禽为侯伯，监七百里之诸侯，率以同征，粮食当自赍持。盖统告诸侯在会之人也，桢、干、刍、茭，非远国所能赍，故责之鲁人也。

（清）张英《书经衷论》卷四《周书·费誓》

甲戌之日，我惟征徐戎，又曰，甲戌我惟筑。古人行兵，不尚穷追急击，而以坚树壁垒为大事。故战，而版筑随之也。随战随筑，则守之者，有据；而攻之者，难施。轻锐深入之师，背水决河之计，后世之所以取胜于一时。而古法不若是也。言兵。而刑即随之。若似乎严刻者。不知师行而无律，与弃师同；律设而刑弛，与弃律同。故一则警之曰"常刑"，再则警之曰"无余刑"，三则警之曰"大刑"，正古人"威克厥爱"之意也。三代行师之道，于是篇可略观矣。

峙乃糗粮，无敢不逮，汝则有大刑

1.（汉）孔氏传、（唐）陆德明音义、孔颖达疏《尚书注疏》卷十九《周书·费誓》

峙乃糗粮，无敢不逮，汝则有大刑。

传，皆当储峙汝糗糒之粮，使足食，无敢不相逮及，汝则有乏军兴之死刑。

音义：

糗，去九反，一音昌绍反。粮，音良。糒，音备。

疏：

传正义曰，峙，具也。预贮未粟，谓之储峙。郑众云，糗，熬大豆及米也。《说文》云，糗熬米麦也。郑玄云，糗，捣熬谷也，谓熬米麦使熟，又捣之以为粉也。糒，干饭也。糗糒，是行军之粮，皆当储峙汝糗糒之粮，使在军足食。无敢不相逮及，谓粮储少，不及众人。汝则有乏军兴之死刑，兴军征伐，而有乏少，谓之乏军兴。今律乏军兴者，斩。

2.（宋）苏轼撰《书传》卷二十《周书·费誓第三十一》

（归善斋按，见"无敢寇攘，逾垣墙"）

3.（宋）林之奇《尚书全解》卷四十《周书·费誓》

（归善斋按，见"鲁侯伯禽宅曲阜"）

4.（宋）史浩《尚书讲义》卷二十《周书·费誓》

（归善斋按，见"公曰，嗟！人无哗，听命"）

5.（宋）夏僎《尚书详解》卷二十六《周书·费誓》

（归善斋按，见"甲戌，我惟征徐戎"）

6.（宋）时澜《增修东莱书说》卷三十五《周书·费誓第三十一》

（归善斋按，见"甲戌，我惟征徐戎"）

7.（宋）黄度《尚书说》卷七《周书·费誓》

（归善斋按，见"甲戌，我惟征徐戎"）

8.（宋）袁燮《絜斋家塾书钞》

（归善斋按，无此篇）

9.（宋）蔡沈《书经集传》卷六《周书·费誓》

（归善斋按，见"甲戌，我惟征徐戎"）

10.（宋）黄伦《尚书精义》卷五十《周书·费誓》

（归善斋按，见"甲戌，我惟征徐戎"）

11.（宋）陈经《尚书详解》卷四十九《周书·费誓》

（归善斋按，见"甲戌，我惟征徐戎"）

12.（宋）钱时《融堂书解》卷二十《周书·费誓》

（归善斋按，见"公曰，嗟！人无哗，听命"）

13.（宋）魏了翁《尚书要义》卷二十《费誓》

（归善斋按，未引）

14.（宋）陈大猷《书集传或问》卷上《费誓》

（归善斋按，未解）

15.（宋）胡士行《尚书详解》卷十三《周书·费誓第三十一》

（归善斋按，见"甲戌，我惟征徐戎"）

16.（元）吴澄《书纂言》卷四下《周书·费誓》

（归善斋按，见"甲戌，我惟征徐戎"）

17.（元）陈栎《书集传纂疏》卷六《朱子订定蔡氏集传周书·费誓》

（归善斋按，见"甲戌，我惟征徐戎"）

18.（元）许谦《读书丛说》卷六《周书·费誓》

（归善斋按，见"杜乃擭，敜乃阱，无敢伤牿，牿之伤，汝则有常刑"）

19.（元）董鼎《书传辑录纂注》卷六《周书·费誓》

（归善斋按，见"甲戌，我惟征徐戎"）

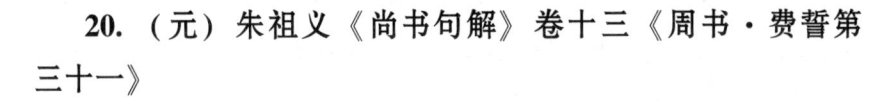

20.（元）朱祖义《尚书句解》卷十三《周书·费誓第三十一》

峙乃糗粮（凡在军者，储峙汝之糗粮，干粮也，或谓熬大豆及米，或谓熬米麦，其实则一。糗，去九反）。无敢不逮（无敢有不及者。苟有不及，则军必乏食，战必不力），汝则有大刑（则加汝以大刑死罪）。

21.（明）王樵《尚书日记》卷十六《周书·费誓》

(归善斋按，见"甲戌，我惟征徐戎")

22.（清）库勒纳等撰《日讲书经解义》卷十三《周书·费誓》

(归善斋按，见"甲戌，我惟征徐戎")

鲁人三郊三遂，峙乃桢干，甲戌，我惟筑

1.（汉）孔氏传、（唐）陆德明音义、孔颖达疏《尚书注疏》卷十九《周书·费誓》

鲁人三郊三遂，峙乃桢干，甲戌我惟筑。

传，总诸侯之兵，而但称鲁人。峙，具；桢干，道近也。题曰桢，旁曰干。言三郊三遂，明东郊距守不峙。甲戌日，当筑攻敌垒距堙之属。

音义：

桢，徐音贞。干，工翰反。筑，陟六反。守，手又反。堙，音因。

疏：

传正义曰，指言鲁人，明更有他国之人。总诸侯之兵，而但谓鲁人。峙，具；桢干，为道近故也。峙具桢干，以拟筑之用。题曰桢，谓当墙两端者也。旁曰干，谓在墙两边者也。《释诂》云，桢，干也。舍人曰，

桢，正也，筑墙所立两木也。干所以当墙两边障土者。三郊三遂，谓鲁人三军。《周礼·司徒》万二千五百家为乡。《司马法》万二千五百人为军。《小司徒》云，凡起徒役，无过家一人，是家出一人，一乡为一军。天子六军，出自六乡，则诸侯大国三军，亦当出自三乡也。《周礼》又云，万二千五百人为遂。《遂人职》云，以岁时稽其人民，简其兵器，以起征役，则六遂亦当出六军。乡为正，遂为副耳。郑众云，六遂之地，在王国百里之外，然则王国百里为郊，乡在郊内，遂在郊外。《释地》云，邑外谓之郊。孙炎曰，邑，国都也，设百里之国，去国十里为郊，则诸侯之制，亦当乡在郊内，遂在郊外。此言三郊三遂者，三郊谓三乡也。盖使三乡之民，分在四郊之内；三遂之民，分在四郊之外。乡近于郊，故以郊言之乡。遂之民分在国之四面，当有四郊、四遂。惟言三郊、三遂者，明东郊令留守，不令峙桢干也。上云"甲戌我惟征徐戎"，此云"甲戌我惟筑"，期以至日即筑，当筑攻敌之垒，距堙之属。兵法，攻城筑土为山，以窥望城内，谓之距堙。襄六年《左传》云，晏弱城东阳，而遂围莱，甲寅堙之，环城傅于堞。杜预云，堞，女墙也。堙，土山也。周城为土山，及女墙。宣十五年《公羊传》楚子围宋，使司马子反，乘堙而窥宋城。宋华元亦乘堙而出见之。何休云，堙距堙上城具也，是攻敌城垒，必有距堙，知筑者筑距堙之属也。

《尚书注疏》卷十九《考证》

鲁人三郊三遂。

苏轼曰，言鲁人以别之，知当时有诸侯之师也。桢干、刍茭皆重物，故独使鲁人供之。

2.（宋）苏轼撰《书传》卷二十《周书·费誓第三十一》

（归善斋按，见"无敢寇攘，逾垣墙"）

3.（宋）林之奇《尚书全解》卷四十《周书·费誓》

（归善斋按，见"鲁侯伯禽宅曲阜"）

4. （宋）史浩《尚书讲义》卷二十《周书·费誓》

(归善斋按，见"公曰，嗟！人无哗，听命")

5. （宋）夏僎《尚书详解》卷二十六《周书·费誓》

(归善斋按，见"甲戌，我惟征徐戎")

6. （宋）时澜《增修东莱书说》卷三十五《周书·费誓第三十一》

(归善斋按，见"甲戌，我惟征徐戎")

7. （宋）黄度《尚书说》卷七《周书·费誓》

鲁人三郊三遂，峙乃桢、干。甲戌，我惟筑，无敢不供，汝则有无余刑非杀。

鲁侯兖牧，故征筑，皆有诸侯调发之师。桢、干，主人供之。天子六军，故六乡。乡在郊，遂在野。六乡，故六遂。鲁大国三军，故三郊三遂。鲁郊遂之民，不出征者，使供桢、干。题曰桢，当墙两端者；旁曰干，谓在墙两边障土者。甲戌筑，据其要害，攻其腹心，且战且守，使敌不知所备也。无余刑，杀也。非杀，则降于杀，腐也，若今律，称斩，与杂犯死罪代命也。

8. （宋）袁燮《絜斋家塾书钞》

(归善斋按，无此篇)

9. （宋）蔡沈《书经集传》卷六《周书·费誓》

(归善斋按，见"甲戌，我惟征徐戎")

10. （宋）黄伦《尚书精义》卷五十《周书·费誓》

(归善斋按，见"甲戌，我惟征徐戎")

11.（宋）陈经《尚书详解》卷四十九《周书·费誓》

（归善斋按，见"甲戌，我惟征徐戎"）

12.（宋）钱时《融堂书解》卷二十《周书·费誓》

（归善斋按，见"公曰，嗟！人无哗，听命"）

13.（宋）魏了翁《尚书要义》卷二十《费誓》

十七、三郊三遂，谓鲁人三军。

三郊三遂，谓鲁人三军。《周礼·司徒》万二千五百家为乡。《司马法》万二千五百人为军。《小司徒》云，起徒从役，无过家一人，是家出一人，一乡为三军。天子六军，出自六卿，则诸侯大国三军，亦当出自三乡也。《周礼》又云，万二千五百家为遂。《遂人职》云，以岁时稽其人民，简其兵器，以起征役，则六遂亦当出六军，乡为正，遂为副耳。郑众云，六遂之地在王国百里之外。然则，王国百里为郊，乡在郊内，遂在郊外。《释地》云，邑外谓之郊。孙炎曰，邑，国都也。设百里之国，去国十里为郊，则诸侯之制，亦当乡在郊内，遂在郊外。此言三郊三遂者，三郊谓三乡也，盖使三乡之民，分在四郊之内；三遂之民分在四郊之外。乡近于郊，故以郊言之。

十八、守四面，当四郊四遂，今言三，除东郊。

乡遂之民，分在国之四面，当有四郊四遂，惟言三郊三遂者，明东郊令留守，不令峙桢干也。

十九、甲戌，至日即筑，如距堙之属。

上云"甲戌，我惟征徐戎"，此云"甲戌，我惟筑"，期以至日即筑。当筑攻敌之垒，距堙之属。兵法，攻城筑土为山，以窥望城内，谓之距堙。襄六年《左传》云"晏弱城东阳，而遂围莱。甲寅，堙之环城，传于堞"。杜预云，堞，女墙也。堙，土山也。周城为土山及女墙。宣十五年《公羊传》，楚子围宋，使司马子反乘堙而窥宋城，宋华元亦乘堙而出见之。何休云，堙，距堙，上城具也，是攻敌城垒，必有距堙。

14.（宋）陈大猷《书集传或问》卷上《费誓》

或问，三郊三遂，汉孔氏及林氏、东莱诸家皆以为东郊受敌，故止言三面。然不言三乡三遂，而言三郊三遂，何也？曰，夏谓大国，总四面而言之，止于三郊三遂耳，不必泥东郊不开之说，以为有四郊四遂也。若指四面而言，则天子六乡，亦可以谓之四郊矣，此说已详。况东郊不开，自指夷戎并兴于东边，故东郊儆备，其门不敢开，非谓其已至东郊，兼郊在十里之外，若至东郊，则已造城下。况费在东海郡，后为季氏邑，必非东郊之地也。东郊不开，犹汉世烽火通于甘泉，而棘门霸上皆屯兵以待之，非谓匈奴已至此。吴、楚七国反闭函谷关，亦非谓其兵已至关下也。

或问，东坡言，《费誓》言征，言筑，而不言战，盖妙于用兵，如何？曰，东坡谓，伯禽舍东郊而往捣戎、夷之巢穴，此乃后世行险之师。伯禽规模止为不可胜之策。盖王者节制之师也，恐未必若此。而所以不战者，盖此誓乃作于治兵之时，非如《泰誓》《牧誓》临战而誓，故不言及战。然要之，此后不曾及于战，则是亦不战也，但不如林说圆浑耳。

15.（宋）胡士行《尚书详解》卷十三《周书·费誓第三十一》

鲁人三郊（国外）三遂（郊外，孔云，东郊不开，其地被兵故不便），峙乃桢（筑所立两木）、干（两边障土版）。甲戌，我惟筑，无敢不供，汝则有（同坐）无余（遗免）刑，非（不至）杀。

甲戌出师，同日而筑，且攻且守，戎不得挠城筑也。

16.（元）吴澄《书纂言》卷四下《周书·费誓》

鲁人三郊三遂，峙乃桢、干，甲戌我惟筑，无敢不供，汝则有无余刑，非杀。

国外曰郊，郊外曰遂。天子六军，则六乡六遂。大国三军，故鲁三郊三遂也。桢、干，板筑之木，题曰桢，墙端之木也；旁曰干，墙两边障土者也。上文峙糗粮，不言鲁人，盖伯禽为侯伯，监七百里内诸侯，率以同征，粮食当自赍持，盖统告诸侯在会之人也。此下桢、干、刍、茭，非远国所能自赍，故责之鲁人也。无余刑，谓刑之至重，其上更无余，特降死一等而已。

17.（元）陈栎《书集传纂疏》卷六《朱子订定蔡氏集传周书·费誓》

（归善斋按，见"甲戌，我惟征徐戎"）

18.（元）许谦《读书丛说》卷六《周书·费誓》

（归善斋按，未解）

19.（元）董鼎《书传辑录纂注》卷六《周书·费誓》

（归善斋按，见"甲戌，我惟征徐戎"）

20.（元）朱祖义《尚书句解》卷十三《周书·费誓第三十一》

鲁人三郊三遂（大国三军，故三郊三遂。郊，即乡也，国外为郊，乡外为遂，谓鲁人居于郊遂者），峙乃桢、干（储峙汝筑城之具。所立之木谓之桢，当旁障土者谓之干）。甲戌我惟筑（我惟筑城垒。夫伯禽以甲戌日征徐戎，复以是日筑城垒，虑其或不可胜，而预为捍御之计，且攻且守，是为万全之策也）。

21.（明）王樵《尚书日记》卷十六《周书·费誓》

（归善斋按，见"甲戌，我惟征徐戎"）

22.（清）库勒纳等撰《日讲书经解义》卷十三《周书·费誓》

（归善斋按，见"甲戌，我惟征徐戎"）

（元）陈师凯《书蔡氏传旁通》卷六下《周书·费誓》

国外曰郊，郊外曰遂。天子六军，则六乡六遂。大国三军，故鲁三郊三遂也。

《司马法》曰，王国百里为郊。《王制》注云，百里之国，二十里之郊；七十里之国，九里之郊；五十里之国，三里之郊。愚按，王国百里之郊，六乡在焉。二百里为州，六遂在焉。五家，为比；二十五家，为闾；百家，为族；五百家，为党；二千五百家，为州；万二千二百家，为乡。此一乡之民数也。五家为邻，二十五家为里，百家为酂，五百家为鄙，二千五百家为县，万二千五百家为遂，此一遂之民数也。五人为伍，二十五人为两，百人为卒，五百人为旅，二千五百人为师，万二千五百人为军，此一军之人数也。凡起军，无过家一人。王国六军，六乡为正军，六遂为副军。大国三军，三乡出正军，三遂出副军。次国二军。二乡正，二遂副。小国一军，一乡正，一遂副。凡六遂之职，皆降六乡一等，副亚于正也。凡一军，伍长二千五百人，皆下士，在乡为比长，亦下士也。在遂为邻长。两司马，五百人，皆中士，在乡为闾胥，亦中士也。在遂为里宰，下士也。卒长百二十五人，皆上士，在乡为族师，亦上士也。在遂为酂长，中士也。旅帅二十五人，皆下大夫，在乡为党正，亦下大夫也。在遂为鄙师，上士也。师帅，五人，皆中大夫。在乡为州长，亦中大夫也。在遂为县正，下大夫也。军将一人，皆命卿，在乡为乡大夫亦卿也。在遂为遂大夫，中大夫也。此郊、遂军制之大数也。

（明）袁仁《尚书砭蔡编》

鲁人三郊三遂。

东郊不开，以拒守，故曰"三郊"

（清）朱鹤龄《尚书埤传》卷九《周书·费誓》

（归善斋按，见"甲戌，我惟征徐戎"）

（清）张英《书经衷论》卷四《周书·费誓》

(归善斋按，见"甲戌，我惟征徐戎")

无敢不供，汝则有无余刑非杀

1.（汉）孔氏传、（唐）陆德明音义、孔颖达疏《尚书注疏》卷十九《周书·费誓》

无敢不供，汝则有无余刑非杀。

传，峙具桢干，无敢不供，不供，汝则有无余之刑。刑者，非一也。然亦非杀汝。

音义：

供，音恭。

疏：

传正义曰，上云"无敢不逮"，此云"无敢不供"，下云"无敢不多"文异者。糗粮难备，不得偏少，故云"无敢不逮"；桢干易得，惟恐阙事，故云"不敢不供"。刍茭贱物，惟多为善，故云"无敢不多"，量事而为文也。不供，汝则有无余之刑者，言刑者非一，谓合家尽刑之。王肃云，汝则有无余刑。父母妻子同产皆坐之，无遗免之者，故谓无余之刑，然入于罪隶，亦不杀之。郑玄云，无余刑非杀者，谓尽奴其妻子，不遗其种类。在军使给厮役，反则入于罪隶舂槀，不杀之。《周礼·司厉》云，其奴男子入于罪隶，女子入于舂槀。郑玄云，奴从坐而没入县官者，男女同名。郑众云，输于罪隶，舂人、槀人之官也。然不供桢干，虽是大罪，未应缘坐，尽及家人，盖亦权以胁之，使勿犯耳。

2.（宋）苏轼撰《书传》卷二十《周书·费誓第三十一》

无敢不供，汝则有无余刑非杀。

汝敢不供桢干，则吾之刑汝，不遗余力矣，特不杀而已。糗粮、刍茭不供，则军饥，故皆用大刑。大刑，死刑也。桢、干不供，比刍粮差缓，故用无余刑而非杀。近时学者，乃谓无余刑，孥戮其妻子，非止杀其身而已。夫至于杀而犹不止，谁忍言之。伯禽，周公子也，而至于是哉？

3. （宋）林之奇《尚书全解》卷四十《周书·费誓》

（归善斋按，见"鲁侯伯禽宅曲阜"）

4. （宋）史浩《尚书讲义》卷二十《周书·费誓》

（归善斋按，见"公曰，嗟！人无哗，听命"）

5. （宋）夏僎《尚书详解》卷二十六《周书·费誓》

（归善斋按，见"甲戌，我惟征徐戎"）

6. （宋）时澜《增修东莱书说》卷三十五《周书·费誓第三十一》

（归善斋按，见"甲戌，我惟征徐戎"）

7. （宋）黄度《尚书说》卷七《周书·费誓》

（归善斋按，见"鲁人三郊三遂，峙乃桢、干。甲戌，我惟筑"）

8. （宋）袁燮《絜斋家塾书钞》

（归善斋按，无此篇）

9. （宋）蔡沈《书经集传》卷六《周书·费誓》

（归善斋按，见"甲戌，我惟征徐戎"）

10. （宋）黄伦《尚书精义》卷五十《周书·费誓》

（归善斋按，见"甲戌，我惟征徐戎"）

11. （宋）陈经《尚书详解》卷四十九《周书·费誓》

（归善斋按，见"甲戌，我惟征徐戎"）

12.（宋）钱时《融堂书解》卷二十《周书·费誓》

(归善斋按，见"公曰，嗟！人无哗，听命")

13.（宋）魏了翁《尚书要义》卷二十《费誓》

二十、不供桢、干，汝则有无余刑非杀。

"不供汝则有无余之刑"者，言刑者非一，谓合家尽刑之。王肃云，汝则有无余刑，父母妻子同产皆坐之，无遗免之者，故谓无余之刑。然入于罪隶，亦不杀之。郑玄云，无余刑非杀者，谓尽奴其妻子，不遗其类。在军使给厮役，反则入于罪隶舂稾，不杀之。《周礼·司厉》云，其奴男子入于罪隶，女子入于舂稾。郑玄云，奴，从坐而没入县官者，男女同名。郑众云，输于罪隶，舂人、稾人之官也。然不供桢干，虽是大罪，未应缘坐尽及家人，盖亦权以胁之，使勿犯耳。

14.（宋）陈大猷《书集传或问》卷上《费誓》

(归善斋按，未解)

15.（宋）胡士行《尚书详解》卷十三《周书·费誓第三十一》

(归善斋按，见"鲁人三郊三遂，峙乃桢、干。甲戌，我惟筑")

16.（元）吴澄《书纂言》卷四下《周书·费誓》

(归善斋按，见"鲁人三郊三遂，峙乃桢、干。甲戌，我惟筑")

17.（元）陈栎《书集传纂疏》卷六《朱子订定蔡氏集传周书·费誓》

(归善斋按，见"甲戌，我惟征徐戎")

18.（元）许谦《读书丛说》卷六《周书·费誓》

(归善斋按，见"杜乃擭，敜乃阱，无敢伤牿，牿之伤，汝则有常刑")

19.（元）董鼎《书传辑录纂注》卷六《周书·费誓》

（归善斋按，见"甲戌，我惟征徐戎"）

20.（元）朱祖义《尚书句解》卷十三《周书·费誓第三十一》

无敢不供（无敢有不供应者。苟不供此桢、干有妨版筑之功，使徂征之举或有疏失，捍御无策，一败涂地，为害非常），汝则有无余刑，非杀（队伍皆有刑责，犯者多，不可胜诛，故不杀也）。

21.（明）王樵《尚书日记》卷十六《周书·费誓》

（归善斋按，见"甲戌，我惟征徐戎"）

22.（清）库勒纳等撰《日讲书经解义》卷十三《周书·费誓》

（归善斋按，见"甲戌，我惟征徐戎"）

（清）王夫之《尚书稗疏》卷四下《周书·牧誓》

无余刑，非杀。

传注以非杀为不至于杀，前所言"有常刑"者皆不至于杀，何但于此誓以警众，非以慰之也。不至于杀，则亦不杀之而已，何事预告以宽之哉。辞之失体，莫此为甚。如云，除不杀外，凡刑皆用，则胡不正告以当坐之刑，而使军吏得以上下其手耶。且蔡云，刑之非一者，任人之随用一刑乎？则罪均而刑异，如谓但除大辟，一切皆并施之，则既墨之，又劓之，又刵之，又刖之，是脔割其人无完肤，而必至于死，何似一斩之犹得速死，为□耶？糗粮不逮，桢干不多，皆坐大刑，传注皆谓乏军兴之刑。乏军兴者，死刑也。方筑而乏桢干，筑必不成，且战且筑，而迟误于须臾，则所害甚大，曾不似干粮之可均（可补茭干乌也），乌之可以续运。乃彼则誓以必死，而此则宽之以不杀，于义何居？无余者，尽词也，正大辟也，必言无余，而不但言大刑者，谓应辨之。夫里催督之，里胥考成之官正，一坐以死，而无所杀也。杀，音色界反。糗粮、刍茭之不备，罪坐其人，而余从末减，此则不分等，杀而一坐以上刑，缘桢干之备，记里步丈尺，必全具，而后俄顷成城，乘敌之不及我攻。缺一不具，则全功皆虚，故立法尤严。此以军机之神速，为军令之矫虔，而非经生之所能测也，固其宜尔。

鲁人三郊三遂，峙乃刍茭，无敢不多，汝则有大刑

1.（汉）孔氏传、（唐）陆德明音义、孔颖达疏《尚书注疏》卷十九《周书·费誓》

鲁人三郊三遂，峙乃刍茭，无敢不多，汝则有大刑。
传，郊遂多积刍茭，供军牛马不多，汝则亦有乏军兴之大刑。
音义：
刍，初俱反。茭，音交。
疏：
传正义曰，刍茭，郑云，茭，干刍也。

2.（宋）苏轼撰《书传》卷二十《周书·费誓第三十一》

鲁人三郊三遂，峙乃刍茭，无敢不多，汝则有大刑。
言鲁人以别之，知当时有诸侯之师也。桢、干、刍茭皆重物，故独使鲁人供之。三郊、三遂，南、西、北方郊遂之人，东郊以备寇，不供也。徐夷作难久矣，鲁国受其害而以宅伯禽，知周公不私其子。伯禽生而富贵安佚，始侯于鲁，遇难而能济达于政，练于兵，皆见于《费誓》，见周公教子之有方也。孔子叙书，盖取此也。

3. （宋）林之奇《尚书全解》卷四十《周书·费誓》

(归善斋按，见"鲁侯伯禽宅曲阜")

4. （宋）史浩《尚书讲义》卷二十《周书·费誓》

(归善斋按，见"公曰，嗟！人无哗，听命")

5. （宋）夏僎《尚书详解》卷二十六《周书·费誓》

(归善斋按，见"甲戌，我惟征徐戎")

6. （宋）时澜《增修东莱书说》卷三十五《周书·费誓第三十一》

(归善斋按，见"甲戌，我惟征徐戎")

7. （宋）黄度《尚书说》卷七《周书·费誓》

鲁人三郊三遂，峙乃刍、茭无敢不多，汝则有大刑。

刍、茭不可远致，亦主人供之。糗粮取足，不使不逮；刍、茭必使多焉。糗粮缓急，可以移致；刍茭不可致也，不多而阙事，亦为乏兴。

8. （宋）袁燮《絜斋家塾书钞》

(归善斋按，无此篇)

9. （宋）蔡沈《书经集传》卷六《周书·费誓》

(归善斋按，见"甲戌，我惟征徐戎")

10. （宋）黄伦《尚书精义》卷五十《周书·费誓》

(归善斋按，见"甲戌，我惟征徐戎")

11. （宋）陈经《尚书详解》卷四十九《周书·费誓》

(归善斋按，见"甲戌，我惟征徐戎")

12.（宋）钱时《融堂书解》卷二十《周书·费誓》

（归善斋按，见"公曰，嗟！人无哗，听命"）

13.（宋）魏了翁《尚书要义》卷二十《费誓》

（归善斋按，未引）

14.（宋）陈大猷《书集传或问》卷上《费誓》

（归善斋按，未解）

15.（宋）胡士行《尚书详解》卷十三《周书·费誓第三十一》

鲁人三郊三遂，峙乃刍、茭（饷属），无敢不多，汝则有大刑。
其临事而惧，严密如此。岂宋襄陈余之所谓仁义乎？

16.（元）吴澄《书纂言》卷四下《周书·费誓》

鲁人三郊三遂，峙乃刍、茭，无敢不多，汝则有大刑。
刍、茭，所以供牛马，若不继，则牛马饥疲，故亦服死刑也。
鲁侯作《费誓》之时，盖在周公作《大诰》之后，其篇次《文侯之命》者，以侯国之书，附帝王之书，故居《周书》之末。

17.（元）陈栎《书集传纂疏》卷六《朱子订定蔡氏集传周书·费誓》

（归善斋按，见"甲戌，我惟征徐戎"）

18.（元）许谦《读书丛说》卷六《周书·费誓》

（归善斋按，见"杜乃擭，敜乃阱，无敢伤牿，牿之伤，汝则有常刑"）

19.（元）董鼎《书传辑录纂注》卷六《周书·费誓》

(归善斋按，见"甲戌，我惟征徐戎")

20.（元）朱祖义《尚书句解》卷十三《周书·费誓第三十一》

鲁人三郊三遂，峙乃刍、茭（居于郊遂者，各储峙刍、茭以供牛马。茭，交），无敢不多，汝则有大刑（刍、茭不继。则车疲马劣，亦能致败，故供之不多，亦服大刑）。

21.（明）王樵《尚书日记》卷十六《周书·费誓》

(归善斋按，见"甲戌，我惟征徐戎")

22.（清）库勒纳等撰《日讲书经解义》卷十三《周书·费誓》

(归善斋按，见"甲戌，我惟征徐戎")

周书 秦誓第三十二

秦穆公伐郑

1.（汉）孔氏传、（唐）陆德明音义、孔颖达疏《尚书注疏》卷十九《周书·费誓》

序，秦穆公伐郑。

传，遣三帅，帅师往伐之

音义：

秦穆公伐郑，事见鲁僖公三十三年。三帅，色类反，下注同。谓孟明视、西乞术、白乙丙。

疏：

正义曰，秦穆公使孟明视、西乞术、白乙丙三帅，帅师伐郑。

传正义曰，《左传》僖三十年，晋文公与秦穆公围郑。郑使烛之武说秦伯，秦伯窃与郑人盟，使杞子、逢孙、扬孙戍之、乃还。三十二年杞子自郑使告于秦曰，郑人使我掌其北门之管。若潜师以来，国可得也。穆公访诸蹇叔，蹇叔曰，不可。公辞焉，召孟明、西乞、白乙使出师伐郑，是遣三帅帅师往伐之事也。序言穆公伐郑，嫌似穆公亲行，故辨之耳。

2. （宋）苏轼撰《书传》卷二十《周书·秦誓第三十二》

秦穆公伐郑。

秦穆公，任好。

3. （宋）林之奇《尚书全解》卷四十《周书·秦誓》

秦穆公伐郑，晋襄公帅师，败诸崤，还归，作《秦誓》。

《秦誓》。

公曰，嗟！我士，听无哗，予誓告汝群言之首。古人有言曰，民讫自若，是多盘。责人斯无难，惟受责，俾如流，是惟艰哉。我心之忧，日月逾迈，若弗云来。惟古之谋人，则曰未就予忌；惟今之谋人，姑将以为亲。虽则云然，尚猷询兹黄发，则罔所愆。番番良士，旅力既愆，我尚有之；仡仡勇夫，射御不违，我尚不欲。惟截截善谝言，俾君子易辞，我皇多有之。昧昧我思之，如有一介臣，断断猗无他技，其心休休焉，其如有容。人之有技，若已有之；人之彦圣，其心好之，不啻如自其口出，是能容之，以保我子孙黎民，亦职有利哉。人之有技，冒疾以恶之；人之彦圣，而违之，俾不通，是不能容，以不能保我子孙黎民，亦曰殆哉。邦之杌陧，曰由一人；邦之荣怀，亦尚一人之庆。

《秦誓》之所由作，其略见于此序，而其事迹之详，则载于《左传》。案僖三十年，秦穆公以郑之无礼于晋文公，故与晋合兵而围之。晋军函陵，秦军汜南，既而秦纳烛之武之言，私与郑人盟，而背晋，使杞子戍之而还。秦晋之不睦，盖自此始。其后二年，晋文公卒，穆公因杞子掌郑北门之管，而欲潜师以袭之，出于晋地殽陵之间。访诸蹇叔，蹇叔曰，劳师以袭远，非所闻也。公辞焉，召孟明、西乞、白乙，使出师于东门之外。蹇叔之子与师哭而送之，曰晋人御师，必于殽，殽有二陵焉，必死是间。秦师及滑，闻郑人既有备矣，灭滑而还。晋原轸曰，秦违蹇叔，而以贪勤民。天奉我也，奉不可失，敌不可纵，必伐秦师。遂发命，襄公墨衰绖以从戎，遂败秦师于殽陵，获百里、孟明、西乞、白乙以归。襄公之嫡母文嬴，请三帅而归之。秦伯素服郊次，乡师而哭，曰，孤违蹇叔，以辱二三子，孤之罪也；不替孟明，孤之过也，大夫何罪。《秦誓》之作实在此时。汉王嘉曰。秦穆公不从百里奚、蹇叔之言，以败其师，其悔过自责，疾诖误之臣，思黄发之言，名垂于后世。《左氏》所载穆公之将袭郑，但以为访于蹇叔而已，初未尝及于百里奚也。至《公羊》《谷梁传》所载蹇叔事迹，与左氏正同，而其异者，则以谏伐郑而哭秦师者，不惟蹇叔，而百里奚实在焉。王嘉之言，盖取诸公、谷之传而云也。以是知左氏之不载百里奚者，失其传焉尔，当以公、谷为正。夫穆公于汜南之役，既背晋而与晋不睦矣，乃欲潜师于其险阻之地，以出郑人之不意，则其进，不足以袭郑；而退，将为晋所袭者，盖必然之势也。故其时，老成人之沈几先物，如蹇叔、百里奚者，则知其必败，惟其轻进小生，锐于功名，浅虑无谋，如孟明、西乞、白乙，则以为必胜。穆公勇于前，而不顾其后。蹇叔之言，逆于其心，则不复求诸其道也，徒以其拂己而怒之。孟明、西乞、白乙之言，逊于其志，则不复求诸非道，徒以其顺己而喜之。徇于喜怒之私，而不虑夫成败之所在，果覆师于殽陵，匹马只轮无反者，此盖既往之咎不可复追矣。然而因殽师之不复还，而能深自惩创，不怨天，不尤人，惟责夫己之不审于听谋，且惧其无以为善后之计也。故于是誓其众，而告之以自怨自艾之意。此篇之所为作，而夫子有取焉，录其书于帝王誓命之末也。

"嗟！我士，听无哗"，谓凡尔众士静以听命，我将告汝以古人之言，可以为群言之首者，其言则曰，"民讫自若，是多盘，责人斯无难，惟受责俾如流，是惟艰哉"。苏氏曰，孔子曰，人之言曰予无乐乎，为君惟其言，而莫予违也。孔子盖以为一言而丧邦者，此言也。民既尽顺我，而不违我，乐则乐矣，不几于游盘无度，以亡其国，如夏大康乎？此言为善。盖常人之情，莫不乐人之顺己，而恶人之拂己。惟以人之若己为多盘，则是人之责己者，在常人之情，盖多不乐于此矣，故自己而责人者，未足为艰人，以逆耳之言而责己，己能受之如水之流，而不以为忤，此实常情之至难也。今我之为此役也，蹇叔、百里奚之谋，谋之其臧，则具是违。孟明、西乞、白乙之谋，谋之不臧，则具是依。此盖以若己为多盘，而不能以受责如流为艰，既取祸败于前矣。而思有以转祸为福，易危为安，则我心之忧，惟恐日月逾迈，难得易失，若不复反，虽欲悔之而无所及也。是以，深咎其听言之不审，谓我之始欲背郑人汜南之盟也，诚有所疑忌于郑，而不信之，故欲潜师以袭之，勇于利而不顾其害。彼老成之人执古义，而为我谋者，如百里奚、蹇叔可谓善矣。我则以为未能成就我之所忌，而违之。其新进小生之昧于古义，而指今事以为我谋，如孟明、西乞、白乙之徒，可谓不善。矣我虽知其未必有成功，而侥幸于万一也。故姑将以为亲而从之，是以自取殽陵之败。夫既丧师之祸至于此极，秦之社稷亦已危矣，而尚未至于为敌国外患之所乘者，盖以袭郑之役，虽不从老成人之谋，而其它为治之道，尚能询于黄发而用之，是以无所怨过。兵虽败，而国不摇也。案《左氏传》僖十三年，晋荐饥，使乞籴于秦，秦伯谓百里奚与诸乎？对曰，天灾流行，国家代有救灾恤邻，道也，行道有福。于是丕豹在秦，请伐晋。秦伯曰，其君是恶，其民何罪。于是输粟于晋，夫丕豹之请伐晋，无以异于杞子之请袭郑也。百里奚，欲与之粟，无以异于蹇叔之以袭郑为不可也。穆公卒从百里奚，而不从丕豹。则知其平日之谋国，询于黄发而违新进小生之谋者，亦多矣。

一昧于袭郑之举，遂取败衄，故诚有悔，于是而欲改过迁善，卒用黄发之言，以为善后之计焉。良士之番然而老者，虽旅力既已愆过，我庶几欲有此人而用之。至于仡仡然壮勇之夫，虽能射御，而不有违失，我庶几疏而远之，不欲用此人也。仡仡勇夫，尚且不欲，而况于截截利口捷给之善谝言者，能变乱是非利害之实，使君子回心而易辞，我何暇复多有之哉。其所谓番番良士，旅力既愆者，盖指百里奚、蹇叔之徒而言也。而其仡仡勇夫，与夫截截善谝言者，则指孟明、西乞、白乙之徒也。截截，犹察察也。谝，《说文》曰，便巧言也。穆公之谋伐郑也，惟昧夫君子小人之际，故于老成之言，则违之；于新进小生，则从之，是以覆师于殽陵。及其既败而悔过，昧昧焉以思之，困于心，衡于虑，而后作也，于是审知夫君子之所以为君子，小人之所以为小人，与治乱安危之所在，以谓苟有一介之贱臣，断断乎朴鲁无它技，而其心休休焉，宽裕温柔，而有所容。于人之有技，若己之所自有；人之彦圣，而其心好之，不啻若自其口出，是人也，盖质直乐善之人也，吾昔日以为椎钝而忽之，今乃知其为君子。君子之质直乐善，是可以保我子孙黎民者也。故自今以往，我欲容斯人于朝，以为国家社稷之利。其有心不休休然以有容，而挟其技能，以傲物于人之有技，则冒蔽疾害以恶之，人之彦圣，则违而拒之，使不得通于上。

是人也，盖忌克嫉害之人也。吾昔日以为果锐而善之，今乃知其小人。小人之忌克嫉害，是不可以保我子孙黎民者也，故自今以往，我不欲容斯人于朝，惧其将危我国家社稷，而至于不可救也。夫我之所以败者，良由废弃老成人之言，而乐用新进小生，不明夫君子、小人之心术。故秦之为国，遂至杌陧而不安。既国之杌陧由我一人，听谋之不审，以是推之，则知欲致邦之荣怀者，亦庶几惟在一人之有庆而已。苟能用质直乐善之君子，不用忌克嫉害之小人，则是我一人无取杌陧之道，既无取杌陧之道，则将转祸而为福，易败而为成，社稷无穷之休，岂有既邪。呜呼！君子、小人之情状，与夫治乱安危之机，盖尽于此矣。

"断断猗无他技"，猗者，语辞。唐孔氏曰，《礼记·大学》引此，作"断断兮猗"，是兮之类。怀，安也。《论语》曰，君子之过，如日月之食焉。过也，人皆见之；更也，人皆仰之。穆公当大丧师之后，其操心也危，其虑患也深。思得番番良士而用之，惟恐仡仡之勇夫、截截之谝言，乘闲而进。其心之忧，日月逾迈，若将弗克见者，诵言其过而无所文饰于其间，则虽有过不足以为过矣。故夫子善之，而录其书以附益于帝王誓命之末，其与之也，可谓至矣。然考之《左氏传》，则穆公虽有此言，而终不能践之者也。《秦誓》之作，在于殽师既败之后，使其果能践此言，则固宜尊事百里奚、蹇叔而用之，退孟明之徒而远之，休兵息民而不报殽陵之师。如是则岂惟霸诸侯而已哉。虽王业亦可成也。今则不然，其所以尊事黄发者，盖未之闻也。方且不替孟明，而更委之以政，以遂其拜赐之言，后二年复败于彭衙，而尚不悔。明年又使孟明焚舟以战，出于万死一生之计，然后仅能胜晋于王官。又明年晋复伐秦，围邧新城以报王官之役，未及报晋，而穆公遂死矣。贪功弃民，终其身而不改恶，在其为悔过自讼邪。其所以欲用旅力既愆之良士，与夫能容断断无他技之臣者，殆为虚语耳。然夫子志其言于书，无少贬焉者，盖彼虽终不能践其言，而其一时悔过，自艾之意，诚合夫帝王之用心，与其洁也，不保其往也，其《秦誓》之谓乎？

4. (宋) 史浩《尚书讲义》卷二十《周书·秦誓》

秦穆公伐郑，晋襄公帅师，败诸崤，还归，作《秦誓》。

穆公以列国霸者，不听忠言，怫人自用，败而还师，实不足道。而圣人乃取其书，终百篇之义，疑弗类也。然即其悔过，忧畏自责，若无所容其躯，一念之萌发，于诚实天地为之震动，鬼神为之辟易。圣人岂不有感于中，而为之登载其言乎？传曰"禹、汤罪己，其兴也勃"，焉穆公之谓也。

5.（宋）夏僎《尚书详解》卷二十六《周书·秦誓》

伯禽，穆公等诸侯耳，虞、夏、商、周，帝王之书也，而以诸侯之誓系之也，乃孔子之深意。王者之迹熄，则《大雅》降为"国风"，王者之道亡。故秦、鲁升而系三代，于《诗》见其言，于《书》见其意。曰"平王锡晋文侯"，而言不及于复仇，王道不可望也，得如伯禽之用兵，则申侯犬戎，庶几可戮。得如穆公之悔过，则听言用贤，而周家可兴，如此则庶几于王道矣。故取秦、鲁以补王道，所以深痛王道之不复兴也。夫《国风》始平王，王道终于平王，而以秦、鲁补之，则平王之罪可胜言哉，故特存之。

秦穆公伐郑，晋襄公帅师败诸崤，还归，作《秦誓》。

按《左传》及《史记》，鲁僖公三十年，晋文公与秦穆公围郑，郑使烛之武说秦伯，秦伯窃与郑人盟，使杞子、逢孙、杨孙戍之乃还。三十二年，杞子自郑使告于秦曰。郑人使我掌北门之管，若潜师以来，国可得也。穆公访诸蹇叔，蹇叔曰，不可。公辞焉，而召孟明、西乞、白乙，使帅师伐郑。礼，征伐朝聘过人之国，必遣使假道。今秦伐郑道，经晋之南境，盖于河南之南，崤关之东，而秦乃不假道于晋。是岁，晋文公卒，襄王即位。三十三年，秦师及滑，滑，晋地也。郑商人弦高，将牛十二，欲市于周，遇秦师，恐为所掠，乃矫郑伯之命，以十二犒师。孟明曰，郑有备矣，不可冀也，攻之不克，围之不继，吾其还也。秦人既谋泄，又以不假道于晋之，故乃灭晋之滑邑而还。晋襄公以国有大丧，而秦越境伐，郑师行不告，又因来伐，襄公乃墨衰绖，以夏四月俟其师还，扼之于崤渑，败其师，而获三帅焉。是时晋文公夫人文嬴，秦女也，乃为三帅请于襄公，曰，彼实构吾二君，君何辱，请焉使归就戮于秦，以逞寡君穆公之志，若何？襄公许之，乃归其三帅，百里、孟明视、西乞术、白乙丙。穆公素服郊迎乡师而哭曰，孤违蹇叔，以辱二三子，孤之罪。不替孟明，孤之过也。穆公于是悔过作为此书，史官录之，乃作此《秦誓》之书，由是言之，则伐郑者，虽穆公之意，其实乃孟明、西乞、白乙三帅将兵以行，非穆公亲行也。逮三帅还归，穆公素服郊迎，乃悔过作此书，非穆公还归，作此誓也。今叙书者言"秦穆公伐郑，晋襄公帅师败诸崤，还归，作《秦誓》"，若秦穆公亲将兵伐郑，既还乃作誓自悔，此其故何也，盖将兵伐郑，乃三帅自行，实穆公使之。今穆公既引过归己，则崤渑之辱，实若穆公身自致之。故序书者，发明此意，言穆公伐郑，而不言三帅之行，言"还归，作《秦誓》"，若穆公还归作誓，而不言三帅之归，盖所以深明穆公今日之悔，非矫情饰伪，以冀孟明异日焚舟之举也。其悔者，盖实若己之自为也，此孔子所以有取于《秦誓》也。

6.（宋）时澜《增修东莱书说》卷三十五《周书·秦誓第三十二》

二帝三王之泽，至《文侯之命》竭矣。受之以《费誓》者，以法制之在，故国犹可因也；受之以《秦誓》者，以理义之在，人心犹可复也。充穆公之心，而因伯禽之法，驯致其道，帝王何远之有？观书之终，而后知帝王之道，初无所终也。

秦穆公伐郑，晋襄公帅师，败诸崤，还归，作《秦誓》。

秦穆因杞子之间，潜师袭郑。书法宜曰袭，不宜曰伐。师未加郑，移兵灭滑，书法宜曰滑，不宜曰郑。正其出师之名曰伐，发其谋也。正其受兵之国曰郑，诛其心也。兵端发于郑，而加于滑，晋何预焉？晋襄公帅师败诸崤，乘人之隙者，人亦乘之。出乎尔者，反乎尔者也。还归，作《秦誓》伤于外者，反于家。动心忍性，将以进于二帝三王之治者，此其阶也。始终予夺，立义之精如此。书之序春秋之策，其同一笔乎。

7.（宋）黄度《尚书说》卷七《周书·秦誓》

秦穆公伐郑，晋襄公帅师败诸崤，还归，作《秦誓》。

秦国，嬴姓，益后。周孝王邑非子于秦，为附庸，今秦州天水县秦谷是也。幽王之乱，秦襄公救周有功，平王东迁，封襄公为诸侯，赐之岐以西之地，于是始国。至德公，徙都雍，今凤翔是也。郑国，宣王母弟友，始封咸林，今华州郑县是也。东迁，武公取虢郐十邑，都于祝融之墟，今郑州新郑县是也。晋襄公，文公子。崤在今河南永宁县三崤山是也。崤败，秦伯素服郊次，乡师而哭，悔过自誓，告群臣。

8.（宋）袁燮《絜斋家塾书钞》

（归善斋按，无此篇）

9.（宋）蔡沈《书经集传》卷六《周书·秦誓》

（归善斋按，未解）

10.（宋）黄伦《尚书精义》卷五十《周书·秦誓》

秦穆公伐郑，晋襄公帅师，败诸崤，还归，作《秦誓》。

无垢曰，秦穆公初与晋文公伐郑，郑使烛之武说秦，秦与郑盟，而使杞子、逄孙、杨孙戍之。杞子自郑使告于秦曰，郑人使我掌北门之管，若潜师以来，国可得也。秦穆访诸蹇叔，蹇叔不可。公辞焉，而召孟明、西乞、白乙，使三人帅师伐郑师，经崤渑，晋界也，而不假道焉。三人者，其谋泄，乃灭滑而还。晋以秦因国有大丧，而越境伐郑，师行不以告，故候其师归，败之于崤，获三帅焉。晋文公夫人文嬴，秦女也，请三帅曰，彼实间吾二君，寡君若得而食之不厌，君何辱讨焉，使归就戮于秦，以逞寡君之志，若何？公许之。晋侯归之，穆公素服郊次，向师而哭，曰孤违蹇叔，以辱二三子，孤之罪也。不替孟明，孤之过也。秦人记此事于史，孔子得其悔过之誓，故取以附于《周书》之末焉。

又曰，军旅用誓，岂独秦国，而圣人特取以附《周书》之末，是知当时之誓师，皆不义之举也，独秦以悔过而作誓，此诸国所无，而暗合三王之道者也。故孔子有取焉。

杨氏曰，或问《春秋》止"获麟"，述其旨者众矣。《书》毕《秦誓》宁无意乎，愿闻其说。曰，仲尼蕴圣人之业，而不得施者也。其生不辰于鲁，则昭公见逐在周，则子朝造乱，弑君三十六，灭国五十二，三纲绝矣。仲尼历聘以救之，则又不得其位，故退而定礼乐，删《诗》《书》，修《春秋》，以防乎微立乎教。其删《书》也，尧舜之典，大禹皋陶之谟，商周之训、诰、誓、命，渊然垂教，亦备矣。帝王之书，至《文侯之命》而终焉，则平王而下诰命绝矣。周之号令，不行于天下，名位焉而已。秦穆公，西夷之国也，乃能悔过誓众，作《秦誓》焉，是三代之诰，誓，王朝所以令天下之文，周不能有之，而秦僭焉。夫吴、楚僭称王，徒窃其名号，不过荣于外焉。春秋尚夷而外之，况秦穆公遂窃为帝王诰、誓之文，其志可量哉。圣人见其微，则防其着，思其渐，则忧其大履霜之不禁，坚冰可期矣。滥觞之不支，襄陵难遏矣。秦穆之僭，为誓命，其履霜乎，其滥觞乎。《易》曰臣弑其君，子弑其父，匪一朝一夕之故，其所由来者，渐矣，由辨之不早辨也。太史公曰，秦杂戎狄之俗，位在藩臣，而胪于郊祀，君子惧焉。扬子云曰，天子制公、侯、伯、子、男也，庸庸节节。节莫差于僭，僭莫重于祭，祭莫重于地，地莫重于天，则宣文，宣灵，其兆也。如是则秦之祖己，僭王者之郊也。至穆公，遂僭乎誓也。卒洎乎灭二周，而迁九鼎，岂一朝一夕之故哉。则《秦誓》者，其履霜也，其滥觞也，故仲尼删《书》毕秦誓者，有伤焉，有戒焉。三代之诰、誓，中国之王不能行之，西夷之君乃用焉，不亦伤乎。然秦国之僭乱，周若不早辨之，秦之子孙，循袭浸长，其可量哉，故亦以戒周也。设周有明王复兴，悟孔子之戒，消坚冰于履霜，堤襄陵于滥觞，防微不至于着，杜渐不及于大。立制度以诛僭窃，后世安有稽首归秦者哉。故曰，有伤焉，有戒焉。呜呼！仲尼删《书》立教，不徒焉耳。

吕氏曰，穆公既为晋所败，深自克责，作为悔过之书，孔子所以载之于二帝三王之后。这一书之理，便是二帝三王之阶梯。圣人之全体，在《易》之乾乾之德，便是圣人之德。乾本广大，其德刚健中正，纯粹精也。人若要精于乾德，阶梯在甚处，在复卦，一阳生于五阴之下，五阴在上，重迭积累，正如衰世末路，人为私意障蔽。然一阳生，莫之能御，须有复乎，乾之理复是进乎乾之梯阶。春秋之时，三纲五常，都不明。去二帝三王之时，大段远，正如五阴在上。看此一篇，见得回心悔过，其辞恳笃至诚。若推是心以往，便可到尧、舜、禹、汤地位。前许多私意邪，虑亦蔽他不得。《书》之《秦誓》，便是《易》之复卦，学者须玩味。

11. （宋）陈经《尚书详解》卷五十《周书·秦誓》

秦穆公伐郑，晋襄公帅师，败诸崤，还归，作《秦誓》。

穆公，始者与晋文公伐郑，郑与秦盟。秦使杞子辈戍之。杞子使告于秦，曰，郑人使我掌北门之管，潜师以来，国可得也。穆公访诸蹇叔，蹇叔不可。召孟明、西乞术、白乙丙伐郑，师经于崤。崤，晋界也。于是时，晋文公既死，襄公初立，以谓秦之伐郑，不以告晋，而乘我之丧，因其师之归，而败之于崤。按，《春秋》僖公三十三年书，晋人及姜戎，败秦于崤，而《书》之所序，则曰秦穆公伐郑，晋襄公帅师败诸崤，此皆仲尼之亲笔也，曷为而异其辞？其在《书》则褒秦，《春秋》则狄之，何也？《春秋》之教，兼于惩恶，其法严。《诗》《书》之教，止于劝善，其辞恕。《书》之有《秦誓》，犹《诗》之有《木瓜》，《鲁颂》也。齐桓公之过，《春秋》责之备矣。而《木瓜》之诗，则美桓公。鲁僖公之在《春秋》，曾未有一善之可书，而《鲁颂》之作，形容极口。由此观之，则《书》之取《秦誓》者，专取其悔过也。《春秋》之责秦穆公者，谓其客人之馆，而谋其主，因人之有而逞其诈；利人之危，而袭其国；越人之境，而不哀其丧，叛盟失信，以贪勤民而弃其师，狄道也。此《春秋》之所书，异于《秦誓》之序也。

12. （宋）钱时《融堂书解》卷二十《周书·秦誓》

秦穆公伐郑，晋襄公帅师，败诸崤，还归，作《秦誓》。

穆公虽以违蹇叔之言为悔，而终不以孟明之用为非，仅霸西戎，曾何足道，孔子亦何取于此书也。《语》曰"君子不以人废言"。方其悔过之初，本心呈露，矢口而发，诚实切至。惜也，中怀不平，志在刷耻，竟使善端发而不遂，沦没于春秋之气习，而吾夫子亦不暇问也。呜呼！世降愈下，求如此书者，又不可复得矣。春秋二百四十二年之中，而独此书厕之二帝三王之末，抑亦有所感也夫。

13. （宋）魏了翁《尚书要义》卷二十《秦誓》

廿一、秦自崤关伐郑，晋以不假道，伐而败之。

秦穆公伐郑，遣三帅帅师往伐之。晋襄公帅师败诸崤。崤，晋要塞也，以其不假道伐而败之，囚其三帅，还归，作《秦誓》。晋舍三帅还归，秦穆公悔过作誓。

14.（宋）陈大猷《书集传或问》卷上《秦誓》

（归善斋按，未解）

15.（宋）胡士行《尚书详解》卷十三《周书·秦誓第三十二》

秦穆公伐郑，晋襄公帅师败诸崤，还归，作《秦誓》。

事详见《左传》僖三十年袭郑。书伐发其谋也，灭滑书郑，诛其心也。晋败诸殽，乘人之隙，人亦乘之，出乎尔反乎尔也。还归作誓，伤于外者，反于家，动心忍性，将以进于帝王之治者，此其阶也。始终予夺，立义之精，《春秋》之笔乎？

16.（元）吴澄《书纂言》卷四下《周书·秦誓》

（归善斋按，未解）

17.（元）陈栎《书集传纂疏》卷六《朱子订定蔡氏集传周书·秦誓》

（归善斋按，未解）

18.（元）许谦《读书丛说》卷六《周书·秦誓》

（归善斋按，未解）

19.（元）董鼎《书传辑录纂注》卷六《周书·秦誓》

（归善斋按，未解）

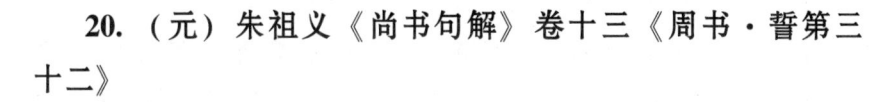

20.（元）朱祖义《尚书句解》卷十三《周书·誓第三十二》

秦穆公伐郑（穆公始与晋文公伐郑，郑与秦盟，秦使杞子辈戍之。杞子使告于秦曰，郑人使我掌北门之管，潜师以来，国可得也。穆公访诸蹇叔，蹇叔不可。穆公于是召孟明视、西乞术、白乙丙伐郑）。

21.（明）王樵《尚书日记》卷十六《周书·秦誓》

（归善斋按，未解）

22.（清）库勒纳等撰《日讲书经解义》卷十三《周书·秦誓》

（归善斋按，未解）

（清）蒋廷锡《尚书地理今释·周书·秦誓》

《秦誓》。
秦。
周孝王封非子于秦，因为国号，今陕西巩昌府秦。

晋襄公帅师，败诸崤

1.（汉）孔氏传、（唐）陆德明音义、孔颖达疏《尚书注疏》卷十九《周书·费誓》

晋襄公帅师，败诸崤。
传，崤，晋要塞也，以其不假道伐而败之，囚其三帅。
音义：
崤，户交反。塞，悉代反。假，工下反。
疏：

319

正义曰，未至郑而还，晋襄公帅师败之于崤山，囚其三帅。

传正义曰，杜预云，崤，在弘农渑池县西。筑城守道，谓之塞，言其要塞盗贼之路也。崤山险厄，是晋之要道关塞也。从秦向郑，路经晋之南境，于南河之南崤关而东适郑。礼，征伐朝聘过人之国，必遣使假道，晋以秦不假道，故伐之。《左传》僖三十二年，晋文公卒，三十三年秦师及滑郑商人弦高将市于周，遇之，矫郑伯之命，以牛十二犒师。孟明曰，郑有备矣，不可冀也。攻之不克，围之不继，吾其还也。灭滑而还。晋先轸请伐秦师，襄公在丧，墨缞绖。夏四月，败秦师于殽，获百里、孟明视、西乞术、白乙丙以归，是襄公亲自帅师伐而败之，囚其三帅也。《春秋》之例，君将不言帅师，举其重者。此言襄公帅师，依实为文，非彼例也。又《春秋经》书此事云，晋人及姜戎败秦师于殽，实是晋侯，而书晋人者，杜预云，晋侯讳背丧用兵，通以贱者告也。是言晋人告鲁，不言晋侯亲行，而云大夫将兵，大夫贱不合书名氏，故称人也。直言败秦师于殽，不言秦之将帅之名，亦讳背丧用兵，故告辞略也。

《尚书注疏》卷十九《考证》

疏"襄公在丧，墨缞绖"。

绖，监本讹，经今改正

2. （宋）苏轼撰《书传》卷二十《周书·秦誓第三十二》

晋襄公帅师。

襄公，欢，文公子。

败诸崤，还归，作《秦誓》。

秦穆公违蹇叔，以贪勤民，为晋所败，不杀孟明而复用之，悔过自誓。孔子盖有取焉。崤，在弘农渑池县西。

3. （宋）林之奇《尚书全解》卷四十《周书·秦誓》

（归善斋按，见"秦穆公伐郑"）

4. （宋）史浩《尚书讲义》卷二十《周书·秦誓》

（归善斋按，见"秦穆公伐郑"）

5.（宋）夏僎《尚书详解》卷二十六《周书·秦誓》

（归善斋按，见"秦穆公伐郑"）

6.（宋）时澜《增修东莱书说》卷三十五《周书·秦誓第三十二》

（归善斋按，见"秦穆公伐郑"）

7.（宋）黄度《尚书说》卷七《周书·秦誓》

（归善斋按，见"秦穆公伐郑"）

8.（宋）袁燮《絜斋家塾书钞》

（归善斋按，无此篇）

9.（宋）蔡沈《书经集传》卷六《周书·秦誓》

（归善斋按，未解）

10.（宋）黄伦《尚书精义》卷五十《周书·秦誓》

（归善斋按，见"秦穆公伐郑"）

11.（宋）陈经《尚书详解》卷五十《周书·秦誓》

（归善斋按，见"秦穆公伐郑"）

12.（宋）钱时《融堂书解》卷二十《周书·秦誓》

（归善斋按，见"秦穆公伐郑"）

13.（宋）魏了翁《尚书要义》卷二十《秦誓》

廿五、《春秋》书晋人败秦师。晋讳背丧，告略。

《春秋经》书此事云，晋人及姜戎败秦师于殽，实是晋侯而书晋人者，杜预云，晋侯讳背丧用兵，通以贱者告也，是言晋人告鲁，不言晋侯亲行，而云大夫。将大夫贱，不合书名氏，故称人也。直言败秦师于殽，不言秦之将帅之名，亦讳背丧用兵，故言辞略也。

14. （宋）陈大猷《书集传或问》卷上《秦誓》

（归善斋按，未解）

15. （宋）胡士行《尚书详解》卷十三《周书·秦誓第三十二》

（归善斋按，见"秦穆公伐郑"）

16. （元）吴澄《书纂言》卷四下《周书·秦誓》

（归善斋按，未解）

17. （元）陈栎《书集传纂疏》卷六《朱子订定蔡氏集传周书·秦誓》

（归善斋按，未解）

18. （元）许谦《读书丛说》卷六《周书·秦誓》

（归善斋按，未解）

19. （元）董鼎《书传辑录纂注》卷六《周书·秦誓》

（归善斋按，未解）

20. （元）朱祖义《尚书句解》卷十三《周书·誓第三十二》

晋襄公帅师，败诸殽（师经于殽，殽，晋境也。是时晋文公死，襄公初立，谓国有大丧，而秦越境伐郑师，行不告襄公，乃俟其师还，帅师战于殽，浥败其师，而获三帅。殽，爻）。

21. （明）王樵《尚书日记》卷十六《周书·秦誓》

（归善斋按，未解）

22.（清）库勒纳等撰《日讲书经解义》卷十三《周书·秦誓》

（归善斋按，未解）

还归，作《秦誓》

1.（汉）孔氏传、（唐）陆德明音义、孔颖达疏《尚书注疏》卷十九《周书·费誓》

还归，作《秦誓》。

传，晋舍三帅还归秦，穆公悔过作誓。

疏：

正义曰，后晋舍三帅，得还归于秦。秦穆公自悔己过，誓戒群臣。史录其誓辞，作《秦誓》。

传正义曰，《左传》又称晋文公之夫人文嬴，秦女也。请三帅曰，彼实构吾二君，寡君若得而食之不厌，君何辱讨焉，使归就戮于秦，以逞寡君之志，若何？公许之，秦伯素服郊次，向师而哭曰，孤违蹇叔，以辱二三子，孤之罪也。不替孟明，孤之过也。是晋舍三帅而得还。秦穆公于是悔过作誓。序言还归，谓三帅还也。嫌穆公身还，故辨之。《公羊传》说此事云，匹马只轮无反者。《左传》称秦伯向师而哭，则师亦少有还者。

《尚书注疏》卷十九《考证》

《秦誓》序"还归作秦誓"。

蔡沈曰，以经文考之，缪公之悔，盖悔用杞子之谋，不听蹇叔之言也。序亦不明此意。金履祥曰，秦晋交兵之故，具见《左传》而不言作誓之事。书序误云败崤还归之作。惟《史记》载誓辞于取王官，及郊封崤尸之后，穆公亦自是不复东征矣。臣召南按，谓誓作于崤败时，自书序后，诸儒并守其说。然以《春秋》证之，穆公虽素服郊次，向师而哭，自此兵连祸结，曾无改悔之心。则《史记》谓此誓作于取王官之后，可

323

信也。金履祥说虽新实，确可以补孔疏所不及。

2.（宋）苏轼撰《书传》卷二十《周书·秦誓第三十二》

（归善斋按，见"晋襄公帅师，败诸崤"）

3.（宋）林之奇《尚书全解》卷四十《周书·秦誓》

（归善斋按，见"秦穆公伐郑"）

4.（宋）史浩《尚书讲义》卷二十《周书·秦誓》

（归善斋按，见"秦穆公伐郑"）

5.（宋）夏僎《尚书详解》卷二十六《周书·秦誓》

（归善斋按，见"秦穆公伐郑"）

6.（宋）时澜《增修东莱书说》卷三十五《周书·秦誓第三十二》

（归善斋按，见"秦穆公伐郑"）

7.（宋）黄度《尚书说》卷七《周书·秦誓》

（归善斋按，见"秦穆公伐郑"）

8.（宋）袁燮《絜斋家塾书钞》

（归善斋按，无此篇）

9.（宋）蔡沈《书经集传》卷六《周书·秦誓》

（归善斋按，未解）

10.（宋）黄伦《尚书精义》卷五十《周书·秦誓》

（归善斋按，见"秦穆公伐郑"）

11.（宋）陈经《尚书详解》卷五十《周书·秦誓》

（归善斋按，见"秦穆公伐郑"）

12.（宋）钱时《融堂书解》卷二十《周书·秦誓》

（归善斋按，见"秦穆公伐郑"）

13.（宋）魏了翁《尚书要义》卷二十《秦誓》

（归善斋按，见"秦穆公伐郑"）

14.（宋）陈大猷《书集传或问》卷上《秦誓》

（归善斋按，未解）

15.（宋）胡士行《尚书详解》卷十三《周书·秦誓第三十二》

（归善斋按，见"秦穆公伐郑"）

16.（元）吴澄《书纂言》卷四下《周书·秦誓》

（归善斋按，未解）

17.（元）陈栎《书集传纂疏》卷六《朱子订定蔡氏集传周书·秦誓》

（归善斋按，未解）

18.（元）许谦《读书丛说》卷六《周书·秦誓》

（归善斋按，未解）

19.（元）董鼎《书传辑录纂注》卷六《周书·秦誓》

（归善斋按，未解）

20.（元）朱祖义《尚书句解》卷十三《周书·誓第三十二》

还归（文嬴为三帅请，使归就戮于秦。三帅还归，穆公素服郊迎，向师而哭，曰孤违蹇叔，以辱二三子，孤之罪也。不替孟明，孤之过也。穆公于此痛自惩艾），作《秦誓》（作此书）。

21.（明）王樵《尚书日记》卷十六《周书·秦誓》

（归善斋按，未解）

22.（清）库勒纳等撰《日讲书经解义》卷十三《周书·秦誓》

（归善斋按，未解）

《秦誓》

（汉）孔氏传、（唐）陆德明音义、孔颖达疏《尚书注疏》卷十九《周书·费誓》

《秦誓》。
传，贪郑取败，悔而自誓。

（宋）蔡沈《书经集传》卷六《周书·秦誓》

《秦誓》。
《左传》，杞子自郑使告于秦曰，郑人使我掌其北门之管，若潜师以来，国可得也。穆公访诸蹇叔，蹇叔曰不可。公辞焉，使孟明、西乞、白乙伐郑。晋襄公帅师，败秦师于殽，囚其三帅。穆公悔过誓告群臣，史录为篇。今文、古文皆有。

（宋）陈经《尚书详解》卷五十《周书·秦誓》

观此篇之书，乃春秋诸侯之事尔，圣人取而继之二帝三王之后，有深意存焉。伤王道之不行，而不欲绝夫来世，使不与也，故取其改过迁善之意焉，以为此即帝王之门户也。由此而进，去帝王亦不远。以《论语》所以教人者，不曰无过，而曰勿惮改。《易》书之所言者，不全以吉望人，而曰"无咎"者，善补过也。冥豫在上以有渝，则可以无咎，同人之九四困而反，则可以得吉。盖当其人欲横流，善端窒塞之时，去帝王之道已背驰甚矣。及一旦改过，困于心，衡于虑，则向之横流者，复绝；向之窒塞者，复开，善心油然而生。此岂不足以趋圣人之门户乎？圣人所以予人之改过，而绝人以善者，为此故也。《孟子》曰，西子蒙不洁，则人皆掩鼻而过之。虽有恶人，斋戒沐浴，可以事上帝。以秦穆公之贪利，苟得至于丧师，然一旦悔过作誓，而夫子系之于帝王之书之末，岂非恶人之斋戒，可以事上帝乎。

（宋）魏了翁《尚书要义》卷二十《秦誓》

廿二、《秦誓》，贪郑取败，悔而自誓。正义曰，《左传》僖三十年，晋文公与秦穆公围郑，郑使烛之武说秦伯。秦伯说，与郑人盟，使杞子、逢孙、杨孙戍之，乃还。三十二年，杞子自郑使告于秦曰，郑人使我掌其北门之管，若潜师以来，国可得也。穆公访诸蹇叔，蹇叔曰不可。公辞焉，召孟明、西乞、白乙，使出师伐郑，是遣三帅帅师往伐之事也。杜预云，殽在宏农渑池县西。筑城守道，谓之塞，言其要塞盗贼之路也。崤山险厄，是晋之要道关塞也。从秦向郑，路经晋之南境，于南河之南，崤关而东适郑。礼，征伐朝聘过人之国，必遣使假道。晋以秦不假道，故伐之。

（宋）陈大猷《书集传或问》卷上《秦誓》

《秦誓》。

或问，先儒言，王者之泽，至文侯之命已竭，受之以《费誓》，以法制之在故国者，犹可因也。受之以《秦誓》以义理之在人心，犹可复也。

充穆公之心，而因伯禽之法，帝王何远之有，今不载，何也？曰，伯禽之誓，自作于成王之时，恐不可谓之法制之在故国。义理之在人心，无时而不然，非待《秦誓》作而始知其在人心者可复也。夫子定书，其可以垂教者，不问诸侯之事，皆录之于帝王之末，意思平正，自有余味。

或曰，无垢谓夫子伤平王不能复仇，明王道，以为若仿伯禽用兵，则犬戎可灭；效穆公悔过，则听言用贤，王道可兴。此论甚高，不取，何也？曰，伯禽之用兵，穆公之悔过，将为百王法，岂特平王可用，而专为平王设哉。如前说，则无垢之意已在其中。如无垢之意，则夫子定书之意，似狭而其味反薄也。或以为夫子继周百世，可知必知秦之有天下，故终《秦誓》，此则其牵强，不必辩也。

（宋）胡士行《尚书详解》卷十三《周书·秦誓第三十二》

《秦誓第三十二》。

帝王之泽，至文侯之命竭矣，受以《费誓》以故国之法制犹可因也。受以《秦誓》以礼义之在人心，犹可复也。充穆公之心，因伯禽之法，驯致帝王，何远之有。观《书》之终，而后知帝王之道，初无所终也。

（元）吴澄《书纂言》卷四下《周书·秦誓》

《秦誓》。

秦穆公遣兵袭郑，而为晋所败，作誓以悔过，此其辞也。案《春秋左氏传》僖公三十年九月，晋秦围郑，郑使烛之武见秦君，秦与郑盟，使杞子、逢孙、杨孙戍之而还。三十二年，杞子自郑使告于秦曰，郑人使我掌其北门之管，若潜师以来，国可得也。穆公访诸蹇叔，蹇叔曰，劳师以袭远，非所闻也，且行千里，其谁不知。使孟明、西乞、白乙出师。蹇叔曰，吾见师之出，而不见其入也。公使谓之曰，尔何知尔墓之木拱矣。秦师遂东，三十三年春，过周北门，左右免胄而下。超乘者，三百乘。王孙满观之曰，秦师轻而无礼必败。及滑，郑商人弦高，遇之，以乘韦先，牛十二犒师，使遽告于郑。郑视客馆，则束载厉兵秣马矣，使皇武子辞焉。杞子奔齐，逢孙、杨孙奔宋。孟明曰，郑有备矣，不可冀也。灭滑而还。晋原轸曰，敌不可纵。夏四月晋败秦师于殽，获百里、孟明视、西乞术、白乙丙。晋文公夫人文嬴，秦穆公女也，请舍秦囚。晋人归三帅。秦伯素服郊次，向师而哭，曰孤违蹇叔，以辱二三子，孤之罪也。作誓悔过，盖在此时。然文公二年春，秦又伐晋，战彭衙；三年夏，秦又伐晋，封殽尸。既作《秦誓》之后，荐兴报复之师，乌在其为能悔过也。但其行事，虽不践言，而其立言则可乘训，故夫子取之。圣人不以人废言也。如是邵子曰，夫子定书，终于《秦誓》，知周之必为秦也。

（元）陈栎《书集传纂疏》卷六《朱子订定蔡氏集传周书·秦誓》

《秦誓》。

《左传》，杞子自郑使告于秦曰，郑人使我掌其北门之管，若潜师以来，国可得也。穆公访诸蹇，叔蹇叔曰不可。公辞焉，使孟明、西乞、白乙伐郑，晋襄公帅师败秦师于崤，囚其三帅。穆公悔过誓告群臣，史录为篇，今文、古文皆有。

纂疏：

《春秋》僖公三十二年，晋人及姜戎，败秦于崤。胡氏安国曰，书序专取穆公悔过，主于劝善，其词恕。《春秋》备书秦晋用兵之失，兼于惩恶，其法严，故人晋君，而以狄视秦也。

王氏炎曰，《书》取其知悔，《春秋》贬其悔而不改。过而不改，《春秋》不得赦其罪；悔过美意，《书》亦不能废其言。

李氏杞曰，《春秋》，败崤之后，复有彭衙济河之师，初亦徒悔耳。徒悔不改，穆公所以仅为穆公也。夫子于《书》取其一念之悔，而于《春秋》责其遂非之失，一宽一严，意各有主。

愚谓，此篇乃初丧师惭悔之辞。未几，再用三用孟明，与晋连兵，易世不止，殊与誓中悔过初意相反，安在其能悔过也。

（元）许谦《读书丛说》卷六《周书·秦誓》

《秦誓》。

《左传》僖三十年，晋文公、秦穆公同围郑。郑人说秦伯，秦伯使其大夫杞子、逢孙、杨孙戍之而还。三十二年杞子告于秦曰，郑人使我掌北门之管，若潜师以来，国可得也。穆公访诸蹇叔，蹇叔曰劳师袭远，远主备之，勤而无所，必有悖心。公辞焉，使百里、孟明视、西乞术、白乙丙出师于东门之外。蹇叔哭之曰，孟子，吾见师之出，而不见其入也。公使谓之曰，尔何知，中寿尔墓之木拱矣。三十三年秦师行及滑，郑商人弦高遇之，以牛十二犒师曰，寡君闻吾子将步师出于敝邑，敢犒从者。敝邑为从者之淹，居，则具一日之积；行，则备一夕之卫。孟明曰，郑有备矣，吾其还也。灭滑而还。晋原轸曰，秦违蹇叔，以贪勤民，不哀吾丧，伐吾同姓，遂发命，遽兴姜戎，败秦师于殽，获三帅以归。文嬴请而归之。秦伯曰，孤违蹇叔以辱二三子，孤之罪也。文二年春，秦孟明视率师伐晋，以报殽之役。晋侯御之，秦师败绩。三年，秦伯伐晋，济河焚舟，取王官及郊，晋人不出，遂自茅津济，封殽尸而还。《史记》曰，穆公自茅津渡河，封殽中尸，乃誓于军曰云云，以申不用蹇叔百里奚之谋，故作此誓。

（元）董鼎《书传辑录纂注》卷六《周书·秦誓》

《秦誓》。

《左传》，杞子自郑使告于秦曰，郑人使我掌北门之管，若潜师以来，国可得也。穆公访诸蹇叔，蹇叔曰不可。公辞焉，使孟明、西乞、白乙伐郑。晋襄公帅师败秦师于殽，囚其三帅。穆公悔过誓告群臣，史录为篇。今文、古文皆有。

纂注：

《春秋》僖公三十三年，晋人及姜戎败秦于殽。胡氏安国传曰，书序专取穆公悔过，主于劝善，其辞恕。《春秋》备书秦晋用兵之失，兼于惩恶，其法严。故人晋君，而以狄视秦也。

王氏炎曰，《书》之所取，取其知悔。《春秋》之所贬贬其悔而不改。过而不改，《春秋》不得赦其罪；悔过美意，《书》亦不得废其言。

陈氏宾曰，夫子存二誓。于鲁以着伯禽之是；于秦以着穆公之非。伯禽之时，其征徐戎，奉王命以讨乱华，大义也。袭郑之役，无王擅兵，虽败而自悔，其心终在于报怨。夫子于《书》以《秦誓》终，以见周室之不复振也。《夏书》终于《胤征》，《商书》终于《西伯戡黎》而周书终于《秦誓》，其旨一也。

（元）朱祖义《尚书句解》卷十三《周书·誓第三十二》

《秦誓第三十二》（秦穆公之贪利，苟得至于丧师一辱悔过，孔子取其书附于帝王之后，以其能改过迁善，帝王之门户也，由此而进夫帝王亦不远矣）。

《秦誓》（旧简所题）。

（明）王樵《尚书日记》卷十六《周书·秦誓》

《秦誓》。

《史记·秦纪》云，穆公自茅津济渡河，封殽中尸，为发丧哭之三日，乃誓于军，以申不用蹇叔、百里奚之谋，故作此誓，令后世以记余过。

金氏曰，《秦誓》，秦穆公晚年悔过之书也。《左氏》记秦晋之故甚详，而不记作誓之事，序误以为败殽还归之作，惟《史记》系作誓于取王官，封殽尸之后，盖穆公自是不复构兵矣。按，如书序以为败殽还归之作，则其后复有彭衙济河之师，悔过安在哉。《大学》卒章引《秦誓》之言，是圣门有取于其言，果有取焉，必非以其空言也。

（清）库勒纳等撰《日讲书经解义》卷十三《周书·秦誓》

《秦誓》。

昔秦穆公欲伐郑，其臣蹇叔以为不可，穆公不听。后晋襄公帅师，败秦师于崤，囚其三帅，穆公悔过，誓告群臣，史录为篇。

（宋）金履祥《尚书表注》卷下《泰誓上古文第二十七》

《秦誓》。

此篇，秦穆公晚年悔过之书也。秦晋交兵之故，本末具见《左氏传》，而不言作誓之事。书序误云，殽败退归之作。惟《史记》载誓辞于取王官，及郊封殽尸之后。穆公自是师不复东矣。此篇，老成惩艾之言，极为真切。穆公平日贪利功于五伯为末。而晚年之悔若此，盖仿佛乎王者之意象焉，但所欠刚明之力，而尚有悠缓之意，所望于人者大，而所以自为者或尚小，此所以为穆公欤。

（元）陈师凯《书蔡氏传旁通》卷六下《周书·秦誓》

《秦誓》。

《左传》，杞子自郑使告于秦。

僖公三十年九月，晋文公、秦穆公围郑，郑大夫佚之狐言于郑文公，使烛之武见秦君曰，越国以鄙远君，知其难也，焉用亡郑，以陪邻。秦伯说与郑人盟，使杞子、逢孙、杨孙戍之，乃还。晋师亦去。三十二年冬，晋文公卒。杞子自郑使告于秦曰，郑人使我掌其北门之管，若潜师以来，国可得也。穆公访其大夫蹇叔，蹇叔曰劳师以袭远，非所闻也。公辞焉，召百里奚之子孟明，视蹇叔之子西乞术，及白乙丙，使出师伐郑，过周，郑商人弦高遇之，以牛十二犒师，且遽告于郑。杞子奔宋。孟明曰，郑有备矣，灭滑而还。晋原轸曰，秦违蹇叔，天奉我也，必伐秦师。栾枝曰，未报秦施。先轸曰，秦不哀吾丧，而伐吾同姓，何施之为，遂兴姜戎。晋襄公墨衰绖。三十三年夏四月，败秦师于殽，获秦三帅以归。文嬴请三帅使归就戮于秦，公许之。秦伯曰，孤违蹇叔，以辱二三子，孤之罪也。大夫何罪，复使孟明为政。文二年，秦师复伐晋。晋侯御之，先且居将中军，战于彭衙。秦师败绩。秦犹用孟明，增修国政。冬晋伐秦，取汪及彭衙而还。三年秦伯伐晋，济河焚舟取王官及郊。晋人不出，遂自茅津济，封殽尸而还，遂霸西戎。用孟明也，君子是以知秦穆之为君也，举人之周也，与人之壹也。孟明之臣也，其不解也，能惧思也，子桑之忠也。其知人也，能举善也。

（清）朱鹤龄《尚书埤传》卷十五《周书·秦誓》

《秦誓》。

《秦本纪》，穆公三十三年，败于崤。三十六年，自茅津渡河，封崤中尸，为发丧，哭之三日，乃誓于军，中思不用蹇叔、百里奚之谋，令后世以记予之过，与书序败崤归作誓不合。

金履祥曰，《左氏》记秦晋之故甚详，而不及作誓之事。史迁系作誓于取王官，封崤尸之役。盖穆公自是不复用兵矣。若如书序，以为败崤还归之作，则其后复有彭衙济河师，安在其为悔过哉。

林之奇曰，《书》于《吕刑》下有《文侯之命》《费誓》《秦誓》三篇。窃意。周大史所藏典、谟、训、诰、誓、命之文，至《吕刑》而止。自时厥后。历幽、厉之乱，简编不接，其间如宣王中兴，会诸侯，复境土，任贤使能，南征北伐，锡命韩侯申伯，用张仲、仲山甫。其时大诰、命多矣，乃无一篇见于《书》，意宣王之书必亡失于骊山之乱。孔子既取周太史所藏，断自《尧典》，讫于《吕刑》，于列国，复得命、誓三篇，遂取而附益于其后。愚，按《书》录《文侯之命》者，何？存晋也，王迹熄，而霸图兴。晋于同姓最强，主夏盟，又最久。微晋，周其丧鼎矣。故以此存之也。录《费誓》者，何？望鲁也。鲁，周公之胤，文、武不作矣，东周犹可为乎？元公之初，国势甚张，故以此望之也。录《秦誓》者，何？警周也。秦穆据有岐丰之地，天下大势骎骎，而趋于秦。文、武、成、康之泽其熸乎，故以此警之也。删《诗》之先《唐风》于《秦风》，而跻《鲁风》于颂，犹此志也

（清）张英《书经衷论》卷四《周书·秦誓》

《秦誓》（凡五条）。

人不难于无过，而难于改过；不难于改过，而难于悔过。改过者，或迫于人言，或勉于一时。惟悔过，则中心愧悚，奋然改图，智勇自生。古所谓，改过不吝，惟其知悔，而后能不吝也。秦穆公之言，深自刻责，不惮举其病以告人，此夫子之所以取也。

公曰，嗟！我士，听无哗

1.（汉）孔氏传、（唐）陆德明音义、孔颖达疏《尚书注疏》卷十九《周书·费誓》

公曰，嗟！我士，听无哗。

传，誓其群臣，通称士也。

疏：

正义曰，穆公自悔伐郑，乃集群臣而告之。公曰，咨嗟！我之朝廷之士，听我告于汝，无得喧哗。

传正义曰，士者男子之大号，故群臣通称之。郑云，誓其群臣，下及万民，独云士者，举中言之。

2.（宋）苏轼撰《书传》卷二十《周书·秦誓第三十二》

公曰，嗟！我士，听无哗。予誓告汝群言之首。
此篇首要言也。

3.（宋）林之奇《尚书全解》卷四十《周书·秦誓》

（归善斋按，见"秦穆公伐郑"）

4.（宋）史浩《尚书讲义》卷二十《周书·秦誓》

《秦誓》。

公曰，嗟！我士，听无哗。予誓告汝群言之首。古人有言曰，民讫自若，是多盘；责人斯无难，惟受责，俾如流，是惟艰哉。我心之忧，日月逾迈，若弗云来。惟古之谋人，则曰未就予忌。惟今之谋人，姑将以为亲。虽则云然，尚猷询兹黄发，则罔所愆。番番良士，旅力既愆，我尚有之；仡仡勇夫，射御不违，我尚不欲。惟截截善谝言，俾君子易辞，我皇多有之。昧昧我思之，如有一介臣，断断猗无他技，其心休休焉，其如有容。人之有技，若己有之；人之彦圣，其心好之，不啻如自其口出，是能容之，以保我子孙黎民，亦职有利哉。人之有技，冒疾以恶之；人之彦圣而违之，俾不达，是不能容，以不能保我子孙黎民，亦曰殆哉。邦之杌陧，曰由一人；邦之荣怀，亦尚一人之庆。

（按，此篇讲义《永乐大典》原阙）

5.（宋）夏僎《尚书详解》卷二十六《周书·秦誓》

《秦誓》。

公曰，嗟！我士听无哗，予誓告汝群言之首。古人有言曰，民讫自若,是多盘。责人斯无难,惟受责,俾如流,是惟艰哉。我心之忧,日月逾迈,若弗云来。帷古之谋人,则曰,未就予忌;惟今之谋人,姑将以为亲。虽则云然,尚猷询兹黄发,则罔所愆。番番良士,旅力既愆,我尚有之。仡仡勇夫,射御不违,我尚不欲。惟截截善谝言,俾君子易辞,我皇多有之。

此《秦誓》二字,亦竹简所标之题也。无垢谓,心静则气一,心乱则语哗。心静气一,则言出于口,而理入于心。故誓三军,多以无哗为戒。此论甚善。穆公谓,嗟哉!我此朝廷之士,常静听我戒,无喧哗,我以告汝者,皆众言之总要。无垢谓,天下言之至要者,莫大乎悔过。人君而悔过,则改过而知非。舜、跖之分,尧、桀之判,在此一念。则悔过之言,不得不为群言之首乎?穆公将出悔言,故先引古人之言曰,"民讫自若,是多盘",孔氏以"讫"训"尽","自"训"用","若"训"顺","盘"训"乐",谓人能尽用顺道,则有福;有福,则身乐。无垢则谓,"自若"者,自如也。自如者,民安俗乐业,仰事俯育,皆得其所。如汉文帝时,深远之民,如八、九十者,嬉戏如小儿状,此自若也,使民尽自若,皆得其所,天下之乐,其有多于此者乎。此二意,孔氏则谓人尽用顺道则多乐事,其意则以违老成之言,取崤渑之辱,乃不用顺道。所以无垢则谓民得自如,则君有余乐。今日违老成之言。使崤师之败。斯则肝脑涂地,岂得为自如乎,此所以不乐而悔过也。此二说皆有意味。无垢最为明白,故特从之。穆公既言民自如,则君多乐,然以此理而责人,则亦何难之有。惟我不明此理,一旦人以此理而责之,我乃受其所责不旋踵而改过如水流下,无有滞碍,此乃难耳。穆公言此,盖悔前日不能受蹇叔之责也。"我心之忧,日月逾迈,若弗云来",穆公言此,以前日不能受蹇叔之责,至于败衂,其心忧,思欲改过自新,而日月益以疾行,我深恐日月不复再来,而我改过之无日也。此盖穆公急欲改过也。"惟古之谋人,则曰未就予忌"者,此穆公指蹇叔而言,谓执古义与我谋者,我则曰此未能就我辟土之功,而我实忌而恶之,不用其言。"惟今之谋人姑将以为亲"者,此穆公指杞子等而言也,谓徇今日目下一时之利,以为我谋者,我则不暇远虑,而姑且亲而信之,此乃穆公力陈已过,备述所以致败之由也。"虽则云然尚犹询兹黄发则罔所愆"者,穆公谓我所陈已过,其言虽如此，然我从今日已往，庶几谋事必问此黄发之老，如蹇叔之流者，则必可以无过矣。此乃穆公悔过而求所以自新之意，谓今日之事，莫如违杞子，而用蹇叔也。无垢谓，观穆公之意，自此待蹇叔益隆，而卒用孟明之师以伐晋，似与此誓不同，何也？曰，崤之败非三帅之罪。观弦高以牛犒师，遂以师还不可谓不谨也。蹇叔之谏，非谓三帅，谓不当信杞子之说耳。今兹再遣孟明之师，所以胜晋者，乃蹇叔之秘谋也。然蹇叔不知《春秋》之义，克己悔过，而以报复为能，岂三代之师哉。此说甚高，故特录之。

穆公既言自今以往，庶几以道谋此黄发而无过，遂言所欲用者，若而人，所不欲用者；若而人，番番老成之士。旅力，众力，谓目力、耳力、手足之力也，谓老成番番然之良士，其旅力虽过，然血气之习既除，则义理之心自定，故穆公则庶几欲有此人而用之，此段谓蹇叔也。仡仡勇夫，穆公又谓若有人勇武，仡仡然能习射御马，悉皆中的、合度，无有违失，此人则徒恃血气，不明义理，故我今日庶几不欲得此人也，此谓杞子等辈也。截截，犹察察也。谝，辩也。其有察察徒恃小慧，察人所不及察，而又善为辩说之辞，使君子之人闻之者，回心改虑变易其辞，此人则本无干为，徒矜口舌以言语眩人者，我前则大多有之，言昔有，而今则不愿有也。无垢谓，穆公始也，以血气为我，故不喜见老成，而喜新进；今也，以义理为我，故喜见老成，而恶新进。揆其前后，盖不啻若相反矣，不如是安得为悔过。此说极当。

6. （宋）时澜《增修东莱书说》卷三十五《周书·秦誓第三十二》

公曰，嗟！我士听无哗，予誓告汝群言之首。古人有言曰，民讫自若，是多盘。责人斯无难，惟受责，俾如流，是惟艰哉。我心之忧，日月逾迈，若弗云来。

"讫"之为言，尽也；"盘"之为言，乐也。顺理而行，无非盘乐，使人尽自知是理，则天下无复事矣。惟不能使人人皆然，此忧患之所由生。而古人之所深叹也。是言也，穆公畴昔固闻之于此，而谓之"群言之首"，盖历事变，而始知其有味也。前日秦固无事之国也，无故冒利兴师，自取祸败，乡师而哭之际，忧沮困辱，果安从生乎？于此时而味此言，信乎，其为"群言之首"也。责人斯无难，受责，俾如流，是惟艰哉，曰俾，曰艰，非真从事于自克者，不能为此言也。责人则固无难矣，至于受人之责，苟私意犹有毫毛之未尽，则闻规听谏，亦必有毫毛之龃龉。虽弗违之迹不见于外，隐之吾心，盖莫能掩也。湔除涤治，俾略无扞格，沛如顺流，其为力，岂易乎哉？"我心之忧，日月逾迈，若弗云来"，自怨自艾，忧岁月之逝，若无复有来日，然思之切，而进之勇也。

7. （宋）黄度《尚书说》卷七《周书·秦誓》

《秦誓》。

公曰，嗟！我士听无哗，予誓告汝群言之首。古人有言曰，民讫自若，是多盘。责人斯无难，惟受责，俾如流，是惟艰哉。

群言之首，善言也。古人之言，有若"民讫自若，是多盘"，与受责如流之为艰，皆议论之冠也。夫善言尚多，穆公取其切于己，故以为群言之首。讫，终；若，顺；盘，乐也。人能终顺于理，则无往而不乐。其所以多忧不能自乐，则由行险侥幸而已。袭郑之谋，出于侥幸。秦之老成，端良之士，实知之。而穆公不能用。夫易于责人，而不能受责，人之患皆然也。穆公拒蹇叔，曰，尔何知，中寿，尔墓之木拱矣，岂非责人之无难乎？"詀詀之声音颜色，距人于千里之外"，而况责之之易哉？穆公知侥幸之败谋，易于责人之失士，困而知悔，可以入德矣。

8. （宋）袁燮《絜斋家塾书钞》

（归善斋按，无此篇）

9. （宋）蔡沈《书经集传》卷六《周书·秦誓》

公曰，嗟！我士，听无哗，予誓告汝群言之首。

"首"之为言，第一义也，将举古人之言，故先发此。

10. （宋）黄伦《尚书精义》卷五十《周书·秦誓》

《秦誓》。

公曰，嗟！我士，听无哗，予誓告汝群言之首。古人有言曰，民讫自若，是多盘。责人斯无难，惟受责，俾如流，是惟艰哉。我心之忧，日月逾迈，若弗云来。惟古之谋人，则曰未就予忌。惟今之谋人，姑将以为亲。虽则云然，尚猷询兹黄发，则罔所愆。番番良士，旅力既愆，我尚有之。仡仡勇夫，射御不违，我尚不欲。惟截截善谝言，俾君子易辞，我皇多有之。昧昧我思之，如有一介臣，断断猗无他技，其心休休焉，其如有容。人之有技，若己有之；人之彦圣，其心好之，不啻如自其口出，是能容之，以保我子孙黎民，亦职有利哉。人之有技，冒疾以恶之；人之彦圣，而违之，俾不达，是不能容。以不能保我子孙黎民，亦曰殆哉。邦之杌陧，曰由一人，邦之荣怀，亦尚一人之庆。

（按，此篇经解《永乐大典》原缺）

11. （宋）陈经《尚书详解》卷五十《周书·秦誓》

公曰，嗟！我士，听无哗。予誓告汝群言之首。古人有言曰，民讫自若，是多盘。责人斯无难，惟受责，俾如流，是惟艰哉。我心之忧，日月逾迈，若弗云来。惟古之谋人，则曰未就予忌；惟今之谋人，姑将以为亲。

此誓众之词也，欲众人专心致志以听上之言，故曰"嗟！我士，听无哗。予今誓告汝以群言之首"，择其言之至要者，以告汝人之为善，莫切于自反故也。"古人有言曰"，此即择言之首也。古人之言，以为民之常情，欲使人尽顺己之所为者，以此而为安，人情谁不欲如此。然天下之事，才要顺己者，未有不拂乎人情，而顺乎人者，未有能顺乎己。"责人斯无难"者，责己者，必责人，何难之有。惟是以其所以责人者，反以自责，则人告之以有过则喜，受他人之责又使责己者，其言如流，无所顾忌，此方为难。天下之大患，莫大乎有我之心胜；而天下之大善，莫大乎忘我者也。知以顺己之为安，责人之为难者，皆有我之心，知有己，而不知有人也。至于受责而俾言者之如流，自非忘我，何以感人如此哉。此则全以义理为主，不见其有我之私也。此古人至切要之言。穆公引之以自悔也。"我心之忧，日月逾迈，若弗云来"，此乃穆公悔过之词。"吉人为善，惟日不足"，畏乎去之速，而来之迟。君子兢诸，穆公自以为我心之

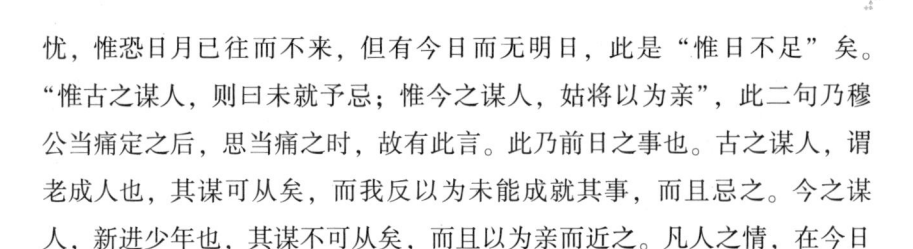

忧,惟恐日月已往而不来,但有今日而无明日,此是"惟日不足"矣。"惟古之谋人,则曰未就予忌;惟今之谋人,姑将以为亲",此二句乃穆公当痛定之后,思当痛之时,故有此言。此乃前日之事也。古之谋人,谓老成人也,其谋可从矣,而我反以为未能成就其事,而且忌之。今之谋人,新进少年也,其谋不可从矣,而且以为亲而近之。凡人之情,在今日而知曩日之非者,皆深自惩创也。不然虽知其非,而且文饰之以为辞矣。

12. (宋) 钱时《融堂书解》卷二十《周书·秦誓》

公曰,嗟!我士听无哗,予誓告汝群言之首,古人有言曰,民讫自若,是多盘。责人斯无难,惟受责,俾如流,是惟艰哉。我心之忧,日月逾迈,若弗云来。惟古之谋人,则曰未就予忌;惟今之谋人,姑将以为亲。虽则云然,尚猷询兹黄发,则罔所愆。番番良士,旅力既愆,我尚有之。仡仡勇夫,射御不违,我尚不欲。惟截截善谝言,俾君子易辞,我皇多有之。昧昧我思之,如有一个臣,断断猗无他技,其心休休焉,其如有容。人之有技,若己有之;人之彦圣,其心好之,不啻如自其口出,是能容之。以保我子孙黎民,亦职有利哉。人之有技,冒疾以恶之;人之彦圣,而违之,俾不达,是不能容。以不能保我子孙黎民,亦曰殆哉。邦之杌陧,曰由一人;邦之荣怀,亦尚一人之庆。

(案,《秦誓》解《永乐大典》原阙)

13. (宋) 魏了翁《尚书要义》卷二十《秦誓》

(归善斋按,未引)

14. (宋) 陈大猷《书集传或问》卷上《秦誓》

(归善斋按,未解)

15. (宋) 胡士行《尚书详解》卷十三《周书·秦誓第三十二》

《秦誓》。

公曰,嗟!我士,听无哗,予誓告汝群(众)言之首(总要)。古人有言曰，民讫（尽）自若（顺）是（理），多盘（乐）。责人斯（则）无难，惟受责（人责），俾如流（易），是惟艰哉。我心之忧，日月逾（过）迈（往），若弗云来。

郑之伐，不若是也。蹇叔之怒，责人不受责也。公今而后悔之矣。汲汲然改图之，惧日月之不我与也。

16.（元）吴澄《书纂言》卷四下《周书·秦誓》

公曰，嗟！我士，听无哗。予誓告汝群言之首。

群言之首，犹曰"第一等言语"云尔，即下文所引古人之言是也。

17.（元）陈栎《书集传纂疏》卷六《朱子订定蔡氏集传周书·秦誓》

公曰，嗟！我士，听无哗。予誓告汝群言之首。

首之为言，第一义也，将举古人之言，故先发此。

18.（元）许谦《读书丛说》卷六《周书·秦誓》

（归善斋按，未解）

19.（元）董鼎《书传辑录纂注》卷六《周书·秦誓》

公曰，嗟！我士听无哗。予誓告汝群言之首。

首之为言，第一义也，将举古人之言，故先发此。

20.（元）朱祖义《尚书句解》卷十三《周书·誓第三十二》

公曰（穆公曰），嗟！我士听无哗（嗟哉！我朝廷之士，当静听我誓，无或喧哗）。

21.（明）王樵《尚书日记》卷十六《周书·秦誓》

公曰，嗟！我士，听无哗，予誓告汝群言之首。

孔氏曰，誓其群臣，通称士也。正义曰，众言之首，言中之最要者。

人能受责,百善可进,但知责人,百恶从之。故古人之四言,穆公以为群言之首。

22.(清)库勒纳等撰《日讲书经解义》卷十三《周书·秦誓》

公曰,嗟!我士,听无哗,予誓告汝群言之首。古人有言曰,民讫自若,是多盘。责人斯无难,惟受责,俾如流,是惟艰哉。

此二节书是,誓告群臣,而述能听言之难也。讫,尽也。盘,安也。穆公集群臣而叹息言曰,吾国之士,其静听吾言无哗。吾今有誓言告汝。盖古人之言,有极切而非迂至当,而不易者,是真群言中之第一义。予今告汝,不可不听也。所谓群言之首者何?吾闻古人有言,曰凡人之情,重于责人,安于徇己。盖尽若是,其多好盘佚,不能自惩创也。殊不知,人有过差,我责之非难。惟我有过差,而能受人之责,如水之流,无一毫之扦格一,毫之凝滞,是真能克其多盘之私者,乃为难耳。古人此言,切中人情,真修身克己之要务,所谓群言之首也。夫常人之过有二,有过而不知者,有知而不改者。知而不改,其病全在多盘。盖乐因循,而惮振作;溺晏安,而恶勉强,虽日受人责,所谓徒以规为瑱者,诚何益之有哉。

予誓告汝群言之首

1.(汉)孔氏传、(唐)陆德明音义、孔颖达疏《尚书注疏》卷十九《周书·费誓》

予誓告汝群言之首。

传,众言之本要。

疏:

正义曰,我誓告汝众言之首,诰汝以言中之最要者。

2.（宋）苏轼撰《书传》卷二十《周书·秦誓第三十二》

（归善斋按，见"公曰，嗟！我士，听无哗"）

3.（宋）林之奇《尚书全解》卷四十《周书·秦誓》

（归善斋按，见"秦穆公伐郑"）

4.（宋）史浩《尚书讲义》卷二十《周书·秦誓》

（按，此篇讲义《永乐大典》原阙）

5.（宋）夏僎《尚书详解》卷二十六《周书·秦誓》

（归善斋按，见"公曰，嗟！我士听无哗"）

6.（宋）时澜《增修东莱书说》卷三十五《周书·秦誓第三十二》

（归善斋按，见"公曰，嗟！我士听无哗"）

7.（宋）黄度《尚书说》卷七《周书·秦誓》

（归善斋按，见"公曰，嗟！我士听无哗"）

8.（宋）袁燮《絜斋家塾书钞》

（归善斋按，无此篇）

9.（宋）蔡沈《书经集传》卷六《周书·秦誓》

（归善斋按，见"公曰，嗟！我士听无哗"）

10.（宋）黄伦《尚书精义》卷五十《周书·秦誓》

（按，此篇经解《永乐大典》原缺）

11.（宋）陈经《尚书详解》卷五十《周书·秦誓》

（归善斋按，见"公曰，嗟！我士听无哗"）

12.（宋）钱时《融堂书解》卷二十《周书·秦誓》

(案,《秦誓》解《永乐大典》原阙)

13.（宋）魏了翁《尚书要义》卷二十《秦誓》

(归善斋按,未引)

14.（宋）陈大猷《书集传或问》卷上《秦誓》

(归善斋按,未解)

15.（宋）胡士行《尚书详解》卷十三《周书·秦誓第三十二》

(归善斋按,见"公曰,嗟！我士听无哗")

16.（元）吴澄《书纂言》卷四下《周书·秦誓》

(归善斋按,见"公曰,嗟！我士听无哗")

17.（元）陈栎《书集传纂疏》卷六《朱子订定蔡氏集传周书·秦誓》

(归善斋按,见"公曰,嗟！我士听无哗")

18.（元）许谦《读书丛说》卷六《周书·秦誓》

(归善斋按,未解)

19.（元）董鼎《书传辑录纂注》卷六《周书·秦誓》

(归善斋按,见"公曰,嗟！我士听无哗")

20.（元）朱祖义《尚书句解》卷十三《周书·誓第三十二》

予誓告汝群言之首（我誓告汝以群言之先者,莫先于悔过之言）。

21.（明）王樵《尚书日记》卷十六《周书·秦誓》

(归善斋按，见"公曰，嗟！我士听无哗")

22.（清）库勒纳等撰《日讲书经解义》卷十三《周书·秦誓》

(归善斋按，见"公曰，嗟！我士听无哗")

古人有言曰，民讫自若，是多盘

1.（汉）孔氏传、（唐）陆德明音义、孔颖达疏《尚书注疏》卷十九《周书·费誓》

古人有言曰，民讫自若，是多盘。
传，言民之行已，尽用顺道，是多乐。称古人言，悔前不顺忠臣。
音义：
乐，音洛。
疏：
正义曰，古人有言曰，民之行己，尽用顺道，是多乐，言顺善事，则身大乐也。
传正义曰，讫尽也。自用，若顺；盘，乐也。尽用顺道，则有福；有福，则身乐，故云是多乐也。称古人言者，悔前不用古人之言，不顺忠臣之谋故也。昔汉明帝问东平王刘苍云，在家何者为乐？对曰，为善最乐。是其用顺道则多乐。

2.（宋）苏轼撰《书传》卷二十《周书·秦誓第三十二》

古人有言曰，民讫自若，是多盘。
孔子曰"人之言曰，予无乐乎。为君惟其言，而莫予违也"。孔子盖以为一言而丧邦者，此言也。"民讫自若"，是民尽顺我而不我违，乐则乐矣，不几于游盘无度，以亡其国，如夏太康乎。

3. （宋）林之奇《尚书全解》卷四十《周书·秦誓》

（归善斋按，见"秦穆公伐郑"）

4. （宋）史浩《尚书讲义》卷二十《周书·秦誓》

（按，此篇讲义《永乐大典》原阙）

5. （宋）夏僎《尚书详解》卷二十六《周书·秦誓》

（归善斋按，见"公曰，嗟！我士听无哗"）

6. （宋）时澜《增修东莱书说》卷三十五《周书·秦誓第三十二》

（归善斋按，见"公曰，嗟！我士听无哗"）

7. （宋）黄度《尚书说》卷七《周书·秦誓》

（归善斋按，见"公曰，嗟！我士听无哗"）

8. （宋）袁燮《絜斋家塾书钞》

（归善斋按，无此篇）

9. （宋）蔡沈《书经集传》卷六《周书·秦誓》

古人有言曰，民讫自若，是多盘。责人斯无难，惟受责，俾如流，是惟艰哉。

讫，尽；盘，安也。凡人尽自若，是多安于徇己。其责人无难，惟受责于人，俾如流水，略无扞格，是惟难哉。穆公悔前日安于自徇，而不听蹇叔之言，深有味乎古人之语。故举为誓言之首也。

10. （宋）黄伦《尚书精义》卷五十《周书·秦誓》

（按，此篇经解《永乐大典》原阙）

11.（宋）陈经《尚书详解》卷五十《周书·秦誓》

(归善斋按，见"公曰，嗟！我士听无哗")

12.（宋）钱时《融堂书解》卷二十《周书·秦誓》

(案，《秦誓》解《永乐大典》原阙)

13.（宋）魏了翁《尚书要义》卷二十《秦誓》

廿六、用顺道则多盘，言为善最乐。

"古人有言曰，民讫自若，是多盘"注言，民之行已尽用顺道，是多乐。称古人言，悔前不顺忠臣正意。曰讫，尽也。自，用；若，顺；盘，乐也。尽用顺道，则有福；有福，则身乐。汉明帝问东平王刘苍云，在家，何者为乐，对曰，为善最乐。

14.（宋）陈大猷《书集传或问》卷上《秦誓》

或问，"民讫自若是"，先儒多以为民情不美，如何？曰，孔说理自正当。若以为民情不美，非惟杀风景，亦岂可以为群言之首。

15.（宋）胡士行《尚书详解》卷十三《周书·秦誓第三十二》

(归善斋按，见"公曰，嗟！我士听无哗")

16.（元）吴澄《书纂言》卷四下《周书·秦誓》

古人有言曰，民讫自若，是多盘。责人斯无难，惟受责，俾如流，是惟艰哉。

讫，尽；盘，乐，《无逸》所谓"盘于游田"，《孟子》所谓"般乐怠敖"是也。言人尽如此，多荒于盘乐。己责人之不善，此甚无难。惟受人责己之不善，能如水之流，有顺而无逆者，是为难也。盘、艰、难三字协韵。

17.（元）陈栎《书集传纂疏》卷六《朱子订定蔡氏集传周书·秦誓》

古人有言曰，民讫自若，是多盘。责人斯无难，惟受责，俾如流，是惟艰哉。

讫，尽；盘，安也。凡人尽自若，是多安于徇己，其责人无难，惟受责于人，俾如流水，略无扞格，是惟艰哉。穆公悔前日安于自徇，而不听蹇叔之言，深有味乎古人之语，故举为誓言之首也。

附录，民讫自若是多盘，想只是人情多要安逸之意。

纂疏：

孔氏曰，言尽用顺道，则多盘乐。

吕氏曰，顺理而行，无非盘乐，惟不皆然，此忧患所由生也。

陈氏大猷曰，如言"为善最乐"。

18.（元）许谦《读书丛说》卷六《周书·秦誓》

（归善斋按，未解）

19.（元）董鼎《书传辑录纂注》卷六《周书·费誓》

古人有言曰，民讫自若，是多盘。责人斯无难，惟受责，俾如流，是惟艰哉。

讫，尽；盘，安也。凡人尽自若，是多安于徇己。其责人无难，惟受责于人，俾如流水，略无扞格，是惟难哉。穆公悔前日安于自徇，而不听蹇叔之言，深有味乎古人之语，故举为誓言之首也。

辑录：

"民讫自若，是多盘"，想只是说人情多要安逸之意。广。

纂注：

孔氏曰，民尽用顺道，则有福，多盘乐。

吕氏曰，顺理而行，无非盘乐。惟不皆然，此忧患所由生也。

陈氏大猷曰，如东平王苍言，为善最乐。

新安胡氏曰，此句声牙，不如阙之。

20.（元）朱祖义《尚书句解》卷十三《周书·誓第三十二》

古人有言曰（古人所言，即群言之首也），民讫自若，是多盘（民之常情，使人尽顺己之所为，则多乐。如穆公违蹇叔而用孟明，是乐孟明顺己，而恶蹇叔咈己矣，其亦何异于民）。

21.（明）王樵《尚书日记》卷十六《周书·秦誓》

"古人有言曰"至"是惟艰哉"。

讫，尽；盘，安也。凡人尽自若，是多安，言其恋人欲，而不忍割；惮天理而不肯尽。凡人，鲜不如是，故多可悔。盖"多盘"二字，不能尽善之病根也。人情多欲是己，故难于知过；多欲遂己故难于改过，皆多盘之病也。故责人无难，惟受责于人，俾如流水，言顺且速，是惟难哉。以己前者不受人言，故自悔也。

盘、难、艰，协韵。

22.（清）库勒纳等撰《日讲书经解义》卷十三《周书·秦誓》

（归善斋按，见"公曰，嗟！我士听无哗"）

（清）朱鹤龄《尚书埤传》卷十五《周书·秦誓》

民讫自若，是多盘。

蔡传，凡人尽自若，是多安于徇己。此注不明。孔疏云，讫，尽也，自用若顺，盘乐也。人之行已尽，用顺道则身多乐，称古人言者，悔前不顺忠臣之谋也。此解当参之（黄文叔用此说）。

责人斯无难，惟受责，俾如流，是惟艰哉

1.（汉）孔氏传、（唐）陆德明音义、孔颖达疏《尚书注疏》卷十九《周书·费誓》

责人斯无难，惟受责，俾如流，是惟艰哉。
传，人之有非，以义责之，此无难也；若己有非，惟受人责，即改之，如水流下，是惟艰哉。
音义：
俾，必尔反，下同。
疏：
正义曰，见他有非理，以义责之，此无难也。惟己有非理，受人之责，即能改之，使如水之流下，此事是惟难哉。言己已往之前不受人言，故自悔也。

2.（宋）苏轼撰《书传》卷二十《周书·秦誓第三十二》

责人斯无难，惟受责，俾如流，是惟艰哉。
人知声色之害己也，然终好之；知药石之寿己也，然终恶之。岂好死而恶生哉？私欲胜也。夫惟少私寡欲者，为能受责而不责人，是以难也。

3.（宋）林之奇《尚书全解》卷四十《周书·秦誓》

（归善斋按，见"秦穆公伐郑"）

4.（宋）史浩《尚书讲义》卷二十《周书·秦誓》

（按，此篇讲义《永乐大典》原阙）

5.（宋）夏僎《尚书详解》卷二十六《周书·秦誓》

（归善斋按，见"公曰，嗟！我士听无哗"）

6.（宋）时澜《增修东莱书说》卷三十五《周书·秦誓第三十二》

（归善斋按，见"公曰，嗟！我士听无哗"）

7.（宋）黄度《尚书说》卷七《周书·秦誓》

（归善斋按，见"公曰，嗟！我士听无哗"）

8.（宋）袁燮《絜斋家塾书钞》

（归善斋按，无此篇）

9.（宋）蔡沈《书经集传》卷六《周书·秦誓》

（归善斋按，见"古人有言曰，民讫自若，是多盘"）

10.（宋）黄伦《尚书精义》卷五十《周书·秦誓》

（按，此篇经解《永乐大典》原缺）

11.（宋）陈经《尚书详解》卷五十《周书·秦誓》

（归善斋按，见"公曰，嗟！我士听无哗"）

12.（宋）钱时《融堂书解》卷二十《周书·秦誓》

（案，《秦誓》解《永乐大典》原阙）

13.（宋）魏了翁《尚书要义》卷二十《秦誓》

（归善斋按，未引）

14.（宋）陈大猷《书集传或问》卷上《秦誓》

或问，"责人无难"数语，诸家皆以为穆公语，而子以为古人之言，何也？曰，上文之言"古人曰"，下文言"我心"分别甚明。兼又文顺而意畅。若操以为穆公之语，非惟强自分截，文意亦龃龉也。

15.（宋）胡士行《尚书详解》卷十三《周书·秦誓第三十二》

（归善斋按，见"公曰，嗟！我士听无哗"）

16.（元）吴澄《书纂言》卷四下《周书·秦誓》

（归善斋按，见"古人有言曰，民讫自若，是多盘"）

17.（元）陈栎《书集传纂疏》卷六《朱子订定蔡氏集传周书·秦誓》

（归善斋按，见"古人有言曰，民讫自若，是多盘"）

18.（元）许谦《读书丛说》卷六《周书·秦誓》

（归善斋按，未解）

19.（元）董鼎《书传辑录纂注》卷六《周书·费誓》

（归善斋按，见"古人有言曰，民讫自若，是多盘"）

20.（元）朱祖义《尚书句解》卷十三《周书·誓第三十二》

责人斯无难（至于责人之咈己，肆谈无忌，高论不顾，更无所难，如穆公责蹇叔之咈己，信无难色）。惟受责，俾如流（及受人之责，使言者，肆口而发，如水流出，吾甘心受之），是惟艰哉（是为难也，如穆公当时受蹇叔之责，岂不难哉）。

21.（明）王樵《尚书日记》卷十六《周书·秦誓》

（归善斋按，见"古人有言曰，民讫自若，是多盘"）

22.（清）库勒纳等撰《日讲书经解义》卷十三《周书·秦誓》

（归善斋按，见"公曰，嗟！我士听无哗"）

我心之忧，日月逾迈，若弗云来

1.（汉）孔氏传、（唐）陆德明音义、孔颖达疏《尚书注疏》卷十九《周书·费誓》

我心之忧，日月逾迈，若弗云来。

传，言我心之忧，欲改过自新，如日月并行，过如不复云来，虽欲改悔，恐死及之，无所益。

音义：

复，扶又反。

疏：

正义曰，今我心忧，欲自改过自新，但日月益为疾行，如似不复云来，恐已老死，不得改过也。

传正义曰，逾，益；迈，行也。员，即云也，言日月益为疾行，并皆过去，如似不复云来，畏其去而不复来，夜而不复明，言已年老，前途稍近，虽欲改悔，恐死及之，不得修改，身无所益也。王肃云，年已衰老，恐命将终，日月遂往，若不云来，将不复见日月，虽欲改过，无所及益。自恨改过迟晚，深自咎责之辞。

2.（宋）苏轼撰《书传》卷二十《周书·秦誓第三十二》

我心之忧，日月逾迈，若弗云来。

已犯之恶既成，而不可追；未迁之善未成，而不可补。日月逝而不复反，我心皇皇若无明日，悔之至也。

3. （宋）林之奇《尚书全解》卷四十《周书·秦誓》

（归善斋按，见"秦穆公伐郑"）

4. （宋）史浩《尚书讲义》卷二十《周书·秦誓》

（按，此篇讲义《永乐大典》原阙）

5. （宋）夏僎《尚书详解》卷二十六《周书·秦誓》

（归善斋按，见"公曰，嗟！我士听无哗"）

6. （宋）时澜《增修东莱书说》卷三十五《周书·秦誓第三十二》

（归善斋按，见"公曰，嗟！我士听无哗"）

7. （宋）黄度《尚书说》卷七《周书·秦誓》

我心之忧，日月逾迈，若弗云来。惟古之谋人，则曰未就予忌；惟今之谋人，姑将以为亲。虽则云然，尚猷询兹黄发，则罔所愆。

"日月逾迈，若弗云来"，言往者皆已谬，来者或不能以救过也，悔之甚矣。古之谋人，老成古昔之人也。老者持重，动顾后患，则以为不能成吾事而忌之。今之谋人，后生小子也，少者轻锐，类多快意，则姑将试而亲近之。夫事非百全，而姑试以侥幸。穆公盖亦年壮气盛，未更事欤。一蹶而悟责已，而不咎人，脱然无吝过遂非之意，其可谓不贤乎？往事虽云然，苟自今，尚当顺道，询谋于老成之人，则庶几于无过。此言为蹇叔也。

8. （宋）袁燮《絜斋家塾书钞》

（归善斋按，无此篇）

9. （宋）蔡沈《书经集传》卷六《周书·秦誓》

我心之忧，日月逾迈，若弗云来。

"我心之忧,日月逾迈若弗云来"哉,穆公悔前日古人之语,故举为誓言之首也。已然之过,不可追;未迁之善,犹可及。忧岁月之逝,若无复有来日也。

10. (宋)黄伦《尚书精义》卷五十《周书·秦誓》

(按,此篇经解《永乐大典》原缺)

11. (宋)陈经《尚书详解》卷五十《周书·秦誓》

(归善斋按,见"公曰,嗟!我士听无哗")

12. (宋)钱时《融堂书解》卷二十《周书·秦誓》

(案,《秦誓》解《永乐大典》原阙)

13. (宋)魏了翁《尚书要义》卷二十《秦誓》

(归善斋按,未引)

14. (宋)陈大猷《书集传或问》卷上《秦誓》

(归善斋按,未解)

15. (宋)胡士行《尚书详解》卷十三《周书·秦誓第三十二》

(归善斋按,见"公曰,嗟!我士听无哗")

16. (元)吴澄《书纂言》卷四下《周书·秦誓》

我心之忧,日月逾迈,若弗云来。
思欲迁善改过,惟恐弗及,故忧日月之逝,若弗复有来日也。

17. (元)陈栎《书集传纂疏》卷六《朱子订定蔡氏集传周书·秦誓》

我心之忧,日月逾迈,若弗云来。

已然之过，不可追；未迁之善，犹可及。忧岁月之逝，若无复有来日也。

纂疏：

夏氏曰，"若弗云来"，忧改过之无日也，如日月逝矣，岁不我与。

18. （元）许谦《读书丛说》卷六《周书·秦誓》

（归善斋按，未解）

19. （元）董鼎《书传辑录纂注》卷六《周书·秦誓》

我心之忧，日月逾迈，若弗云来。

已然之过不可追，未迁之善犹可及。忧岁月之逝，若无复有来日也。

纂注：

夏氏曰，若弗云来，忧改过之无日也，如日月逝矣，岁不我与。

20. （元）朱祖义《尚书句解》卷十三《周书·誓第三十二》

我心之忧（穆公自谓我前自不能受责，至于败衄，其心怀忧，思欲改过自新）。日月逾迈，若弗云来（深恐日月疾行，不复再来，而我改过无日）。

21. （明）王樵《尚书日记》卷十六《周书·秦誓》

我心之忧，日月逾迈，若弗云来。

逾，益；迈，行也。若弗云来，如不复反也。自咎其知悔之迟，恐改过无日。

22. （清）库勒纳等撰《日讲书经解义》卷十三《周书·秦誓》

我心之忧，日月逾迈，若弗云来。

此一节书是，言悔过如不及之意也。逾，过也。迈，往也。穆公曰，吾今乃知前日不能受人之责，欲悔而自改，此心常以为忧。盖日月易过忽焉。逾迈是往者已不可追，独冀望于将来，而来者又岂可逆定。我心中常若不复有将来之日，可以容我迁善补过，此所以忧思之深也。盖古之圣人，未有不及时修德者。大禹之惜寸阴，汤之日日新，文王之日昃不遑暇食，皆有"若弗云来"之意。人君能长存此心，则永无"多盘"之累矣。

惟古之谋人，则曰未就予忌

1. （汉）孔氏传、（唐）陆德明音义、孔颖达疏《尚书注疏》卷十九《周书·费誓》

惟古之谋人，则曰未就予忌。

传，惟为我执古义之谋人，谓忠贤蹇叔等也。财曰未成，我所欲反忌之耳。

音义：

为，于伪反，下"为我谋"同。

疏：

正义曰，此穆公自说己之前过。我欲伐郑之时，群臣共为谋计，惟为我执古义之谋人，我则曰未成我之所欲，反猜忌之。

2. （宋）苏轼撰《书传》卷二十《周书·秦誓第三十二》

惟古之谋人，则曰未就予忌；惟今之谋人，姑将以为亲。

我视在朝之谋人，未见可以就问，使我敬畏如古人者，故且用今之流亲己者而已。

3. （宋）林之奇《尚书全解》卷四十《周书·秦誓》

（归善斋按，见"秦穆公伐郑"）

4. （宋）史浩《尚书讲义》卷二十《周书·秦誓》

（按，此篇讲义《永乐大典》原阙）

5.（宋）夏僎《尚书详解》卷二十六《周书·秦誓》

（归善斋按，见"公曰，嗟！我士听无哗"）

6.（宋）时澜《增修东莱书说》卷三十五《周书·秦誓第三十二》

惟古之谋人，则曰未就予忌；惟今之谋人，姑将以为亲。虽则云然，尚猷询兹黄发，则罔所愆。

此穆公自叙受病之源也。古之谋人，老成之士也；今之谋人，新进之士也。忌，语辞也。如"抑鬯弓忌"之类，非不知其老成，徒以其不能委曲就己，而违之；非不知其为新进，姑乐其顺，而亲之。此正平日受病之源也。自今观之，虽则私情云然，要必稽谋黄发，始无所失。盖经事历变，知老成之真可信，而益知私情之不可徇也。"尚"云者，庶几乎此，而不敢必乎此，此用力之难者之言也。

7.（宋）黄度《尚书说》卷七《周书·秦誓》

（归善斋按，见"我心之忧，日月逾迈，若弗云来"）

8.（宋）袁燮《絜斋家塾书钞》

（归善斋按，无此篇）

9.（宋）蔡沈《书经集传》卷六《周书·秦誓》

惟古之谋人，则曰未就予忌；惟今之谋人，姑将以为亲。虽则云然，尚猷询兹黄发，则罔所愆。

忌，疾；姑，且也。古之谋人，老成之士也。今之谋人，新进之士也。非不知其为老成，以其不就己而忌疾之；非不知其新进，姑乐其顺，便而亲信之。前日之过，虽已云然，然尚谋询兹黄发之人，则庶罔有所愆。盖悔其既往之失，而冀其将来之善也。

10.（宋）黄伦《尚书精义》卷五十《周书·秦誓》

（按，此篇经解《永乐大典》原缺）

11.（宋）陈经《尚书详解》卷五十《周书·秦誓》

（归善斋按，见"公曰，嗟！我士听无哗"）

12.（宋）钱时《融堂书解》卷二十《周书·秦誓》

（案，《秦誓》解《永乐大典》原阙）

13.（宋）魏了翁《尚书要义》卷二十《秦誓》

廿三、古谋人，若蹇叔等；今谋人，若杞子之类。

其古之谋人，当谓忠贤之臣，若蹇叔之等；今之谋人，劝穆公使伐郑者，盖谓杞子之类。

廿四、"未就予忌"，传云，未成我欲反忌之。

伐郑之时，群臣共为谋计，惟为我执古义之谋人，我则曰未成我之所欲，反猜忌之。惟指今事，为我所谋之人，我且将以为亲己而用之。悔前违古从今，自取破败也。

14.（宋）陈大猷《书集传或问》卷上《秦誓》

（归善斋按，未解）

15.（宋）胡士行《尚书详解》卷十三《周书·秦誓第三十二》

惟古（执古义）之谋人（谓蹇叔），则曰未就（成）予（我所欲）忌（恶）；惟今之谋人（百里、孟明、西乞术、白乙丙、杞子、杨孙、逢孙），姑（且）将以为亲。虽则云然（如前之过），尚（庶）猷（询问）兹黄发（老成），则罔所愆（过）。

此觉昨非，而图今是也。

16.（元）吴澄《书纂言》卷四下《周书·秦誓》

惟古之谋人，则曰未就予忌；惟今之谋人，姑将以为亲。虽则云然，尚猷询兹黄发，则罔所愆。

惟如古先谋国之人，则今未能即有其人使来就己。忌，语辞，如《诗》"抑罄弓忌"。惟今之谋人，姑且将以为可亲，而与之谋，虽则曰如此，然于今之谋人之中，庶几求问老成之人，则无所过也。此盖悔其违蹇叔之谋也。

17.（元）陈栎《书集传纂疏》卷六《朱子订定蔡氏集传周书·秦誓》

惟古之谋人，则曰未就予忌；惟今之谋人姑将以为亲，虽则云然，尚猷询兹黄发，则罔所愆。

忌，疾，姑，且也。古之谋人，老成之士也。今之谋人，新进之士也。非不知其为老成，以其不就己而忌疾之；非不知其新进，姑乐其顺便，而亲信之。前日之过虽已云然，然尚谋询兹黄发之人，则庶罔有所愆。盖悔其既往之失，而冀其将来之善也。

纂疏：

孔氏曰，执古义之谋人，谓蹇叔等，以未就我所欲，反忌之。今之谋人，谓杞子等。

18.（元）许谦《读书丛说》卷六《周书·秦誓》

（归善斋按，未解）

19.（元）董鼎《书传辑录纂注》卷六《周书·秦誓》

惟古之谋人，则曰未就予忌；惟今之谋人，姑将以为亲，虽则云然，尚猷询兹黄发，则罔所愆。

忌，疾；姑，且也。古之谋人，老成之士也；今之谋人，新进之士也。非不知其为老成，以其不就己而忌疾之；非不知其新进，姑乐其顺便而亲信之。前日之过，虽已云然，然尚谋询兹黄发之人，则庶罔有所愆。

盖悔其既往之失，而冀其将来之善也。

纂注：

孔氏曰，执古义之谋人，谓蹇叔等，以未就我所欲，反忌之。

唐孔氏曰，今之谋人，谓杞子等。

20.（元）朱祖义《尚书句解》卷十三《周书·誓第三十二》

惟古之谋人，则曰未就予忌（蹇叔执古义，与我谋，则曰未能就我辟土之功，我实忌而恶之）。

21.（明）王樵《尚书日记》卷十六《周书·秦誓》

"惟古之谋人"至"尚猷询兹黄发，则罔所愆"。

此穆公自说己之前愆。古之谋人，老成，长虑，执古义，不苟就人意者也，我则谓其未成予志而忌之。今之谋人，新进，喜事者也，我则因其同己，而姑将以为亲。虽则云然，庶几谋事询访，必于此黄发之人，乃无所失尔。若今之谋人，非真可亲，我之初心，亦欲惟善谋是听，但以其就己而姑将以为亲，则溺于其说，而不自觉矣。

22.（清）库勒纳等撰《日讲书经解义》卷十三《周书·秦誓》

惟古之谋人，则曰未就予忌；惟今之谋人，姑将以为亲。虽则云然，尚猷询兹黄发，则罔所愆。

此一节书是，悔既往之失，而冀将来之善也。猷，谋也。询，问也。穆公曰，朝廷之上，有老成练达之人，可与谋事者，是古之谋人也。此其人吾非不知其熟于世务，明于大体，但以其每事坚执不肯迁就我意，我辄忌疾之而不用其言。夫听其言，若不可用，不用之，辄败事者，古之谋人也。有新进喜事之人，未可与谋事者，是今之谋人也。此其人，吾非不知其狃于近功，趋于小利，但以其每事顺从，能与吾意相合，姑且以为亲信而用之。夫听其言，若可用，用之辄败事者，今之谋人也。然吾既往之过，虽如此，而将来之事，岂可不为鉴戒。自今以

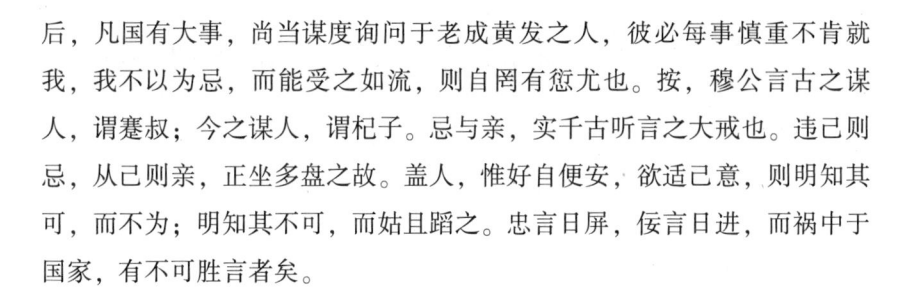

后，凡国有大事，尚当谋度询问于老成黄发之人，彼必每事慎重不肯就我，我不以为忌，而能受之如流，则自罔有愆尤也。按，穆公言古之谋人，谓蹇叔；今之谋人，谓杞子。忌与亲，实千古听言之大戒也。违己则忌，从己则亲，正坐多盘之故。盖人，惟好自便安，欲适己意，则明知其可，而不为；明知其不可，而姑且蹈之。忠言日屏，佞言日进，而祸中于国家，有不可胜言者矣。

（清）张英《书经衷论》卷四《周书·秦誓》

古之谋人，老成之人也，非不知其言之可信，以其未顺己之意，而反忌之，此有言逆于汝心，不能求诸道之故也。今之谋人，新进喜事之人也，非不知其言之不可信，姑因其就己而亲之。此有言逊于汝志，不能求诸非道之故也。穆公自知其病而自发之，其异于文过饰非者远矣。

惟今之谋人，姑将以为亲

1.（汉）孔氏传、（唐）陆德明音义、孔颖达疏《尚书注疏》卷十九《周书·费誓》

惟今之谋人，姑将以为亲。

传，惟指今事为我所谋之人，我且将以为亲而用之，悔前违古从今，以取破败。

疏：

正义曰，惟指今事，为我所谋之人，我且将以为亲己而用之。悔前违古从今，自取破败也。其古之谋人，当谓忠贤之臣，若蹇叔之等。今之谋人，劝穆公使伐郑者，盖谓杞子之类，国内亦当有此人。

2.（宋）苏轼撰《书传》卷二十《周书·秦誓第三十二》

（归善斋按，见"惟古之谋人，则曰未就予忌"）

3. （宋）林之奇《尚书全解》卷四十《周书·秦誓》

（归善斋按，见"秦穆公伐郑"）

4. （宋）史浩《尚书讲义》卷二十《周书·秦誓》

（按，此篇讲义《永乐大典》原阙）

5. （宋）夏僎《尚书详解》卷二十六《周书·秦誓》

（归善斋按，见"公曰，嗟！我士听无哗"）

6. （宋）时澜《增修东莱书说》卷三十五《周书·秦誓第三十二》

（归善斋按，见"惟古之谋人，则曰未就予忌"）

7. （宋）黄度《尚书说》卷七《周书·秦誓》

（归善斋按，见"我心之忧，日月逾迈，若弗云来"）

8. （宋）袁燮《絜斋家塾书钞》

（归善斋按，无此篇）

9. （宋）蔡沈《书经集传》卷六《周书·秦誓》

（归善斋按，见"惟古之谋人，则曰未就予忌"）

10. （宋）黄伦《尚书精义》卷五十《周书·秦誓》

（按，此篇经解《永乐大典》原缺）

11. （宋）陈经《尚书详解》卷五十《周书·秦誓》

（归善斋按，见"公曰，嗟！我士听无哗"）

12. （宋）钱时《融堂书解》卷二十《周书·秦誓》

（案，《秦誓》解《永乐大典》原阙）

13.（宋）魏了翁《尚书要义》卷二十《秦誓》

（归善斋按，见"惟古之谋人，则曰未就予忌"）

14.（宋）陈大猷《书集传或问》卷上《秦誓》

（归善斋按，未解）

15.（宋）胡士行《尚书详解》卷十三《周书·秦誓第三十二》

（归善斋按，见"惟古之谋人，则曰未就予忌"）

16.（元）吴澄《书纂言》卷四下《周书·秦誓》

（归善斋按，见"惟古之谋人，则曰未就予忌"）

17.（元）陈栎《书集传纂疏》卷六《朱子订定蔡氏集传周书·秦誓》

（归善斋按，见"惟古之谋人，则曰未就予忌"）

18.（元）许谦《读书丛说》卷六《周书·秦誓》

（归善斋按，未解）

19.（元）董鼎《书传辑录纂注》卷六《周书·秦誓》

（归善斋按，见"惟古之谋人，则曰未就予忌"）

20.（元）朱祖义《尚书句解》卷十三《周书·誓第三十二》

惟今之谋人，姑将以为亲（杞子、孟明等，循今日一时之利，与我谋，我则姑且亲而信之）。

21.（明）王樵《尚书日记》卷十六《周书·秦誓》

（归善斋按，见"惟古之谋人，则曰未就予忌"）

22.（清）库勒纳等撰《日讲书经解义》卷十三《周书·秦誓》

（归善斋按，见"惟古之谋人，则曰未就予忌"）

（清）张英《书经衷论》卷四《周书·秦誓》

（归善斋按，见"惟古之谋人，则曰未就予忌"）

虽则云然，尚猷询兹黄发，则罔所愆

1.（汉）孔氏传、（唐）陆德明音义、孔颖达疏《尚书注疏》卷十九《周书·费誓》

虽则云然，尚猷询兹黄发，则罔所愆。
传，言前虽则有云然之过，今我庶几以道谋此黄发贤老，则行事无所过矣。

2.（宋）苏轼撰《书传》卷二十《周书·秦誓第三十二》

虽则云然，尚猷询兹黄发，则罔所愆。
虽不免且用孟明，然必访诸黄发，如蹇叔之流也。

3.（宋）林之奇《尚书全解》卷四十《周书·秦誓》

（归善斋按，见"秦穆公伐郑"）

4.（宋）史浩《尚书讲义》卷二十《周书·秦誓》

（按，此篇讲义《永乐大典》原阙）

5. （宋）夏僎《尚书详解》卷二十六《周书·秦誓》

(归善斋按，见"公曰，嗟！我士听无哗")

6. （宋）时澜《增修东莱书说》卷三十五《周书·秦誓第三十二》

(归善斋按，见"惟古之谋人，则曰未就予忌")

7. （宋）黄度《尚书说》卷七《周书·秦誓》

(归善斋按，见"我心之忧，日月逾迈，若弗云来")

8. （宋）袁燮《絜斋家塾书钞》

(归善斋按，无此篇)

9. （宋）蔡沈《书经集传》卷六《周书·秦誓》

(归善斋按，见"惟古之谋人，则曰未就予忌")

10. （宋）黄伦《尚书精义》卷五十《周书·秦誓》

(按，此篇经解《永乐大典》原缺)

11. （宋）陈经《尚书详解》卷五十《周书·秦誓》

虽则云然，尚猷询兹黄发，则罔所愆。番番良士，旅力既愆，我尚有之。仡仡勇夫，射御不违，我尚不欲。惟截截善谝言，俾君子易辞，我皇多有之。

此则悔过自新之辞，虽则前日之过如此，自今以往，庶几所谋者，皆询黄发之人，则终无所过。所谓往者不可谏，来者犹可追也。且老成虑事之君子，其言若不快人意，而实为国远虑。新进之人，其言事可喜，而深误人事。穆公自一惩创之后，前日之锐与乎虚憍之气，消散殆尽，所以惟欲得黄发老成之人，亦如汉武初年，惟张骞、卫、霍辈是信。自轮台哀痛之后，方知以托孤之任委之霍光。持重之君子，番番。老成之貌也。番番之良士，虽其筋骨既衰，凡耳目之力，与乎手足之用，皆过矣。然我庶几，欲有此人而用之。盖其经历之深，谙练之久也。仡仡者，勇壮之貌，虽其射御之间，皆中法度而不违，然而我庶几不欲此等人。前日之所好者，今恶之。前日之所恶者，今好之。此皆今日之好恶，与前日相反也。曰尚猷，曰尚有之，曰尚不欲，皆有庶几之意。此深见得穆公不敢自恃。"惟截截善谝言，俾君子易辞"，截截者，察察也。谝言者，辩言也。好察察小慧，而以便佞之言，能使君子皆变易其辞，此人乃大奸佞之人，词锋捷给，利口若啬夫之流。皇，暇也。此等人我何暇多有之哉？人能悔过，则其见必明见之。明，则是非真伪，察之无不熟也。

12.（宋）钱时《融堂书解》卷二十《周书·秦誓》

（案，《秦誓》解《永乐大典》原阙）

13.（宋）魏了翁《尚书要义》卷二十《秦誓》

（归善斋按，未引）

14.（宋）陈大猷《书集传或问》卷上《秦誓》

（归善斋按，未解）

15.（宋）胡士行《尚书详解》卷十三《周书·秦誓第三十二》

（归善斋按，见"惟古之谋人，则曰未就予忌"）

16.（元）吴澄《书纂言》卷四下《周书·秦誓》

（归善斋按，见"惟古之谋人，则曰未就予忌"）

17.（元）陈栎《书集传纂疏》卷六《朱子订定蔡氏集传周书·秦誓》

（归善斋按，见"惟古之谋人，则曰未就予忌"）

18. （元）许谦《读书丛说》卷六《周书·秦誓》

（归善斋按，未解）

19. （元）董鼎《书传辑录纂注》卷六《周书·秦誓》

（归善斋按，见"惟古之谋人，则曰未就予忌"）

20. （元）朱祖义《尚书句解》卷十三《周书·誓第三十二》

虽则云然（穆公谓我所陈已过其言虽如此）尚猷询兹黄发（庶几今所谋者皆询问此黄发之老如蹇叔者）则罔所愆（则终无所过失）

21. （明）王樵《尚书日记》卷十六《周书·秦誓》

（归善斋按，见"惟古之谋人，则曰未就予忌"）

22. （清）库勒纳等撰《日讲书经解义》卷十三《周书·秦誓》

（归善斋按，见"惟古之谋人，则曰未就予忌"）

番番良士，旅力既愆，我尚有之

1. （汉）孔氏传、（唐）陆德明音义、孔颖达疏《尚书注疏》卷十九《周书·费誓》

番番良士，旅力既愆，我尚有之。
传，勇武番番之良士，虽众力已过老，我今庶几欲有此人而用之。
音义：
番，音波。
疏：

正义曰，言我前事虽则有云然之过，我今庶几以道谋此黄发贤者，受用其言，则行事无所过也。番番然，勇武之善士，虽众力既过老，而谋计深长，我庶几欲有此人而用之。

《尚书注疏》卷十九《考证》

番番良士。

王十朋曰，番番，与"申伯番番"同。

"旅力既愆"传"众力"。

陈师凯曰，张氏谓，众力，如目力、耳力、手足之力；既愆，已皆不及人也。

2. （宋）苏轼撰《书传》卷二十《周书·秦誓第三十二》

番番良士，旅力既愆，我尚有之。

番番老者，虽旅力既愆，我犹庶几得而用之。

3. （宋）林之奇《尚书全解》卷四十《周书·秦誓》

（归善斋按，见"秦穆公伐郑"）

4. （宋）史浩《尚书讲义》卷二十《周书·秦誓》

（按，此篇讲义《永乐大典》原阙）

5. （宋）夏僎《尚书详解》卷二十六《周书·秦誓》

（归善斋按，见"公曰，嗟！我士听无哗"）

6. （宋）时澜《增修东莱书说》卷三十五《周书·秦誓第三十二》

番番良士，旅力既愆，我尚有之；仡仡勇夫，射御不违，我尚不欲。惟截截善谝言，俾君子易辞，我皇多有之。

穆公之心一复，则向背好恶从而一变。旅力既愆之良士，前日所诋，墓木既拱者也，今乃以庶几有之。自多射御不违之勇夫，前日所夸，过门超乘者也。今乃以庶几能不欲。自喜截截巧辩，能移人之辞者，亦前日求

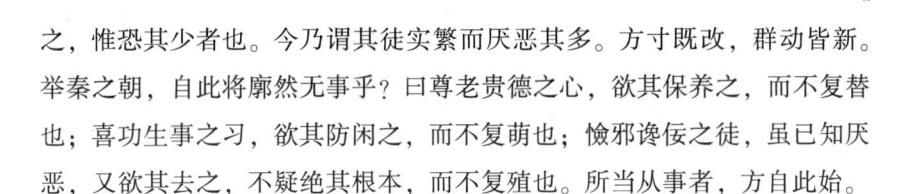

之，惟恐其少者也。今乃谓其徒实繁而厌恶其多。方寸既改，群动皆新。举秦之朝，自此将廓然无事乎？曰尊老贵德之心，欲其保养之，而不复替也；喜功生事之习，欲其防闲之，而不复萌也；憸邪谀佞之徒，虽已知厌恶，又欲其去之，不疑绝其根本，而不复殖也。所当从事者，方自此始。

7. （宋）黄度《尚书说》卷七《周书·秦誓》

番番良士，旅力既愆，我尚有之。仡仡勇夫，射御不违，我尚不欲。惟截截善谝言，俾君子易辞，我皇多有之。昧昧我思之。

番番，老貌；旅、膂，古字通。截截，一切也。谝，古辩字。番番良士，膂力虽过，我尚有之，为可用。仡仡，壮勇。射御不违，虽可用，我尚不欲。国方尚战，武功岂非所欲哉。此言为孟明也。穆公曰，吾不以一眚掩大德，盖知孟明之为，必可用矣，其至于败，则由尚勇而不尚谋耳。诚使用蹇叔之谋，以御孟明之勇夫，奚患不济。截截，一切。善为辩言。能使君子惑之变其初辞。如此者，我大有之。虽然理不可易也。我实昧昧，思之不精，乃至于此。袭郑，蹇叔之谋，岂为不尽，独夺于壮勇必往之士，贪功一切之言，而遂惑之。穆公初必持难，而为辩口变其意，故自以为昧昧不思之咎。此言殆为杞子辈也。袭郑，杞子为谋主，穆公不归咎于杞子，而自以为思之，不精人之勇决壮健，有时而可用也，全在审思而后发耳。若是，则师徒丧败，无一人坐之。穆公尽任之于己，而舍短取长，人材无不可用。呜呼！用人惟己改过，不吝有汤武之风焉。

8. （宋）袁燮《絜斋家塾书钞》

（归善斋按，无此篇）

9. （宋）蔡沈《书经集传》卷六《周书·秦誓》

番番良士，旅力既愆，我尚有之；仡仡勇夫，射御不违，我尚不欲。惟截截善谝言，俾君子易辞，我皇多有之。

番，音波。谝，毗；俾，缅二反。番番老貌；仡仡，勇貌。截截，辩给貌。谝，巧也。皇、遑通。旅力既愆之良士，前日所诋，墓木既拱者，我犹庶几得而有之。射御不违之勇夫，前日所夸过门超乘者，我庶几不欲

369

用之。勇夫我尚不欲，则辩给善巧言，能使君子变易其辞说者，我遑暇多有之哉。良士，谓蹇叔；勇夫，谓三帅；谝言，谓杞子。先儒皆谓，穆公悔用孟明，详其誓，意盖深悔用杞子之言也。

10. （宋）黄伦《尚书精义》卷五十《周书·秦誓》

（按，此篇经解《永乐大典》原缺）

11. （宋）陈经《尚书详解》卷五十《周书·秦誓》

（归善斋按，见"虽则云然，尚猷询兹黄发，则罔所愆"）

12. （宋）钱时《融堂书解》卷二十《周书·秦誓》

（案，《秦誓》解《永乐大典》原阙）

13. （宋）魏了翁《尚书要义》卷二十《秦誓》

（归善斋按，未引）

14. （宋）陈大猷《书集传或问》卷上《秦誓》

（归善斋按，未解）

15. （宋）胡士行《尚书详解》卷十三《周书·秦誓第三十二》

番番（武勇）良（善）士，旅（精）力既愆（过也，谓老成人），我尚（庶）有之；仡仡（壮勇）勇夫，射御不违（谓新进，前所偾过门超乘者也），我尚不欲（喜）。惟截截（察）善谝（巧佞）言，俾（使）君子易辞（为所眩惑，改易其说，不得自伸），我皇（大）多有之（谓杞子等）。昧昧（暗昧）我思（心思之暗，故受欺）之。如有一介（耿介）臣，断断（专悫）猗（兮）无他技（艺能。小智者，大受之贼，无他技，则贼之者寡矣），其心休休焉（广大），其如（如是）有容（吕云，其如者，莫测其量，难形容也）。人（见人）之有技，若（如）己有之；人之彦（美）圣（通），其心（真心）好（爱）之，不啻（止）如自其（己）

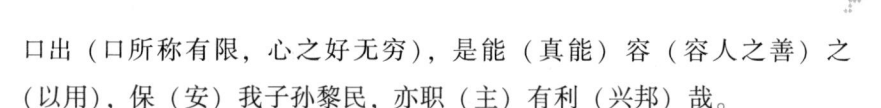

口出（口所称有限，心之好无穷），是能（真能）容（容人之善）之（以用），保（安）我子孙黎民，亦职（主）有利（兴邦）哉。

此人如天涵地育，无所不包，所谓好善优于天下，况秦国乎？一云不啻如自己口所出，言视人之善，犹于己之善也。

16.（元）吴澄《书纂言》卷四下《周书·秦誓》

番番良士，旅力既愆，我尚有之；仡仡勇夫，射御不违，我尚不欲。惟截截善谝言，俾君子易辞，我皇多有之。昧昧我思之。

番番，良貌；仡仡，勇貌；截截，辩给貌；谝，巧也。皇，大也。昧昧，深潜之意。旅力既愆之良士，前日所诋，墓木既拱者，我庶几有其人。射御不违之勇夫，前日所夸过门超乘者，我庶几不愿有其人。此二者，人品易明，前日之失，今日复践矣。惟有捷给善巧谝言之人，以非为是，以是为非，俾君子变易其言辞，我大多有其人，故昧昧深潜而思之，惟恐一日不察，复为所惑也。良士，谓蹇叔；勇夫，谓三帅；谝言，谓杞子，此盖悔其用杞子之言也。

17.（元）陈栎《书集传纂疏》卷六《朱子订定蔡氏集传周书·秦誓》

番番良士，旅力既愆，我尚有之。仡仡勇夫，射御不违，我尚不欲。惟截截善谝言，俾君子易辞，我皇多有之。

番番，老貌；仡仡，勇貌；截截，辩给貌；谝，巧也。皇，遑通。旅力既愆之良士，前日所诋墓木既拱者，我犹庶几得而有之；射御不违之勇夫，前日所夸过门超乘者，我庶几不欲用之。勇夫我尚不欲，则辩给善巧言，能使君子变易其辞说者，我遑暇多有之哉？良士，谓蹇叔；勇夫，谓三帅；谝言，谓杞子。先儒皆谓穆公悔用孟明，详其誓意，盖深悔用杞子之言也。

纂疏：

叶氏曰，番番，如世称皤然。

王氏十朋曰，番番，与"申伯番番"同。仡仡，与"崇墉仡仡"同。

陈氏大猷曰，旅、膂通，脊骨也。不违，皆中度也。

王氏炎曰，言变乱是非，君子仁而不佞，往往辞为所夺。

愚谓，穆公悔过不力，改过不勇，已可窥其微意于辞气之间。曰尚猷，曰尚有之，尚不欲，当谋急谋，当有急有，当不欲急不欲，何以"尚"焉？朱子训"过勿惮改"，谓有过当速改，不可畏难而苟安。三昧"尚"之一辞，优游缓慢，宜其悔用孟明，而卒用之；悔不用蹇叔，而卒不用也。如鲁隐，欲传桓营菟裘，而曰吾将授之，吾将老焉，当授即授，当老即老，岂容有所谓"将"者乎？二公之遂非速祸，可于"尚"与"将"之辞觇之。下文"昧昧我思之"，诸解有以尾上章者，孔氏曰，以我前日昧昧思之不明故也。

18.（元）许谦《读书丛说》卷六《周书·秦誓》

（归善斋按，未解）

19.（元）董鼎《书传辑录纂注》卷六《周书·秦誓》

番番良士，旅力既愆，我尚有之；仡仡勇夫，射御不违，我尚不欲。惟截截善谝言，俾君子易辞，我皇多有之。

番番，老貌；仡仡，勇貌；截截，辩给貌；谝，巧也。皇，遑通。旅力既愆之良士，前日所诋墓木既拱者，我犹庶几得而有之；射御不违之勇夫，前日所夸过门超乘者，我庶几不欲用之。勇夫我尚不欲，则辩给善巧言，能使君子变易其辞说者，我遑暇多有之哉。良士，谓蹇叔；勇夫，谓三帅；谝言，谓杞子。先儒皆谓穆公悔用孟明，详其誓意，盖深悔用杞子之言也。

纂注：

叶氏曰，番番，如世称皤然。

王氏十朋曰，番番，与"申伯番番"同；仡仡，与"崇墉仡仡"同。

孔氏曰，旅力，众力。

张氏曰，众力，如目力、耳力、手足之力。既愆，已皆不能及人也。

陈氏大猷曰，旅、膂通，脊骨也。不违，中度，无失也。

王氏炎曰，巧言，变乱是非，君子仁而不佞，往往为其所夺，故易辞。

新安陈氏曰，穆公悔过不力，改过不勇，已可窥其微意于辞气之间。曰"尚猷"，曰"尚有之"，"尚不欲"。当谋急谋，当有急有，当不欲急不欲，何以"尚"焉。朱子训"过勿惮改"，谓有过当速改，不可畏难而苟安。三昧"尚"之一辞，优游缓慢，宜其悔用孟明而卒用之；悔不用蹇叔，而卒不用也。正如隐公欲传桓营菟裘，而曰吾将授之矣，吾将老焉。当授即授，当老即老，岂容有所谓"将"者乎？二公之遂非速祸，可于"尚"与"将"之辞觇之。

新安胡氏曰，下文昧昧我思之，诸家多有拨属此章者。

孔氏曰，以我前日昧昧思之不明故也，或曰我今已昧昧不复思之矣。

20.（元）朱祖义《尚书句解》卷十三《周书·誓第三十二》

番番良士（老成良善之士，番，波）。旅力既愆（虽筋力既衰，目力、耳力、手力、足力，皆无用矣），我尚有之（我庶几欲有此人而用之，方是理也）。

21.（明）王樵《尚书日记》卷十六《周书·秦誓》

"番番良士"至"我皇多有之"。

截截，马融云，辞语，截削省要也。谝言，巧言也。番番良士，谓老而贤也。旅力，虽愆，谋猷则壮。我庶几复有斯人乎？指蹇叔也。昔尝诋其墓木既拱，穆公盖自悔失斯言也。仡仡勇夫射御不有违失，犹所谓终日射侯，不出正弓，执辔如组，两骖如舞者。勇艺，虽可爱，我尚不欲。惟截截善谝言，能使君子变易其辞，说谓以强辞夺正理，而正论反不得伸也。如此之人，有其一足以覆人之邦家，我皇暇多有之乎？畏之之甚也。按，《春秋》僖公三十年，秦穆公与晋文公围郑，郑使烛之武（人名）说秦伯，窃与郑盟，使杞子、逢孙、杨孙（三人皆秦大夫）戍之而还。三十二年，杞子自郑使告于秦曰，郑人使我掌其北门之管，若潜师以来，国可得也。穆公访诸蹇叔，蹇叔曰不可。公辞焉，召孟明、西乞、白乙，使出师伐郑。三十三年，晋败秦师于殽。殽山险厄，晋之要道。礼，过人之国，必遣使假道。晋以秦不假道，故伐之，获其三帅，匹马只轮无反者。

文公二年，秦孟明，帅师伐晋，以报殽之役，晋侯御之，及秦师战于彭衙，秦师败绩。三年，秦伯伐晋，济河焚舟取，王官及郊（晋地），晋人不出（秦兴忿师为死寇，晋人不应，晋有谋也），遂自茅津济河，殽尸而还，秦誓当作于此时。番番良士，指蹇叔，时蹇叔已死，故追思之。"截截善谝言"，岂非杞子之流乎？孟明，百里奚之子，败殽见获，以文嬴之请，得归秦穆公，终用之，又为彭衙之师，济河之役，三师皆不得志，而士众之损亡，国内之虚敝，必极矣。势穷而反，始悔不用蹇叔之言。当时着从蹇叔，则无殽之败，无殽之败，则无报复之举，而秦何事哉？此《秦誓》之所以作也。《左氏》考之不详，徒见书中有悔过之说，遂谓殽之归，秦伯向师而哭，曰，孤违蹇叔，以辱二三子。使秦伯此时知此，则岂复用孟明兴二役哉？凡书序及孔氏之误，则因《左氏》之言也。夫霸者之事，不道于孔氏之门，而秦穆公又陋之甚者，始焉潜师为盗贼之行，后焉不创为遂非逞憾之举，封殽尸何救于只轮，不反之败哉。而《左氏》乃谓其遂霸西戎，用孟明也，又美其举人之周，与人之壹。此又《左氏》之陋也。

22. （清）库勒纳等撰《日讲书经解义》卷十三《周书·秦誓》

番番良士，旅力既愆，我尚有之。仡仡勇夫，射御不违，我尚不欲。惟截截善谝言，俾君子易辞，我皇多有之。

此一节书是，言改过迁善之实事也。番番，老貌；仡仡，勇貌。截截，辩给貌。谝，巧也。皇，与"遑"通。穆公曰，吾悔既往之失，欷询黄发，所以番番然衰老之良士，虽旅力方刚之时已违，然而计虑深长，可与谋国，我犹庶几得而用之。至仡仡然武勇之夫，虽其射御无有违失，然而智虑浅短，常足以偾事，我今庶几不欲用之。勇夫尚不可用，况截截然辩给之人，善为巧言，能摇夺君子之辞，而变易其是非，一惑其言，而听从之，其患有甚于用仡仡之勇夫者，我又何暇多用之哉。夫君子之辞，理每正；谝言之理，每屈。此易知也。然君子之辞，必难入；谝言必可喜，此难察也，惟君心无私，而一决之于理，则虽有巧言，而不足以夺君子之正论矣。

（元）陈师凯《书蔡氏传旁通》卷六下《周书·秦誓》

旅力既愆之良士，前日所诋墓木既拱者，我犹庶几得而有之。

秦师出东门之外，蹇叔哭之，曰《孟子》，吾见师之出，而不见其入也。公使谓之曰，尔何知，中寿，尔墓之木拱矣。古注云，旅力，众力也。张氏曰，众力，如目力，耳力，手足之力。既愆已，皆不能及人也。盖言，番番然，老貌者，其众力虽不能及人。前日谬以中寿诋之，今日思之，真良士也。蹇叔得不怨我，庶几尚为我有乎。

（明）袁仁《尚书砭蔡编》

番番良士，旅力既愆，我尚有之。仡仡勇夫，射御不违，我尚不欲。

良士，传以为蹇叔。以理度之，当指百里奚。勇夫，必指公子絷、子桑辈，盖自鲁僖公二年，晋灭下阳，百里奚始入秦。其后惟务息兵养民。至僖公二十八年，始有入滑之师，自此一战外，未尝用兵，他皆与晋共成尊王等事耳。此篇当作于其时，虽获晋君，足以见将勇兵强之效，而非其休养之初心也。故穆公深悔，而夫子取焉。邵尧夫，谓夫子知秦之继周，故录《秦誓》，小之乎窥圣人也。其思断断之臣数语，岂惟可以治秦国，虽治天下亦不过。此书以《秦誓》终，虽谓其不愧典谟可也。

（清）朱鹤龄《尚书埤传》卷十五《周书·秦誓》

番番、旅力、谝言。

叶梦得曰，番番，犹世称皤然。王十朋曰，番番，与《诗》"申伯番番"同。

旅力，孔传训"众力"。《诗》传"旅力方刚"，亦训"众"。夏氏曰，众力。如目力，耳力，手足力是也。朱子《诗传》云，旅与膂同。按，《说文》"膂"本作"吕"，脊骨也。《韵会》云，膂，通作旅。人之一身，以脊骨为主，故曰膂力，朱传得之。

黄震曰，蔡传谝言，谓杞子。盖殽之役，实杞子启之。然始祸，虽在杞子，成之者实在孟明。孟明违父误君，再败，秦师焚舟之役，终无寸功。自此秦晋连兵数十年不解，岂可以杞子始祸，薄孟明之罪哉。

仡仡勇夫，射御不违，我尚不欲

1.（汉）孔氏传、（唐）陆德明音义、孔颖达疏《尚书注疏》卷十九《周书·费誓》

仡仡勇夫，射御不违，我尚不欲。

传，仡仡壮勇之夫，虽射御不违，我庶几不欲用，自悔之至。

音义：

仡，许讫反，又鱼乞反，马本作讫。讫无所省录之貌，徐云，强状。射，神夜反。

疏：

正义曰，仡仡然壮勇之夫，虽射御不有违失，而智虑浅近，我庶几不欲用之。自悔往前用勇壮之计失也。

《尚书注疏》卷十九《考证》

仡仡勇夫。

蔡沈曰，良士谓蹇叔，勇夫谓三帅，谝言谓杞子也。

2.（宋）苏轼撰《书传》卷二十《周书·秦誓第三十二》

仡仡勇夫，射御不违，我尚不欲。

仡仡勇者，虽射御不违，我犹庶几疏而远之。

3.（宋）林之奇《尚书全解》卷四十《周书·秦誓》

（归善斋按，见"秦穆公伐郑"）

4.（宋）史浩《尚书讲义》卷二十《周书·秦誓》

（按，此篇讲义《永乐大典》原阙）

5. （宋）夏僎《尚书详解》卷二十六《周书·秦誓》

(归善斋按，见"公曰，嗟！我士听无哗")

6. （宋）时澜《增修东莱书说》卷三十五《周书·秦誓第三十二》

(归善斋按，见"番番良士，旅力既愆，我尚有之")

7. （宋）黄度《尚书说》卷七《周书·秦誓》

(归善斋按，见"番番良士，旅力既愆，我尚有之")

8. （宋）袁燮《絜斋家塾书钞》

(归善斋按，无此篇)

9. （宋）蔡沈《书经集传》卷六《周书·秦誓》

(归善斋按，见"番番良士，旅力既愆，我尚有之")

10. （宋）黄伦《尚书精义》卷五十《周书·秦誓》

(按，此篇经解《永乐大典》原缺)

11. （宋）陈经《尚书详解》卷五十《周书·秦誓》

(归善斋按，见"虽则云然，尚猷询兹黄发，则罔所愆")

12. （宋）钱时《融堂书解》卷二十《周书·秦誓》

(案，《秦誓》解《永乐大典》原阙)

13. （宋）魏了翁《尚书要义》卷二十《秦誓》

(归善斋按，未引)

14. （宋）陈大猷《书集传或问》卷上《秦誓》

（归善斋按，未解）

15. （宋）胡士行《尚书详解》卷十三《周书·秦誓第三十二》

（归善斋按，见"番番良士，旅力既愆，我尚有之"）

16. （元）吴澄《书纂言》卷四下《周书·秦誓》

（归善斋按，见"番番良士，旅力既愆，我尚有之"）

17. （元）陈栎《书集传纂疏》卷六《朱子订定蔡氏集传周书·秦誓》

（归善斋按，见"番番良士，旅力既愆，我尚有之"）

18. （元）许谦《读书丛说》卷六《周书·秦誓》

（归善斋按，未解）

19. （元）董鼎《书传辑录纂注》卷六《周书·秦誓》

（归善斋按，见"番番良士，旅力既愆，我尚有之"）

20. （元）朱祖义《尚书句解》卷十三《周书·誓第三十二》

仡仡勇夫，射御不违（至若武勇之夫，虽射弓御马，皆中法度而不违。仡，讫），我尚不欲（我庶几不欲此等人）。

21. （明）王樵《尚书日记》卷十六《周书·秦誓》

（归善斋按，见"番番良士，旅力既愆，我尚有之"）

22.（清）库勒纳等撰《日讲书经解义》卷十三《周书·秦誓》

（归善斋按，见"番番良士，旅力既愆，我尚有之"）

（元）陈师凯《书蔡氏传旁通》卷六下《周书·秦誓》

射御不违之勇夫，前日所夸过门超乘者，我庶几不欲用之。

秦师过周北门，左右免胄而下超乘者，三百乘。王孙满尚幼，观之言于王曰，秦师轻而无礼必败。此盖言，仡仡然勇敢之夫，善射善御而不违于法者，虽有超跃升车之力，然轻而无礼，不如旅力既愆者之善谋也。自今以往，自悔自艾，庶几我不以此为欲乎？

（明）袁仁《尚书砭蔡编》

（归善斋按，见"番番良士，旅力既愆，我尚有之"）

（清）张英《书经衷论》卷四《周书·秦誓》

仡仡勇夫，技能之士也。截截善谝言，巧佞之徒也。技能，且不欲，况巧佞乎？天下技能之士，于君德似无所损，不知人有技，则乐于自献其技；有能则恐人更掩其能，使非有道之士，则好功喜事之心，迫而为妒贤嫉能之意，从古材艺之士往往自祸其身，因以祸人家国者多有。盖由此二念为之祟也。故穆公疾之至与截截谝言之人等，而心思断断无技之人。乐正子，惟无强勇、智虑、闻识之名，而后能好善，《易》所谓"君子以虚受人"也。从古圣人有材艺者，周公、孔子。孔子曰，多能鄙事，君子多乎哉，不多也。其论周公亦曰，使骄且吝，其余不足观也已。盖多材之人，最易骄吝。骄者，骄人之所无，不以让于人也。吝者，吝己之所有，不以公诸人也。周公、孔子之多，能且不敢自用，况下此者乎？

惟截截善谝言，俾君子易辞，
我皇多有之！昧昧我思之

1.（汉）孔氏传、（唐）陆德明音义、孔颖达疏《尚书注疏》卷十九《周书·费誓》

惟截截善谝言，俾君子易辞，我皇多有之！昧昧我思之。

传，惟察察便巧，善为辩佞之言，使君子回心易辞，我前多有之，以我昧昧思之，不明故也。

音义：

截，才节反，马云，辞语，截，削，省要也。谝，音辨，徐敷连反，又甫浅反，马本作"偏"云少也。辞约损明，大辨佞之人。易，羊石反。昧，音妹。

疏：

正义曰，惟察察然便巧善为辩佞之言，能使君子回心易辞。我前大多有之。昧昧然我思之不明故也。

传正义曰，截截，犹察察，明辩便巧之善。谝，犹辩也，由其便巧善，为辩佞之言，使君子听之，回心易辞。皇，训"大"也。我前大多有之，谓杞子之等，及在国从己之人，以我昧昧而暗思之不明，故有此辈在我侧也。

2.（宋）苏轼撰《书传》卷二十《周书·秦誓第三十二》

惟截截善谝言，俾君子易辞，我皇多有之。

谝，巧也。皇，暇也。仡仡勇夫且不欲，而巧言令色，使君子变志易辞者，我何暇复多有之哉？

昧昧我思之，如有一介臣，断断猗无他技，其心休休焉，其如有容。人之有技，若己有之；人之彦圣，其心好之，不啻如自其口出，是能容之。以保我子孙黎民，亦职有利哉。

我昧旦而起则思之矣，曰安得是人哉，得是人而付之子孙黎民，我无恨矣。

3.（宋）林之奇《尚书全解》卷四十《周书·秦誓》

(归善斋按，见"秦穆公伐郑")

4.（宋）史浩《尚书讲义》卷二十《周书·秦誓》

(按，此篇讲义《永乐大典》原阙)

5.（宋）夏僎《尚书详解》卷二十六《周书·秦誓》

(归善斋按，另见"公曰，嗟！我士听无哗")

昧昧我思之，如有一介臣，断断猗无他伎，其心休休焉，其如有容，人之有技，若已有之；人之彦圣，其心好之，不啻如自其口出，是能容之，以保我子孙黎民，亦职有利哉。人之有技，冒疾以恶之；人之彦圣，而违之，俾不达，是不能容，以不能保我子孙黎民，亦曰殆哉。邦之杌陧，曰由一人；邦之荣怀亦尚一人之庆。

正义曰，既言贤佞行异，又言邦之安否，盖国家用贤，则荣；背贤，则危。穆公自誓，将改前过，而用贤人也。

6.（宋）时澜《增修东莱书说》卷三十五《周书·秦誓第三十二》

(归善斋按，另见"番番良士，旅力既愆，我尚有之")

昧昧我思之。如有一介臣，断断猗无他技，其心休休焉，其如有容。人之有技，若已有之；人之彦圣，其心好之，不啻如自其口出，是能容之，以保我子孙黎民，亦职有利哉。人之有技，冒疾以恶之；人之彦圣，而违之，俾不达，是不能容，以不能保我子孙黎民，亦曰殆哉。

昧昧之思，深潜笃至，非浮笃轻略，游意于肤革之间者也。惟潜心之笃，故见君子、小人之情状甚真，而言治乱之效甚决。小知者，大受之贼也。断断专悫而无他技，则贼之者寡矣。故其心广大易直，休休然其如有容，固心之本体也。所以迫隘忌克者，小知贼之也。曰其如有容者，莫测其限量，而难乎其形容也。论君子之乐善，终之以"不啻如自其口出"，好之笃也。论小人之忌善，终之以"俾不达"，恶之遂也。小人之于君子，不惟疾之、恶之、违之而已，必左右沮遏，千虑百图，非使君子不能自达，则其心终不厌恶之未遂，虽欲自已有所不能。思其反，则可知君子之于善矣。当穆公作誓之时，百里奚、蹇叔盖立于其朝，而犹曰如有一介臣，岂非善端初复，略见二帝三王之规模，思得大受之士以共此，而于二三臣者，意有所未足乎？呜呼！当是时，安得真儒大人，迎其善端而充之。

7.（宋）黄度《尚书说》卷七《周书·秦誓》

（归善斋按，见"番番良士，旅力既愆，我尚有之"）

8.（宋）袁燮《絜斋家塾书钞》

（归善斋按，无此篇）

9.（宋）蔡沈《书经集传》卷六《周书·秦誓》

（归善斋按，见"番番良士，旅力既愆，我尚有之"，另见后文"如有一介臣，断断猗无他技，其心休休焉，其如有容"）

10.（宋）黄伦《尚书精义》卷五十《周书·秦誓》

（按，此篇经解《永乐大典》原缺）

11.（宋）陈经《尚书详解》卷五十《周书·秦誓》

（归善斋按，另见"虽则云然，尚猷询兹黄发，则罔所愆"）

昧昧我思之。如有一介臣，断断猗无他技，其心休休焉，其如有容。人之有技，若己有之；人之彦圣，其心好之，不啻如自其口出，是能容之，以能保我子孙黎民，亦职有利哉。人之有技，冒疾以恶之；人之彦圣，而违之，俾不达，是不能容，以不能保我子孙黎民，亦曰殆哉。

"昧昧"，有深沈之意，惟深沈者，为能有所思。"如有一介臣"，谓介然有守者也。断断，有确然不拔之意。断断守善，不惟他技之务。"其心休休"然，谓绰有余裕自得也。其如有容，无以累其心，则其心广大。惟己有技能者，斯忌他人之技也，不以技能自居，则其心自然休休宽大，既无骄心，又无忌心，安得不休休。其如有容，形容之有不可得。苟以为有容，则终有限量，惟形容之不可得，则其所容者，无限量，惟是有此等人，所以能容。人之善。人有技，若出于己，不忌其能。人之有美德，至于大而化之之谓圣。其心好此。人之善心之所好，有过于口之所言，盖称扬荐达者有限，而心好慕者无己也。天下之善一也，何拘于在人与在己。人之技。人之彦圣，若出于己然，此是见义理，而不见人与己之分也，是能容之。苟好善至于如己有之，则能容人之善，以保我子孙黎民，随其所职，而有所利，是何好善之功，遂至于此？盖我不以智自处，则天下智者，为我用；我不以才自处，则天下之才者，为我用。《孟子》曰"夫苟好善，则四海内，轻千里而来，告之以善"。天下患无此等人耳。天下而有此等人，则天下之贤，皆乐为之用，此岂非能保其子孙黎民哉。乃若不然，则人之有技，反冒疾而恶之，惟恐他人之才名出己之右；人之彦圣，则多方沮抑之，违之，俾不得以上达。妒贤嫉能如此，安能容人天下之士，皆将保身避患而去，谁与保子孙黎民哉？子孙黎民，不克保，其危甚矣。自，古国之兴亡，不外此二者。齐有鲍叔，则有管仲；郑有子皮，则有子产；唐有房杜，则有王魏、英卫。不然以李林甫、卢杞居其上，则虽有张龄、陆贽百辈，安能用之哉？穆公所言，皆暗与古人合。惟其悔过后，善心油然，胸中明白，无有以蔽之。在圣贤门户中，自然识得圣贤门户中事耳。《孟子》曰，人恒过，然后能改；困心衡虑，而后作；征于色，发于声，而后喻。孙叔敖、管夷吾之贤，以动心忍性者得之，而孤臣孽子所以达者，皆其操心之危，虑患之深也。大抵人之资质不同，其上焉者，生知固不待摧挫。中人以下，不因摧挫困辱，则无日新之益。由此以观，则患难之来，逆意之境，皆学者进德之门户，未易以此，而遂沮丧其志也。物之生也，不在于大夏长养之际，而在于穷冬闭塞之时，明乎？此则足以知秦穆矣。

12.（宋）钱时《融堂书解》卷二十《周书·秦誓》

（案，《秦誓》解《永乐大典》原阙）

13.（宋）魏了翁《尚书要义》卷二十《秦誓》

（归善斋按，未引）

14.（宋）陈大猷《书集传或问》卷上《秦誓》

（归善斋按，未解）

15.（宋）胡士行《尚书详解》卷十三《周书·秦誓第三十二》

（归善斋按，见"番番良士，旅力既愆，我尚有之"）

16.（元）吴澄《书纂言》卷四下《周书·秦誓》

（归善斋按，见"番番良士，旅力既愆，我尚有之"）

17.（元）陈栎《书集传纂疏》卷六《朱子订定蔡氏集传周书·秦誓》

（归善斋按，见"番番良士，旅力既愆，我尚有之"，另见后文"如有一介臣，断断猗无他技，其心休休焉，其如有容"）

18.（元）许谦《读书丛说》卷六《周书·秦誓》

（归善斋按，未解）

19.（元）董鼎《书传辑录纂注》卷六《周书·秦誓》

（归善斋按，见"番番良士，旅力既愆，我尚有之"，另见后文"如有一介臣，断断猗无他技，其心休休焉，其如有容"）

20.（元）朱祖义《尚书句解》卷十三《周书·誓第三十二》

惟截截善谝言（其有察察然，徒恃小惠，又善为巧说之辞，谝，骈），俾君子易辞（使君子为之眩惑迁心，改虑变易己之辞，以从其言），我皇多有之（此等人我何暇多有之）。昧昧我思之（我今日因败衄之后，昧昧然，专一其志，虑思其所以成败之说）。

21.（明）王樵《尚书日记》卷十六《周书·秦誓》

（归善斋按，见"番番良士，旅力既愆，我尚有之"，另见后文"如有一介臣，断断猗无他技，其心休休焉，其如有容"）

22.（清）库勒纳等撰《日讲书经解义》卷十三《周书·秦誓》

（归善斋按，见"番番良士，旅力既愆，我尚有之"，另见后文"如有一介臣，断断猗无他技，其心休休焉，其如有容"）

（元）陈师凯《书蔡氏传旁通》卷六下《周书·秦誓》

勇夫，我尚不欲，则辩给善巧言能使君子变易其辞说者，我遑暇多有之哉。

此盖深悔为杞子之言所惑，而失不用蹇叔之言也。故杞子奔齐，而不敢复。此三节，虽皆悔过之辞，然曰，我尚有之，我尚不欲。"尚"之辞，缓辞也，非决辞也。故卒用孟明，而不见终谋于蹇叔。彭衙再败，而犹未已焉，是盖知悔而不知改者也。

（清）朱鹤龄《尚书埤传》卷十五《周书·秦誓》

（归善斋按，见"番番良士，旅力既愆，我尚有之"）

（清）张英《书经衷论》卷四《周书·秦誓》

（归善斋按，另见"仡仡勇夫，射御不违，我尚不欲"）

截截谝言之人，何以遂使君子易辞，尝见巧言乱德之人，变易是非，混淆邪正，每能使君子丧其所守，而于人君之前尤甚，盖小人之言巧，君子之言拙。巧者工于承顺，而拙者易于违逆。君子往往有心知其非，而不能明言其罪者，所谓使君子易辞也。巧言之祸至斯而极矣。人君之职，莫大于择相。宰相之事，莫大于容贤，国家之所以兴，曰一君一相而已。国家之所以败，亦曰一君一相而已。秦穆公之言，实万世择相之龟鉴。故《大学》特引之。李林甫但欲杜边将入相之路，遂启禄山之祸，盖保荣，则不得不固宠；固宠，则不得不蔽贤。此奸邪无论矣。又有一种好任己见之人，乐于人之从己，而惮于人之违己，如寇莱公，始非不知丁谓之奸，及共事而谓，窥莱公之病，喜于自用，遂一意顺从，毫无所忤，故莱公荐引为相，及得志，而卒排莱公。始虽有知人之明，卒陷于小人之术，此不能休休有容之失也。开元天宝之治乱，以一君之身，而判然天壤者，只在相之忠与不忠耳。故曰"邦之杌陧"，"由一人"，"邦之荣怀，亦尚一人之庆"。为人上者，安可不三复斯言哉？

如有一介臣，断断猗无他伎，其心休休焉，其如有容

1.（汉）孔氏传、（唐）陆德明音义、孔颖达疏《尚书注疏》卷十九《周书·费誓》

如有一介臣，断断猗无他伎，其心休休焉，其如有容。

传，如有束修一介臣，断断猗然，专一之臣，虽无他伎艺，其心休休焉乐善，其如是，则能有所容，言将任之。

音义：

介，音界，马本作介，云一介耿介一心端悫者字又作个音工佐反。断，丁乱反，又音短。猗，于绮反，又于宜反。伎，其绮反，本亦作技，他本亦作它，吐何反。乐，音洛。

疏：

正义曰，如有一心耿介之臣，断断守善，猗然独无他伎艺，而其心乐善，休休焉其如是，则能有所含容。如此者，我将任用之。悔前用巧佞之人，今将任宽容善士也。

传正义曰，孔注《论语》以束修为束带修饰，此亦当然。一介，谓一心耿介，断断守善之貌。休休好善之意，如有束带修饰，一心耿介，断

断然守善，猗然专一之臣，虽复无他伎艺，休休焉好乐善道，其心行如是，则能有所含容，言得此人将任用之。猗者，足句之辞，不为义也。《礼记·大学》引此作"断断兮猗"，是兮之类。《诗》云"河水清且涟猗"是也。王肃云，一介，耿介一心，端悫断断守善之貌，无他技能，徒守善而已。休休好善之貌，其如是，人能有所容，忍小过，宽则得众。穆公疾技巧多端，故思断断无他技者。

《尚书注疏》卷十九《考证》

如有一介臣。

苏轼曰，至哉，穆公之论。此二人也，前一人似房玄龄，后一人似李林甫，后之人主，监此足矣。

2. （宋）苏轼撰《书传》卷二十《周书·秦誓第三十二》

（归善斋按，见"惟截截善谝言，俾君子易辞，我皇多有之"）

3. （宋）林之奇《尚书全解》卷四十《周书·秦誓》

（归善斋按，见"秦穆公伐郑"）

4. （宋）史浩《尚书讲义》卷二十《周书·秦誓》

（按，此篇讲义《永乐大典》原阙）

5. （宋）夏僎《尚书详解》卷二十六《周书·秦誓》

（归善斋按，见"惟截截善谝言，俾君子易辞，我皇多有之！昧昧我思之"）

6. （宋）时澜《增修东莱书说》卷三十五《周书·秦誓第三十二》

（归善斋按，见"惟截截善谝言，俾君子易辞，我皇多有之！昧昧我思之"）

7.（宋）黄度《尚书说》卷七《周书·秦誓》

如有一介臣，断断猗无他技，其心休休焉，其如有容。人之有技，若己有之；人之彦圣；其心好之，不啻如自其口出，是能容之，以保我子孙黎民，亦职有利哉。人之有技，冒疾以恶之；人之彦圣，而违之，俾不达，是不能容，以不能保我子孙黎民，亦曰殆哉。

一介，微也。断断，专一之意。猗，叹辞。《颂》猗欤那欤。休休，乐易之意。职，主也。冒、娼，同。此为子桑言也。子桑举孟明，而孟明败，穆公惩悔如此。子桑其能安乎？故终篇称道人臣，必当好善有容，乃可保我子孙而黎民亦主有利。娼嫉违圣，使不达，为不能容，不能保子孙黎民，亦危殆。其言明达宽大如此，则凡荐贤举士者，皆得展布不自沮矣。穆公好贤之名，闻天下，由余举于戎狄，百里奚举于奔亡，皆天下奇士，翕然归之。其度量诚绝人。崤败，益自警，量己恕人，为进德之机，岂不盛矣。

8.（宋）袁燮《絜斋家塾书钞》

（归善斋按，无此篇）

9.（宋）蔡沈《书经集传》卷六《周书·秦誓》

昧昧我思之，如有一介臣，断断猗无他技，其心休休焉，其如有容。人之有技，若己有之；人之彦圣，其心好之，不啻如自其口出，是能容之，以保我子孙黎民，亦职有利哉。

断，都玩反。昧昧而思者，深潜而静思也。介，独也，《大学》作"个"。断断，诚一之貌。猗，语辞，《大学》作"兮"。休休，易直好善之意。容，有所受也。彦，美士也。圣，通明也。技，才；圣，德也。心之所好，甚于口之所言也。职，主也。

10.（宋）黄伦《尚书精义》卷五十《周书·秦誓》

（按，此篇经解《永乐大典》原缺）

11.（宋）陈经《尚书详解》卷五十《周书·秦誓》

（归善斋按，见"惟截截善谝言，俾君子易辞，我皇多有之！昧昧我思之"）

12.（宋）钱时《融堂书解》卷二十《周书·秦誓》

（案，《秦誓》解《永乐大典》原阙）

13.（宋）魏了翁《尚书要义》卷二十《秦誓》

（归善斋按，未引）

14.（宋）陈大猷《书集传或问》卷上《秦誓》

（归善斋按，未解）

15.（宋）胡士行《尚书详解》卷十三《周书·秦誓第三十二》

（归善斋按，见"番番良士，旅力既愆，我尚有之"）

16.（元）吴澄《书纂言》卷四下《周书·秦誓》

如有一介臣，断断猗无他技，其心休休焉，其如有容。人之有技，若己有之；人之彦圣，其心好之，不啻如自其口出，是能容之，以保我子孙黎民，亦职有利哉。人之有技，冒疾以恶之；人之彦圣而违之，俾不达，是不能容，以不能保我子孙黎民，亦曰殆哉。

介，犹"个"也。断断，诚一之貌。猗，语辞。休休，易直好善之意。容，有受也。技，有才者；彦圣，有德者。彦，美士也。圣，通明也。不啻，谓心之所好，甚于口之所言也。子孙黎民，言子孙所有之黎民。职，主也。冒，忌也。违，背也。俾不达，谓在下困穷，不使之达也。殆，危也。穆公前既悔用人听言之非矣，故又及此言能容之人，进贤利国；不能容之人，妨贤病国。

17.（元）陈栎《书集传纂疏》卷六《朱子订定蔡氏集传周书·秦誓》

昧昧我思之，如有一介臣，断断猗无他技，其心休休焉，其如有容。人之有技，若己有之；人之彦圣，其心好之，不啻如自其口出，是能容之，以保我子孙黎民，亦职有利哉。

昧昧而思者，深潜而静思也。介，独也，《大学》作"个"。断断，诚一之貌。猗，语辞，《大学》作"兮"。休休，易直好善之意。容，有所受也。彦，美士也。圣，通明也。技，才；圣，德也。心之所好，甚于口之所言也。职，主也。

纂疏：

陈氏大猷曰，惟无技，能容人之技，其无技而休休有容，所谓不可小知，而可大受也。曰"其如有容"，莫测其限量，而难乎形容也。心之好，不啻如口之称。口之称美有限，心之好慕无穷，此其好有德之真切，又甚于视有才者之若已有矣，是真实能容，非勉强也。好善之利，泽流无穷，亦职有利，即《孟子》"好善优于天下，况鲁国乎"之意。

18.（元）许谦《读书丛说》卷六《周书·秦誓》

（归善斋按，未解）

19.（元）董鼎《书传辑录纂注》卷六《周书·秦誓》

昧昧我思之，如有一介臣，断断猗无他技，其心休休焉，其如有容。人之有技，若己有之；人之彦圣，其心好之，不啻如自其口出，是能容之，以保我子孙黎民，亦职有利哉。

昧昧而思者，深潜而静思也。介，独也，《大学》作"个"。断断，诚一之貌。猗，语辞，《大学》作"兮"。休休，易直好善之意。容，有所受也。彦，美士也。圣，通明也。技，才；圣，德也。心之所好，甚于口之所言也。职，主也。

纂注：

陈氏大猷曰，惟无技，能容人之技，其无技而休休有容，所谓不可小

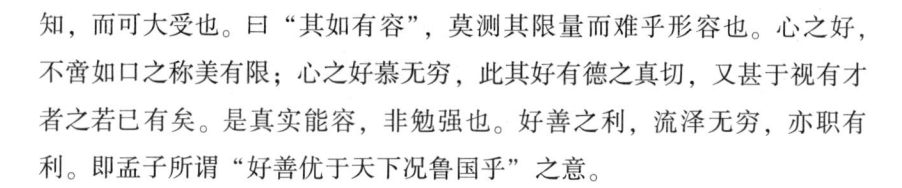

知，而可大受也。曰"其如有容"，莫测其限量而难乎形容也。心之好，不啻如口之称美有限；心之好慕无穷，此其好有德之真切，又甚于视有才者之若已有矣。是真实能容，非勉强也。好善之利，流泽无穷，亦职有利。即孟子所谓"好善优于天下况鲁国乎"之意。

20.（元）朱祖义《尚书句解》卷十三《周书·誓第三十二》

如有一介臣（如有一介然有守之臣），断断猗无他技（观其外，则断断然守善，确乎不拔，虽无他技能。猗，助语也），其心休休焉，其如有容（究其中，则休休自得，无一毫妒贤害能之意，其如能有所含容停蓄。曰其，如谓，其中恢洪，不可以定名也）。

21.（明）王樵《尚书日记》卷十六《周书·秦誓》

"昧昧我思之"至"亦曰殆哉"。

此是穆公说出本意，言己尚有良士，而不遑多有谗言之流者，何哉？盖用一好贤之君子，则国蒙其利，此我所以尚有之也；用一冒疾之小人，则国受其殆，此我所以不遑多有之也。

"昧昧我思"，此穆公经历多，故思虑深长，而见得国家须得如是之人也。如有者，设为人有如此也。一介者，独立无朋也。断断，诚一之貌。他伎，如"射御不违"，"截截善辩"，凡诸材艺，皆是诚一之人，虽无此，而其心休休焉，有如下文所言，此良相之量，善类之所以聚，国家之福也。穆公慨想形容，殊有意味。

断断无他伎，休休如有容，此本其平日乐易之气象也。"其如"者，未可测识之辞也。伎若己有，圣若己出，此状其一时乐善之诚心也，实能者果然不谬之辞也。

人之有伎而不忌疾之，人之彦圣而不排抑之，已可谓难矣。今于人之有材者，不惟不忌疾，而视若己有，言无人、我长短之形也。于美士而通明者，不惟口称道之，而心之好之，有甚于口之所言，是其胸中实能容纳得许多材贤去也。"容"字要如此看。世自有一种为人长厚，而不妒忌者，实能容之，则不妒忌，有不足以言之矣。

上曰"其如"以起下，下曰"是能"以应上，所以形容好贤之心，至为曲尽，此岂寻常诚一无他伎之人，所可语哉。先正谓，惟无他伎之人，为能容人之伎，其言亦有味也。

用休休之人，则容贤利国，此因番番良士，我尚有之之意，而进言之也。

"以保我子孙黎民"，是一句，蔡虚斋，欲于"子孙"句断，未是。

胡端敏公曰，子孙黎民之保，非大臣一身之力能然也。由其尊德好士，推贤让能使天下善类皆在朝廷，辅行善政，子孙世守不变，所以能如此也。子孙黎民之殆，亦非一人能致也，由此人妒贤嫉能，阻绝善类，不使得用其所，引用皆其同类之人，互相蒙蔽君上，颠倒曲直，正人被排远去，无敢指言其过，以是任意肆志，蠹政害民，传至子孙之手，仍是其引用之人，盘据不去，虽有二三正人得入朝，又为所沮毁不容。人君亦自难辩，被其把持，不能主张。以此子孙黎民之祸，有不可胜言者矣。

大凡有材无量者，必欲自用而不能容人之材。

凡人以材自结于君，则惟恐他人形己之短，妨己之进，此媢嫉之所以生也。

22.（清）库勒纳等撰《日讲书经解义》卷十三《周书·秦誓》

昧昧我思之。如有一介臣，断断猗无他技，其心休休焉，其如有容。人之有技，若己有之；人之彦圣，其心好之，不啻如自其口出，是能容之，以保我子孙黎民，亦职有利哉。

此一节书是，言良士之有利于国家，以明欲得良士之意也。昧昧，犹"默默"也。介，独也。断断，诚一之貌。技，才能也。休休，平易宽洪之意。彦，俊美也。圣，通明也。不啻，犹言"不但"。职，解作"主"。穆公曰，我尝默默深思国家之安危，全在大臣之得人与否。如有一介然独立之臣，断断然诚实专一，无他技能，其心则易直宽广，休休然如大器之能容，盖其人全不以一己之能为能，而惟以天下之善为善，见人之有才技者，爱惜之，若己之所有。在人之能，无异于在己之能也。见人之美善通明者，其中心喜悦，不但如其口中之所揄扬而已，在心之好，有甚于在口之好也。此是实能容受天下之贤才，非有强勉矫饰之意，诚得此臣而用之，必能广致群贤，共图政理，岂惟国家一时是赖，亦以保我子孙黎民，永享治安之福。是此一介臣者，亦大有利于国哉。吾之所以欲得番番之良士者，此也。此节书，大学引之，以明相臣之体。盖有技，非大臣之事，惟在容受众长，使各効之国家，且即可储才，为后世子孙之用，是无穷之利也。故大臣之职，在进贤；人君之责，在命相。

人之有技，若己有之；人之彦圣，其心好之，不啻若自其口出，是能容之

1. （汉）孔氏传、（唐）陆德明音义、孔颖达疏《尚书注疏》卷十九《周书·费誓》

人之有技，若己有之；人之彦圣，其心好之，不啻如自其口出，是能容之。

传，人之有技，若己有之，乐善之至也。人之美圣，其心好之，不啻如自其口出，心好之至也。是人必能容之。

音义：

好，呼报反。啻，始豉反。

疏：

正义曰，此说大贤之行也。大贤之人，见人之有技，如似己自有之；见人之有美善通圣者，其心爱好之，不啻如自其口出，爱彼美圣，口必称扬而荐达之。其心爱之，又甚于口言，其爱之至也。是人于民，必能含容之。

2. （宋）苏轼撰《书传》卷二十《周书·秦誓第三十二》

（归善斋按，见"惟截截善谝言，俾君子易辞，我皇多有之！昧昧我思之"）

393

3.（宋）林之奇《尚书全解》卷四十《周书·秦誓》

（归善斋按，见"秦穆公伐郑"）

4.（宋）史浩《尚书讲义》卷二十《周书·秦誓》

（按，此篇讲义《永乐大典》原阙）

5.（宋）夏僎《尚书详解》卷二十六《周书·秦誓》

（归善斋按，见"惟截截善谝言，俾君子易辞，我皇多有之！昧昧我思之"）

6.（宋）时澜《增修东莱书说》卷三十五《周书·秦誓第三十二》

（归善斋按，见"惟截截善谝言，俾君子易辞，我皇多有之！昧昧我思之"）

7.（宋）黄度《尚书说》卷七《周书·秦誓》

（归善斋按，见"如有一介臣，断断猗无他技，其心休休焉，其如有容"）

8.（宋）袁燮《絜斋家塾书钞》

（归善斋按，无此篇）

9.（宋）蔡沈《书经集传》卷六《周书·秦誓》

（归善斋按，见"惟截截善谝言，俾君子易辞，我皇多有之！昧昧我思之"）

10.（宋）黄伦《尚书精义》卷五十《周书·秦誓》

（按，此篇经解《永乐大典》原缺）

11.（宋）陈经《尚书详解》卷五十《周书·秦誓》

（归善斋按，见"惟截截善谝言，俾君子易辞，我皇多有之！昧昧我思之"）

12.（宋）钱时《融堂书解》卷二十《周书·秦誓》

（案，《秦誓》解《永乐大典》原阙）

13.（宋）魏了翁《尚书要义》卷二十《秦誓》

（归善斋按，未引）

14.（宋）陈大猷《书集传或问》卷上《秦誓》

（归善斋按，未解）

15.（宋）胡士行《尚书详解》卷十三《周书·秦誓第三十二》

（归善斋按，见"番番良士，旅力既愆，我尚有之"）

16.（元）吴澄《书纂言》卷四下《周书·秦誓》

（归善斋按，见"如有一介臣，断断猗无他技，其心休休焉，其如有容"）

17.（元）陈栎《书集传纂疏》卷六《朱子订定蔡氏集传周书·秦誓》

（归善斋按，见"如有一介臣，断断猗无他技，其心休休焉，其如有容"）

18.（元）许谦《读书丛说》卷六《周书·秦誓》

（归善斋按，未解）

19.（元）董鼎《书传辑录纂注》卷六《周书·秦誓》

（归善斋按，见"如有一介臣，断断猗无他技，其心休休焉，其如有容"）

20.（元）朱祖义《尚书句解》卷十三《周书·誓第三十二》

人之有技（其见人之有技能也），若己有之（如己之有此技能）；人之彦圣（人有美德，至于大而化之之谓圣），其心好之（其心好此人之善），不啻如自其口出（不止如口之所言，盖口之称扬者有限，而心之好慕者无穷。啻，耻），是能容之（是能容人之善者也）。

21.（明）王樵《尚书日记》卷十六《周书·秦誓》

（归善斋按，见"如有一介臣，断断猗无他技，其心休休焉，其如有容"）

22.（清）库勒纳等撰《日讲书经解义》卷十三《周书·秦誓》

（归善斋按，见"如有一介臣，断断猗无他技，其心休休焉，其如有容"）

（清）王夫之《尚书稗疏》卷四下《周书·秦誓》

《秦誓》。

不啻若自其口出。

《尚书》文义多难解了然，或错综成文，而有字，则必有义，独此一语，绎之，殊不易顺畅。如谓不但见之于言，则当云不啻自其口出，而何以云"若"。如谓不但如其口之所言者，则当云不啻自其口出，而以云自今。既云"若"，"若"而又言"自"，又言"其"，则传注所云，甚于口之所言，皆粗疏成解，而于经文不合。《大学章句》及诸家小注，俱未清析绎文思义。上言其心，其者，指一介臣而言也。此云其口，其者，指彦圣而言也。谓一介臣之好，此彦圣有以深信而夸美之，不但如彼彦圣者之自道其长也。盖人之知人，恒不如其自知，而所藏之美，所通明之理，唯自有之，则言之皆真，不啻若从其人之自道，则所谓唯公知我，胜我自知者也。或疑苟为通明之美士，则方且耻躬不逮，而何至自衒，乃此所谓彦圣者，亦秦之彦圣耳。秦人夸大而好自誉。今观《小戎》《终南》《无衣》等诗，其踔厉自雄，曾无逊让之意，居然可见其流风达于上下，则有吕不韦著书，而悬千金以夸，其一字之不能易。始皇勒石自颂，谓古帝王皆莫己若。沿至后世，如东方朔之自称曰，可以为天子大臣。而袁盎、朱云、班超、梁鸿、陈遵、马援、杨震、杨修、李靖、严武、李泌、杜牧、寇准之流，皆自许高达，而无推让不遑之事，则心有其美，必自口出。秦之彦圣，如是而已，而又何疑哉？

（元）王充耘《书义矜式》卷六《周书·秦誓》

人之有技，若己有之；人之彦圣，其心好之，不啻如自其口出，是能容之。以保我子孙黎民，亦职有利哉。

大臣好善之心，诚而无伪，则国家之福，远而无穷。盖得贤固所以为邦家之基，况乎有诚于好善之人，其能基国家之福也必矣。宜古之贤侯所深思，是人而用之，以为人有才技，乃能好之而若出诸己；人之彦圣，复心好之，甚于所言，斯可谓能好人之善，而非出于勉强容受者矣。诚如是，则吾之子孙，吾之黎民，莫不有以蒙其休，而被其泽，其为利也，岂浅浅哉？好善之效如此（云云），大臣之一身，国家之安危所系，万民之休戚所寄，其所付托固重也。所贵乎为大臣者，不在于用一己之长，而贵乎有以来天下之善，好善优于天下，而况于一国乎？固可以建无穷之基，可以受无穷之庆矣。然则，子孙基业，不患其不固，民生不患其不安。所患者，不得其好善之大臣耳。于此有人焉，人之有技，技者，人之能也。在他人，则媢疾之不暇，而其好之，乃若己有，而无人、己之分。彦圣者，人之德也，在他人则违之，俾不通矣，而其心好之，乃有甚于口之所称，初无彼此之间，是人也，真可谓休休乐善之人，而非浅中狭量者比。今谓之能容，信乎。其能容也，夫如是，吾见名一艺者，无不容，而智者皆得以效。其谋占小善者，率以录，而勇者皆得以效。其力上而朝廷，无一事之不止其所，下而黎庶无一人之不遂其生，亦职有利，信乎其有利而无害也。穆公思贤若此，其诸异乎人之求贤也欤。抑是言也，吾闻之矣，又尝见其人焉。旁招俊乂，列于庶位，此傅说无欲而进贤也，故殷之流风善政，至于易世而不衰；握发吐哺，以见贤士，此周公无欲而进贤也，故周之泰和盛治，迨于东迁而不泯。穆公悔用新进，而思老成，故拳拳及此，思得是人而用之。惜乎其志之不遂也，不然擅秦之强，得一士焉，可以为政于天下矣，岂区区西戎之霸而已哉。君子曰，知之非艰，行之惟艰，信乎。

以保我子孙黎民，亦职有利哉

1.（汉）孔氏传、（唐）陆德明音义、孔颖达疏《尚书注疏》卷十九《周书·费誓》

以保我子孙黎民，亦职有利哉。

传，用此好技圣之人，安我子孙众人，亦主有利哉，言能兴国。

疏：

正义曰，用此爱好技圣之人，安我子孙众民，则我子孙众民，亦主有利益哉，言其能兴邦也。

2.（宋）苏轼撰《书传》卷二十《周书·秦誓第三十二》

（归善斋按，见"惟截截善谝言，俾君子易辞，我皇多有之！昧昧我思之"）

3.（宋）林之奇《尚书全解》卷四十《周书·秦誓》

（归善斋按，见"秦穆公伐郑"）

4.（宋）史浩《尚书讲义》卷二十《周书·秦誓》

（按，此篇讲义《永乐大典》原阙）

5.（宋）夏僎《尚书详解》卷二十六《周书·秦誓》

（归善斋按，见"惟截截善谝言，俾君子易辞，我皇多有之！昧昧我思之"）

6.（宋）时澜《增修东莱书说》卷三十五《周书·秦誓第三十二》

（归善斋按，见"惟截截善谝言，俾君子易辞，我皇多有之！昧昧我思之"）

7.（宋）黄度《尚书说》卷七《周书·秦誓》

（归善斋按，见"如有一介臣，断断猗无他技，其心休休焉，其如有容"）

8.（宋）袁燮《絜斋家塾书钞》

（归善斋按，无此篇）

9.（宋）蔡沈《书经集传》卷六《周书·秦誓》

（归善斋按，见"惟截截善谝言，俾君子易辞，我皇多有之！昧昧我思之"）

10.（宋）黄伦《尚书精义》卷五十《周书·秦誓》

（按，此篇经解《永乐大典》原缺）

11.（宋）陈经《尚书详解》卷五十《周书·秦誓》

（归善斋按，见"惟截截善谝言，俾君子易辞，我皇多有之！昧昧我思之"）

12.（宋）钱时《融堂书解》卷二十《周书·秦誓》

（案，《秦誓》解《永乐大典》原阙）

13.（宋）魏了翁《尚书要义》卷二十《秦誓》

（归善斋按，未引）

14.（宋）陈大猷《书集传或问》卷上《秦誓》

（归善斋按，未解）

15.（宋）胡士行《尚书详解》卷十三《周书·秦誓第三十二》

（归善斋按，见"番番良士，旅力既愆，我尚有之"）

16.（元）吴澄《书纂言》卷四下《周书·秦誓》

（归善斋按，见"如有一介臣，断断猗无他技，其心休休焉，其如有容"）

17.（元）陈栎《书集传纂疏》卷六《朱子订定蔡氏集传周书·秦誓》

（归善斋按，见"如有一介臣，断断猗无他技，其心休休焉，其如有容"）

18.（元）许谦《读书丛说》卷六《周书·秦誓》

（归善斋按，未解）

19.（元）董鼎《书传辑录纂注》卷六《周书·秦誓》

（归善斋按，见"如有一介臣，断断猗无他技，其心休休焉，其如有容"）

20.（元）朱祖义《尚书句解》卷十三《周书·誓第三十二》

以保我子孙（用此人于朝廷，则安国家，定社稷，绵大业于无穷，

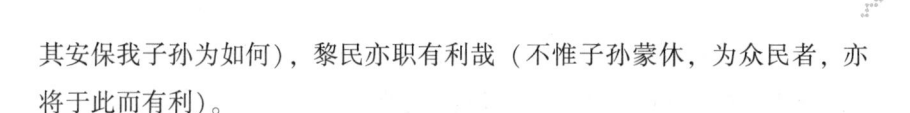

其安保我子孙为如何），黎民亦职有利哉（不惟子孙蒙休，为众民者，亦将于此而有利）。

21.（明）王樵《尚书日记》卷十六《周书·秦誓》

（归善斋按，见"如有一介臣，断断猗无他技，其心休休焉，其如有容"）

22.（清）库勒纳等撰《日讲书经解义》卷十三《周书·秦誓》

（归善斋按，见"如有一介臣，断断猗无他技，其心休休焉，其如有容"）

（元）王充耘《书义矜式》卷六《周书·秦誓》

（归善斋按，见"人之有技，若己有之；人之彦圣，其心好之，不啻如自其口出，是能容之"）

人之有技，冒疾以恶之；
人之彦圣，而违之，俾不达

1.（汉）孔氏传、（唐）陆德明音义、孔颖达疏《尚书注疏》卷十九《周书·费誓》

人之有技，冒疾以恶之；人之彦圣，而违之，俾不达。

传，见人之有技艺，蔽冒疾害以恶之；人之美圣而违背壅塞之，使不得上通。

音义：

冒，莫报反，注同。恶，乌路反。背，音佩。壅，于勇反。塞，先得反。

疏：

正义曰，此说大佞之行也。大佞之人，见人之有技，蔽冒疾害以恶之；见人之有美善通圣者，而违背壅塞之使不达于在上。

传正义曰，传以冒为覆冒之冒，谓蔽障掩盖之也。疾谓疾恶之谓，憎疾患害之也。见人之美善通圣而违背之，不从其言壅塞之，使不得上通，皆是佞人害贤之行也。

2. （宋）苏轼撰《书传》卷二十《周书·秦誓第三十二》

人之有技，冒疾以恶之；人之彦圣，而违之，俾不达，是不能容，以不能保我子孙黎民，亦曰殆哉。

至哉，穆公之论。此二人也，前一人似房玄龄，后一人似李林甫。后之人主，鉴此足矣

3. （宋）林之奇《尚书全解》卷四十《周书·秦誓》

（归善斋按，见"秦穆公伐郑"）

4. （宋）史浩《尚书讲义》卷二十《周书·秦誓》

（按，此篇讲义《永乐大典》原缺）

5. （宋）夏僎《尚书详解》卷二十六《周书·秦誓》

（归善斋按，见"惟截截善谝言，俾君子易辞，我皇多有之！昧昧我思之"）

6. （宋）时澜《增修东莱书说》卷三十五《周书·秦誓第三十二》

（归善斋按，见"惟截截善谝言，俾君子易辞，我皇多有之！昧昧我思之"）

7. （宋）黄度《尚书说》卷七《周书·秦誓》

（归善斋按，见"如有一介臣，断断猗无他技，其心休休焉，其如有容"）

8.（宋）袁燮《絜斋家塾书钞》

（归善斋按，无此篇）

9.（宋）蔡沈《书经集传》卷六《周书·秦誓》

人之有技，冒疾以恶之；人之彦圣而违之，俾不达，是不能容，以不能保我子孙黎民，亦曰殆哉。

冒，《大学》作"媢"忌也。违，背违之也。达，"穷达"之"达"。殆，危也。苏氏曰，至哉，穆公之论。此二人也，前一人似房玄龄，后一人似李林甫。后之人主，监此足矣。

10.（宋）黄伦《尚书精义》卷五十《周书·秦誓》

（按，此篇经解《永乐大典》原缺）

11.（宋）陈经《尚书详解》卷五十《周书·秦誓》

（归善斋按，见"惟截截善谝言，俾君子易辞，我皇多有之！昧昧我思之"）

12.（宋）钱时《融堂书解》卷二十《周书·秦誓》

（案，《秦誓》解《永乐大典》原阙）

13.（宋）魏了翁《尚书要义》卷二十《秦誓》

（归善斋按，未引）

14.（宋）陈大猷《书集传或问》卷上《秦誓》

（归善斋按，未解）

15.（宋）胡士行《尚书详解》卷十三《周书·秦誓第三十二》

人之有技，冒（蔽）疾（害）以恶之；人之彦圣，而违（背塞）之，俾（使）不（不得）达（上达），是不能容，以不能保我子孙黎民，亦曰殆（危）哉。

穆公前日之怒蹇叔，甚不能容，几于亡矣。殽之败，其殆矣乎，今而后知悔之也。

16.（元）吴澄《书纂言》卷四下《周书·秦誓》

（归善斋按，见"如有一介臣，断断猗无他技，其心休休焉，其如有容"）

17.（元）陈栎《书集传纂疏》卷六《朱子订定蔡氏集传周书·秦誓》

人之有技，冒疾以恶之；人之彦圣，而违之，俾不达，是不能容，以不能保我子孙黎民，亦曰殆哉。

冒，《大学》作"媢"，忌也。违，背违之也。达，"穷达"之"达"。殆，危也。苏氏曰，至哉，穆公之论。此二人也，前一人似房玄龄，后一人似李林甫，后之人主，监此足矣。

纂疏：

愚案，此章《大学》传引之，其形容能容不能容者之情状利害，可谓至言宜，孔子定《书》不能废其言也。

18.（元）许谦《读书丛说》卷六《周书·秦誓》

（归善斋按，未解）

19.（元）董鼎《书传辑录纂注》卷六《周书·秦誓》

人之有技，冒疾以恶之；人之彦圣，而违之，俾不达，是不能容，以不能保我子孙黎民，亦曰殆哉。

冒，《大学》作"媢"，忌也。违，背违之也。达，"穷达"之"达"。殆，危也。

苏氏曰，至哉，穆公之论。此二人也，前一人似房玄龄，后一人似李林甫。后之人主，监此足矣。

纂注：

新安胡氏曰，此章，《大学》"平天下"之传引之，其形容能容不能容者之情状利害，可谓至言，宜孔子定《书》不能废其言也。

20.（元）朱祖义《尚书句解》卷十三《周书·誓第三十二》

人之有技，冒疾以恶之（其有徒矜一己之长，不能兼天下之善，于人之技能，则冒蔽疾害以恶之）；人之彦圣（人有彦圣之德），而违之（违背而抑遏之），俾不达（使不得达其名，行其志）。

21.（明）王樵《尚书日记》卷十六《周书·秦誓》

（归善斋按，见"如有一介臣，断断猗无他技，其心休休焉，其如有容"）

22.（清）库勒纳等撰《日讲书经解义》卷十三《周书·秦誓》

人之有技，冒疾以恶之；人之彦圣，而违之，俾不达，是不能容，以不能保我子孙黎民，亦曰殆哉。

此一节书是，言小人之有害于国家，以明不欲有谗言之意也。冒疾，妒忌也。殆，危也。穆公曰，君子、小人之用心，每每相反。一介臣之休休有容者，必能登进群贤，贻国家之利。若小人之心，则全不然。彼既无断断之诚，休休之量，见人之有才者，则嫌其胜己，辄忌疾而深恶之，或显拒而力排，或阴伤而曲中。盖有技者，每易于自见，故恶之，无所不极也。见人之美善通明者，嫌其异己，必百方而阻遏之，或使之沉于下僚，或使之沦于草野。盖彦圣者，达则可大有为，故必欲违之，亦无所不极也。是其心窄狭险刻，实不能容人，亦必无悔悟改革之望。若此人而误用之，必至善人屏息，奸谀盈朝，蒙蔽君心，事事堕坏，及身之惧不克免，岂复能保我子孙黎民，则是岂不大可危哉。吾之所以不欲用截截谗言之人者，此也。此节言小人之心，真如见其肺肝。然者，先儒谓前一人似房玄龄，后一人似李林甫，可谓得之。有用人之责者，深鉴乎此，则不至为小人所惑矣。

是不能容，以不能保我子孙黎民，亦曰殆哉

1. （汉）孔氏传、（唐）陆德明音义、孔颖达疏《尚书注疏》卷十九《周书·费誓》

是不能容，以不能保我子孙黎民，亦曰殆哉。

传，冒疾之人，是不能容人，用之不能安我子孙众人，亦曰危殆哉。

音义：

殆，唐在反。

疏：

正义曰，是人之不能含容人也，用此疾恶技圣之人，不能安我子孙众民，则我子孙众民亦曰危殆哉，言其必乱邦也。

2. （宋）苏轼撰《书传》卷二十《周书·秦誓第三十二》

（归善斋按，见"人之有技，冒疾以恶之；人之彦圣，而违之，俾不达"）

3. （宋）林之奇《尚书全解》卷四十《周书·秦誓》

（归善斋按，见"秦穆公伐郑"）

4. （宋）史浩《尚书讲义》卷二十《周书·秦誓》

（按，此篇讲义《永乐大典》原阙）

5. （宋）夏僎《尚书详解》卷二十六《周书·秦誓》

（归善斋按，见"惟截截善谝言，俾君子易辞，我皇多有之！昧昧我思之"）

6.（宋）时澜《增修东莱书说》卷三十五《周书·秦誓第三十二》

(归善斋按，见"惟截截善谝言，俾君子易辞，我皇多有之！昧昧我思之")

7.（宋）黄度《尚书说》卷七《周书·秦誓》

(归善斋按，见"如有一介臣，断断猗无他技，其心休休焉，其如有容")

8.（宋）袁燮《絜斋家塾书钞》

(归善斋按，无此篇)

9.（宋）蔡沈《书经集传》卷六《周书·秦誓》

(归善斋按，见"人之有技，冒疾以恶之；人之彦圣，而违之，俾不达")

10.（宋）黄伦《尚书精义》卷五十《周书·秦誓》

(按，此篇经解《永乐大典》原缺)

11.（宋）陈经《尚书详解》卷五十《周书·秦誓》

(归善斋按，见"惟截截善谝言，俾君子易辞，我皇多有之！昧昧我思之")

12.（宋）钱时《融堂书解》卷二十《周书·秦誓》

(案，《秦誓》解《永乐大典》原阙)

13.（宋）魏了翁《尚书要义》卷二十《秦誓》

(归善斋按，未引)

14.（宋）陈大猷《书集传或问》卷上《秦誓》

（归善斋按，未解）

15.（宋）胡士行《尚书详解》卷十三《周书·秦誓第三十二》

（归善斋按，见"人之有技，冒疾以恶之；人之彦圣，而违之，俾不达"）

16.（元）吴澄《书纂言》卷四下《周书·秦誓》

（归善斋按，见"如有一介臣，断断猗无他技，其心休休焉，其如有容"）

17.（元）陈栎《书集传纂疏》卷六《朱子订定蔡氏集传周书·秦誓》

（归善斋按，见"人之有技，冒疾以恶之；人之彦圣，而违之，俾不达"）

18.（元）许谦《读书丛说》卷六《周书·秦誓》

（归善斋按，未解）

19.（元）董鼎《书传辑录纂注》卷六《周书·秦誓》

（归善斋按，见"人之有技，冒疾以恶之；人之彦圣，而违之，俾不达"）

20.（元）朱祖义《尚书句解》卷十三《周书·誓第三十二》

是不能容（如此之人，胸怀卑陋，岂能兼容天下之人），以不能保我子孙（用之，则矜己制人，败丧国家，亦何能安保我之子孙），黎民亦曰殆哉（众民亦安得不危哉）。

21. (明) 王樵《尚书日记》卷十六《周书·秦誓》

(归善斋按, 见 "如有一介臣, 断断猗无他技, 其心休休焉, 其如有容")

22. (清) 库勒纳等撰《日讲书经解义》卷十三《周书·秦誓》

(归善斋按, 见 "如有一介臣, 断断猗无他技, 其心休休焉, 其如有容")

(元) 陈师凯《书蔡氏传旁通》卷六下《周书·秦誓》

苏氏曰, 至哉, 穆公之论。此二人也, 前一人似房玄龄, 后一人似李林甫, 后之人主监此足矣。

《唐书》云, 玄龄当国, 夙夜强勤, 任公竭节, 不欲一物失所, 无媢忌, 闻人善, 若己有之。不以己长望人, 取人不求备, 虽卑贱, 皆得尽所能。玄宗时, 张九龄由文学进, 守正持重。林甫特便侫得大任, 每嫉九龄, 阴害之。林甫有堂, 如偃月, 号月堂。每欲排大臣, 即居之, 思所以中伤者。若喜而出, 即其家碎矣。帝诏天下士, 有一艺者, 得诣阙就选。林甫恐士或斥己, 即建言, 请委尚书省试问, 御史监, 总无一中程者。林甫因贺上, 以野无留才。林甫居相位十九年, 蔽欺天子耳目, 谏官无敢正言者。杜琎再上书言政事, 斥为下邽令, 因以语动其余, 曰明主在上, 群臣将顺不暇, 亦何所论君等, 独不见立仗马乎? 终日无声, 而饫三品刍豆, 一鸣则黜之矣。后虽欲不鸣得乎? 由是谏争路绝。林甫疾儒臣以方略积边劳, 且大任, 欲杜其本, 以久己权, 即说帝曰, 国家强富, 而夷狄未灭者, 由文吏为将, 惮矢石, 不身先, 不如用蕃将, 帝然之。因擢安禄山, 高仙芝, 哥舒翰等为大将, 卒荡覆天下, 帝之幸蜀也。裴士淹以辩得幸。肃宗在灵武, 每命宰相辄启闻。及房琯为将, 曰此非破贼才也, 若姚元崇在, 贼不足灭。至宋璟, 曰, 彼卖直取名耳。因历评十余人, 皆当。至林甫, 曰, 是子妒贤嫉能, 举无比者。士淹因曰, 陛下诚知之, 何任之久邪。帝默不应。

邦之杌陧，曰由一人

1.（汉）孔氏传、（唐）陆德明音义、孔颖达疏《尚书注疏》卷十九《周书·费誓》

邦之杌陧，曰由一人。

传，杌陧，不安，言危也。一人所任用，国之倾危，曰由所任不用贤。

音义：

杌，五骨反。陧，五结反，徐语折反。

疏：

正义曰，既言贤、佞行异，又言用之安否，邦之杌陧，危而不安，曰由所任一人之不贤也。

2.（宋）苏轼撰《书传》卷二十《周书·秦誓第三十二》

邦之杌陧。

不安也。

曰由一人，邦之荣怀，亦尚一人之庆。

怀，安也。

3.（宋）林之奇《尚书全解》卷四十《周书·秦誓》

（归善斋按，见"秦穆公伐郑"）

4.（宋）史浩《尚书讲义》卷二十《周书·秦誓》

（按，此篇讲义《永乐大典》原阙）

5.（宋）夏僎《尚书详解》卷二十六《周书·秦誓》

（归善斋按，见"惟截截善谝言，俾君子易辞，我皇多有之！昧昧我思之")

6.（宋）时澜《增修东莱书说》卷三十五《周书·秦誓第三十二》

邦之杌陧，曰由一人。邦之荣怀，亦尚一人之庆。

穆公誓众之终，慨然兴叹，以谓，邦之杌陧，咎有所归，吾一人不得辞其责；邦之荣怀，亦庶几一人之庆，非它人事也。休戚利害，切吾一身，所以勤勤恳恳者，岂徒为观美哉，盖无非诚心实语也。汉唐之君，怠于为治，反待其臣，挽引督趣，而犹不知勉者，其亦未尝味穆公此语邪？

7.（宋）黄度《尚书说》卷七《周书·秦誓》

邦之杌陧，曰由一人；邦之荣怀，亦尚一人之庆。

寡谋败事，杌陧不安，由我一人，苟能改旧图新，则邦之荣怀亦在一人而已书。

终于二誓何也？《费誓》见周初牧伯职业，《秦誓》春秋霸国争雄盛衰之变也。秦自穆公败崤，终厄于晋兵，不复出函雍，事业若无足言，而身修行美，权尊分严，教民耕战，绥服西戎，子孙皆能奉其旧业。夫子知其终必得志于天下，推其效，则自穆公垂创之为可继，故录其书，使与《费誓》自为后先，见周室盛衰之节焉。且夫子何以知秦必得志于天下也，曰见其礼，而知其政；闻其乐，而知其德。兴亡之效，奚而不知也。季札观乐曰，夫能夏则大，识微见远之士，犹能知之，而谓夫子不能知乎？定哀之际，战国余烈，齐晋浸失其序，吴楚日相图，吴亡而楚衰，秦人治其国，益强盛，养数世，全力以待山东诸侯之弊，其事已可见，是故夫子序书，以秦承周，以崤誓，继典、谟、命，其旨微矣。

8.（宋）袁燮《絜斋家塾书钞》

（归善斋按，无此篇）

9.（宋）蔡沈《书经集传》卷六《周书·秦誓》

邦之杌陧，曰由一人；邦之荣怀，亦尚一人之庆。

杌陧，不安也。怀，安也，言国之危殆，系于所任一人之非；国之荣安系于所任一人之是，申缴上二章意。

10.（宋）黄伦《尚书精义》卷五十《周书·秦誓》

（按，此篇经解《永乐大典》原缺）

11.（宋）陈经《尚书详解》卷五十《周书·秦誓》

邦之杌陧，曰由一人；邦之荣怀，亦尚一人之庆。

杌陧者，危殆也。荣怀者，安宁而怀来也。天下之事，无不在于人君，所谓"泺水儆予"。百姓有过，帝王深达此理。天下之所以安者，在一人之用贤；而天下之所以危者，亦在一人之用不肖。庆，善也。人君之用舍，天下之安危，则冒疾之臣，岂可轻用之哉？

予考此篇，知穆公悔过之力，自此便当惩忿窒欲，释前日之怨可也，何为文公二年战于彭衙，秦师败绩。文公三年，秦人伐晋，济河焚舟，取王官及郊，似非所以践悔过之言也。抑无乃血气之易，胜前日之怨，有未能忘情者欤。抑亦悔过之言，徒为是空言，知悔而不知改者欤？余尝考之《春秋》，知秦穆公盖春秋之贤，而其失，则贤者之过也。当僻处西戎，未尝与中国会盟。自晋文公之入国也，秦有大功于晋，故温之会，翟泉之盟，使其子会之，而不自来，其纳襄王也。晋文公辞之而遂还。此见穆公本心在于纳王处，不是要名。既有文公能任其事，则不得不归。惟是袭郑一节，出于轻信人言，以致崤函之败，未几而悔过作誓矣，其后虽两伐晋，只欲报（阙）。

12.（宋）钱时《融堂书解》卷二十《周书·秦誓》

（案，《秦誓》解《永乐大典》原阙）

13.（宋）魏了翁《尚书要义》卷二十《秦誓》

（归善斋按，未引）

14.（宋）陈大猷《书集传或问》卷上《秦誓》

或曰，"由一人"与"一人之庆"，多以为穆公自其身而言，如何？曰，此公上文两节之意极明。古者，称一人。哀公诔孔子，称一人，子贡病之。穆公决不敢为此犯分之语，况语意与上文不相接乎。

15.（宋）胡士行《尚书详解》卷十三《周书·秦誓第三十二》

邦之杌陧（危殆不安），曰由（从）一人（不能容）；邦之荣（华）怀（安），亦尚（庶）一人（一介臣能容）之庆。

此以总结前说也。吕云，安危皆由我一人所任，公所以责己也。穆公之悔过，善矣。何为而有拜赐焚舟之师哉，知之非难，行之惟艰。然实其言，则可为汤、武也，故夫子取之。

16.（元）吴澄《书纂言》卷四下《周书·秦誓》

邦之杌陧，曰由一人；邦之荣怀，亦尚一人之庆。

杌陧，不安也。怀，安也。结上文言，国之危殆，系于所任一人之非；国之荣安，系于所任一人之是。

17.（元）陈栎《书集传纂疏》卷六《朱子订定蔡氏集传周书·秦誓》

邦之杌陧，曰由一人；邦之荣怀，亦尚一人之庆。

杌陧，不安也。怀，安也，言国之危殆，系于所任一人之非；国之荣安，系于所任一人之是，申缴上二章意。

纂疏：

张氏曰，杌，如木之动摇；陧，如阜之圮坏。

吕氏曰，誓之终，谓邦之不安，咎有所归，吾一人不得辞其责；邦之安荣，亦尚庶几一人之庆，言休戚利害，切吾一身。

愚谓，邦之安危，系所用一人之是非，是如上称"有利"，非如次所称"殆哉"。本孔注，即老苏《管仲论》"一国以一人兴，以一人亡"之意。结上文两节,有倒断。吕氏以一人为穆公自谓。《记》与《书》言"一人",皆谓天子。诸侯称"一人"非名也。鲁哀以此取讥穆公,必不其然。

张氏九成曰,孔子深意,若曰平王锡文侯,而言不及复仇,王道不可望也。天下之仇,莫大于弑君父;天下之恶,莫大乎安于为弑逆者。所立事,至于此,王道绝矣。夫子之意,谓使平王用兵,得如伯禽,申侯、犬戎,庶可诛乎?悔过得如秦穆,惩创用贤,周庶其中兴乎?今皆无之,故痛愤而以伯禽、穆公继其后也。

龟山杨氏曰,或谓圣人以悔过取《秦誓》,非也。《书》有二誓,志帝王之诰命于是绝也。圣人于人,不徒嘉其悔,又欲其改。且杀人至于被刑,未有不悔者,使不必死,其肯悔乎。战不败,秦自以为功矣,何以知之,于焚舟之师知之也,斯师何义乎?

李氏谨思曰,或谓《周书》终于《文侯之命》,而以《秦誓》附焉,盖世变往来之会,王伯升降之机,《书》终《文侯之命》,而王迹熄。《书》附《秦誓》而霸图兴。周迁洛邑,而周日弱;秦得镐京,而秦日强。读《文侯之命》,见平王之忘君父,忘仇耻也。如此读《秦誓》,见穆公欲改过迁善,任贤去邪也。如此周欲不弱,秦欲不强,得乎?平王之诗,下侪列国,而秦《车邻》附见焉。平王之书,续以列国,而《秦誓》附见焉。进秦于《诗》《书》之末,以警周也。《春秋》之笔,于秦每人之,又且狄之,又以尊周也。天下之势,骎骎而趋于秦,夫子得不见其几微,于定《书》、删《诗》,作《春秋》之际乎。

18.(元)许谦《读书丛说》卷六《周书·秦誓》

(归善斋按,未解)

19.(元)董鼎《书传辑录纂注》卷六《周书·秦誓》

邦之杌陧,曰由一人,邦之荣怀,亦尚一人之庆。

杌陧,不安也。怀,安也,言国之危殆,系于所任一人之非;国之荣安,系于所任一人之是,申缴上二章意。

纂注:

张氏曰，杌，如木之动摇；陧，如阜之圮坏。

新安陈氏曰，国之安危，系所用一人之是非。是，如上所称有利；非，如上所称殆哉。本孔注，即老苏《管仲论》一国以一人兴，以一人亡之意。结上文两节，有照应。吕氏以一人为穆公自谓。《记》与《书》言一人，皆谓天子。诸侯称一人，非名也。鲁哀以此取讥秦穆，当不其然。

张氏曰，孔子深意，若曰平王锡文侯而言不及复仇，王道不可望也。得如伯禽之用兵，庶几于王道矣。又得如秦穆之悔过，亦庶几于王道矣。取鲁、秦以补王道，所以深痛王道之不复兴也。夫《国风》始于平王，《春秋》始于平王，王道终于平王，而以秦、鲁补之，则平王之罪，可胜言哉。天下之仇，莫大于弑君父；天下之恶，莫大乎安于为弑逆者。所立事，至于此，王道绝矣。夫子之意，谓使平王用兵，得如伯禽，申侯、犬戎庶可诛乎？使平王悔过，得如秦穆，惩创用贤，周家庶其中兴乎？今皆无之，故痛愤而以伯禽、穆公继其后也。以谓如此二人。犹胜于平王也。

宋氏曰，秦有誓，而《书》亡；鲁有颂，而《诗》绝。谓鲁不风而颂。

龟山杨氏曰，或谓《秦誓》圣人专以其悔过而取之，非也。《书》之有二誓，以志帝王之诰命于是绝也。圣人以恕待人。于人之有过而悔，嘉之可也。如但以悔为是，而不问其改与不改，则改过者鲜矣。故圣人于人不徒嘉其悔，又欲其改，且杀人至于被刑，未有不悔者。使杀人而不必死，其肯悔乎战？不败，秦自以为功矣，何以知之，以济河之师知之也。济河之师，何义哉？

养吾李氏曰，或谓《周书》终于《文侯之命》，而以《秦誓》附焉，盖世变往来之会，王霸升降之机。《书》终《文侯之命》而王迹熄。《书》附《秦誓》而霸图兴。周迁洛邑，而周日弱；秦得镐京；而秦日强。读《文侯之命》，见平王之忘君父，忘仇耻也如此。读《秦誓》，见穆公之欲改过迁善，任贤去邪也如此。周欲不弱，秦欲不强，得乎？平王之诗，下侪列国，而秦《车邻》附见焉。平王之书续以列国，而《秦誓》附终焉。进秦于《诗》《书》之末，以警周也。《春秋》之笔，于秦每人之，又且狄之，又以尊周也。天下之势骎骎，而趋于秦，夫子得不见其几微于定

《书》、创《诗》、作《春秋》之际乎？

愚谓，此亦国史所录，孔子定《书》，断自唐虞以下，讫于周，而周又讫于秦，盖取其悔过也。自非圣人，谁能无过，过而能悔，悔而能改，善之善者也。太甲悔，而听伊尹之训；成王悔而迎周公以归。不然，败度败礼，成汤之业堕矣。内诅外讧，文、武之基坠矣。悔过之功，岂不大哉。成康以后，昭王以南征不复，而穆王继之，复拒祭公之谏，肆侈心而行天下，不知悔者也。宣王中兴，幽王为犬戎所杀，而平王继之，不报君父之仇，思小惠而忘大耻，不知悔者也。君者，天下之主也。心者，人君之主也。君心如此，天下何赖哉？秦穆轻信杞子、逢孙、杨孙之谋，固违蹇叔之谏，至于丧师辱国，而悔过之誓作焉。使有天下国家者，皆如其知过而能悔，又必自知悔而能改，则虽以挽回三代之治，亦何难哉？惜乎！穆公徒悔而不能改也。然夫子之微意，读书者可以深长思矣。

或曰，周大史詹见秦穆公曰，始周与秦合而别，别五百岁复合，合十七岁而伯王者出焉。盖秦之先君始为周西垂大夫，所谓合也。襄公七年列为诸侯，所谓别也。自襄公七年至昭王五十一年灭周，凡五百一十六年，所谓复合也。自昭王五十一年，至始皇九年，诛嫪毐，始亲国政，十七年也。周之后为秦，史詹固已知之，则孔子其知之矣。《秦誓》之存，圣人盖伤之也，何悔过之云乎？

愚窃以子张问十世，孔子惟即已往，以验方来，故曰其继周者，虽百世可知。圣人亦论其理而已。淫巫蛊史，牵合附会之说，岂足云哉？

20.（元）朱祖义《尚书句解》卷十三《周书·誓第三十二》

邦之杌陧（杌，兀；陧，啮），曰由一人（邦之所以杌陧而危殆者，非他也，乃由用一人之冒疾者也）。

21.（明）王樵《尚书日记》卷十六《周书·秦誓》

"邦之杌陧"至"一人之庆"。

"一人"字，要玩。此篇要领，不过一言，曰知好恶而已。古之谋人，若近迂阔，旅力既愆，见谓衰老。断断无伎，便见轻忽，孰知有容，世主听谋，委事，所以常失之于君子者，坐是故也。今之谋人，就意增妍，勇夫之力，驰骋快意。截截之言，适心耸听，君子易辞，人主倾意。媢嫉之人，急不能修，复畏人修，欲绝众人之长，必衒一己之伎，内，不能容寸善，何有于休休；外，欲示众莫敌，何有于断断。世主听谋委事，所以常失之小人者，坐是故也。邦之安，若不系一人，彼断断而有利于人之子孙黎民者，非一介乎？邦之危，若不系一人，彼媢嫉而贻殆于人之子孙黎民者，岂待多乎？一人媢嫉，致贤路不通，奸党盘据，子孙黎民，受其害。如宋之末路，误国非一人，而起于一人也。此篇，不但取其悔过。其于君子、小人之情状，听谋任人之得失，可谓深切着明，足为永鉴。《大学》引其卒章，而继之曰"唯仁人放流之，迸诸四夷，不与同中国，此谓唯仁人，为能爱人，能恶人"，盖谓此媢嫉者，不但不可使居位用事，直当迸诸四裔之外，始尽爱恶之道尔。否则，彼将营求复用，覆出为恶矣。非痛绝之，不能远也。

罗文庄公曰，《秦誓》一篇有可为后世法者二，孔子所以列之四代之书之终，悔过迁善，知所以修身矣；明于君子小人之情状，知所以用人矣。慎斯道也，以往帝王之治，其殆庶几乎？

《周书》亡失亦多，如康王止《毕命》一篇。宣王中兴，见于《诗》如《车攻》《吉日》《崧高》《烝民》《江汉》《常武》之属盛矣。而《书》独无一简。

22．（清）库勒纳等撰《日讲书经解义》卷十三《周书·秦誓》

邦之杌陧，曰由一人；邦之荣怀，亦尚一人之庆。

此一节书是，申言国之安危，在一人也。杌陧，不安也。怀，安也。穆公曰，夫用一妨贤病国之大臣，而遂至子孙黎民俱被其祸，是可见邦之杌陧不安。此一人坏之而有余也，岂必小人之多乎？用一休休有容之大臣，而可使子孙黎民俱被其福，是可见邦之荣显安宁，亦此一人兴之而有余也。岂必君子之多乎？然则，自今以往，予岂可不询兹黄发，而屏绝今之谋人哉？抑书以悔过终，盖过者，人所不能无，虽以成汤之圣，史犹称其改过不吝。人君但能常加省察，自克其多盘之私，而受责如流，则过而能改，即为无过，作圣之道，不出乎此。此孔子所以录是书之意也。

（清）朱鹤龄《尚书埤传》卷十五《周书·秦誓》

杌陧。

杌，如木之动摇；陧，如阜之圮坏。

邦之荣怀，亦尚一人之庆

1. （汉）孔氏传、（唐）陆德明音义、孔颖达疏《尚书注疏》卷十九《周书·费誓》

邦之荣怀，亦尚一人之庆。

传，国之光荣，为民所归，亦庶几其所任用贤之善也。穆公陈戒，背贤则危，用贤则荣，自誓改前过之意。

疏：

正义曰，邦之光荣，为民所归，亦庶几所任一人之有庆也，言国家用贤，则荣；背贤，则危。穆公自誓，将改前过，用贤人者也。

2. （宋）苏轼撰《书传》卷二十《周书·秦誓第三十二》

（归善斋按，见"邦之杌陧，曰由一人"）

3. （宋）林之奇《尚书全解》卷四十《周书·秦誓》

（归善斋按，见"秦穆公伐郑"）

4. （宋）史浩《尚书讲义》卷二十《周书·秦誓》

（按，此篇讲义《永乐大典》原阙）

5. （宋）夏僎《尚书详解》卷二十六《周书·秦誓》

（归善斋按，见"惟截截善谝言，俾君子易辞，我皇多有之！昧昧我思之"）

6.（宋）时澜《增修东莱书说》卷三十五《周书·秦誓第三十二》

（归善斋按，见"邦之杌陧，曰由一人"）

7.（宋）黄度《尚书说》卷七《周书·秦誓》

（归善斋按，见"邦之杌陧，曰由一人"）

8.（宋）袁燮《絜斋家塾书钞》

（归善斋按，无此篇）

9.（宋）蔡沈《书经集传》卷六《周书·秦誓》

（归善斋按，见"邦之杌陧，曰由一人"）

10.（宋）黄伦《尚书精义》卷五十《周书·秦誓》

（按，此篇经解《永乐大典》原缺）

11.（宋）陈经《尚书详解》卷五十《周书·秦誓》

（归善斋按，见"邦之杌陧，曰由一人"）

12.（宋）钱时《融堂书解》卷二十《周书·秦誓》

（案，《秦誓》解《永乐大典》原阙）

13.（宋）魏了翁《尚书要义》卷二十《秦誓》

（归善斋按，未引）

14.（宋）陈大猷《书集传或问》卷上《秦誓》

（归善斋按，见"邦之杌陧，曰由一人"）

15.（宋）胡士行《尚书详解》卷十三《周书·秦誓第三十二》

（归善斋按，见"邦之杌陧，曰由一人"）

16.（元）吴澄《书纂言》卷四下《周书·秦誓》

（归善斋按，见"邦之杌陧，曰由一人"）

17.（元）陈栎《书集传纂疏》卷六《朱子订定蔡氏集传周书·秦誓》

（归善斋按，见"邦之杌陧，曰由一人"）

18.（元）许谦《读书丛说》卷六《周书·秦誓》

（归善斋按，未解）

19.（元）董鼎《书传辑录纂注》卷六《周书·秦誓》

（归善斋按，见"邦之杌陧，曰由一人"）

20.（元）朱祖义《尚书句解》卷十三《周书·誓第三十二》

邦之荣怀，亦尚一人之庆（邦之所以荣华，而怀安者，非他也，亦赖一人之庆，谓用一人能容众，其安庆自然及之。穆公悔过而思欲用者惟一人，所不欲用者亦一人，可谓悔过得其要矣。夫子录之，岂不在此也哉）。

21.（明）王樵《尚书日记》卷十六《周书·秦誓》

（归善斋按，见"邦之杌陧，曰由一人"）

22.（清）库勒纳等撰《日讲书经解义》卷十三《周书·秦誓》

（归善斋按，见"邦之杌陧，曰由一人"）

（清）孙之騄辑《尚书大传》卷三《周书·鲁传》

《秦誓传》书曰"邦之荣怀亦尚一人之庆"知秦穆之霸也（《白虎通》引《尚书》）。